·毛泽东谈文论史全编·

顾 问：龙新民 郑欣淼 陈 晋 阎晓宏

评说国民党高级将领

MAOZEDONG PINGSHUO GUOMINDANG
GAOJI JIANGLING

毕桂发 主编

李 涛 著

中国文史出版社

图书在版编目（CIP）数据

毛泽东评说国民党高级将领 / 毕桂发主编；李涛著 . -- 北京：中国文史出版社，
2023.12

（毛泽东谈文论史全编）

ISBN 978-7-5205-4553-2

Ⅰ.①毛… Ⅱ.①毕…②李… Ⅲ.①毛泽东著作研究－国民党军－人物评论 Ⅳ.
① A841.692

中国国家版本馆 CIP 数据核字 (2023) 第 244610 号

责任编辑：窦忠如
特约编辑：王德俊　窦广利　赵增越　张幼平　邓文华　张永俊

出版发行：中国文史出版社
社　　址：北京市海淀区西八里庄路 69 号院　邮编：100142
电　　话：010-81136606　81136602　81136603（发行部）
传　　真：010-81136655
印　　装：廊坊市海涛印刷有限公司
经　　销：全国新华书店
开　　本：787 毫米 × 1092 毫米　1/16
印　　张：24.75
字　　数：367 千字
版　　次：2024 年 1 月北京第 1 版
印　　次：2024 年 8 月第 3 次印刷
定　　价：86.00 元

总　序

2023 年 12 月 26 日，是中国人民的伟大领袖毛泽东同志诞辰 130 周年。经过多年酝酿策划和组织编撰，我们于今年正式出版发行《毛泽东谈文论史全编》（以下简称《全编》）以示隆重纪念。

十年前，习近平总书记在纪念毛泽东同志诞辰 120 周年座谈会上的重要讲话中指出："毛泽东同志是伟大的马克思主义者，是伟大的无产阶级革命家、战略家、理论家，是马克思主义中国化的伟大开拓者，是近代以来中国伟大的爱国者和民族英雄，是党的第一代领导核心，是领导中国人民彻底改变自己命运和国家面貌的一代伟人。"同时，毛泽东同志又是世所公认的伟大的文学家、史学家、诗人和作家。在深入学习贯彻党的二十大精神、纪念毛泽东同志诞辰 130 周年的重要时间节点上，组织编撰出版这一大型项目图书，为人们缅怀毛泽东同志的丰功伟绩，学习毛泽东同志的伟人品格、政治智慧和文化思想，提供了一套非常重要的文化历史资料；对于弘扬中华优秀传统文化，学习贯彻党的二十大报告中关于"推进文化自信自强，铸就社会主义文化新辉煌"的重要精神，具有十分宝贵的启示和积极的意义。

在组织编撰这部大型项目图书的过程中，我们坚持以习近平新时代中国特色社会主义思想为指导，认真学习党中央关于历史问题的三个决议精神，特别是十九届六中全会通过的《中共中央关于党的百年奋斗重大成就和历史经验的决议》精神，对全部书稿的政治观点和思想内容进行了认真把关，使其符合三个决议精神，也符合习近平总书记十年来有关论述毛泽东同志历史功绩和毛泽东思想指导地位的重要讲话精神，以及关于学习党史国史和弘扬中华传统文化的重要讲话精神。

《全编》计 27 种 40 册 1500 万字。编撰者耗费数十年心血收集、整理、阐析、赏评，把毛泽东在各个时期的文章、诗词、书信、讲话、谈话中引用、化用、批注、圈阅、点评、编选的古今人物和文史作品，把毛泽东传记、年谱、回忆录中提及或引用和评点的古今人物和文史作品，即使片言只语、寸缣尺楮也收集入册，希望能够集散为专、分门别类，尽量避免遗珠之憾，力求内容全面系统、表述科学客观。

这部《全编》有以下几个特点：

资料齐全。毛泽东同志一生酷爱读书，可以说是博览群书、通古贯今。他曾说："饭可以一日不吃，觉可以一日不睡，书不可以一日不读。"他熟读《二十四史》《资治通鉴》等中国历代著名历史著作，熟读中国历代优秀的诗词文学作品，且不动笔墨不读书，读书时做了大量批注和圈画，还常常在自己的文章、诗词、讲话、谈话中引经据典、巧妙运用，真可谓博学约取、学以致用。这就给我们留下了浩如烟海的珍贵史料。在编著这部《全编》时，我们想最大限度地收集、整理、汇编其所涵盖的各个方面的文献史料，力争做到文献可靠、史料精准，可读性、知识性和趣味性兼具，使其成为研究毛泽东思想特别是毛泽东文化思想的重要资料。

分类精细。毛泽东同志喜欢中国古代文学，阅读、圈评了大量各类体式的文学作品，他的诗词创作尤为脍炙人口。因此，收录《全编》中关于毛泽东同志的文史资料，浩瀚如海，编撰者都进行了认真严格的划分整理，将其分三辑，文学类就有两辑，所占分量最大。比如，编撰者将其细分为评点名诗、名词、散曲、辞赋、小说、散文、戏曲的"毛泽东同志评点中国传统文化赏析"7 种 19 册，以及《跟着毛泽东学诗词》《毛泽东诗话》《周世钊论毛泽东诗词》《毛泽东致周世钊书信手迹》与毛泽东读唐诗、宋词、元曲、古文等的"毛泽东与中国诗词曲赋"8 种 9 册。

评述允当。在这部《全编》中，编撰者将每篇作品分为毛泽东评点、人物、事件评述或毛泽东评点、原文和赏析，力求评述或赏析允妥、适当，即深刻理解毛泽东原文含义，紧扣毛泽东的评点，不作过多发挥，文字力求简明生动。同时，编撰者注重史料收集整理的文献性，兼顾知识性和趣味性，这就使得这部大型项目图书兼具很强的可读性。

这部《全编》还有一个最突出的重要特点，那就是比较集中地梳理和呈现了毛泽东同志的历史自信和文化自信。习近平总书记在纪念毛泽东同志诞辰 120 周年座谈会上的讲话中明确指出，毛泽东同志"是马克思主义中国化的伟大开拓者，是近代以来中国的爱国者和民族英雄"。这个评价反映在毛泽东同志学习和运用、继承和发展中华优秀传统文化方面，鲜明地体现为他的历史自信和文化自信。因此，我们认为这部《全编》的编撰出版，有益于读者更深入体会党的二十大报告论述的"坚持和发展马克思主义，必须同中华优秀传统文化相结合"的重大论断。在这部《全编》中，有关毛泽东圈阅、评点历史人物和文史作品的材料，就很具体地体现了他作为"马克思主义中国化的伟大开拓者"，是如何运用马克思主义的世界观和方法论，去激活中华优秀传统文化的；又是如何通过继承、运用和发挥中华优秀传统文化，为坚持和发展马克思主义提供深厚滋养的。

　　《全编》除了引用毛泽东同志的相关评点外，主要篇幅是介绍、叙述和评论毛泽东同志评点的对象即历史人物和文史作品，所引毛泽东的评点内容都出自公开的出版物并注明出处。从目前已出版的各类关于毛泽东同志的书籍来看，这是目前更加全面系统反映伟人毛泽东同志的一部大型丛书，但每册又可独立成书，以满足不同读者的阅读喜好与多样需求。当然，限于编撰者的水平和时间，这部《全编》的体例编排和文字表述等方面还有改进和完善空间，恳请专家学者和广大读者朋友不吝批评指正。

《毛泽东谈文论史全编》编委会

2023 年 12 月 18 日

目 录

毛泽东评白崇禧

【白崇禧简历】

白崇禧（1893—1966），字健生。广西临桂（今桂林）人。国民党陆军一级上将。

5岁时白崇禧进入私塾读书，14岁时以全省第六名的成绩考入广西陆军小学，与李宗仁、黄绍竑同学，3个月后因患恶性疟疾被迫退学。1909年，白崇禧考入广西省立初级师范。辛亥革命爆发后，白崇禧参加广西北伐学生敢死队进军湖北，自此开始了他的军旅生涯。1916年，白崇禧毕业于保定陆军军官学校。1917—1922年任桂军连长、营长、统领。1923年，被孙中山任命为广西讨贼军参谋长。1924，年任定桂讨贼军前敌总指挥兼参谋长，提出先攻陆荣廷后击沈鸿英之策得手，于1925年结束旧桂系军阀对广西的统治，成为新桂系首领之一。1926年3月，两广统一，桂军改编为国民革命军第7军，白崇禧任参谋长。北伐战争开始后，任国民革命军总司令部参谋次长代理参谋长。在攻取南昌之际，奉命指挥2个师、1个旅，于滁槎附近追歼孙传芳3个军1.5万余人。1927年1月，任东路军前敌总指挥，率部以佯动手段占领杭州。3月，兼任上海警备司令，积极参与策划和发动"四一二"反革命政变。8月，击败占领南京城郊龙潭车站的孙传芳军，歼孙部6万余人，名声大振，赢得"小诸葛"之称。时任南京国民政府行政院长的谭祖庵给白崇禧写了一副对联："指挥能事回天地，学语小儿知姓名。"1928年初，白崇禧击败由湖北退回湖南的唐生智部，将其收编为4个军。5月，任第4集团军前敌总指挥，率部参加第二期北伐，扩张了桂系势力。蒋桂战争中失败后逃往越南。1930年，在蒋冯阎中原大战中参加反蒋军第1方面军，出兵湖南被击败。1932年4月，任广西"绥靖"公署副主任兼民团司令，提出并实行寓兵于团、寓将于学、寓征于募的"三寓"政策，得李宗仁支持，巩固了广西势力地盘。

全面抗战爆发后，白崇禧到南京出任国民政府军事委员会副总参谋长，参与制定对日作战计划。太原失守后，鉴于武器装备敌强我弱，以正规战与敌硬拼难以持久，他提出以游击战配合正规战，积小胜为大胜，以空间换时间的作战指导思想，为蒋介石所采纳，由军事委员会通令全军作为对日作战的最高战略方针。1938年3月，白崇禧协助李宗仁指挥徐州会战，取得了台儿庄大捷。7月，代理第五战区司令长官，参与指挥武汉保卫战。12月，任桂林行营主任，负责指挥第三、第四、第九战区对日军作战。1939年底至翌年初，指挥桂南会战，在昆仑关战役中，取得了抗战以来首次攻坚战的胜利。此后，主持编写《游击战纲要》一书，提出"游击战为长期抗战，消耗敌人兵力，争取主动地位，富有弹性之战法"。

抗日战争胜利后，白崇禧编著了《现代陆军军事教育之趋势》，提出"为将之道，要能带兵，要能练兵，要能用兵。开诚布公，信赏惩罚，此带兵之道；技艺纯熟，指臂相使，此练兵之道；运用之妙，存乎一心，此为用兵之道"，认为军事训练内容由战场需要而决定，应融讲堂、操场、战场三者于一体。1946年5月，出任国防部部长，积极执行蒋介石反人民的内战政策。1948年5月，任战略顾问委员会主任委员兼华中"剿总"总司令。在国民党大势已去情况下，1949年初仍主张与共产党划江而治。4月，任华中军政长官，指挥20余万兵力企图阻止人民解放军解放华中、华南，所部在解放军发动的衡宝战役、广西战役中被歼。9月，任战略顾问委员会副主任。12月，由海南岛去台湾。1966年12月2日，在台湾去世。

【毛泽东评点】

"照毛泽东的说法，白崇禧是中国一个最狡猾的军阀，和他作战的困难，是不容易打着他，他很会跑。"

——摘自《毛泽东传（1949—1976）》第8页

"和白（崇禧）部作战方法，无论在茶陵、在衡州以南什么地方，在全州、桂林等地或在他处，均不要采取近距离包围迂回方法，而应采远距离包围迂回方法，方能掌握主动，即完全不理白部的临时部署，而远远地超过他，占领他的后方，迫其最后不得不和我作战。因为白匪本钱小，极机灵，非万不得已不会和我作战。因此，你们应准备把白匪的十万人引至广西桂林、南宁、柳州等处而歼灭之，甚至还要准备追至昆明歼灭之。"

——摘自《毛泽东军事文选》第五卷第 635 页

"白崇禧指挥机动，其军队很有战斗力，我各级干部切不可轻敌，作战方法以各个歼灭为适宜。"

——摘自《建国以来毛泽东文稿》第一册第 26 页

"基于白匪本钱小，极机灵，非至万不得已决不会和我决战之判断；基于四野之总任务在于经营华中及华南六省，二野之任务在于经营西南四个省，以及进军之粮食、道路等项情况，我们认为你们各部应作如下之处置。……上述这种部署，是不为白匪的临时伪装布阵（例如过去在赣北，现在在茶陵，将来在郴州、全州等处）所欺骗，采取完全主动的部署，使白匪完全处于被动地位。"

——摘自《毛泽东传（1949—1976）》第 8 页

【评析】

　　参赞军机、工于心计的白崇禧，因指挥作战常常以谋略制胜，在国民党将领中人称"小诸葛"。

　　白崇禧一生积极反共，双手沾满了共产党人和革命群众的鲜血。

　　1927 年，蒋介石在上海发动"四一二"反革命政变。政变第二天，当上海 10 万工人游行示威时，时任上海警备司令的白崇禧丧心病狂，竟下令用机关枪向手无寸铁的示威群众扫射，当场打死 100 多人，伤者无数。时天降大雨，宝山路上血流成河。

　　1934 年 11 月底，中央红军长征突破国民党军第四道封锁线时，白崇禧指挥桂军和何键指挥的湘军在湘江两岸与红军血战四天三夜，致使红军遭受重大损失，由长征出发时的 8.6 万余人锐减为 3 万余人。

　　抗日战争时期，白崇禧出任国民党军事委员会副总参谋长，提出以游击战配合正规战，积小胜为大胜，以空间换时间的作战指导思想，为蒋介石所采纳，作为全年对日作战的最高战略方针。。

全面内战爆发后，出任国防部部长的白崇禧积极执行蒋介石反人民的内战政策，指挥进攻解放区，与人民解放军在战场上兵戎相见。

1948 年秋，中国人民解放战争进入战略决战阶段。至年底，国民党军精锐已损失殆尽，蒋家王朝的丧钟已经敲响。人民解放军势如破竹，辽沈战役解放了东北全境，淮海战役激战正酣，解放了华东大部，平津战役胜利在即，华北地区已基本解放，北平（今北京）、天津几座孤城均处于解放军的重重包围之中。

正当蒋介石被前线战事搞得焦头烂额之际，李宗仁、白崇禧等桂系首领乘势而起，以"吁和"为名，仿效古人"逼宫"。

1949 年 1 月 21 日，内外交困的蒋介石正式宣布下野，由副总统李宗仁为代总统。当时，李宗仁、白崇禧等人的最大愿望就是企图与共产党两分天下，划江而治。

2 月 27 日，李宗仁发表文告，表示愿意以毛泽东主席在 1 月 14 日时局声明中提出的八项条件为基础进行和谈，并派刘仲容前往北平与中共接洽，商议和谈的事项。

刘仲容（1903—1980），湖南益阳人。早年在苏联莫斯科中山大学学习，回国后长期任李宗仁、白崇禧的高级参议。抗日战争期间，积极参加爱国民主运动，曾多次前往延安，与毛泽东、周恩来等中共领导人畅谈建立抗日民主统一战线问题，参与发起中国民主政团同盟。由于刘仲容与共产党联系密切，以至于蒋介石、白崇禧甚至连李宗仁的夫人郭德洁都视他为共产党员。

刘仲容临行前夕，白崇禧面授机宜："李宗仁代总统后，国共双方都表示愿意和平解决争端，和平气氛有了，希望早日举行和平谈判；今后可以有一个'划江而治'的政治局面，希望中共军队不要渡过长江。国民党军队的主力虽然部分被歼灭，但还有强大的空军、海军和数十万陆军，如果中共硬要渡江，是会吃亏的。而且，既然双方表示愿意和谈。如果中共过了江，打乱了摊子，那就不好谈了。"

"见到毛泽东的时候，一定要把这层意思讲清楚，陈明利害。"说到这里，白崇禧再三强调。

随后，白崇禧拿出了他写给毛泽东和周恩来的亲笔信，交给刘仲容，并说："你跟我们十几年，你是我们办外交的能手，相信你这次一定不辱使命，会为我们打算的。"

中共中央与毛泽东对李宗仁的和谈要求十分重视。3月21日，毛泽东亲自起草了致中原局的电报：

"李宗仁、白崇禧的代表刘仲容十六日到汉口，与白崇禧大约需有几天商量，约定二十、二十一、二十二日到驻马店，请你们迅即命令卢声涛科长速往驻马店迎接。刘仲容到时，立即派妥人陪同乘车经徐州、济南、天津至北平市政府叶剑英市长处，愈快愈好……"

3月下旬，刘仲容到达北平。当晚，在双清别墅里，毛泽东接见了刘仲容。

两位湖南老乡谈笑风生，亲热地问候寒暄了一番，话题很快转到和谈上。毛泽东首先询问南京政府的动向。

"依我看，南京政府有三种人，一种是认识到国民党失败的命运已定，只好求和罢战，这是主和派；一种是主张'谋和备战'者，他们认为美国一定会出面干涉，和是为了赢得时间，准备再打，这是顽固派；还有一种人，既不敢得罪蒋介石，又不相信共产党，动摇徘徊，非常苦闷，这可以说是苦闷派吧。"刘仲容如实地回答。

毛泽东轻轻点头表示赞许，笑着又问："李宗仁、白崇禧的态度怎样？"

刘仲容继续说："从历史上看，蒋桂多次兵戎相见，宿怨甚深。现在两家又翻了脸，彼此怀恨。李宗仁、白崇禧知道蒋介石是不甘罢休的，他们既要防范蒋介石的'暗箭'，又怕共产党把桂系军队吃掉。在这种情况下，只好被迫主张和谈，以谋取'划江而治'的局面。因此，白崇禧极力希望解放军不要渡江。他估计解放军能够抽出参加渡江作战的不过60万人，认为依据着长江天险以海陆空军固守，解放军想渡江是不那么容易的。"

"白崇禧要我们不过江，这是办不到的。"毛泽东的回答斩钉截铁。

毛泽东吸了口烟，然后接着说："我们能用于渡江作战的解放军不是

60 万而是 100 万，另外还有 100 万民兵。我们的民兵可不像国民党的民团，我们的民兵是有战斗力的。等我们过了江，江南的广大人民都拥护我们，到那时共产党的力量就更强大了，这是白崇禧没有估计到的吧。"

谈话从晚上 8 时一直到第二天凌晨 3 时才结束。

4 月 3 日晚，毛泽东再次接见了刘仲容。会谈中，毛泽东要刘仲容返回南京，继续对李宗仁、白崇禧做工作，争取他们在此重要历史时刻，能认清形势，向人民靠拢。

毛泽东说："白崇禧是喜欢带兵的，他的桂系部队只不过十来万人，将来和谈成功，一旦成立中央人民政府，建立国防军时，我们可以请他继续带兵，请他指挥 30 万军队，人尽其才，对国家也有好处嘛。"

"白崇禧要我们的军队不过江，这办不到。我们大军过江以后，如果他感到孤立，也可以退到长沙再看情况；又不行，他还可以退到广西嘛。我们来一个君子协定，只要他不出击，我们三年不进广西，好不好？"

说到这里，毛泽东问刘仲容："你看，我们是不是煞费苦心呢？之所以这样做，不是我们没有力量打败他们，而是让人民少受点损失。"

刘仲容十分真诚地说："这样安排，对他们是仁至义尽了。"

坐在一旁的周恩来补充道："此次去南京，总的原则是：他们同意我们过江，什么都好谈，要抵抗，那是不行的。对他们讲清楚，不要以为我们过了江会孤立，广大人民是站在我们这边的，群众是拥护我们的。"

在刘仲容到达北平之后，4 月 1 日，以张治中为首的南京政府和谈代表团也到达北平。代表团成员还有黄绍竑、邵力子、章士钊、李蒸和刘斐。中国共产党则派出了以周恩来为首的和谈代表团，成员有林祖涵（林伯渠）、林彪、叶剑英、李维汉和聂荣臻。因为刘仲容这次来北平是秘密的，所以同南京的和平代表团并无接触。

4 月 5 日午后，南京方面派出中国航空公司飞机飞抵北平。当天下午 1 时许，刘仲容搭乘这架飞机，于暮色苍茫中到达南京。

一下飞机，刘仲容就马不停蹄地赶到傅厚岗，面见李宗仁，向他一五一十地报告了此次北平之行的经过，并如实地转达了毛泽东和周恩来的谈话。

接着，刘仲容把一张报纸递给李宗仁。那是4月5日出版的《人民日报》。

"这是我特意从北平带来的。这篇文章很重要，它表达了共产党的方针政策，指明了方向。"刘仲容指着头版一篇名为"南京政府向何处去？"的社论解释道。

李宗仁认真地看完了文章，一言不发，重重地叹了口气，随即叫秘书给何应钦打电话，请他马上过来听一听刘仲容在北平同中共接洽的情况。

"这好吗？"刘仲容满腹疑惑。

"敬之（何应钦字敬之）是行政院长，应该让他也听听嘛。"

不一会儿，何应钦出现在门口。一进门，人还未坐下，就问刘仲容："这次你带回什么消息呀？在那边你见到文白（张治中字文白）、邵老了吧？"

"没有见面，我是德公（李宗仁）派出去了解情况的。我刚到，正向德公汇报。"刘仲容说。

"据你看，共产党有没有诚意？你见到毛先生没有？"何应钦接着追问。

刘仲容如实回答："见到了，毛先生说，国共两家打了这些年的仗，该歇歇手了，谈总比打好，这并不是共产党没有力量，而是为了早日结束内战，使地方和人民少受损失。毛先生还说，解放军一定要过江，谁也不能阻拦。他欢迎你和德公到北平直接商谈，协商解决一切问题。"

"我们的代表团不正在那边同他们谈吗？"何应钦一副不以为意的表情。

因摸不清何应钦的心思，刘仲容只好含糊其词，"双方最高当局直接会谈，可能更直截了当些吧。"

9日，白崇禧从武汉匆匆赶到南京后，立即把刘仲容找来问话。

刘仲容又把北平之行的前后经过向白崇禧详细叙述了一遍，说："当初受您交付的使命，向中共方面提出了关于政治可以过江、军事不要过江的建议。但中共方面态度坚决，坚持政治要过江，军事也要过江，而且很快就要过江。"

"他们一定要过江，那就非打下去不可了，这还谈什么？"白崇禧气呼呼地说。

刘仲容便又把毛泽东的话讲给白崇禧，特别提到如果和谈成功，成立人民政府，毛泽东将请他指挥国防军。

"个人出处，现在不是我考虑的时候，目前要紧的是共产党如果有和平诚意，就立即停止军事行动，不要过江，能让步的我们尽量让步，不能让步的绝对不能让。过江问题是一切问题的前提。中共如在目前'战斗过江'，和谈的决裂，就不可避免。"

白崇禧自恃尚有实力，认为他的桂系军队能征善战，未伤元气，加之凭借长江天险足以抵挡解放军过江，对刘仲容的讲话显得十分不耐烦，问道："德公和敬之有什么看法？"

刘仲容马上答道："他们两位都没有表示，就是要同你商量一下。"

"还有什么好商量的？你马上就回北平通话，把我所说的意思转告他们。就这样办。"

见白崇禧有些气急败坏，刘仲容极力劝阻："就当前的形势看，我们位处下风，共产党是战胜者，进行和谈本来就不易，现在好容易开始谈判，和平还有一线希望，千万要把握这宝贵的时机，不要错过啊！"

但白崇禧仍一意孤行，过分迷信他的军事实力，并幻想美国插手援助，甚至发动第三次世界大战，因此对刘仲容的规劝置若罔闻，根本就听不进去。

4月12日，刘仲容飞抵北平，立即驱车直驶香山双清别墅，向毛泽东汇报南京之行的情况。

"李宗仁、白崇禧的态度有转变没有？"毛泽东边说边点燃了一支香烟。

"白崇禧还是顽固地坚持反对解放军渡江，我看是没有什么希望了。"刘仲容的回答有点无可奈何。

"李宗仁呢？"毛泽东吸了口烟，紧跟着问。

"还有争取的可能性。主席，我没能很好地完成您交给我的任务……"刘仲容内疚地说。

毛泽东打断了刘仲容的话，"那不关你的事。中共中央已经决定，解放军就要渡江。希望德邻（李宗仁字德邻）先生在解放军渡江时，不要离开南京，如果认为南京不安全，可以飞到北平来，共产党会以贵宾款待他，那时和谈仍可以继续进行。"

13 日晚，国共和谈代表团在中南海勤政殿举行第一次正式会议。周恩来作《国内和平协定草案》的说明，并重申了中共对这个草案所持原则。张治中表示愿意就中共所提草案再加研究，并将提出修正案。

15 日晚，国共和谈代表团在中南海举行第二次正式会议。

会上，周恩来指出：经过第一次正式会议后，我和文白先生就协定草案全部内容要点再度具体交换了意见。中共代表团尽可能地吸收了南京政府代表团的许多意见，凡是于推进和平事业有利、于中国人民解放有利的意见，我们尽量采纳，并宣布 4 月 20 日为签字的最后期限。

经研究，南京政府代表团表示接受《国内和平协定》（最后修正案），并决定派黄绍竑和屈武携带文件于次日返回南京请示。

16 日，李宗仁召集桂系核心人物开会研究，作了悲愤激昂的讲话。他对黄绍竑说："你回北平告诉张文白，叫他向中共代表团力争取消逮捕战犯这一条，我愿意以国民政府代总统的身份去北平负荆请罪。内战罪责，由我一人承担，但不要再追究国民政府所属的军政人员过去的罪过。其他条款我们都愿承认，并认真执行……"

但在"解放军过江"这一关键问题上，李宗仁仍是举棋不定。

然而，手握重兵的白崇禧早已下定"要中共坚持渡江便不能接纳和议"的决心，同黄绍竑围绕签字与否，激烈交锋，结果双方各执己见，争得面红耳赤，不欢而散。

20 日，李宗仁、何应钦正式复电北平国民党和谈代表张治中等人，声明不同意签字。

21 日，毛泽东主席和朱德总司令发出了《向全国进军》的命令。中国人民解放军百万雄师强渡长江，以秋风扫落叶之势迅速摧毁国民党军号称"固若金汤"的千里江防。

23 日清晨，在人民解放军的隆隆炮声中，李宗仁仓皇逃离南京，乘专机飞往桂林。不久，白崇禧也来到桂林，声色俱厉地表示要与中共血战到底。

5月7日，李宗仁南飞广州，决心"为防止中国赤化，作最后五分钟的努力"。

6月13日，中华北路广州市政府的迎宾馆，时为李宗仁官邸。李宗仁与白崇禧派人把刚由北平飞到香港的原桂系首领刘斐请到广州面谈。三人从早上一直谈到深夜。

此时，刘斐已决心与国民党政权彻底决裂，便力劝李宗仁、白崇禧二人不要再执迷不悟，赶快走和平起义的道路！

刘斐对白崇禧说："为今之计，只有德公下野，因为他已失去代表讲和的资格，而由你率领湘、桂两省军政人员和部队举行局部起义。这样，不仅你们在政治上有出路，而且还可救全多年追随你们的部下，使他们也好有个安顿；否则，你们失败了往国外一跑，他们往哪儿跑呢？"

这本是一个两全其美的良策，但忠言逆耳，白崇禧根本听不进去，脱口而出："汉曹不两立，我除同他们拼到底而外，没有第二条路可走。失败就失败，算了！投降起义我不干！"

白崇禧所倚仗的是手里三四十万能战之兵，自以为凭他的足智多谋和"神机妙算"，完全可以与解放军周旋下去，或许能打出个新局面。

然而，大厦将倾，败局已定，谁也挽救不了国民党败走大陆的命运。

在5月初武汉解放前夕，白崇禧集团由武汉、九江一线撤至湖南、江西省西部，其中以第3、第10兵团共7个军约15万人部署于岳阳、长沙和萍乡、宜春、上高地区，企图迟滞解放军南进。

第四野战军司令员林彪、第二政治委员邓子恢指挥集结于鄂东南、赣西北和赣江中游东岸地区的所属第12、第15兵团和第二野战军第4兵团共10个军约43万人发起湘赣战役，决心歼灭白崇禧集团一部。

7月8日，第15兵团一部奔袭奉新、高安，计划包围突出于该地区的白崇禧集团第176师，诱歼援敌。但该师已先期撤退，第15兵团即向西追击；同时，第12兵团经通城，第4兵团渡赣江取捷径直插醴陵、萍乡，对白崇禧集团实施两翼迂回。

10日，第四野战军发现白崇禧集团一部停留于上高、宜丰地区，即令第15兵团停止追击，令第4、第12兵团加速向其两翼迂回。

白崇禧人称"小诸葛",自然不是浪得虚名。他很快就发觉解放军以重兵向其侧后迂回,于13日下令全线向攸县、茶陵地区撤退。

16日,毛泽东致电林彪、邓子恢、萧克等人,指出:"判断白崇禧准备和作战之地点,不外湘南、广西、云南三地,而以广西的可能性为最大。""和白部作战方法,无论在茶陵、在衡州以南什么地方,在全州、桂林等地或在他处,均不要采取近距离包围迂回方法,而应采远距离包围迂回方法,方能掌握主动,即完全不理白部的临时部署,而远远地超过他,占领他的后方,迫其最后不得不和我作战。因为白匪本钱小,极机灵,非万不得已不会和我作战。因此,你们应准备把白匪的十万人引至广西桂林、南宁、柳州等处而歼灭之,甚至还要准备追至昆明歼灭之。"

次日,毛泽东再次致电林彪、邓子恢、萧克并告刘伯承、张际春、李达、陈毅、饶漱石、粟裕,对歼灭白崇禧部的作战方针提出补充意见:

(一)基于白匪本钱小,极机灵,非至万不得已决不会和我决战之判断;基于四野之总任务在于经营华中及华南六省,二野之任务在于经营西南四个省,以及进军之粮食、道路等项情况,我们认为你们各部应作如下之处置。

(二)陈赓四个军即在安福地区停止待命,不再西进,待十五兵团到达袁州后,由十五兵团之一个军为先头军向赣州开进。这个军即确定其任务为占领赣州及经营赣南十余县。陈赓三个军、十五兵团两个军统由陈赓率领,经赣州、南雄、始兴南进,准备用三个月时间占领广州,然后十五兵团两个军协同华南分局所部武装力量及曾生纵队,负责经营广东全省。陈赓率四兵团三个军担任深入广西寻歼桂系之南路军,由广州往肇庆向广西南部前进,协同由郴州、永州入桂之北路军,寻歼桂系于广西境内。随后,陈赓率自己的三个军入云南。在此项部署下,陈赓四兵团以外之另一个军即由安福地区入湖南,受十二兵团指挥,暂时担任湖南境内之作战,尔后交还刘、邓指挥,由湖南出贵州。曾生两个小时应即提早结束整训,遵陈赓道路或仍走粤汉路东去广州。

(三)四野主力除留置河南的一个军,留置湖北的重炮部队,以五个军组成深入广西寻歼白匪的北路军,利用湘桂铁路南进,协同陈赓歼灭桂系于广西境内。

（四）上述这种部署，是不为白匪的临时伪装布阵（例如过去在赣北，现在在茶陵，将来在郴州、全州等处）所欺骗，采取完全主动的部署，使白匪完全处于被动地位。

8月4日，华中"剿总"副总司令、湖南省政府主席程潜和国民党军第1兵团司令官陈明仁在长沙起义。第四野战军主力和第二野战军一部随即挺进至赣南和湘东北部地区。

白崇禧见大势不妙，立即调整部署，将主力5个兵团11个军31个师共20万余人退据以衡阳、宝庆（今邵阳）为中心的湘南地区，企图与华南军政长官余汉谋集团组织"湘粤联合防线"，并在川湘鄂边区"绥靖"公署主任宋希濂集团的呼应下，阻止人民解放军南进，战况不利时再退向广西、海南岛或贵州、云南，或干脆逃往国外。

正所谓"机关算尽太聪明，反误了卿卿性命。"林彪、邓子恢遵照毛泽东关于对白崇禧集团取大迂回动作，插至敌后，先完成包围，然后再回打的方针和部署，统一指挥第四野战军第12、第13、第15兵团和第二野战军第4兵团，分成中、西、东三路进军华南，同时发起衡宝战役和广东战役。

9月13日起，西路军第13兵团主力沿常德至芷江公路南进，至10月5日解放沅陵、泸溪、溆浦、辰溪、怀化、芷江、黔阳、会同等地，从右翼突破国民党军"湘粤联合防线"，切断了白崇禧集团主力退往云、贵的道路。

10月2日，中路军以主力分路向青树坪、永丰、白果市等地展开正面攻击，守军第71军后撤。第12兵团遂派部队向敌后穿插，防其主力南逃。

白崇禧发觉解放军主力南下，急从乐昌、耒阳、郴县（今郴州）等地调第46、第48、第97军等部北上加强衡宝防线，企图会同原在该线的第7军及第1兵团迟滞人民解放军南进。

林彪等人判断，白崇禧集中主力似有在衡宝一线反击的企图，遂于5日令已进至衡宝线以北的中路军主力在现地停止待命；令西路军停止南进，由黔阳、芷江折向宝庆、祁阳之间地区；令第46、第18军西进耒阳、常宁；令预备队第16、第17军向衡阳以北渣江地区机动。准备在衡宝地区迎战白崇禧集团主力反击。

5日晚，中路军主力停止于衡宝线以北待命；而第45军第135师在急行军中未接到停止前进的命令，已楔入宝庆东南灵官殿地区白崇禧集团防御纵深，对其侧后造成严重威胁。

6日，白崇禧集中5个师的优势兵力向135师发起猛烈进攻，准备一口吃掉孤军深入的135师。

身陷重围的135师是一支具有光荣传统、能征惯战的部队，其前身可追溯到土地革命战争时期的"瑞金团"，即中华苏维埃共和国中央政府警卫团。当年在长征途中，该部曾活动于黔北川南，迷惑和调动国民党"追剿"大军，为主力红军四渡赤水立下汗马功劳。时任135师师长的丁盛，人称"丁大胆"，在战将如云的四野部队里以作战勇猛著称。

战斗就这样阴差阳错地打响了。敌军发起一次次疯狂的冲锋，均被135师顽强击退。激战竟日，双方伤亡惨重，但135师如磐石般牢牢坚守住了阵地。

仗打到这个份儿上，大大出乎双方主帅的意料。白崇禧没有料到丁盛的135师如此难啃，像插在喉咙里的一根坚硬的鱼刺，想吞又吞不下去，想吐又吐不出来。而林彪同样也没有想到135师能以一师之力把白崇禧的主力死死拖住。于是立即命令东、西两路军火速逼近曲江（今韶关）、靖县，威胁广州、桂林。

白崇禧见解放军突破其"湘粤联合防线"左右两翼，并已楔入腹地，心知不妙，立即于6日午夜令所属主力向广西方向撤退，改守湘南新宁、零陵（今永州）、新田、嘉禾一线。在衡宝地区仅留第14军第10、第62师等部于桃花坪、宝庆间警戒，掩护主力撤退。

7日晨，第四野战军发现白崇禧集团已全线收缩，即令135师在灵官殿地区坚决进行阻击；令中路军急速向武冈、白地市、水东江追击；西路军迅速占领武冈、洞口一线，堵击退却的白崇禧集团；第46、第18军和第5兵团主力向衡阳、零陵、宝庆地区疾进。

同日，毛泽东在给林彪、邓子恢、谭政、萧克、赵尔陆等人的电报中指出："白崇禧指挥机动，其军队很有战斗力，我各级干部切不可轻敌，作战方法以各个歼灭为适宜。"

此时，135师经过连日英勇抗击，打退了桂系起家部队、号称从没打过败仗的"钢军"——第7军的多次进攻，成功地遏阻了敌人南逃之路。8日晚，中路军主力赶到，至9日将第7军军部及其所属第171、第172师和第48军第138、第176师等4个精锐师合围于祁阳以北白地市、黄土铺地区。10日，中路军集中第46、第41、第45、第49军从东、北、西三面展开向心攻击。激战至11日上午，除1个团逃跑外，白崇禧的4个精锐师全部被歼，其余的残兵败将也早已成惊弓之鸟，向广西一路狂逃。至16日，解放军共歼敌4.7万余人，解放了湘南和湘西大部地区。

衡宝战役是人民解放军进军中南中具有决定意义的一次战役。此役过后，白崇禧手里的精锐部队所剩无几，与解放军作战的本钱基本输光了。但不甘心失败的白崇禧在撤入广西后，经恢复番号和补充人员，其兵力有5个兵团12个军约15万人，连同10月下旬由广东逃到粤桂边界地区的余汉谋集团残部，共约20万人，企图以桂林为中心，沿湘桂铁路及其两侧组织防御，以"确保左右两江，增援黔省，屏障昆明，及支援雷、琼"。

为彻底歼灭白崇禧集团，林彪以9个军及粤桂边纵队等共40万余人的兵力，分三路向广西挺进。

11月6日，西路军从湘西南洞口、武冈出发，于10日攻占靖县、通道，国民党军第17兵团仓皇西逃。西路军展开追击，攻占黔东南榕江、从江等地，于15日楔入桂北。

北路军一部于10日袭占全县县城全州后，主力相继进至湘西南新宁、东安、江永等地。南路军第13军在广东战役后已进至廉江、茂名（今高州）地区，第14、第15军和第43军分别于10日和15日向廉江至信宜一线前进。

此时，进军西南的第二野战军主力已突破国民党军川黔防线，逼近贵阳。白崇禧在处境孤立、西逃无望的情况下，决定乘解放军西、北两路军尚未深入桂境之机，以其主力第3、第11兵团共5个军南下郁林（今玉林）、容县、岑溪，发动"南线攻势"，企图控制雷州半岛，打通逃往海南岛的道路。

11月24日，国民党军第3、第11兵团向廉江、茂名、信宜一线发起进攻，遭到解放军南路军的顽强阻击。同日，毛泽东指出：这是歼灭该敌的好机会，应迅速部署围歼。第四野战军随即发起粤桂边围歼战，南路军以一部兵力在廉江至信宜一线阻击国民党军，主力待机出击；北路军及西路军第39军南下郁林、荔浦、梧州及柳州，攻击国民党军侧后；西路军第38军继续挺进百色；第43军西进参战，加强南翼。

27日，南路军发起反击，并乘胜追击。第43军接连攻占容县、北流、郁林，歼第11兵团大部。30日夜，第43军一部突入博白县城，全歼第3兵团部，活捉华中军政副长官兼第3兵团中将司令官张淦。同日，第4兵团主力占领陆川，即与第43军将国民党军第3兵团所属3个军合围于陆川、博白地区。经两天激战，将该敌大部歼灭。

此时，北路军和西路军第39军分别由湘桂边界地区和桂北南下，配合南路军作战，迫使国民党军第1、第10、第17兵团纷纷南逃。

为全歼白崇禧集团于广西境内，解放军在"决不让敌人跑掉"的口号下发起迅猛追击，相继解放桂林、南宁、百色。至12月4日，逃入广西的白崇禧集团主力17.3万余人被歼，第1、第17兵团残部向中越边境地区逃窜，白崇禧本人则仓皇逃往海南岛。往日里神采奕奕、颇为自负的"小诸葛"面容憔悴，两眼无神，语声低沉，完全一副斗败公鸡的模样。

不久，已是光杆司令的白崇禧逃到了台湾，即被蒋介石委以"总统府"战略顾问委员会副主任的虚职，自此永远地失去兵权，在国民党军界中销声匿迹了。

毛泽东评蔡廷锴

【蔡廷锴简历】

蔡廷锴（1892—1968），字贤初。广东罗定人。国民党陆军上将。

1910 年，蔡廷锴投广东新军当兵。1919 年，在粤军陈铭枢营任中尉排长。1920 年，入广州陆军讲武堂。第二年毕业后回粤军第 1 师历任旗官、连长、营长等职，参加东征陈炯明与南征邓本殷，作战骁勇，屡立战功。1926 年，任国民革命军第 4 军第 10 师第 28 团团长，7 月参加北伐战争，11 月任第 11 军第 24 师副师长。1927 年 3 月，任第 11 军第 10 师师长，率部进入河南与奉军作战。7 月，所部归叶挺指挥，到达九江。8 月，参加南昌起义，任军事委员会委员、第 11 军副军长兼第 10 师师长。南下广东时率第 10 师脱离起义军，在江西进贤县遣散所部共产党员，挥师进入福建重建第 11 军，以陈铭枢、蒋光鼐为军长、副军长，自任第 10 师师长。12 月，随第 11 军回师广东，参加驱走在广东发动军事政变的张发奎部（第 4 军）的作战。1929 年，第 11 军缩编，先后任独立第 2 旅旅长、第 60 师师长。1930 年，任第十九路军第 19 军军长。同年冬，调至江西，先后参加第一、第二、第三次对中央革命根据地的"围剿"，均遭失败。"九一八"事变后，第十九路军调防沪宁地区。1932 年，与总指挥蒋光鼐指挥第十九路军进行"一·二八"抗战，迫使日军四次增兵，三易主将，死伤逾万。5 月，所部被调往福建"剿共"，8 月任第十九路军总指挥，12 月任驻闽"绥靖"公署主任。1933 年 11 月，与陈铭枢、蒋光鼐、李济深等发动福建事变，任人民革命军第一方面军总司令，将第十九路军扩编成 5 个军 10 个师，旋被蒋介石调重兵镇压。1934 年 2 月，逃亡香港，出游欧美与澳洲，宣传抗日救国。1935 年 4 月，在香港与李济深等组织中华民族革命大同盟。

全面抗战爆发后，9月蔡廷锴应蒋介石电邀到南京，任大本营参议官。10月，他被车撞伤，返乡调养，后率民众抗日自卫团在广东西江打游击。1939年，先后任第16集团军及第26集团军总司令，参加桂南会战。1940年4月，改任粤桂边区总司令。6月，辞职，闲居桂林。

解放战争时期，蔡廷锴反对蒋介石的内战政策，于1946年在广州参加组织中国民主促进会。1947年1月，由退役陆军中将晋陆军上将。1948年1月，在香港参加组织中国国民党革命委员会。1949年9月，出席中国人民政治协商会议第一届全体会议。

中华人民共和国成立后，蔡廷锴历任中央人民政府委员会委员、国防委员会副主席、全国人民代表大会常务委员会委员、中国人民政治协商会议全国委员会副主席等职。1968年4月25日，于北京病逝。

【毛泽东评点】

"蔡廷锴等人领导的十九路军是代表什么阶级的利益呢？他们是代表着民族资产阶级、上层小资产阶级、乡村的富农和小地主。蔡廷锴们不是和红军打过死仗的吗？可是后来又同红军订立了抗日反蒋同盟。他们在江西，向红军进攻；到了上海，又抵抗日本帝国主义；到了福建，便同红军成立了妥协，向蒋介石开起火来，无论蔡廷锴们将来的事业是什么，无论当时福建人民政府还是怎样守着老一套不去发动民众斗争，但是他们把本来向着红军的火力掉转去向着日本帝国主义和蒋介石，不能不说是有益于革命的行为。"

——摘自《毛泽东选集》第1卷第145—146页

1936年9月22日，毛泽东致信蒋光鼐、蔡廷锴，提出："为达推动全国（包括南京在内）进行真正之抗日战争起见，特向先生及十九路军全体同志提议，订立根据于新的纲领之抗日救国协定，拟具草案八条借供研讨，并祈转达陈真如先生及十九路军各同志。如荷同意，即宜互派代表集于适当地点正式签订。"

——摘自《毛泽东年谱》上卷第583页

【评析】

蔡廷锴在国民党军中属倾向革命的"左派"将领。早年在粤军第1师任职，该军后扩编为国民革命军第4军，参加过北伐战争，号称"铁军"的叶挺独立团便是该军的一部。

1927年，蔡廷锴与叶挺一同参加了南昌起义。但在起义军南下广东途中，他因对革命前途产生了动摇，遂"礼送"本部内的共产党员，转进福建，后投靠了蒋介石。

1930年，蒋冯阎中原大战时，蔡廷锴和蒋光鼐第一起打出第十九路军的旗号，为蒋介石力挫阎锡山、冯玉祥，立下了汗马功劳。

毛泽东对蔡廷锴并不陌生。自1930年冬，蔡廷锴率部参加了历次对中央苏区的"围剿"作战，可谓是红军的老冤家。

第一次"围剿"，蔡廷锴迟到一步。刚进苏区，张辉瓒即告全师覆没，第十九路军闻风而逃。

第二次"围剿"，第十九路军刚打完淞沪保卫战。中共曾声援过这些抗日将士，故尽管蔡廷锴深入苏区宁都境内，但红军手下留情，未曾动他。

第三次"围剿"，红军不再客气。彭德怀、滕代远的红三军团和陈毅的江西军区部队，与蔡廷锴的3个师，在兴国境内高兴圩激战三天两夜，双方用刺刀拼杀不下数十次，几万人直杀得天昏地暗。

蔡廷锴后来回忆："红军以其最强悍之部队及彭德怀之军官队，向我猛冲。我军受其强烈压迫，全线略为动摇。第60师沈光汉师长及师部不明前线情况，又不沉着，在此千钧一发之际，竟受溃兵之影响，擅自向兴国方向退去10余里。甚至总部人员及我之随从亦有逃跑，颇为紊乱，无线电亦放出紧急电。当时我见此情景，危殆万分，愤欲自杀以殉国……"转念"横竖一死，未到红军将我俘虏之时，先死殊不值"，遂决心与红军战个你死我活。他纠集残兵，手持双枪，亲临督战。

第十九路军确实能打。高兴圩一战，红军虽歼其三千，但自身也伤亡千余。红三军团政治委员滕代远负伤，红4师代理师长邹平阵亡，另有排以上干部100多人伤亡。

然而，就是这么一支为效忠蒋委员长南征北战的部队，却因出身旁系，得不到蒋介石的信任，深遭排挤暗算。矛盾便在这种不信任中产生。

在第十九路军中，若论资排辈，依次为陈铭枢、蒋光鼐、蔡廷锴。陈铭枢在粤军任营长时，蔡廷锴是其手下的排长。陈铭枢任第4军师长时，蒋光鼐任副师长，蔡廷锴则是该师的团长。10多年的战争风云，三人在第十九路军中形成一种格局：陈铭枢主政治，蒋光鼐主运筹，蔡廷锴主督战。

对地方杂牌军将领，蒋介石采取惯用的"一打一拉"的手段。

当初，蒋介石紧紧笼络住李济深、陈铭枢，为其冲锋陷阵。后来，李济深、陈铭枢不听话了，蒋介石又开始拉拢蒋光鼐和蔡廷锴，封蒋光鼐为第十九路军总指挥，蔡廷锴为第19军军长。

"九一八"事变后，随着民族矛盾的上升，第十九路军官兵在中国共产党和红军"中国人不打中国人"的号召推动下，对蒋介石竭力推行"攘外必先安内"的反动政策表示不满，在江西赣州宣誓，要求停止内战，枪口对外，与蒋介石的矛盾日趋尖锐。特别是"一·二八"淞沪抗战中，蒋光鼐也不听话了，与时任京沪卫戍司令长官的陈铭枢一道率第十九路军与日本人血战33天，在全国出尽了风头，而丢尽了蒋委员长的面子。此后，蒋介石便开始打击蒋光鼐，"栽培"蔡廷锴。

很快，蔡廷锴就受到了蒋介石的"重用"，身兼四职：浙闽赣粤湘五省南路"剿共"前敌总指挥、福建"绥靖"公署主任、第十九路军总指挥、第19军军长。

然而，"重用"并代替不了信任。蒋介石对第十九路军向来就不信任，其中一个重要的原因，就是蔡廷锴曾经参加过南昌起义。尽管蔡廷锴后来很快就转向了，但在一向多疑寡信的蒋介石眼里，还是被列入脑后长有反骨的人。

为了解除这个肘腋之患，蒋介石决定把第十九路军从上海调至福建"剿共"，企图借刀杀人。1932年5月21日，蒋介石下令：赤匪大部窜闽南，漳州相继失守，同安亦危，着该军全部由海上运输进剿。随后，南京国民党政府授蔡廷锴青天白日勋章，任其为第十九路军总指挥。

蔡廷锴深知，委员长的"重用"无非就是利用，好让他打红军，当炮灰。蔡廷锴的诸位上司，也曾被蒋介石"重用"过，但到头来，无不落得被人取代的下场。蒋介石的最终目的只有一个，消灭第十九路军。

对此，蔡廷锴愤然对蒋光鼐说："老蒋把十九路军调到福建来打红军，如果不打，必授之以柄，被他消灭；如果听从命令积极打，官兵不愿意，孤军深入，后无援兵，又必为红军所消灭。剿也难，不剿也难，打也完，不打也完。"

6月，蔡廷锴率第十九路军入闽后，采取了消极反蒋的方针，企图保存和扩充实力，在福建搞个"模范省"，尔后联合广东、广西军阀，割据福建。

在参加第四次"围剿"时，第十九路军一反前三次"围剿"时的积极主动，出工不出力，只是瞅了几个空当，占了苏区一些地方，与红军没有发生大的交火。

1933年7月，根据"左"倾冒险主义者制定的"两个拳头打人"的作战计划，彭德怀率由红三军团主力组建的东方军入闽征战，矛头直指第十九路军。

战泉上，攻朋口，克连城，东方军在闽西、闽中势如破竹，所向披靡，动辄吃掉蔡廷锴一个团、一个旅。至8月中旬，东方军连克洋口、峡阳，围困将乐、顺昌、延平，前锋直逼第十九路军总部所在地福州……

在此形势下，蒋光鼐、蔡廷锴、陈铭枢等人密商，决定响应中共"在三条件下与全国各军队共同抗日"的号召，把反共变为联共，与共产党共同反蒋抗日，决定派代表同红军进行谈判。

9月22日，第十九路军和谈代表陈公培来到东方军司令部面见彭德怀，并带去了蔡廷锴、蒋光鼐写给朱德、毛泽东的信。

信中，蔡、蒋二人除表示愿意接受中共中央和红军停止内战、共同抗日的主张外，还提出愿与东方军先行停止战争行动，互派代表和谈。

当晚，彭德怀给蒋光鼐、蔡廷锴写了亲笔信，对第十九路军与红军合作表示欢迎，并晓以反蒋抗日大计的意义，请他们派代表到瑞金直接同中共中央进行谈判。

事关重大，彭德怀把蒋、蔡信的内容电告中央分局和中革军委，并建议中央先允许他以个人名义同第十九路军接触，待第十九路军承诺若干条件后再进行谈判。

根据彭德怀信中所说，陈铭枢、蒋光鼐、蔡廷锴商定，派与中共关系甚密、时任第十九路军秘书长的徐名鸿作为全权代表，在陈公培、陈小航的陪同下即刻赶赴瑞金，与中共正式谈判。

徐名鸿（1897—1934），广东丰顺人，早年加入中国共产党。曾任北伐军第11军政治部主任。参加过南昌起义，任第4军第11师党代表，后又任军政治部主任。南昌起义失利后脱党，参加了第三党，长期在第十九路军工作。

10月上旬，福建使者一行三人抵达红都瑞金。

徐名鸿带来一封蒋光鼐、蔡廷锴给朱德、毛泽东的信，再一次表示愿与红军共同反蒋抗日。

此时第五次反"围剿"激战正酣，苏区的北大门黎川已经陷落敌手，中共中央临时负责人博古正忙得焦头烂额，与共产国际派来的军事顾问李德制定收复黎川的作战计划，哪有时间管第十九路军的"闲事"，便给毛泽东派了个差事："我不出面了，福建使者由中央政府接洽。"

时任中央局宣传部副部长的潘汉年，作为中华苏维埃共和国临时中央政府及工农红军全权代表接见了徐名鸿等人，就联合反蒋抗日一事进行谈判。

谈判过程中，毛泽东、周恩来、朱德多次会见了徐名鸿等人，表示愿意与第十九路军在抗日反蒋上合作。

毛泽东说："十九路军过去替蒋介石打红军，压迫人民是错误的，但现在不愿打内战，积极抗日，中国共产党是欢迎的，支持的。苏维埃中央政府愿意与十九路军合作，双方在共同抗日的前提下，反蒋抗日。"

毛泽东、周恩来、朱德等人谋求合作的积极态度，进一步坚定了第十九路军反蒋抗日的决心。但博古等人仍然对第十九路军表示怀疑，在中央讨论协议条款时，发生了争论。

毛泽东指出："我们联合十九路军，不仅在政治上对全国人民和国民党军队会起到重大影响，在与蒋介石的军事斗争上，也会产生直接的对我们有利的作用。"

最终，毛泽东的意见得到了大多数人支持，博古同意与第十九路军签订协定，但仍坚持认为与蔡廷锴联合，仅仅是为了"在群众面前证明苏维埃红军忠实于自己的宣言，借以揭破十九路军的真实面目"。

10月26日，中华苏维埃共和国临时中央政府及工农红军全权代表潘汉年和福建省政府及十九路军全权代表徐名鸿订立了《中华苏维埃共和国中央政府及工农红军与福建人民革命政府及人民革命军的反日反蒋的初步协定》。

11月20日，第十九路军在福州举起"联共反蒋抗日"的大旗，宣布脱离国民党，成立"中华共和国人民革命政府"。

第十九路军反戈一击，打乱了蒋介石从四面"围剿"中央苏区的计划，不得不抽出10万大军分几路从苏区边沿地区通过，向福建进攻。这样，中央苏区的东面、北面压力大为减轻，同时也给红军截敌、歼敌提供了最好的战机。这是历次反"围剿"中所没有过的。

当时，第十九路军已拥有正规军33个团7万余人，战斗力较强，另有4万人的地方武装。红军只需发个电报，就可多一个有,10万部队的盟友。如果红军能出兵支援第十九路军，同他们并肩作战，不但可以消灭蒋介石军队一部或大部，而且还可以推动全国抗日救亡运动的发展，粉碎敌人对中央苏区的第五次"围剿"。

然而，博古、李德等人对第十九路军素无好感。在他们看来，福建人民政府比国民党蒋介石还坏，更带欺骗性，其成立以后的事实"证明它的一切空喊与革命的名词，不过是一种欺骗群众的把戏"。

毛泽东不愿意丧失这样一个天赐良机，指出："不管十九路军今后有什么打算，抗日这一点不容忽视，既然他们敢于打出旗号反对蒋介石，我们就应积极支持。"

博古、李德坚持认为，蔡廷锴等人是比蒋介石更坏更危险的"中间派"，现在他们反目成仇，打起来了，正是求之不得的事，因此坚决反对红军介入这场"军阀混战"，更不愿替蔡廷锴去打蒋介石。

毛泽东以其军事家的远大眼光，在详尽分析了当时的敌我态势后，向博古、李德等人积极建议："红军应该跳出敌人的包围圈，调至外线，打到敌人的后方，到赣、浙、闽、皖四省的交界地区活动，在运动战中消灭敌人，而绝对不能采取堡垒对堡垒的错误方针，才能使敌人的堡垒政策归于失败。"

《毛泽东年谱》是这样记载的：

> 福建事变后，蒋介石迅速从"围剿"苏区的前线抽调9个师入闽，讨伐十九路军。这是红军粉碎敌人第五次"围剿"的有利时机，毛泽东向中共临时中央建议：以红军主力突破敌之围攻线……

这是一个具有战略眼光的建议。第五次"围剿"开始后，蒋介石几乎把他的全部兵力都投入到中央苏区，后方十分空虚，"连南京一带那样重要城市的防务，只是以宪兵、警察和一些地方团队来维持"。"福建事变"发生后，蒋介石"最担心的是怕共军由闽北窜到浙江、安徽、江苏一带"，威胁其后方。如果红军按此建议采取果断行动，则不仅能够有力地支援十九路军，解福建人民政府之围，推动全国抗日反蒋形势的发展，而且可以调动蒋介石"围剿"中央苏区的主力部队回援，以利红军在运动战中各个歼灭敌人，进而打破第五次"围剿"。历史可能就此改写。

许多年后，当毛泽东重新确立了其在中国革命中的领导地位，指挥千军万马夺取中国革命的伟大胜利时，仍对此事记忆犹新：

> 这个建议就是和敌人换防？蒋介石要来赣南，我们就让给他，红军就到江浙一带去打游击，重新开辟革命根据地。当然，国民党军是不会同意的，必定回防其根本重地，红军就由战略防御变成战略进攻，国民党军则变成战略防御了，不但国民党军的碉堡主义将失去其作用，而且红军还可以发挥特长，在运动中大量歼灭国民党军的有生力量，打破国民党军的第五次"围剿"，中央革命根据地也必定能够恢复。

在《中国革命战争的战略问题》一文中，毛泽东写道：

> 福建事变出现之时，红军主力无疑地应该突进到以浙江为中心的苏浙皖赣地区去，纵横驰骋于杭州、苏州、南京、芜湖、南昌、福州之间，将战略防御转变为战略进攻，威胁敌之根本重地，向广大无堡垒地带寻求作战……迫使进攻江西南部福建西部地区之敌回援其根本重地，粉碎其向江西根据地的进攻，并援助福建人民政府。

对此，国民党军中的有识之士后来也认识到了这一点。国民党军史专家王多年在读了《中国革命战争的战略问题》后，感慨万千，写道：

> 毛泽东的主张是在闽变发生之时，全盘情势已有重大变化，为了利用此种情势，改变原来的作战方针，由战略守势，改为战略进攻，其进攻目标，指向国军必救之地。如匪果真照此行动，诱使国军调离江西的可能性，不能说全无。如赤匪与逆军合作，战力至少可增一倍，在无碉堡地区采取运动战，作战线指向苏、浙要地，可能吸引国军调离江西，而减轻对赣南围剿的压力。

遗憾的是，毛泽东的正确建议再次被粗暴而无理地拒绝了。毛泽东沉痛地对妻子贺子珍说："我们丧失了打破第五次'围剿'的有利时机了。""此计不用，第五次'围剿'就打不破，福建人民政府也只好倒台。"

事态的发展果真应验了毛泽东的预言。当蒋介石察觉到红军并没有与十九路军联手的迹象后，消除了一切后顾之忧，即刻入闽，坐镇建瓯，从"围剿"中央苏区的北路军中抽调了 9 个师，连同从宁沪杭后方拼凑的 2 个师，共计 11 个师 10 万大军，从海陆空分数路向福建猛扑过来，意在一举消灭十九路军。

蒋介石采取速战速决和分化瓦解的策略。在"讨伐军"尚未到达时，一面派大批飞机对福州、厦门轮番轰炸，进行武力威慑；一面又以高官厚禄，相诱许多原本与他关系暧昧的高级将领。原归顺蔡廷锴的福建地方杂牌军诚惶诚恐，军心动摇。有的撤出防区，保持中立；有的则干脆掉转枪口，投降蒋介石。

1934年1月中旬，十九路军所辖的5个军有4个军倒向蒋介石，李济深、陈铭枢、蒋光鼐、蔡廷锴等人亡命香港。轰轰烈烈、震撼朝野的福建事变就此宣告失败，一次改写历史的契机与红军失之交臂。

1935年10月，中央红军经过二万五千里长征到达陕北，毛泽东也已重新确立了其在中国革命中的领导地位，仍对此事记忆犹新。

12月27日，他在瓦窑堡党的活动分子会议上作《论反对日本帝国主义的策略》的报告，指出：

蔡廷锴等人领导的十九路军是代表什么阶级的利益呢？他们是代表着民族资产阶级、上层小资产阶级、乡村的富农和小地主。蔡廷锴们不是和红军打过死仗的吗？可是后来又同红军订立了抗日反蒋同盟。他们在江西，向红军进攻；到了上海，又抵抗日本帝国主义；到了福建，便同红军成立了妥协，向蒋介石开起火来，无论蔡廷锴们将来的事业是什么，无论当时福建人民政府还是怎样守着老一套不去发动民众斗争，但是他们把本来向着红军的火力掉转去向着日本帝国主义和蒋介石，不能不说是有益于革命的行为。这是国民党营垒的破裂。"九一八"事变以后的环境能够使国民党营垒分裂出这样一部分人，为什么今天的环境反倒不能造成国民党的分裂呢？我们党内持这样一种论点的人是不对的，他们说，整个地主资产阶级的营垒是统一的，固定的，任何情况下也不能使它起变化。他们不但不认识今天的严重环境，并且连历史也忘记了。

毛泽东评陈济棠

【陈济棠简历】

陈济棠（1890—1954），字伯南。广东防城（今属广西）人。国民党陆军一级上将。

1907年，陈济棠入广东陆军小学堂，次年经广东革命先驱、陆军小学教官邓铿介绍加入同盟会。辛亥革命后转入陆军速成学校步兵科，毕业后在广东地方部队任职。1920年11月，任粤军参谋长的邓铿组建粤军第1师，陈济棠任该师第4团第1营营长。不久，邓铿被刺，陈炯明发动反对孙中山的政变，逼迫第1师将领饮鸡血之盟，为其效忠。陈济棠联同第1师的另外两位将领邓演达、张发奎起兵反抗。1923年，陈济棠升任第1师第2旅旅长。

1925年7月，粤军第1师扩编为国民革命军第4军，即北伐战争中著名的"铁军"，陈济棠任该军第11师师长，率部参加了第二次东征陈炯明和南征邓本殷战役。1926年，兼任钦廉警备司令。1927年，曾率部在汤坑地区阻击进入广东的南昌起义军。1928年，任国民党军第4军军长。1929年，任广东各部队编遣特派员、第八路军总指挥，掌握广东军权。在蒋桂战争和蒋冯阎战争中出兵支援蒋介石作战。1931年，参与宁粤之争，反对蒋介石，所部扩编为第1集团军，任总司令。1932年，宁粤之争弥合后，任国民党中央执监委员会西南执行部和国民党政府西南政务委员会常务委员、广州"绥靖"公署主任。此后，曾任赣粤闽边区"剿共"副司令和赣粤闽湘鄂"剿共"军南路总司令，参加第四、第五次"围剿"中央革命根据地。1935年，被授为陆军一级上将。1936年，陈济棠联络李宗仁等发动"两广事变"，举兵反对蒋介石，失败后下野前往香港，旋即出洋考察，自此结束了对广东的割据局面。

全面抗战爆发后，陈济棠由欧洲回国，任国民政府委员、最高国防委员、战略委员、农林部部长等职。抗战胜利后，出任两广宣慰使，回到广州。1949年，任海南特区行政长官兼建省筹备委员会主任委员。1950年，海南岛解放前夕去台湾，任"总统府"资政、战略顾问委员会战略顾问。1954年11月3日，去世。

【毛泽东评点】

"我们要吸取福建事件的教训，善于利用粤军陈济棠和蒋介石的矛盾，粉碎敌人的'围剿'，壮大自己的力量；同时，也要提高警惕，军阀毕竟是军阀，要'听其言，观其行'。"

——摘自《毛泽东传（1893—1949）》第324页

"针对陈济棠的粤军同蒋介石存在矛盾的情况，毛泽东说：总的要摆正'打'与'和'的关系，和平局面是巧妙地打出来的。"

——摘自《毛泽东传（1893—1949）》第325页

【评析】

陈济棠在20世纪30年代独揽广东军政大权，进行封建割据，保持广东半独立局面长达8年之久，号称"南天王"。

在国民党高级将领中，陈济棠素以骁勇善战而著称。当时，桂系军队强悍无比，又有人称"小诸葛"的白崇禧指挥，更是目空一切，但却数败于陈济棠之手。

1929年蒋桂战争后，败退回广西的李宗仁、白崇禧、黄绍竑倾全桂之兵向广东进攻，粤军徐景唐率第5军在广东起兵响应，直逼广州。陈济棠深感"广东存亡，在此一战"，遂以保境安民为号召，动员全部粤军同桂军决战。他采取各个击破的战略，大败桂军，并乘胜追至广西边境。

一年后，中原大战全面爆发。李宗仁、白崇禧、黄绍竑、张发奎为策应北方的阎锡山、冯玉祥，挥师北上，入湘作战，占领长沙，前锋直抵平江、岳阳。陈济棠率粤军入湘，支援蒋介石作战。

6月10日，粤军攻占桂军战略后方重地衡阳，将其拦腰斩断。桂军首尾不能兼顾，被迫放弃长沙，回师反攻衡阳。衡阳之战，双方皆倾其精锐，战况空前惨烈。桂军遗尸遍野，被毙伤俘12000余人。战后，李宗仁沉痛地说："衡阳久攻不下，而敌人援军云集。……不得已，再向广西撤退，情形狼狈不堪。官兵对战事都十分消极，情况的艰窘，实我军作战以来所未曾遇过的。"

陈济棠的勇猛令蒋介石刮目相看，与桂军数度交战更是取得了蒋的信任。尤为重要的是，在反共问题上，他也同蒋介石一样，是毫不含糊的。

1927年，蒋介石发动"四一二"反革命政变，正在苏联考察的陈济棠立即回国，亲自向蒋呈报反苏反共的意见，并在"总理纪念周"上作反苏反共报告，称"共产党是本党的反对党，是危害本党的唯一敌人"。

同年9月，南昌起义部队进入广东，陈济棠与薛岳等粤军将领率部驰赴潮汕阻击，与叶挺、贺龙部主力在汤坑东南的白石遭遇。结果激战3昼夜，起义军伤亡2000余人，被迫退出战斗。

此役后，陈济棠愈加见重于蒋介石，升任国民党军第4军军长，随后任广东各部队编遣特派员、第8路军总指挥，并乘机将粤军整编为5个师，如愿以偿地爬上了"南天王"的宝座。

然而，陈济棠尽管骁勇善战、积极反共，但在善于玩弄权术、一心想削弱地方军阀势力的蒋介石眼中充其量不过是一颗棋子。

在陈济棠之前，掌握广东大权的是他在粤军第1师的老上司——李济深。

李济深政治上属于粤系，但作为广西人，私人感情却偏向桂系。他利用乡土关系，长期与桂系结为一体：广东支援广西军费，广西支援广东兵力。粤桂两省密切配合，使蒋介石无法插手。

常言道：堡垒往往是从内部瓦解的。老谋深算的蒋介石深知其理，决定从派系甚多的粤军内部找出一颗棋子打入其间，拆散粤桂联盟。

这颗棋子便是陈济棠。

陈济棠果然没有辜负蒋介石的期望，在蒋桂战争中取代了李济深，并作为对蒋介石的回报，数败桂系，粤桂从此结怨，联盟土崩瓦解。

能够取代李济深独霸广东，陈济棠自然不是一个只会拼杀的武夫，深知自己不是蒋介石的嫡系，因为拥蒋反桂，才取得了"南天王"的地位。但靠蒋介石搞掉了别人的人，最怕蒋介石再用别人来搞掉自己。故上台伊始，陈济棠与蒋介石之间的貌合神离，便不可避免地出现了。

中原大战后期，随着桂军节节败退，陈济棠陷入了进退两难的境地。一方面，他对蒋介石感激涕零；另一方面，又唯恐蒋介石在收拾了桂军后，回过头来吃掉自己。在反复权衡利弊后，陈济棠决定效仿他的前任李济深，重建粤桂联盟。于是便采取消极避战的策略，任由桂军退守广西，同时派出密使与李宗仁、白崇禧联系，表示修好。

一时间，宁、粤、桂三方势力相互制衡。陈济棠也因此牢牢地坐稳了"南天王"的宝座。1931年，陈济棠扩编所部为第1集团军，自任总司令，并接管驻广东的海、空军，连同陆军，总兵力达15万之多，独霸广东，成为了一方诸侯。

这年2月，蒋介石把国民党元老胡汉民扣留在南京汤山。消息传到广州，军政各界无不震惊。几天后，蒋介石由南京发来"解释电文"，声称：

"胡先生对国民会议，坚持主张不得议及约法，恐因此引起党内无穷纠纷。28日晚特与详细讨论，胡先生以政见不合，欲辞本兼各职，并欲择地静居，谢见宾客，故于本日往汤山暂住。乃闻谣传扣留，殊觉失实。"

此文欲盖弥彰，反倒证实胡汉民确已被蒋介石囚在汤山了。

陈济棠与胡汉民本有师生之谊，感情自然容易冲动。加之胡派首脑古应芬等人，上蹿下跳，煽风点火。不久，广州等地便掀起反蒋高潮。

4月30日，国民党四位中央监察委员邓泽如、林森、萧佛成、古应芬以通电形式发布"弹劾蒋中正提案"。

5月3日，陈济棠率先发表响应通电。李宗仁、白崇禧、张发奎、唐生智等人亦发出响应通电。孙科以调解宁粤争端为名南下，到香港后与汪精卫合流，相继抵达广州。

27日，广州组织国民党中央执行委员会非常会议，通过国民政府组织大纲，推汪精卫、孙科、唐绍仪、古应芬、陈济棠、李宗仁、李烈钧、唐生智等为国府委员，成立国民政府。次日，发表宣言并对蒋介石发出最后通牒，限于 24 小时内即行引退。

12 月 15 日，蒋介石被迫下野。这便是著名的"宁粤分裂"。

1932 年，宁粤之争弥合后，陈济棠与蒋介石"重归于好"，任国民党中央执监委员会西南执行部和国民党政府西南政务委员会常务委员、广东"绥靖"公署主任，以"均权分治"的幌子，行拥兵自重、军阀割据之实，将广东搞成半独立状态，妄想永踞"南天王"宝座。可惜好景不长。

随着红军的日益强盛和苏区的不断扩大，蒋介石接二连三地发动对苏区的"围剿"作战，陈济棠的宝座开始晃动了。

粤北紧邻中央苏区，英勇善战、战术灵活的红军则是陈济棠长期畏惧的力量。

七年前在汤坑与南昌起义军血战的一幕，一直萦绕在陈济棠的脑海里，挥之不去。当时双方为争夺一块高地互相投掷手榴弹，谁也不肯退去。战至第三日黄昏，双方在均付出了上千人伤亡的代价后，同时撤退。如今，红军已发展到 10 万人，又有了巩固的根据地，其战斗力早已今非昔比。这怎能不叫陈济棠后怕呢？

在内心里，陈济棠既不希望共产党过于强大，也不热衷于参与蒋介石的"围剿"行动。在他看来，正是有闽赣红军拖住蒋介石的主力和隔断蒋介石从江西进攻广东之路，广东才得以偏安一时。从某种意义上讲，共产党的根据地就是他防堵蒋介石的中央军进入广东的一道屏障。

更为关键的是，从第一次"围剿"中央苏区开始，陈济棠就看出蒋介石乘"围剿"红军之机，借刀杀人、兼并异己的毒计。但若公然抗命，不参加"围剿"，就会给蒋介石兴师问罪的把柄。陈济棠自知论政治、军事、经济实力，绝非蒋介石的对手，更知自己对蒋反复无常，由拥蒋、反蒋到"分庭抗礼"，蒋绝不会轻易放过他。因此，陈济棠对蒋介石始终保持高度警惕，采取若即若离态度，避免与蒋翻脸，发生直接冲突。

与其他地方军阀一样，陈济棠能高居"南天王"之位，在粤境地面称老大，很大程度上是赖于他的粤系"子弟兵"。正因如此，他视地盘和实力为性命；也正因如此，他一切行动的准则是以保存实力和地盘为基点的。从这点上讲，在共产党和蒋介石之间，他是既防共又防蒋。

思前想后，陈济棠决定依旧采取"剿共与防蒋并举"的策略，既派兵参加"围剿"苏区，但又绝不能远离广东，同时避免与红军过多纠缠，以防蒋介石的中央军乘虚南下，袭取广东。

1932年2月，红三军团围攻赣州，守城的第34旅一再告急求救。在蒋介石连电督促下，陈济棠极不情愿地派范德星旅驰援。结果范旅遭到红军打援部队的伏击，损失了2个营。而蒋介石的嫡系干将陈诚则率部乘机突破红军拦截，解了赣州之围。

陈济棠白白丢了2个营，痛心不已，对部属谆谆叮嘱："今后与红军作战要特别慎重，各部均以固守为主，不要轻易出击。"

在第五次"围剿"中央苏区时，陈济棠被蒋介石委任为南路军总司令，指挥粤军11个师又1个旅，筑垒扼守赣粤边境之武平、安远、赣县、上犹地区，阻止红一方面军南进及渡江西进，并逐步向筠门岭、会昌地区推进，协同北路军作战。

对陈济棠来说，阻敌"向南发展"的不仅是红军，当然还包括蒋介石的中央军。于是，他一面积极调兵遣将，摆出要与红军决一死战的架势；一面又严令所部要慎重行动，不得轻易出击。

见南线粤军只喊不打，迟迟不出击，蒋介石大为恼火，三番五次严令陈济棠率南路军进剿出击。但陈济棠仍旧我行我素，虚与委蛇，采取"你敲你的锣、我打我的鼓"的应对策略，和红军保持着相对平静，静观其变。

其实早在1934年3月间，陈济棠即以南路军总指挥的名义，对所属部队重新进行了调整和部署，以第1军置于西路主要方向，重心在于防止红军向南突围。这种调整和部署颇见他的心机：第1师第1团移驻重石，第2团移驻新田，师部和第3团移驻古陂，教导团移驻版石；第2师主力则仍驻信丰及王母渡方向；第4师驻防赣州及南康；第3师接替桂军第44师驻防安远；独立第3师驻防韶关、乐昌、连县、南雄等地。在东线的粤赣闽边境，陈济棠则将李扬敬第3军一字排开，最前端伸至与苏区鸡犬相闻的筠门岭。至此，粤军从安远至信丰再到赣州构筑了一条完整的封锁线，并突出了安远、信丰段。

粤军按部署移防后，陈济棠又督令各部大筑坚固工事，依山傍水垒石结寨，摆出一副固守架势，尽可能避免与红军发生大规模的冲突。不仅如此，陈济棠还默许所部与红军在经济上有一些来往。当时蒋介石对中央苏区实施"经济围剿"，苏区所必需的食盐、布匹、药品等物资十分缺乏，价格昂贵。陈济棠的一线部队指挥官看到了其中的商机，便和当地豪绅串通，偷偷将食盐、布匹、药品贩入苏区，牟取暴利，狠狠地赚了一笔。对渴中求水的红军而言，这自然是件巴不得的事。

1934年初，反蒋的福建人民政府垮台，十九路军迅速溃败。蒋介石嫡系部队李玉堂第3师立即调闽南边界，对广东构成威胁。

这时，蒋介石双管齐下，对陈济棠威逼利诱，一方面以粤糖免税办法为诱，另一方面在军事上进一步威胁，摆出一副出兵粤境的架势。

陈济棠苦思冥想后，认为红军主力元气大伤，且重点布防在北线，南线的红军多为地方部队，不仅人数少，战斗力也较弱，可以打一打，弄出点战绩，也好向蒋介石交差。

4月中旬，陈济棠借北线蒋军大举进攻广昌之机，以李扬敬第3军为骨干，增编为南路军第2纵队，共投入2个军、1个独立师、1个航空大队和1个重炮团的兵力，向寻乌、安远、重石、清溪、筠门岭等地区发动猛烈进攻。

筠门岭，东临福建，南瞰广东，北距会昌55公里，距红色首都瑞金只有100公里，是水陆交通要道，粤赣边区的重镇，也是历来兵家必争之地。

在粤军大举进攻筠门岭时，老奸巨猾的陈济棠深恐驻粤东兵力抽调后，蒋介石嫡系会乘虚突袭，便授意李扬敬夸大驻寻乌、筠门岭地区的红军人数，向蒋虚报。并借机增调第2军第5师加入第2纵队，名为加强前线作战，实为增强粤东兵力，以防蒋军突袭。

坚守筠门岭的是红22师。该师是一支新成立的部队，1933年6月由红23军改编而成，下辖第64、第65、第66团，共8000余人。

在"左"倾冒险主义的错误指挥下，红22师与数倍于己的粤军打起了阵地战、堡垒战。虽浴血奋战数日，但终因伤亡过大，被迫撤出筠门岭，留给粤军一座空城。

进占筠门岭成为粤军参加第五次"围剿"中央苏区以来的第一次"重

大胜利"，陈济棠大肆宣扬，向蒋介石请功。

蒋委员长心知肚明，但在"围剿"的关键时刻还需要利用地方军阀为他冲锋陷阵，于是传令嘉奖粤军，赏大洋 5 万元，并命粤军乘胜追击，直捣会昌，以配合北线夺占广昌。

蒋介石的心思，陈济棠自然也是一清二楚，赏钱收下，至于"直捣会昌"，还是免了吧。

4 月下旬，毛泽东携带几名随员离开瑞金，前往粤赣省委所在地会昌视察并指导工作。会昌，对于毛泽东来说，是再熟悉不过的了。早在 1929 年从井冈山南下时，他就曾到过会昌，以后又经常途经和居住在这里。

毛泽东在会昌通过深入调查，和省委、省军区领导一起制定了南线的作战计划和部署。当得知红 22 师退出筠门岭、正在开干部会检查战斗失败的教训时，毛泽东立刻打电话给红 22 师政治委员方强："你们打得很好，你们是新部队，敌人那么多，打了那么久，敌人才前进了那么点，这就是胜利！""现在应该把主力抽下来，进行整训，用小部队配合地方武装和赤卫队打游击、袭扰、牵制敌人。整训中要总结经验，好好研究一下，是什么道理挡不住敌人？是什么道理不能打好仗，不能大量消灭敌人？我们不能按本本主义先生们坐在城市楼房里设计出来的那套洋办法办，什么以碉堡对碉堡，集中对集中，这叫以卵击石。为了保存红军的有生力量，消灭敌人，要从实际出发，不能硬拼消耗。你们要采取游击战、运动战的打法，要严密侦察和研究敌情、地形，在会昌与筠门岭之间布置战场；要在敌人侧翼集中优势兵力，造成有利条件，首先歼灭敌人一个营一个团，继而打更大的胜仗。"

毛泽东一眼看穿了陈济棠"剿共与防蒋并举"的心思，在粤赣省委和省苏维埃政府所在地会昌县文武坝，他明确向省委书记刘晓、省军区司令员兼政治委员何长工指出：

"我们要吸取福建事件的教训，善于利用粤军陈济棠和蒋介石的矛盾，粉碎敌人的'围剿'，壮大自己的力量；同时，也要提高警惕，军阀毕竟是军阀，要'听其言，观其行'。不过总的讲，我们要摆正'打'与'和'的关系，和平局面是巧妙地打出来的。我们要向陈济棠的部队和敌占区人民开展强大的宣传攻势，宣传抗日救国、枪口一致对外，中国人不打中国人的道理，这样才能做到利用矛盾，壮大自己。"

何长工等人按照毛泽东的指示积极开展工作，果然收到了显著成效，使南线的局势趋于缓和。这为日后红军与陈济棠秘密谈判，达成"停战借路"协议，使红军开始长征时顺利突破国民党军的前两道封锁线埋下了伏笔。

4月28日，历时18天的广昌战役结束。此役，国民党军借助碉堡、飞机、大炮的掩护，以伤亡2400余人的代价，攻占了素有中央苏区"北大门"之称的广昌。而中央红军在"左"倾错误指挥下，以"短促突击"与强敌大打阵地战、堡垒战，虽作战英勇顽强，但自身伤亡惨重，高达5500余人，约占红军参战总兵力的四分之一。

占领广昌，也就打通了通往中央苏区腹地瑞金之门，蒋介石欣喜若狂，急忙调整部署，指挥各路"围剿"大军气势汹汹地合围上来，欲全歼红军。

眼见"围剿"作战形势风云突变，陈济棠又坐不住了。综合近期多方情报，他察觉到红军有突围实施战略转移的动向。而蒋介石又不怀好意，想借此时机逼迫红军进入粤境，这一点陈济棠早有思想准备。第五次"围剿"的部署本来就是北重南轻。在北面，蒋介石先后集中了40多个师的重兵，步步为营向南推进，明显是要把红军压入粤境。

如今红军转移的迹象日益明显，被迫入粤的可能性也越来越大。试想如果10万红军倾巢入粤，决非粤军所能力敌。螳螂捕蝉，黄雀在后。蒋介石数十万中央军紧随红军入粤，广东数年之经营成果必然灰飞烟灭，毁于一旦。

想到这些，陈济棠心情不定，愈发紧张起来。于是，他请过去的死对头、有"小诸葛"之称的桂军主将白崇禧来粤，共商大计。

粤桂之间在历史上素有恩怨，既有李济深时期的联盟，又有陈济棠时期的血战，但在防共防蒋问题上，却一直是同病相怜，可谓"同仇敌忾"。

白崇禧来粤后，马不停蹄，旋作赣南之行，经赣州、南康、大庾（今大余）、信丰、安远等地，最后经筠门岭返回广州，历时月余。

最终，陈济棠采纳了白崇禧的建议，立即停止交战行动，开始寻觅建立与红军的直接联系。

的确，中国人是特别睿智的，如果能够达成适当的安排，是决不会执意非兵戎相见不可的。中国传统的兵家之道尤其推崇外交，《孙子兵法·谋攻》下篇云："上兵伐谋，其次伐交"。在中国历史上的许多大战中，都始终贯穿着斗智斗谋的激烈角逐，同时还伴随着丰富多彩的外交活动。

大凡出色的政治家、军事家都很清楚：在外交上没有永远的敌人，也没有永远的朋友，只有永远的利害关系。因此，取得外交的成功，对自身的生存和发展都是至关重要的。

周恩来，这位中华人民共和国成立后的首任共和国总理兼外交部长，就是一个天才的外交家。他深知在错综复杂的中国政治棋局中，蒋介石并不是万能的。由地方军阀和政治掮客排列组合成的万千世界，联合也好，结盟也罢，无时不在变化之中。地方军阀们担心蒋介石一旦过于强大，自己的地盘被吞掉，财路就会丧失。对他们而言，无论是蒋介石还是共产党变得过于强大都是他们所不愿意见到的。如果和共产党搞交易可以捞到好处，他们又何乐而不为呢？何况他们中间有些人也很爱国，对共产党建立抗日统一战线的爱国主张表示欢迎。

7月底，周恩来派专使秘密潜入广州，辗转和陈济棠接上了关系，向他宣传"中国人不打中国人，枪口应一致对外"的道理。

陈济棠正巴不得红军有此一举，便爽快答应，表示赞成中共在三个条件下"同全中国武装队伍联合起来共同抗日"的主张，愿意通过谈判来协调双方的关系。双方经过谈判，很快就达成了停战协议，并建立了秘密通信联系。

9月，国民党北路军、东路军向中央苏区核心地带逼近。陈济棠即派出一个称为"李君"的代表，秘密赴苏区面见朱德，要求举行秘密谈判。红军此时正在寻找战略转移的突破口。两者一拍即合。朱德立即给陈济棠复信，同意谈判。

9月中旬，周恩来委派颇有谈判经验的何长工、潘汉年作为红军代表，从寻乌、平远两县交界处进入陈济棠的独立第1师第2旅防地。

经过三天三夜的谈判，双方终于达成了五项协议：

1. 就地停战，取消敌对局面；

2. 互通情报，用有线电通报；

3. 解除封锁；

4. 互相通商，必要时红军可在陈的防区设后方，建立医院；

5. 必要时可以互相借道，红军有行动事先告诉粤军，粤军撤离 40 华里。红军人员进入粤军的防区用粤军护照。

为了保密，协议没有形成正式文本，而是由双方代表将协议各自记在了自己的笔记本上。

谈判即将结束时，何长工接到了周恩来的电报："长工，你喂的鸽子飞了。"粤军代表对此很敏感，满腹狐疑地问："是否你们要远走高飞了？"何长工平静而婉转地回答："不是，这是说谈判成功了，和平鸽上天了。"

其实，这是何长工与周恩来事先商定的密语：第五次反"围剿"遭到失败，红军已经决定实行战略转移。

何长工、潘汉年随即离开寻乌，返回会昌。当时中央军委机关已从瑞金的白石山转移到雩都（今于都）去了，周恩来特地派人等候他们，并留下了一封信，要二人立即赶赴雩都。

在雩都，何长工、潘汉年向周恩来详细汇报了谈判情况。周恩来异常高兴地说："这对于我们红军、中央机关的突围转移，将起重大作用。"

果然，中央红军开始长征后，陈济棠按事先与红军达成的"借道协议"，主动将粤军主力全部撤至大庾、南雄、安远一线转入防御，意图非常明显：既阻止红军进犯广东，又防止蒋介石的中央军借机窜入。

由于陈济棠为红军让出了前进的通道，10 月 25 日，红军从信丰南北全部渡过桃江，顺利突破了粤军的第一道封锁线。11 月 8 日，红军进抵汝城以南、城口以北地域，又成功突破了粤军的第二道封锁线，进入湘南、粤北地区。

在封锁线内，随处可见修筑在公路两旁、山坡岭头等要害位置上大大小小的碉堡。这些碉堡或砖石或钢筋水泥结构，根据地形、射界，或四方或六角，分为排堡、连堡、营堡，堡内只有一个小门出入，全身像裹着铠甲，可以避弹。堡垒之间形成交叉火力，卡断公路，封锁要隘。若真打起来，对缺乏攻坚武器的红军肯定会造成很大麻烦。但这些碉堡均被后撤的粤军放弃了。

正因如此，红军前锋部队才能以每天近百里的急行军速度开辟通路，后卫部队才能作搬家式、甬道式的前进，把"坛坛罐罐"一直保留到了湘江岸边。

陈济棠不让路，这便不可能。

毛泽东评程潜

【程潜简历】

程潜（1882—1968），字颂云。湖南醴陵人。国民党陆军一级上将。

程潜自幼天赋异禀，聪颖好学，16 岁时高中秀才。1903 年考入湖南武备学堂。次年，赴日本留学，先后在振武学校和陆军士官学校学习。同年 12 月，和黄兴、宋教仁组织了革命同志会。1905 年，加入中国同盟会，追随孙中山先生进行反对清王朝的革命。1908 年底，毕业后回国，到四川训练新军。1911 年，辛亥革命爆发后，参加汉阳保卫战，任炮兵指挥官。不久，回到湖南，任都督府参谋部部长、军事厅厅长。1913 年，参加讨袁战争，失败后去日本入早稻田大学攻读政治经济。1915 年 11 月，奉孙中山先生令回国参加护国运动。次年，任护国军湖南总司令，率部大败北洋军，进占长沙，驱走湖南督军汤芗铭。他采取避强击弱等战法重创北洋军，至次年 1 月与谭浩明等部连克株洲、长沙、岳阳等地。1919 年 6 月，受湖南督军、省长谭延闿等排挤寓居广东韶关。1917 年 10 月，被推举为湖南省护法军总司令，旋改湘军总司令，成为当时湖南省最革命的人物。1921 年 5 月，任广州革命政府陆军部次长。1922 年 6 月，陈炯明叛变后，率部抗击叛军，登舰护送孙中山先生到上海。1923 年 3 月，任陆海军大元帅大本营军政部部长，后兼陆军讲武学校校长。1924 年 9 月，随孙中山先生前往韶关督师北伐，11 月任建国攻鄂军总司令，配合北伐军攻打江西，进图湘南。1925 年 6 月，回师广州，参加平定滇、桂军阀杨希闵、刘震寰叛乱；9 月，任东征军第 3 纵队纵队长，率部讨伐陈炯明叛军。北伐战争期间，任国民革命军第 6 军军长、江右军总指挥，率部攻打南昌，进占九江，首克南京。1927 年 11 月，被南京国民党政府任命为第 4 路总指挥，率部西征唐生智军，旋任湘鄂临时政务委员会主席。1928 年，因国民党内部派系矛盾，被解除本兼各职。1935 年 12，月出任参谋本部参谋总长，授二级陆军上将衔。

全面抗战爆发后，程潜任第一战区司令长官，率部在平汉铁路沿线抗击日军。1938 年 11 月，任天水行营主任。次年 5 月，晋陆军一级上将。1940 年 5 月，任军事委员会副参谋总长，1944 年代理参谋总长，直至抗战结束。

1945 年 12 月，程潜兼武汉行营主任，此后指挥所部曾在大别山地区与人民解放军作战。1948 年，任湖南省政府主席、长沙"绥靖"公署主任。1949 年 8 月 4 日，在长沙率部起义。

中华人民共和国成立后，曾任中央人民政府人民革命军事委员会副主席、国防委员会副主席、湖南省省长、全国人民代表大会常务委员会副委员长等职。1955 年，被授予一级解放勋章。1968 年 4 月 9 日，病逝。

【毛泽东评点】

"我们认为程潜态度是好的，应极力争取程潜用和平方法解决湖南问题。"

——摘自《毛泽东年谱》下卷第 525 页

"程潜是孙中山的老干部，在国民党内地位甚高，近年治湘措施表示进步，若得程潜真心站在我们方面，将有很大利益。"

——摘自《毛泽东军事文选》第五卷第 627 页

"先生决心采取反蒋反桂及和平解决湖南问题之方针，极为佩慰。""只要先生决心站在人民方面，反美反蒋反桂，先生权宜处置，敝方均能谅解。诸事待理，借重之处尚多。"

——摘自《毛泽东传（1893—1949）》第 927—928 页

"为对抗广州伪府，为维护湖南秩序，为稳定军心，为便利谈判，为号召各方，所提设立由先生领导的中国国民党湖南人民临时军政委员会及陈明仁将军的中国国民党湖南人民解放军司令部两项临时机构，并由临时军政委员会派出临时性质的省政府主席及湖南人民解放军司令官，均属必要，可即施行。"

"解放湖南及西南各地需要借重先生及贵方同志之处甚多，只要于人民解放军进军及革命工作有利，各事均可商量办理。此次先生及陈明仁将军毅然脱离伪府，参加人民革命，义旗昭著，薄海欢迎。南望湘云，谨致祝贺。"

——摘自《毛泽东年谱》下卷第 542 页

"争取程潜、陈明仁及其一派站在我们方面，对于分化台湾、广州、昆明、四川等地国民党特别是分化台湾及宋希濂等部，有极大的政治作用。对于顺利地接管湖南及改造程、陈系统则有直接作用。"

——摘自《毛泽东年谱》下卷第 543 页

"诸公率三湘健儿，脱离反动阵营，参加人民革命义声昭著，全国欢迎，南望湘云，谨致祝贺。尚望团结部属，与人民解放军亲密合作，并准备改编为人民解放军，以革命精神教育部队，改变作风，力求进步，为消灭残匪，解放全中国人民而奋斗。"

——摘自《毛泽东年谱》下卷第 550 页

"八月十九日电示今日收到，敬悉。尊见极好，完全同意。"

"新政协召开在即，拟请我公及仇亦山、陈子良出席，共商国是，倘能命驾，无任欢迎。"

——摘自《毛泽东年谱》下卷第 561 页

"当程潜走下火车后，毛主席快步迎上去，紧紧握住他的双手。就在握手的刹那间，程潜的泪水流了下来，激动得说不出话来。还是毛主席先开了口，风趣地说：多年未见，您历尽艰辛，还很健康，洪福不小啊！这次接你这位老上司来，请你参加政协，共商国家大事。"

——摘自《毛泽东传（1893—1949）》第 941 页

"组建中央人民政府时，谁担任什么职务，毛主席考虑得很周到。对他们的生活也很关心。每个月给程潜五万斤小米，补贴帮助他，是毛主席提出的。主席说，程潜应酬多，开销大。"

——摘自《毛泽东传（1949—1976）》第 17 页

"三月六日惠书收到。在联席会议（指中南军政委员会 1952 年 3 月召集的讨论荆江分洪工程计划的联席会议）上的发言，使我明了江湖利病所在，极为有益。"

——摘自《建国以来毛泽东文稿》第三册第 332 页

【评析】

说起中国近现代革命，不能不提到湖南。这块物华天宝、地杰人灵的富饶之地，曾哺育了多少叱咤风云的英雄豪杰。而说到湖南，就不能不提到两个人：一位是中国新民主主义革命的领导人，中国共产党、中国人民解放军和中华人民共和国的缔造者，中国人民的伟大领袖毛泽东；另一位就是国民党元老、有湖南"家长"之称的程潜。

作为同乡，毛泽东对年长他 11 岁的程潜始终执以长者之礼，称其为"老上司"，关怀备至。重庆谈判时，毛泽东亲自看望程潜，促膝长谈，乡情绵绵；解放战争后期，毛泽东对其晓以大义，促成程潜长沙举义；中华人民共和国成立之初，毛泽东邀请程潜进京，共商国是，并亲到车站相迎；中华人民共和国成立后，毛泽东将家乡建设的重任交付程潜，特地为他在北京、长沙两处备房……毛泽东与程潜的友谊，如湘江水清澈悠长。

1945 年 8 月 28 日，毛泽东乘专机飞抵山城重庆，参加国共两党举行的谈判，会商和平建国大计。

重庆谈判历时 43 天，是一场复杂而艰苦的斗争，在国共两党的历史上可谓惊心动魄的 43 天。毛泽东履险如夷，把重庆当作展现其雄才大略和人格魅力的舞台，一面同蒋介石进行紧张的谈判，展开针锋相对的斗争；一面抓紧时间会见在渝的各民主党派和无党派人士，出席各种座谈会和宴会，向世人展现了他善于捕捉国际国内政治风云变幻，把军事斗争与谈判斗争完美结合起来的高超斗争艺术。

毛泽东来到重庆的消息如同春风，迅速吹遍山城。各阶层人士、中外友好人士都以争先一睹为快。国民党的达官显要，上自蒋介石，下自五院院长以至各部委会负责人、进步人士，纷纷来见，宛如众星拱辰。一时间，桂园（国民政府军事委员会政治部部长张治中的官邸。毛泽东抵达重庆后，张治中便将桂园腾出，供毛泽东办公、会客和休息用）成为当时中国政治旋涡的中心。

一日华灯初上，山城到处灯火阑珊，繁星璀璨。一位精神矍铄的老人走进了桂园的客厅。

不一会，毛泽东大步走进客厅，见到来人，便伸出双手，用浓重的湖南乡音亲切地说："啊，颂公！老上司多年不见，我准备登门拜访您，您却先来看我了。"

来人正是时任国民政府军事委员会副参谋总长的程潜。早年毛泽东曾在程潜的部队里当过兵，毛泽东仍不忘这段历史，称他为"老上司"。

"岂敢，岂敢！你是共产党的主席，重任在身，只有我来看你的道理，哪好意思让你光临……"程潜同样也是满口的湖南乡音，一派儒将风度。

两位湖南老乡在山城相会，自有一番别样的风情，爽朗的笑声不时在客厅里回响。

"欢迎润之先生到重庆来！"程潜真诚地说，"润之先生不计个人安危，以国事为重，亲飞重庆，大智大勇，令人敬佩呀！"

毛泽东笑道："人家蒋介石既然三次电报邀请，我们当然要来，来了就谈，和为贵嘛。"

互道寒暄后，话题自然转入对和谈的看法和估计。

毛泽东分析了当前的形势，向程潜阐明了中国共产党关于和平、民主、团结的方针。谈话中，他旁征博引，以古喻今，风趣横溢，妙语连珠，无不切中时弊。程潜大为叹服，不禁连连点头暗自称赞。

"对此次和谈，颂公有何高见？"毛泽东虚心地向程潜征求意见。

程潜认为和谈是大势所趋，人心所向，但那位蒋委员长可是一个出尔反尔、狡诈善变的人，于是忧心忡忡地说："和谈成功，难啦，即使写在纸上的协议，老蒋可以翻脸不认账。当然，只要国共两党开诚布公，抱以诚恳的态度，和谈成功的可能性是很大的。"

"我看，国共两党结婚没有问题。"毛泽东风趣地打了一个比喻，"我曾同民主革命同盟的领导人侯外庐说过这个意思。他说老头子和青年难成姻缘。我对他说，不行的话，可以刮胡子嘛。国共谈判就犹如两人谈恋爱，现在中共一方已经表示出很大的诚意，今后就要看国民党方面了。"

毛泽东幽默的话语令一向不苟言笑的程潜也不禁哑然失笑，连声说："讲得真有意思，比喻得好，比喻得好。不过，老蒋的为人，我你都是知道的。他言而无信，老奸巨猾，我担心共产党上他的当，你不得不小心提防呀！"

"颂公言之有理，我和蒋介石打交道可不是一天两天了，这位委员长我是早有领教的。"

毛泽东坦然一笑，然后又斩钉截铁地说："这次国共和谈是一定要成功的。我们干一件工作，开始往往会感到没有把握。如果开头就有一半的希望，再加上大家共同努力来促成，事情就会好办了。从目前国内外形势来看，正如颂公所言，只要国共双方都有诚意，那谈判成功是非常有把握的。"

谈话尽兴而散。临行前，程潜说："重庆乃虎狼之地，是非颇多。先生之安全，举国担忧，还是宜早回延安为好。"关切之情溢于言表。

9月20日，毛泽东走进了程潜家的客厅。

程潜惊喜不已，"润之先生是个大忙人，怎么还来看我呢？实在不敢当，不敢当！"

"来而无往，非礼也。颂公即使不来桂园，我也要来拜访你这位老上司哩！"

一席家乡话，几句肺腑言，使程潜喜不自禁，心潮滚滚。

毛泽东与程潜共进晚餐后，已是明月高悬。庭院内，月光洒地，秋风习习。两位湖南老乡促膝长谈，直至夜深人静。他们谈古论今，从武昌首义谈到抗日战争，从国际形势谈到和谈前景，真是话语依依，乡情绵绵，既有程潜对毛泽东的无限敬仰，又有毛泽东对程潜的殷切期望。他期望程潜能为促进和谈成功做贡献，更希冀他在人生的征途上走向更广阔的前景。

当话题转到今后将实行由下而上的普选时，毛泽东突然问："颂公乃国民党元老，难道无意于副总统竞选吗？"

见程潜摇头不答，毛泽东接着说："下届行宪国大选举时，你可参加竞选副总统。"

"我没得钱，搞不赢人家的。"程潜苦笑着回答。

闻听此言，毛泽东语重心长地说："颂公此言差矣！竞选不成，你可回湖南老家搞和平运动……"

1963年12月26日，在毛泽东七十寿辰时，程潜写了组诗12首奉贺。其中第四首的最后两句是"我本多年邀默契，喜从中夜挹明光"。

"中夜挹明光"就是指当年与毛泽东在重庆夜谈，对他以后的人生道路和高举义旗，有着重大影响，从而使他从深夜之中获得了光明。

果然，到了1948年3月29日，国民党政府召开"行宪国大"竞选总统及副总统。虽然蒋介石再三申明"本届总统、副总统候选人，由本党同志在国民大会中得依法联署提名参加竞选"，但大家心里都明白，总统的宝座非蒋莫属，别人休想染指。因此，大家都把目光盯在副总统一职上。

时任国民政府主席、武汉行营主任的程潜仍记着毛泽东在重庆对自己讲的话，于是与李宗仁、孙科、于右任等人一起参加竞选副总统的角逐。

当时副总统竞选的激烈，不仅轰动中国，而且震惊世界。各候选人均成立了自己的助选团，展开有声有色的竞选活动。

一时间，街头巷尾，啦啦队摇旗呐喊；大厅会场，锣鼓喧天；金条、光洋、法币、请柬、宣传品到处乱飞。整个南京古城完全被笼罩在乌烟瘴气之中。这正是钞票与民主齐舞，试看副总统花落谁家！

蒋介石希望孙科当选，对程潜等人的"不识时务"自然气得要死，恨恨地说：这"直如一把刀子插在我的心口上"。

于是，蒋介石大耍流氓手段，一面对国大代表封官许愿，拉拢利诱；一面对程潜等人施加压力，打击报复，逼迫程潜解散了为竞选而设立的"民主政治学会"和"宪政实施协进会"。

4月24日，竞选第二轮投票开始，李宗仁、孙科、程潜得票数位列前三名。当日下午，蒋介石单独召见程潜，蛮横无理地要其放弃竞选，将选票让给孙科，并保证事后将补偿程潜的全部竞选费用。当晚，万般无奈的程潜宣布：本人已正式"受命"放弃竞选。

程潜是一个直率坚毅而又城府很深的人。毛泽东劝他竞选副总统的事，许多年都深埋在心里，就连他的夫人郭翼青也被蒙在鼓里。

中华人民共和国成立后，有一次在谈话中，郭翼青埋怨程潜当年不该去竞选那个副总统。

直到这时，程潜才向夫人"坦白交代"："不是我要去搞，是毛主席要我竞选副总统！"

有道是：塞翁失马，焉知祸福。

由于桂系的李宗仁竞选成功，当上了副总统，蒋介石极为震怒。桂系与老蒋的矛盾由来已久，还曾多次在战场上大打出手、兵戎相见，李宗仁、白崇禧一直就想把蒋介石赶下台去。为打击和削弱桂系力量，蒋介石撤掉白崇禧国防部长的职务，将其调往武汉，出任华中"剿总"总司令。在蒋介石看来，李宗仁、白崇禧犹如埋在自己身边的两颗定时炸弹，绝对不能同时出现在南京。但武汉乃军事重镇，若白崇禧与李宗仁遥相呼应，从背后挖他的墙脚，后果不堪设想。于是蒋介石想到了程潜：程与李、白宿怨颇深，这次竞选副总统又败在了李宗仁手下。让他到湖南最合适不过了，可谓一箭双雕：既可拉拢程潜，又能牵制桂系。

想到此，蒋介石大笔一挥，任命程潜为长沙"绥靖"公署主任兼湖南省主席，管辖湖南与江西两省。蒋介石显然对程潜放心不下，又委任了他的黄埔亲信李默庵为"绥靖"公署副主任兼第17"绥靖"公署司令驻常德，黄杰为"绥靖"公署副主任兼第4编练司令驻衡阳，刘嘉树为"绥靖"公署参谋长，杨继荣为"绥靖"公署高参，跟随程潜左右，进行监视。

程潜深知老蒋打的如意算盘，自己是空无一卒的光杆司令，夹在蒋桂之间，日子未必好过。但转念一想，湖南是自己的家乡，在湖南自己的威望甚高，素有"家长"之誉。另外，毛泽东在重庆也劝他"竞选不成，你可回湖南老家搞和平运动……"于是，他决定走马上任。

此时正值风雨飘摇之际，湖南省内政情复杂，各派势力互相掣肘，矛盾尖锐。程潜虽在湖南威望极高，却无坚强军事实力作后盾，既要应付蒋介石的南京政府，又不敢怠慢李宗仁、白崇禧的桂系势力，俯仰由人，进退失据，内心苦闷，自不待言。

程潜回到湖南主政不久，以周里为首的中共湖南省工作委员会根据中央关于"假若战争中打过我们的坚决反共的，现在动摇亦应争取"和毛泽东关于"在国民党军队中，应争取一切可能反对内战的人，孤立好战分子"的指示，开始做争取程潜的工作。

周里等人分析：程潜早年追随孙先生中山投身革命，北伐战争时期曾和林伯渠合作，受过共产党较多的影响。抗日战争曾率部积极抗战，拥护第二次国共合作。重庆谈判时，曾与毛泽东主席多次长谈，已有走和平的道路、投向光明的意愿。加之程潜与蒋介石以及李宗仁、白崇禧矛盾极深。在人民解放军节节胜利，蒋家王朝大厦将倾，而程潜本人又处境艰难的情况下，经过争取，是有可能站到人民一边来的。

于是，湖南省工委决定把工作重点放到统战策反方面，专门成立小组，并确定先从争取程潜周围的重要人士做起，逐步加以影响，待时机成熟后即当面接触。

1949 年元旦，蒋介石发表新年文告，声称愿与中共商讨"停止战争，恢复和平的具体办法"，并提出五条空洞原则，还放出要下野的空气。

1 月 14 日，毛泽东针对蒋介石的文告，发表了《关于时局的声明》，指出蒋介石求和是虚伪的，他所提的条件是继续战争的条件，并且针锋相对地提出结束战争、争取真正和平的八项条件。

毛泽东的声明在全国引起强烈反响，国民党统治区的一些民意机关、国大代表纷纷要求国共两党举行和谈，有些人甚至公开表示，希望蒋介石下台。

15 日，程潜在长沙接受记者采访时说："如果人民不惜以毁灭历史的重大代价换取和平，亦唯民众之公意决之，个人则认为历史上、文化上好的传统应予以保留。至于共党所提条件中，关于没收官僚资本，改革土地制度，实即吾人一贯理想与主张，吾人自甚赞同。"

18 日，国民党行政院长孙科致电，询问程潜对于八条的意见。程潜立即召集省府大员进行研究。会上，主和、主战两派各持己见，争执不下。最后，程潜说："诸位不必争了，和谈是大势所趋。共党所提条件中，关于没收官僚资本、改革土地制度，吾人自甚赞同。但如惩办战争罪犯系指和谈对象而言，则和谈无从谈起。其他七条，我们也是可以磋商的。"

23 日，秘书把程潜的意思整理成电文发往南京，并在当天的《长沙日报》上发表。

电文发表后，程星龄（程潜的族弟）对程潜说："颂公，各界对你 23 日所发电报反应良好。"

"可我已被中共方面列为战犯了啊！"程潜苦笑一声，又顾虑重重地说："惩办就意味着算老账，我可是负债深重的人！"

原来就在几天前，中共中央公布了第一批 43 名国民党战犯名单中，程潜名列第 26 名。程潜对此迷惑不安，并对前景充满了忧郁。

1 月 21 日，蒋介石在内外交困的情况下，不得已发表引退声明，回到老家浙江奉化溪口"归隐"去了。

27 日，当上代总统的李宗仁致电毛泽东，声称愿意和中国共产党进行和谈，"贵方所提八项条件，政府方面承认可以此为基础进行和谈，各项问题均可在谈判中解决。"于是国共双方立刻为筹备和谈而积极动作起来。

在国内一片和平气氛的推动下，程潜采取了一系列适应民心的部署：先是电令停止在湖南征兵，随后又开释关押已久的 80 多名政治犯，并扣押了中央银行长沙分行的黄金、白银等。

此时，湖南地下党组织也密切注意程潜的言行。当得知程潜的种种想法和左右不定的动态时，郑重表示："根据党的统战政策，只要颂公站到人民这边来，共产党不仅不算旧账，而且还会给以应有的礼遇。"

但程潜仍然将信将疑，无法驱散心头的阴云。他的顾虑不是没有根据的。毕竟长期与中共对抗，既惧怕共产党同他算旧账，又怀疑中共能否把中国搞好，而且也担心与共产党暗中"言和"，会使自己国民党元老身份蒙上"变节"的恶名。然而若与共产党继续对抗下去，肯定不会有好结果，故内心斗争十分激烈。

为进一步打消程潜的顾虑，中共设法劝说正在上海复旦大学教书、一向倾向革命的程潜长子程博洪，去做程潜的工作。

不久，程博洪回到长沙，并带来了爱国人士章士钊的亲笔信。章士钊与程潜的交往也很深，既是诗友，也是诤友。他在信中写道："历史雄辩地证明：清王朝敌不过北洋军阀，北洋军阀敌不过国民党。现在国民党更敌不过共产党。吾辈唯有顺乎民心，改弦更张，慎终追远，以敬将来。回溯辛亥时期赞襄黄兴的革命经历，借古鉴今，令人不胜叹惋之至矣！……此番感中共相邀，得以会晤毛泽东先生、周恩来先生。开诚相见，交浅言深。周先生说：'忘记过去，咸与更新'。毛先生则估计颂云贤弟决非久困之士，终归会投向人民的怀抱，时不我待，望颂云贤弟好自为之，莫负厚望……"

这封信使程潜心情激荡，没想到章士钊对中共如此推崇备至，更没想到共产党会如此对待章士钊。一时间感叹不已，欲语无言。

2月，华中"剿总"副司令兼第1兵团司令官陈明仁亲率第29、第71军浩浩荡荡入湘。

原来，中共中央考虑到程潜一旦在湖南举行起义，其军事实力过于单薄，不足以对抗桂系的军事压力，容易陷入被动。便间接通过与中共联系密切的桂系高参刘斐向白崇禧建议：调陈明仁率重兵入湘，以控制湖南局面。白崇禧果然中计，遂派陈明仁率军入湘编训。

陈明仁与程潜既是醴陵老乡，又有师生之谊（陈曾是程举办的大本营讲武学校学生）。一到长沙，他马上前去拜见程潜。

两人见面，自是感慨万千。当程潜表明"打算和共产党合作，走和平的道路"的态度时，陈明仁也当即表示：只要能够解救人民，救湖南而牺牲小我以成全大我，是心甘情愿的。两人不谋而合，相视而笑。

有了陈明仁的鼎力相助，程潜在和平起义道路上的步伐越走越快。

3月初，程潜接到国民党政府代总统李宗仁的电报，请他去南京"商量国是"。在程星龄等人的陪同下，程潜飞赴南京。

路上，程潜对程星龄说："李宗仁此番邀我去南京，一定是商量和谈问题。他们的如意算盘是想划江而治，造成南北对峙的局面。我想中共不会同意，因此李宗仁、白崇禧会准备和战两手，想要我们湖南和他们采取一致行动，你说对吗？"

程星龄点点头，赞同道："颂公所虑极是，我们必须采取灵活的态度，免遭疑忌和不测。"

果不出所料，李宗仁、白崇禧想要程潜在湖南配合行动，达到"划江而治"的企图。程潜早有打算，敷衍一番后，便匆匆返回长沙。

在南京期间，程潜见到了专程从上海赶来的章士钊。章士钊是受中共的委托，特地来开导程潜的。

交谈中，章士钊良言相劝："国民党搞了20多年，把国家搞成这个样子，几乎亡了国，为国家民族计，也应当让共产党来搞。"并转达了中共中央和毛泽东主席对程潜的殷切期望，说明只要倒向人民一边，就不咎既往，还将予以礼遇，请他打消顾虑，坚定信心。

章士钊语重心长，句句切中要害，进一步打消了程潜的顾虑。

4月，湖南大学教授、中共一大代表李达应毛泽东之邀准备由长沙前往北平（今北京）。程潜觉得这是一个难得的机会，立刻拿出500元钱，作为李达赴北平的费用，并且委托李达向毛泽东表明自己愿意走和平道路的意愿。

5月18日，在风景秀丽的香山，李达见到了毛泽东，汇报了程潜准备起义的情况。毛泽东非常高兴，高度赞扬了程潜。

几乎与此同时，程潜的特派代表国民党政府监察委员唐鸿烈秘密到香港找到了共产党组织，再次转达和平起义的决心。

中共中央和毛泽东接到报告后，指示："争取程潜、李默庵、陈明仁站在我们方面反美反蒋反桂极为必要，请你们认真进行此项工作，如有可能，应与程潜或李默庵建立电台联系。"

根据一系列工作的进展，湖南省工委认为策反程潜起义已是水到渠成，决定让程潜递交一份"备忘录"，向党中央、毛主席正式表明态度，程潜欣然同意。

6月30日，毛泽东收到了程潜的"备忘录"。读罢，毛泽东高兴地说："我的家乡湖南省，基本可以和平解放、免遭战火了。颂公为湖南人民立了大功啊！"

7月4日，毛泽东为中共中央军委起草致林彪、邓子恢并王首道、萧劲光电：（一）王、萧六月三十日电及程潜《备忘录》均悉。此事请林、邓注意处理。"我们认为程潜态度是好的，应极力争取程潜用和平方法解决湖南问题。"（二）"程潜所提军事小组、联合机构及保留其军队和干部加以编整教育等三项要求，原则上均可照准，并迅即成立军事小组商定具体办法。我军行动在即，此事进行要快。"（三）请林、邓考虑，程潜现任军政党各项职务暂时均予保留，以程潜名义发号施令，以利接收全省及筹措给养，管理我军尚未到达地区的民政、军政事宜，使不陷于无政府状态。（四）"如程潜发表声明反美反蒋反桂，似应予以率部起义之待遇，使程潜能起影响南方各省之作用。我们亦可考虑予程潜以高级名义，例如南方招抚使之类。俟南方各省平定，程潜则来中央政府担任工作。程潜是孙中山的老干部，在国民党内地位甚高，近年来治湘措施表示进步，若得程潜真心站在我们方面，将有很大利益。"

同日，毛泽东亲笔电复程潜："颂云先生勋鉴：备忘录诵悉。先生决心采取反蒋反桂及和平解决湖南问题之方针，极为佩慰。所提军事小组、联合机构及保存贵部予以编整教育等项意见均属可行，此间已派李明灏兄至汉口林彪将军处，请先生派员至汉与林将军面洽，商定军事小组、联合机构及军事处置诸项问题。为着迅赴事功打击桂系，贵处派员以速为宜。如遇桂系压迫，先生可权宜处置一切，只要先生决心站在人民方面，反美反蒋反桂，先生权宜处置，敝方均能谅解。诸事待理，借重之处尚多。此间已嘱林彪将军与贵处妥为联络矣。"

毛泽东派李明灏到湖南做程潜、陈明仁的工作可谓是知人善任。李明灏不仅与程潜相处多年，而且还对陈明仁有"知遇之恩"。1923年，程潜在广州任孙中山大本营军政部长兼陆军讲武学校校长时，李明灏任教育长。程潜任北伐军第6军军长时，李明灏是该军第10师师长。当年陈明仁进讲武学校第一期学习，就是李明灏破格录取的。因此，三人关系密切，往来不断。

11日，程潜收到毛泽东的复电，反复看了几遍，高兴地说："湖南的问题，去年就开始酝酿，由于没有得到毛主席的指示，宝盒子还没有揭盖，顾虑很多，现在有了这封信，真是湖南人的喜讯，喜讯啊！"

此时此刻，程潜如卸去千斤重担，当即表示："我本人已下了最大的决心，坚决遵照毛主席给我的指示去做，早日实现湖南和平起义。"

7月中旬，第四野战军根据中央军委的部署，兵分两路，以风卷残云之势，进军湖南。至25日，相继解放平江、岳阳、醴陵、华容等县。

为保存实力，白崇禧准备率桂军的残兵败将向衡阳退守。白崇禧一向对程潜不放心，就逼迫程潜率"绥靖"公署撤往邵阳。

21日，白崇禧亲自为程潜"送行"，见程潜登车后，便将长沙的守卫任务交给陈明仁，然后放心地启程前往衡阳。

正是：机关算尽太聪明。号称"小诸葛"的白崇禧哪里想到，被他视为"铁心反共"的陈明仁早已下定弃暗投明的决心，与程潜合演了一出双簧：程潜西走邵阳只是将计就计，借以摆脱白崇禧的控制。

程潜离开长沙后即进行起义的准备，草拟了起义通电文稿。

25日，程潜派往汉口催请解放军尽快入湘的刘纯正回到长沙，向陈明仁转达了中共当时在武汉的负责人王首道的话："我们已组织了和谈代表团，请转达程潜主任，也组织一个代表团。谈判地点，请程潜主任定。"

陈明仁当即给正在邵阳的程潜发去密电，报告此事。

29日，程潜精心安排，摆脱了白崇禧的人的监视，顺利地回到了长沙。同一天，李明灏也秘密地来到了长沙城。

李明灏与程潜、陈明仁商定，8月4日前，陈明仁所属驻长沙的部队，除留下一个团在人民解放军进城前维持长沙的治安外，其余全部移驻湘江西岸的岳麓山和望城坡附近地区。起义后，成立湖南人民临时军政委员会，程潜任主任。成立临时省政府，陈明仁任主席，所有起义部队进行改编。

程潜秘密回长沙的消息，很快为蒋介石、白崇禧获知。他们气急败坏，知道事情不妙。

8月1日，蒋介石派国防部次长黄杰和政工局长邓文仪，带着他给陈明仁的亲笔信及大笔现金、武器飞抵长沙，力劝陈明仁"大义灭亲"，干掉程潜，阻止起义。但此时，陈明仁已表示与蒋介石彻底决裂，坚定不移地跟随程潜走和平起义的道路。

当夜，程潜以个人名义起草了向毛泽东、朱德以及向李宗仁、阎锡山、白崇禧等人的和平呼吁通电，历数蒋介石"当国二十余年，背弃总理遗教"的罪行，呼吁西南、西北各省军政长官，幡然悔悟，站到人民方面。

8月5日，历史终于在湖南翻开了新的一页。

程潜、陈明仁领衔正式发出了和平起义的通电，揭露蒋介石"独揽政权，背叛孙中山先生遗教，以致主义不行，外患踵至……破坏政治协商会议，重启内战。外则勾结美帝国主义，不惜丧权辱国；内则肆行独裁，变本加厉……"，郑重宣布："率领全湘军民，根据中共提出之八条二十四款，为取得和平之基础，贯彻和平主张，正式脱离广州政府。今后当依人民立场，加入中共领导之人民民主政权，与人民军队为伍，俾能以新生之精神，彻底实行革命之三民主义，打倒封建主义、官僚资本主义与美帝国主义，共同为建立新民主主义之新中国而奋斗。"

古城长沙一片欢腾。"解放了！解放了！"红绿标语贴了满城，到处悬挂着毛主席的画像。大街上鞭炮齐鸣，锣鼓喧天，欢庆胜利。人们喜笑颜开，奔走相告。

下午，中国人民解放军威武雄壮地开进市区，数十万群众夹道欢迎，欢呼声响彻云霄，人们含着幸福的泪花，感谢中国共产党和毛泽东主席，赞誉程、陈两将军顺乎民心，使长沙市免于战火之灾，立了大功。

同日，毛泽东、朱德致电程潜、陈明仁："为对抗广州伪府，为维护湖南秩序，为稳定军心，为便利谈判，为号召各方，所提设立由先生领导的中国国民党湖南人民临时军政委员会及陈明仁将军的中国国民党湖南人民解放军司令部两项临时机构，并由临时军政委员会派出临时性质的省政府主席及湖南人民解放军司令官，均属必要，可即施行。省政府移交会议略延时日，以期避免刺激军政人员，亦属有益无害。弟等并认为，湖南临时军政委员会不应为空洞名义，应行使必要之职权，除敝军已接收之地方外，其余地方，应由临时军政委员会指挥，庶使秩序易于维持。总之，解放湖南及西南各地需要借重先生及贵方同志之处甚多，只要于人民解放军进军及革命工作有利，各事均可商量办理。此次先生及陈明仁将军毅然脱离伪府，参加人民革命，义旗昭著，薄海欢迎。南望湘云，谨致祝贺。"

6日，毛泽东为中共中央起草致华中局并转湖南省委电，指出："我军入长沙后，除反动报纸应当准备封闭外，程潜系统的报纸不应封闭。""同时请湖南工委和程潜商量，如果他在新化有报纸，希望他指示该报采用新华社稿件，以为团结和教育程部党政军多数人员，打击反动分子的工具。""请你们考虑，物色若干程潜系统中的开明分子，在程潜及本人同意的条件下，任命他们为长沙军管会的顾问。""争取程潜、陈明仁及其一派站在我们方面，对于分化台湾、广州、昆明、四川等地国民党特别是分化台湾及宋希濂等部，有极大的政治作用。对于顺利地接管湖南及改造程、陈系统则有直接作用。你们对此要当作一件重要工作去做。程潜的临时机构，不忙很快取消，省政府接交可以推延一个月左右，使程潜有时间在其内部进行教育工作，利于将来的改编和改造。""在将来接收省政府及改编军队时，除陈明仁应任军职外，应给程潜及其一派中的开明分子以位置，并吸收他们参加工作。其办法为组织湖南军政委员会，由两方面的人成立，以程潜为主席，以我们的人为副主席，湖南省政府亦照此方式组织，成为统一战线的临时过渡机构。此办法是否可行，请你们先作考虑。"

16日，毛泽东、朱德复电程潜、陈明仁及全体起义将士："接读八月五日通电，义正词严，极为佩慰。中国人民解放事业的胜利，已成全世界公认的定局。""诸公率三湘健儿，脱离反动阵营，参加人民革命义声昭著，全国欢迎，南望湘云，谨致祝贺。尚望团结部属，与人民解放军亲密合作，并准备改编为人民解放军，以革命精神教育部队，改变作风，力求进步，为消灭残匪，解放全中国人民而奋斗。"

25日，新华社发表经毛泽东修改的时评《湖南起义的意义》，指出：程潜、陈明仁两将军在湖南起义，严重地震撼了华南、东南、西南、西北的国民党军残部。湖南的起义告诉他们，对于人民解放军的抵抗是没有前途的，唯一的光明前途，就是脱离蒋介石、李宗仁、白崇禧集团，接受中国共产党的领导，而无论什么人，只要真正做到这一步，就有受到人民谅解的希望。

30日，毛泽东致电程潜："新政协召开在即，拟请我公及仇亦山、陈子良出席，共商国是，倘能命驾，无任欢迎。"

几天后，程潜率李明灏、方叔章、程博洪、程星龄等人北上进京。由于当时长沙至武昌的铁路已被破坏，程潜等人只得坐汽车出发。经平江、通城、咸宁，于9月2日下午抵达武昌。湖北省人民政府主席李先念和其他的军政首长在郊外迎接。在省府稍作休息，即登船渡江。四野的领导人在江岸迎接，在汉口举行了盛大晚会款待程潜。

毛泽东对程潜赴北平出席政协会议，高度重视。4日，他函告周恩来、聂荣臻："程潜九月二日抵汉，四日由汉动身来平，请即令铁道部注意沿途保护照料，不可疏忽。问准到平时刻，请周组织一批人去欢迎，并先备好住处。"周恩来当即提出具体安排计划送毛泽东阅后，即交聂荣臻办理。

7日晚，北平前门火车站。

此刻，站台上灯火通明，亮如白昼。毛泽东、朱德、周恩来、林伯渠、董必武、李济深、郭沫若等各界人士100多人正在翘首等待。人群前，一条横幅赫然入目，上书"欢迎程潜将军"六个大字。

毛泽东亲临车站迎接，这是少有的现象，自然非同寻常。毛泽东何以给程潜如此高规格的接待？许多人都感到不可理解。

"我们是老乡，他是我的私人朋友，难道说朋友来了，还叫别人去接吗？"毛泽东颇不以之为意，接着又解释道："国民党恐怖最厉害的时候，我们两个还保持着联系，这还不是朋友吗？共产党人要够朋友，什么时候都不能忘了朋友！"

随着汽笛一声长鸣，一列火车喷吐着白烟，徐徐驶进站台。毛泽东率众人快步迎上前去。

火车停下来，车门打开，程潜出现在车门口。只见他微笑着向大家招手示意，走下火车，三步并作两步，向毛泽东等人走去。毛泽东健步迎上前，两双手紧紧握在一起。

如此隆重的欢迎，实在出乎程潜的预料。最令他想不到的是，毛泽东在百忙之中会亲自前来迎接他。

为毛泽东摄影的徐肖冰回忆道："当程潜走下火车后，毛主席快步迎上去，紧紧握住他的双手。就在握手的刹那间，程潜的泪水流了下来，激动得说不出话来。还是毛主席先开了口，风趣地说：多年未见，您历尽艰辛，还很健康，洪福不小啊！这次接你这位老上司来，请你参加政协，共商国家大事。"

接着，毛泽东把程潜扶进车里，两人同乘一辆车，来到中南海的菊香书屋。

当晚，毛泽东在中南海颐年堂宴请程潜。刘少奇、朱德、周恩来出席宴会，为程潜接风洗尘。

毛泽东在祝酒时说："程潜、陈明仁两将军率领全体官兵宣布起义，和平解放了长沙，保护了人民生命财产，带了一个好头，也给湖南省、长沙市的人民做了一件好事……你们立了功，向你们祝贺，向你们致敬！"

席间，两位湖南老乡亲切交谈。毛泽东对程潜说："二十多年来，我是有家归不得，也见不着思念的乡亲。蒋介石把我逼成个流浪汉，走南闯北，全靠这一双好脚板，几乎踏遍了半个中国。""我们这个民族真是多灾多难啊！经过八年浴血抗战，打败了日本侵略者，也过不成太平日子。阴险的美帝国主义存心让蒋介石吃掉我们。我们是被迫打了四年内战，打了四年内战，打出一个新中国。这是人心所向啊。"

见中共领导人如此热诚相待，又如此评价长沙起义，程潜激动不已，表示今后要在共产党、毛主席的领导之下，为新中国的未来而努力奋斗！

第二天，程潜拜访了毛泽东。随后，毛主席又到北京饭店回访了程潜，两人回忆过去，畅想未来，兴致盎然。

19日，毛泽东邀请程潜游览了天坛，张元济、陈明仁、李明灏、李明扬等也一同前往，刘伯承、陈毅、粟裕、陈叔通等作陪。

金秋的北平，天高气爽。天坛的回音壁旁，毛泽东对众人说："这几天，大家一面商量开好这次大会，一面访亲会友，都很是辛苦。以后大会开幕，那就更紧张得不得了，所以今天请大家来这个地方，调剂一下精神，喘口气。"边说边与程潜携手前行，信步漫游，谈天说地，笑语风生，气氛异常和谐、热烈。

23日晚，毛泽东、朱德又一次宴请程潜、陈明仁、张治中、傅作义、邓宝珊、黄绍竑、刘斐等国民党起义将领。

席间，毛泽东高度评价了程潜等人举行起义，响应人民和平运动的功绩："由于国民党军中一部分爱国军人举行武装起义，不但加速了国民党残余军事力量的瓦解，而且使我们有了迅速增强的空军和海军，我代表人民感谢诸位将军！"

毛泽东出于对程潜的尊重，对于有关程潜的事情，都是先同程星龄商量，再由程星龄转达，征求程潜的意见。

政协开会前夕，毛泽东专门把程星龄请去，用商量的口气对他说："今天请你来，想同你商量一下对颂公怎样安排为好？我原先打算请颂公当西南招抚使，后来感到不那么恰当。现在形势发展得很快，不需要这么一个机构了。中央决定分设几个大区，其中有中南军政委员会，属四野作战地区。我们有个党的问题，有个部队的问题，拟以林彪为中南军政委员会主席。颂公是老前辈，他从事革命时，我们还是学生，林彪比我的年纪更轻。我想请颂公屈就中南军政委员会副主席，论班辈就感到有些为难。请你和颂公婉商一下如何？"

毛泽东一番诚挚谦逊的话，令程星龄又吃惊又感动，当即表示："颂公这次来京，承蒙主席这么优待，他的感激心情，不是语言所能形容的。关于工作的安排，主席怎么安排，他一定会欣然从命，请主席放心。"

"不，还是请你同颂公商量一下，明天回我的话。"

当程星龄把毛泽东的话原原本本地转告给程潜时，程潜激动得热泪盈眶，半响才说："你就告诉毛主席，这样安排，本已过分，但有所任，无不从命。"

毛泽东对程潜顾全大局的态度甚为高兴，事情就这样定了下来。

几天后，毛泽东又单独邀请程潜到家中做客，共吃家乡饭，畅叙往事。谈话间，毛泽东把人民解放军进军大西南的作战计划送给程潜看，并诚恳地征求他的意见。这是非常机密的文件。程潜深深感受到毛泽东对他的尊重和信任。

事后，程潜感慨万千："我和蒋介石共事多年，从未与闻过他的机密。现在毛主席把进军大西南的军事计划给我看，并征询我的意见，这是军事机密，毛主席对我是怎样地推心置腹呀！"

10月1日，程潜怀着激动万分的心情登上天安门城楼，目睹了开国大典的盛况。

26日，程潜离京返湘前夕，毛泽东又在中南海颐年堂设宴，为其饯行。宴会规格之高，出乎程潜之意料。出席作陪的有朱德、周恩来、聂荣臻、董必武、林伯渠、陆定一、章士钊、刘斐、程星龄、方叔章等人。

席间，毛泽东一边谈古论今，一边向程潜频频劝酒，气氛极为融洽。

毛泽东说："战争关可算是过了，没有好多仗打了。接着有个土改关，只要地主肯把土地交给农民，这个关也很容易过。再下去就还有一个社会主义关，这一关就要难一些，时间也要长一些。但这是一定要过的，过了这一关，就人人解放了，就都好了。"

程潜专心地听着，频频点头，还不时插上几句话。

宴会在欢快而又热烈的气氛中进行着，从下午6时一直持续到近11时才结束，毛泽东亲自把程潜送到门外。

程潜不胜感慨地对随行人员说："自从去年8月我从武汉回到湖南后，真像是做了一场噩梦过来的，哪里想到会有今天啊！现在我们真是进了天堂了。毛主席和共产党的伟大，实在是无法用语言形容的。"

31日，程潜由北京回到长沙，黄克诚、萧劲光、王首道等领导人到车站欢迎。

程潜发表谈话："我个人这次在人民政协会上受到了很好的教育，受到毛主席、朱总司令很大的鼓舞，更增加了为人民服务的决心和勇气。我们今后的任务，就是在毛主席的领导下，尽一切努力来实现人民政协的共同纲领，以建设民主、繁荣的新湖南。"

中华人民共和国成立后，程潜受到中共中央和毛泽东的优厚待遇，给予了崇高的荣誉，先后担任中央人民政府委员会委员、全国人民代表大会常务委员会副委员长、国防委员会副主席、湖南省省长、中国国民党革命委员会中央副主席等职。

毛泽东对程潜的生活非常关心，说："颂公搞了几十年，几起几落，始终未被打倒，不简单。这次能够起义，我看他没有钱是个重要条件。"

不久，毛泽东特意指示：颂公在军政界搞得久，有些老部下，需要安插而且可以安插的，尽可能予以安插。可能还有人问他要点钱，或者他自己想送点钱给老部下老朋友，都得替他设想到，免得他为难。现在决定由政府按月送给他特别费小米5万斤，任其开支，不受任何限制。颂公老年人，免不了留恋家乡，他在长沙有所房子，我们替他在北京也准备了一所房子。在湖南有个职务，在北京也有职务，可以在长沙住，也可以在北住，要参加一些重要会议，不要搞具体工作，让颂公过好晚年。

薄一波曾回忆说："组建中央人民政府时，谁担任什么职务，毛主席考虑得很周到。对他们的生活也很关心。每个月给程潜五万斤小米，补贴帮助他，是毛主席提出的。主席说，程潜应酬多，开销大。"

程潜知道后，感激之情难以言表。

1952年秋，毛泽东特邀程潜到中南海划船游览，饱览这里的迷人景色。

两人边走边聊，兴致勃勃地走到中南海畔。金秋的北京，晴空万里，和风阵阵，美丽水面和殿阁楼台，错落有致，交相辉映，景色优美。

毛泽东触景生情，对程潜说："前人对中南海曾有'蜚翠层楼浮树杪，芙蓉小殿出波心'之赞誉，今日置身其间，不知颂公有何感受？"

程潜会心地笑着，不住地点头称赞："名不虚传，妙不可言。"

两人登上一条小船。毛泽东要亲自为程潜荡桨。程潜不安地说："岂敢岂敢，你是国家元首，已年近花甲，怎能让你为我荡桨？""哪里哪里，你是国民党元老，爱国高级将领，又是我的老上级、家乡人，还分什么彼此呀！你已古稀高龄，总不能让你划桨呀！还是客随主便吧。"说着，毛泽东操起桨来，小船便悠然地向前游去。两位老人的笑声在波光粼粼的中南海上久久回荡。摄影师将这珍贵的一刻永恒地记录了下来。

1958年，毛泽东到湖南视察。这时程潜当了四年的湖南省省长，又被补选为全国人大副委员长，考虑到自己年近八旬，就向毛泽东请示："年岁不饶人，北京与湖南相距甚远，不便兼顾，能否辞去省长一职，让年轻一些的同志担任？"

毛泽东风趣地回答："颂公怎么要提出辞职？是不是以为自己用了两个右派（当时在省政府任职的程星龄、谭日高被错划为右派）就引咎辞职？这不要紧嘛，我不是也用了右派？以后您可以半年在北京，半年在湖南。夏初秋末在北京住，春冬两季在长沙住。"

接着，毛泽东诚恳地说："现在大局安定，领导班子不能随意调换，颂公是中央的人，我们没有把您当巡抚看待，您德高望重，还是您担任省长为宜。"

程潜连忙说："好，我听主席的安排，尽力而为。"

在湖南，国民党军政界名宿唐生智旧部极多，颇有一定影响，他领导的和平自救运动，团结了中上层人士，为程潜率部起义奠定了群众基础。但程潜和唐生智之间因宿怨而成见颇深。

毛泽东知道后，请人给程潜捎话："请颂公主动去团结唐生智。"

程潜和唐生智深深钦佩毛泽东的博大胸怀。后来两人主动联系，尽弃前嫌，往来密切。

程潜衷心拥护共产党的各项方针、政策，总是坚决贯彻执行，对毛泽东言听计从，但从不阿谀奉承。他凭着"历世悠长阅世深"的非凡经历，凭着丰富的政治经验，敢于面对现实，对党内存在的一些腐败现象洞察先机，先后三次直谏毛泽东，要求从严治党。

1952年3月初，中南军政委员会召开了讨论荆江分洪工程计划的联席会议。参加会议的有湖南、湖北两省和中南军政委员会所属水利、农林、交通部门的负责人。

作为湖南省军政委员会主席、中南军政委员会副主席的程潜，会前深入荆江沿岸进行周密调查，了解荆江水患的原因和荆江分洪的意义，倾听人民的呼声。在掌握大量第一手资料的基础上，综合分析了实施荆江分洪工程的措施，认为"荆江分洪计划的实现，对湘鄂两省人民极为重要，如不缜密考虑，贸然动工，将造成空前的灾难"。

在联席会议上，程潜畅谈了自己的远见卓识。与会人员听了程潜的发言，无不惊叹不已。有人感慨地说："颂公简直是位水利专家！充分的论据，精辟的分析，令人非常信服。"

3月6日，程潜将自己的见解和发言稿直呈毛泽东。

毛泽东读完来信，激动不已，随即复信："3月6日惠书收到。在联席会议上的发言，使我明了江湖利病所在，极为有益。"

随后，毛泽东将程潜的发言稿转给周恩来，由他立即组织有关专家进行认真讨论。31日，《关于荆江分洪工程的决定》正式发布。

当年6月20日，荆江分洪工程胜利竣工，蓄水量达50亿到60亿立方米，成为我国水利史上的一大奇迹。其间，程潜倾注了不可磨灭的智慧和心血。

毛泽东欣然为荆江分洪工程全体员工题词："为广大人民的利益，争取荆江分洪工程的胜利！"

20 世纪 60 年代，程潜全家搬到北京居住后，和毛泽东会面的机会更多了。毛泽东经常接他们到中南海做客，谈古论今，偶尔兴致浓时吟词作诗。

一次，毛泽东突然笑着问程潜的夫人郭翼青："你们夫妇谁掌权？"程夫人一时不解其意。毛泽东风趣地说："就是说，你们两个哪个怕哪个嘛？"一句话说得程氏夫妇相视而笑。毛泽东也哈哈大笑起来。

毛泽东评戴安澜

【戴安澜简历】

戴安澜（1904—1942），原名衍功，号海鸥。安徽无为人。国民党陆军中将。

1910 年，年仅 6 岁的戴安澜进塾馆读书，取学名炳阳。1922 年，他考入由陶行知任校长的南京安徽公学学习。1924 年 3 月，戴安澜从在粤军第 4 师任团长的叔祖父戴端甫的来信中，获悉国共两党合作创办黄埔陆军军官学校的消息，便与本乡一批热血青年奔赴广州，参加国民革命军，当二等兵。同年底，考入黄埔军校第三期入伍生队，改名安澜，自号海鸥，以表达自己要力挽狂澜，为振兴中华贡献自己的一生；要像不怕大海风暴中的海鸥一样去勇敢搏击。在校期间，他受到孙中山先生新三民主义的影响，接受周恩来、恽代英等共产党人的教育，先后参加了讨伐陈炯明叛乱的战斗和平定滇系军阀杨希闵、桂系军阀刘震寰叛乱的战斗。

1926 年，戴安澜从黄埔军校毕业后，参加北伐战争，历任国民革命军排长、连长、营长、副团长等职。1928 年 5 月，戴安澜亲历日军制造的"济南惨案"，对日本帝国主义惨无人道的侵略行径无比愤慨，决心要与日寇拼杀到底，直至将他们全部赶出中国。1930 年，参加蒋冯阎中原大战。1932 年，参加对鄂豫皖革命根据地的第四次"围剿"作战。1933 年，戴安澜任第 17 军第 25 师第 145 团团长，参加长城抗战，率部在古北口西南 5 公里的南天门一带，与日军血战三昼夜，重创日寇。战斗中，戴安澜身先士卒，指挥若定，英勇负伤，荣获五等云麾勋章。

全面抗战爆发后，戴安澜升任第 13 军第 73 旅旅长，先后率部在河北漕河、漳河等地阻击日军。其间，教育官兵振奋精神，坚定抗日必胜信心，指出：日军"虽争城得地不少，已出于力战求胜之下策，较之初期欲用不战而胜之上策及连战连胜之中策，已损失甚多"，并认真总结作战中的经验教训，制定作战要诀："长兵要短用，短兵要长用；低兵要高用，高兵要低用。能够这样，才能做到势险节短，因敌制宜，也才能战无不胜，守无不固。"

1938年初，戴安澜率部从华北战场转入第五战区。3月，参加徐州会战。台儿庄一役中，他指挥所部在山东郯城、向城、洪山镇（今均属苍山）一线顽强抗击日军。日军猛扑数十次都没有得逞。由于戴安澜身材魁梧，被日军误认为是俄籍军官，在广播里说："中国军队中有一俄籍军官，指挥有度。"战后，戴安澜升任第13军第89师副师长，并获国民政府颁发的华胄荣誉奖章。8月，参加武汉保卫战，率部在江西瑞昌、湖北阳新间阻击从九江进犯的日军第9师团。该师团在日军中素以凶狠顽强著称，然而每前进一步都遭到戴部的痛击，先后补充兵员达9次之多。

1939年，戴安澜接替杜聿明升任第5军第200师师长。该师是由1936年创建的战车营发展起来的，是当时中国军队第一个也是唯一的机械化师，武器装备精良，官兵训练有素。在宣誓就职时，戴安澜表示："尽竭全力，练成劲旅，为国驰驱，歼彼倭寇。"同年11月，他率部参加桂南会战，担任正面主攻，三失三克昆仑关，击毙日军前线指挥官第5师团第12旅团长中村正雄少将。激战中，戴安澜被日军的炮弹弹片击穿左背，身负重伤，仍坚持指挥战斗。在友军配合下与日军反复激烈争夺，最终收复昆仑关口，并坚守住阵地。戴安澜因战功卓著，获国民政府颁发的四等宝鼎勋章。何应钦代表蒋介石主持召开南岳会议，总结昆仑关战役，高度赞扬戴安澜为"当代之标准青年将领"。国内外报刊在报道此战时，也盛赞他颇具北宋大将军狄青的风度。

1941年12月，太平洋战争爆发，日本对美国、英国宣战。1942年初，日本大举进攻缅甸。应英国政府的请求，国民政府派遣10万人组成远征军，远赴缅甸支援盟军作战。3月，戴安澜奉命率部赴缅参战。出征前，他亲自向部属作动员，勉励官兵英勇杀敌，扬威国外，为国争光。在坚守东吁战斗中，第200师鏖战12个昼夜，予日军以沉重打击，完成防御任务后奉命撤离。5月18日，在北撤途中遭日军伏击，戴安澜身负重伤，于

26 日在缅北南坎西南的茅帮村殉国。10 月 16 日，戴安澜被国民政府追晋为陆军中将。29 日，美国政府授予其懋绩勋章。中华人民共和国成立后，中央人民政府追认戴安澜为革命烈士。

【毛泽东评点】

五律·挽戴安澜将军

外侮需人御，将军赋采薇。

师称机械化，勇夺虎罴威。

浴血东瓜守，驱倭棠吉归。

沙场竟殒命，壮志也无违。

——摘自《毛泽东诗词选集》

【评析】

毛泽东并不熟悉戴安澜，甚至从来都没有见到这位抗日英雄。但戴安澜的英雄壮举却深深地打动了毛泽东，使他平生第一次也是唯一一次为国民党阵亡将领题写挽诗，以寄托哀思。

1943 年 4 月 1 日，国民政府在广西全州香山寺为戴安澜举行了隆重的国葬仪式，有万余人参加。国共两党的领导人纷纷送来挽诗、挽联和花圈。

蒋介石的挽词是："虎头食肉负雄姿，看万里长征，与敌周旋欣不忝；马革裹尸酹壮志，惜大勋未集，虚予期望痛何如？"

毛泽东则写下了那首著名的《五律·挽戴安澜将军》：

外侮需人御，将军赋采薇。

师称机械化，勇夺虎罴威。

浴血东瓜守，驱倭棠吉归。

沙场竟殒命，壮志也无违。

诗中所说的东瓜，即东吁，又称同古，是阻止日军北侵的缅北重镇。

1941年12月，太平洋战争爆发后，日本大本营为尽速攻占东南亚各国和西太平洋诸岛屿，令第15集团军司令官饭田祥二郎率2个师团由泰国麦索侵入缅甸，陷仰光后，又增调2个师团，共约9.5万人，飞机250架，分路向缅甸北部进攻。

为保障中国国际交通线滇缅路畅通，中国政府根据《中英共同防御滇缅路协定》，决定以3个军10个师共10万余人组成中国远征军第1路。此时，戴安澜率第200师正在广西、云南等地进行紧张的军事训练。在得知中国军队将出国远征的消息后，他对人说："如果远征异域，始偿男儿志愿！"

12月16日，蒋介石命令第5军开赴缅甸，协同英军抗击日军。戴安澜率部西进，途中他豪情满怀，即兴赋诗两首：

策马扬鞭走八荒，远征大业迈秦皇；
誓澄宇宙安黎庶，手挽长弓射夕阳！

万里旌旗耀眼开，王师出境夷岛摧；
扬鞭遥指花如许，诸葛前身今又来！

1942年2月下旬，蒋介石应驻缅英军总司令胡敦的请求，命令第1路副司令长官杜聿明率第5、第6军入缅，接替英军仰光——曼德勒铁路以东至泰、老、越接壤地区的防务。随后又增调第66军进至曼德勒地区，并派中国战区参谋长、美军中将史迪威和第1路司令长官罗卓英入缅指挥作战。

3月，戴安澜率领第200师不惜冒孤军深入的危险，挺进东吁，接替英军防务。6日，戴安澜在东吁会晤英军第1师师长斯高特，共商防务交接事宜。8日，日军第55、第33、第18师团分中、西、东三路向北迅速推进，企图在雨季到来前会师曼德勒，占领缅甸大部国土。为迟滞日军前进，掩护英军安全撤退，第200师昼夜抢修工事，修筑堡垒，布下三道防线，做了充分的迎战准备。

20日，日军第55师团在第5飞行集团一部配合下，向东吁外围阵地发起攻击。面对强大的敌军，第200师孤军作战且后援困难，处境艰难，但戴安澜决心血战到底。

战前，他召集全师营以上军官开会，慷慨陈词："此次远征，系唐明以来扬威国外的盛举，虽战至一兵一卒，也必死守东瓜。""如本师长战死，以副师长代之；副师长战死，以参谋长代之；参谋长战死，由步兵指挥官替代，各级照此办理。"并命令团、营、连、排、班长都预立遗嘱，指定代理人，然后又带头立下了"誓与阵地共存亡"的遗书。

在致夫人王荷馨的信中，戴安澜写道："余此次奉命固守同古，因上面大计未定，后方联络过远，敌人行动又快，现在孤军奋斗，决心全部牺牲，以报国家养育。为国战死，事极光荣。"

全师各级指挥官纷纷效仿，决意与日寇死战。

战斗打响后，日军借助空中支援和地面火力优势，发起了一波又一波猛烈的进攻。第200师官兵勇猛还击，给日军以沉重打击。

凶狠的日军见强攻不能奏效，竟施放糜烂性毒气。第200师官兵顽强地坚守着阵地，与敌血战，自身伤亡不断增加，大部分掩体也被炮火摧毁。戴安澜指挥将士利用残垣断壁、弹坑为依托，继续抗击日军的猛攻。他还采取百米决斗术，等攻击的日军进到50米处时，才从战壕里一跃而出，或用手榴弹集中投掷，或用刺刀进行肉搏。

就这样，经五天激战，日军在付出了巨大伤亡代价后，夺取外围据点和东吁机场。

26日，日军第55师团向东吁市区发起总攻。戴安澜及时调整部署，命令师步兵指挥官兼第598团团长郑庭笈指挥3个步兵团坚守城区，他亲率师指挥部官兵到城外东郊继续指挥战斗。第200师遂与敌展开激烈的巷战。

28日，第5军新编第22师增援东吁，在东吁以北的南阳车站被日军所阻。激战两日，新编第22师未能突破阻击。29日夜，日军增援部队第56师团搜索团加入战斗，师团主力接近东吁。

据此，杜聿明鉴于第 5 军预备队第 96 师尚在输送途中，不能集中主力与日军决战，以解东吁之围，遂命第 200 师撤出战斗，退往彬马那，以图相机再战。

此战，第 200 师以高昂的斗志与四倍于己、装备精良的日军鏖战 12 天，打退了日军 20 多次冲锋，歼灭日军 4000 多人，俘 400 多人，成功掩护了英军的撤退，取得了中国远征军出国参战的首次胜利，打出了国威。战斗一结束，蒋介石就驰电嘉许戴安澜，称赞道：中国军队的黄埔精神战胜了日本军队的武士道精神。

戴安澜和他的 200 师在盟军中也因此战而声名大振。美国政府认为，东吁保卫战是"所有缅甸保卫战所坚持的最长的防卫行动，并为该师和他的指挥官赢得了巨大的荣誉"。英国的《泰晤士报》称："……被围守军，以寡敌众与其英勇作战之经过，实使中国军队光荣簿中增一新页。"就连日军也不得不承认，东吁之战是缅战中"最艰苦的战斗之一"。

30 日，日军进占东吁，随后分兵两路：第 56 师团东向南梅黑克，然后北攻腊戍；第 55 师团和增调的第 18 师团北向曼德勒攻击前进。

新 22 师在斯瓦地区依托既设阵地，逐次抗击北进日军；第 6 军暂编第 55 师在茂奇地区阻击东进日军。

4 月 18 日，第 66 军新编第 38 师师长孙立人奉命率所部主力驰援，救援在仁安羌被日军第 33 师团一部包围的英缅军第 1 师和英装甲兵第 7 旅，次日击破日军包围，解救出被围部队 7000 余人、传教士等 500 余人。

21 日，戴安澜奉命收复棠吉。24 日拂晓，第 200 师发起攻击，先后攻占西南北三面高地，并突入市区与敌人展开激烈的巷战。戴安澜亲临前线指挥，战斗一直持续到午夜，棠吉被攻克。捷报传来，举国上下无不欢欣鼓舞。蒋介石对第 200 师入缅后的战功表示赞许，特意颁发奖金 100 万元。史迪威也称赞说："近代立功异域，扬大汉之声威者殆以戴安澜将军为第一人。"

然而，由于大批日军由泰国、老挝边境窜入，向中国远征军后方围攻过来。29 日，腊戍失守。5 月 1 日，曼德勒陷落。5 日，中国云南怒江惠通桥西岸地区被占，日军实现了对中国远征军的战略包围。

形势日益危急，罗卓英急令中国远征军向八莫、密支那方向撤退。戴安澜奉命率第200师突围，退入泰、缅、老边区原始森林地带。

当时条件异常艰苦，将士们无衣无食，每天只能以野草杂菜充饥。在这种情况下，将士们克服常人难以想象的困难，终日翻山越岭，向祖国的方向前进。日军紧追不舍，扬言"非消灭第5军尤其是第200师不可"。

5月16日，大雨滂沱，第200师行进至郎科地区时，突遭日军第56师团的重兵伏击。

激战两天，全师伤亡惨重。戴安澜在一个小平山坡上指挥夺取敌军阵地时，不幸被敌军枪弹击中胸部和肺部，血流如注。

戴安澜从昏迷中苏醒过来，用微弱的声音，断断续续地对围在身边的部属说："大家不用管我，赶快突围出去！"

此时，缅甸已进入雨季，终日大雨滂沱。林中满地沼泽，道路泥泞，行军更加艰难。部队不仅断粮，也没有药，甚至连块干净的绷带也没有。连日的大雨，加上蚊子、蚂蟥叮咬，戴安澜身上的两个大伤口，已经严重感染、溃烂、化脓，还长了蛆。

26日下午5时40分，在缅北距祖国只有100多公里之地的茅邦村，戴安澜将军流尽了最后一滴血，壮烈殉国，时年38岁，实现了他"为国战死，事极光荣"的誓言。临终前，他嘱咐部属帮他整理一下衣冠，扶起他向祖国的方向瞭望，嘴里喃喃地说："反攻，反攻，祖国万岁！"

6月17日，历尽千辛万苦的第200师到达云南腾冲，戴安澜的遗骸随部队回到了祖国。他的灵柩经云南昆明、贵州安顺和贵阳、广西柳州和桂林，最后运在全州暂厝。

戴安澜英勇捐躯后，美国政府为表彰他在第二次世界大战中做出的巨大贡献，向其颁授懋绩勋章一枚。戴安澜成为第二次世界大战反法西斯斗争中第一位获得美国勋章的中国军人。罗斯福总统在签署的命令中写道："中华民国陆军第二百师师长戴安澜将军于1942年于同盟国缅甸战场协同援英抗日时期，作战英勇，指挥卓越，圆满完成所负任务，实为我同盟国军人之优良楷模。"

10月，国民政府发布命令，追赠戴安澜为陆军中将。12月，批准戴安澜的英名入南京忠烈祠，同时入祀省、县忠烈祠。

1943 年秋，戴安澜的灵柩由广西全州迁葬于安徽芜湖故里。

1956 年 9 月 21 日，中华人民共和国中央人民政府内务部追认戴安澜将军为革命烈士。10 月 3 日，毛泽东亲自向戴安澜的遗属颁发了"革命牺牲军人家属光荣纪念证"。

毛泽东评邓宝珊

【邓宝珊简历】

邓宝珊（1894—1968），名瑜，字宝珊。甘肃秦州（今天水）人。国民党陆军中将。

1909年，邓宝珊赴新疆伊犁新军当兵。次年加入同盟会。1912年1月，参加伊犁起义，被官府追捕，潜回故里。1914年，到陕西，结识胡景翼、孙岳等革命党人，在华山聚义反袁（世凯）。1916年，投身护国运动，在陕南镇守使陈树藩所部胡景翼团任连长。1918年，响应孙中山护法，参与发动三原起义，在陕西靖国军第4路任右翼前敌总指挥。1921年，任陕西陆军暂编第1师团长。1924年，代表胡景翼，与冯玉祥、孙岳联络发动北京政变，后任国民军第2军第7师师长。1925年12月，任直隶军务帮办，领衔发表李大钊起草的反北洋政府通电。1926年，直奉联军进攻国民军，所部战败，退回陕西。9月，任国民军联军援陕前敌副总指挥，旋参与策划指挥解西安之围。12月，任国民军联军驻陕副总司令，在西安设总司令部，与共产党人刘伯坚、刘志丹等亲密合作，聘请邓希贤（邓小平）任中山军事学校政治部主任。1927年，大革命失败后，继续同共产党人保持友谊，曾资助发动顺泸起义失败后途经西安的刘伯承。6月，因不满冯玉祥与蒋介石通电合作，离职避居上海。1930年，在蒋冯阎战争中接任第8方面军总司令，讨蒋失败后蛰居上海。1932年，任西安"绥靖"公署驻甘行署主任。次年冬，改任新编第1军军长。1936年1月，被授为陆军中将。西安事变后，邓宝珊应杨虎城之邀，前往西安共商善后之策。根据中共中央一致抗日政策的精神，努力做各派之间的团结工作。

全面抗战爆发后，邓宝珊任第21军团军团长，旋改任晋陕绥边区总司令，驻守榆林。其间，他多次到延安与中国共产党领导人毛泽东等晤谈，赞同抗日民族统一战线，与陕甘宁边区、八路军协防抗日。1945年6月，任第十二战区副司令长官。

1948年1月，邓宝珊任华北"剿总"副总司令。1949年1月，全权代表傅作义同人民解放军平津前线司令部达成和平解放北平（今北京）协议。9月，受毛泽东、周恩来委托，和傅作义一道促成绥远（今并入内蒙古）起义。

中华人民共和国成立后，邓宝珊先后任西北军政委员会委员，甘肃省人民政府主席、省长，国防委员会委员，全国人民代表大会代表，中国人民政治协商会议常务委员会委员，中国国民党革命委员会中央副主席等职。1955年，获一级解放勋章。1968年11月27日，在北京病逝。

【毛泽东评点】

"去年时局转换，先生尽了大力，我们不会忘记。八年抗战（注：现均为十四年抗战。下同），先生支撑北线，保护边区，为德之大，更不敢忘。去秋晤叙，又一年了，时局走得很快，整个国际形势都改变了。许多要说的话，均托绍庭兄专诚面达。总之只有人民的联合力量，才能战胜外寇，复兴中国，舍此再无他路。如果要对八年抗战作一简单总结，这几句话，鄙意以为似较适当，未知先生以为然否？"

——摘自《毛泽东年谱》中卷第568页

"我们认为，西北地区甚广，民族甚复杂，我党有威信的回民干部又甚少，欲求彻底而又健全又迅速的解决，必须采用政治方式，以为战斗方式的辅助。现在我军占优势，兼用政治方式利多害少。其办法即为利用靠拢我们的国民党人和我们的人一道组织军政委员会，以为临时过渡机构。这样的国民党人就是张治中、傅作义、邓宝珊。"

——摘自《毛泽东年谱》下卷第544页

【评析】

提起邓宝珊可谓大大有名。他少年从戎，加入同盟会，参加了辛亥革命时期著名的新疆伊犁起义，以后的护国、护法诸役均身临战斗，崭露头角，成为西北名将。

邓宝珊重义守信，见解高明，好读书，喜书画，被誉为善于排难解忧的"儒将"，更有人称他为"粉红色的将军"。这种说法虽从逻辑的角度看不太准确，但对邓宝珊却是一个贴切而又耐人寻味的比喻。因为他不是共产党员，但始终不渝地支持共产党人的事业，是共产党的老朋友。

早在 1924 年，邓宝珊与冯玉祥等西北将领发动北京政变后，中国共产党创始人之一的李大钊所领导的中共北方组织就在其所部开展活动。邓宝珊由此与李大钊结识，开始了与中国共产党人的接触。

次年，邓宝珊驻兵陕州，为提高部队素质，开办军官传习所，请共产党人担任所长，聘苏联红军将领当顾问。其间，李大钊还派邓宝珊的同乡、共产党员葛霁云到邓部担任秘书长。

1927 年 1 月，国民联军驻陕总司令部成立，这是一个具有国共合作性质的战时临时军政府，邓宝珊任副总司令，许多共产党员担任了领导职务。其中由"总部"创办的中山军事学校和中山学院均以共产党人为骨干，邓小平担任中山军事学校政治部主任，陕西中共组织的创始人之一李子洲任中山学院副院长。邓宝珊对当时在陕西工作的共产党人，始终给予积极的支持与合作。

同年 4 月，蒋介石发动"四一二"反革命政变，轰轰烈烈的大革命就此失败。当时，许多曾亲共、联共的国民党高级将领纷纷加入到反共阵营中，向共产党人举起了屠刀。

有道是"患难时刻见真情"。邓宝珊恪守"对朋友，就不能反目"的信条，同许多共产党人保持友谊，对遭受迫害的共产党人和进步人士，无论相识与否，都尽力帮助。

这年初夏的一天，一位面目清秀、戴眼镜的年轻人突然找到邓宝珊在西安的官邸。此人就是号称"战神"的刘伯承。

原来，刘伯承在四川举行顺泸起义失败后，当辗转来到西安时，一行人只剩下两块钱的路费。刘伯承决定找一向对共产党人友好的邓宝珊帮忙。

果然，邓宝珊虽与刘伯承不认识，仍慷慨解囊，叫葛霁云送去 600 银元，又开具通行证明。就这样，刘伯承等人顺利经武汉到达南昌，参加了震惊中外的"南昌起义"。解放后，刘伯承曾专门对这件事向邓宝珊表示感谢。

1934年，邓宝珊任陆军新编第1军军长，驻守甘肃。其间，他搭救过中共陕西省委军事负责人汪锋，会晤、帮助过谢子长以及解放后任兰州军区副司令员的杨嘉瑞，并为共产党人的兵变开脱，使共产党人免遭杀害。

1935年夏，红25军徐海东部由川陕甘边境向陕北进军。邓宝珊迫于蒋介石的严令，率部在静宁、隆德等地大筑碉堡、设置封锁线，摆出一副与红军拼命的架势。可当红军绕道而过时，邓宝珊按兵不动，不发一枪一弹。

此时，日本帝国主义侵华野心日益膨胀。民族危难关头，邓宝珊积极拥护共产党提出的"团结一致，共同抗日"的政治主张。西安事变发生后，邓宝珊十分赞同张学良、杨虎城提出的"八项主张"，亲赴西安，与共产党一起为和平解决立下了汗马功劳。

抗战期间，邓宝珊出任晋陕绥边区总司令，驻守榆林。位于陕西东北的榆林自古便是军事重镇。它东连晋西北，西经陕西西北部的三边到宁夏，南与陕甘宁边区接壤，北毗绥远伊克昭盟，直通包头、归绥（今呼和浩特），是晋陕绥边区广阔地域间的一个中心枢纽城市，同时也是阻止日军西进的重要屏障，而且还是国民政府在陕北仅存的一个据点。

邓宝珊前往榆林时，派秘书汤昭武、副官石佩玖等人前往陕甘宁边区拜会了毛泽东、朱德等人。

毛泽东坦诚地说："邓先生是我们的好朋友，将来我们之间的关系，相处好是没问题的。请你转告邓先生，有什么需要之处，我们一定尽力帮助。"

驻守榆林期间，邓宝珊安抚地方部队，协调各方关系，积极拥护共产党的抗日统一战线主张，多次拒绝蒋介石攻击八路军的命令，有力支持了八路军的抗战。邓宝珊还在共产党所属的陕北绥德设立办事处，派开明绅士刘绍庭担任联络工作，来往于延安和榆林之间，传递信息。萧劲光、高岗等也到榆林回访过邓宝珊，双方达成和平相处的口头协定，建立了抗日合作的友好关系，实现了双方交通、邮政的互通。此外，邓宝珊还置蒋介石封锁陕甘宁边区的命令于不顾，保证边区物资畅通，并时常帮助延安采购紧俏物资。

榆林与延安形成了团结抗日的局面，树立起了国共合作抗日的典范。在这一过程中，邓宝珊功劳卓著，与共产党关系日渐加深，联系也愈加密切。共产党把邓宝珊视为国民党高级将领中的优秀分子之一，毛泽东更是大加赞扬，称他为"我们的好朋友"。

1938年5月，邓宝珊路经延安，毛泽东热情相迎。这是他们的第一次见面。两人一见如故，谈得很是融洽，不知不觉间一个上午已经过去。午饭时间到了，毛泽东宴请邓宝珊及随行人员，由中央交际处在机关合作社食堂摆了几桌酒席，李富春、萧劲光、周小舟等人出席作陪。

席间，毛泽东谈笑风生，举杯祝酒："延安生活还较困难，我们今天略备水酒，欢迎邓将军及其一行，略表心意。"

当毛泽东讲到共产党与西北军的合作时，说："西北军的将领许多是爱国的，有与我党合作和民主革命的传统。现在国共重新合作了，抗日民族统一战线已经建立起来，只要我们共同坚持下去，并巩固发展下去，一定能够打败日本侵略者。邓先生在榆林，我们一定能合作得很好。"

邓宝珊对此表示很有信心："这是孙中山先生的遗愿，也是全国民众的共同要求。毛主席和周恩来先生在'双十二事变'中坚持和平解决的方针，促成了两党重新和好，以国家民族利益为重，是深得人心的。从此孙总理生前的愿望，有实现的希望了。"

毛泽东一再挽留邓宝珊多住几天，到延安各处去参观、指导。邓宝珊被毛泽东的真挚情谊所感动，欣然决定改变计划，多住几天再走。

不知不觉中，邓宝珊在延安整整住了一周。其间，邓宝珊回访了毛泽东，参观了抗大、陕北公学等，出席了专门为欢迎他举办的文艺晚会和群众大会。延安各界领导人分别到邓宝珊住所与他会面晤谈。

当时，邓宝珊年仅16岁的二女儿邓友梅正在延安的陕北公学学习。起初，邓友梅怕父亲责备，不愿去见。在同学们的再三劝说下，她决定去见父亲，并做好了辩论的准备。

谁知，邓宝珊非但没有责怪，反而在询问了小友梅的学习、生活情况后，鼓励她要努力上进。后来，邓友梅加入了中国共产党，为党做了不少工作。

这次延安之行，邓宝珊初识毛泽东，毛泽东的真知灼见，以及对抗日形势和中国革命前途的分析令邓宝珊折服。而延安的勃勃生机，人们的抗日热情，也给邓宝珊留下了深刻印象，这对他以后政治生涯的转变起了相当大的作用。

此后，邓宝珊经常利用去西安、重庆开会之机，到抗日根据地做客，拜会当地的中共领导人。中共视邓宝珊为贵宾，礼遇有加，安排他参观、看戏。毛泽东与邓宝珊的信件来往频繁，时常互赠礼品。毛泽东送给邓宝珊书刊、延安自制的皮衣，邓宝珊则送给毛泽东炮台牌、三五牌香烟，两人友谊日深。

对于邓宝珊的友好之举，以及对延安的有力支持，共产党人非常感激，把他作为最值得信赖的抗日友军，积极支持他入陕甘宁边区采购粮食、到关中征兵扩军。中共中央关于抗日的策略，以及重大决策的文件、信息也会经常送达邓宝珊处。

1938 年 12 月 5 日，毛泽东派八路军留守兵团绥德警备区司令员陈奇涵前往榆林，向邓宝珊报告防务，并附上一封亲笔信：

> 近日敌攻西北之消息又有传闻，谅尊处早已得悉。不论迟早，敌攻西北之计划是要来的，因之准备不可或疏。高明如兄，谅有同情。特嘱陈奇涵同志趋谒麾下报告防务，并将敝党六中全会之报告、决议、宣言等文件带呈左右，借供参考。倘有指示，概祈告之奇涵。

这封信充分体现了中共中央、毛泽东对邓宝珊的信任和友好的态度。

同样，邓宝珊以团结抗日为重，对部下与八路军发生的摩擦从大局出发，妥善处理。

1939 年夏，邓宝珊所部新编第 11 旅与八路军发生摩擦。新 11 旅驻守三边一带，同八路军留守部队的防区相邻，平时尚能友好相处。但由于新

11 旅的成分比较复杂，国民党反动派对其进行拉拢、分化、挑拨、煽动，企图制造事端。

当时新 11 旅第 1 团有个营长率部强占八路军驻定边县城的营房，双方发生武装冲突。结果，该部被八路军包围缴械。

事件发生后，一些别有用心的人故意大肆渲染，挑拨离间道："共产党、八路军不讲信义，不给邓先生面子，希望邓先生采取强硬态度，不然共产党还会得寸进尺。"

邓宝珊对此不置可否，因为他信任毛泽东。

没过多久，南汉宸受毛泽东委派到榆林向邓宝珊说明情况，同时八路军也把缴获的人枪送还新 11 旅。双方言归于好，事件就此平息。

1940 年 3 月 5 日，毛泽东同王稼祥致电王震，指示：靠近榆林的米脂及葭县（今佳县）暂时不要边区化，应维持现状。榆林一带是邓宝珊、高双成等许多中间势力的集中地，我们的政策是极谨慎地争取这些中间势力。

是月下旬，毛泽东托刘绍庭给邓宝珊带去亲笔信。信中，毛泽东向邓宝珊的友好行为表示谢意，同时表示了进一步巩固双方友好关系的诚意。

就在这年冬，蒋介石再次发动反共高潮，指使何应钦、白崇禧发出"皓电"，诬蔑坚持敌后抗战的八路军和新四军，并强令缩编。

与此同时，胡宗南奉蒋介石之命，一面调集大军包围陕甘宁边区，一面对邓宝珊采取软硬兼施，企图增兵榆林，从北面包围、进攻陕甘宁边区。

为避免国民党军对延安造成南北夹击的态势，毛泽东通过刘绍庭致信邓宝珊，转达了自己对时局的看法，希望他能认清国民党顽固派破坏团结抗日、准备投降日寇的阴谋，坚持反对分裂、团结抗战。

邓宝珊果然不负毛泽东所望，对国民党的分裂行为采取抵制行动。他复电胡宗南进行坚决抵制，称"榆林粮秣困难，维持现有部队尚感不足，如再添一师，势难维持，弟意不调"。

1941 年初，震惊中外的"皖南事变"发生。毛泽东又通过刘绍庭致邓宝珊书信一封，转达了中共对时局的看法和对邓宝珊寄予的希望。

中共中央在力促邓宝珊坚持民主建国、团结抗日的立场的同时，也非常顾及邓宝珊在国民党中的艰难处境。

1942年，山西新军成立5周年纪念，邓宝珊发电祝贺，对共产党的赞扬和友好态度跃然纸上。新华社晋西北分社将贺电发表，引起延安极大的不安。

为保护邓宝珊，毛泽东立即致电批评中共晋绥分局这样的做法是"和我党目前政策不合适的""足以影响友军之地位"。他又就此事专门致电晋绥分局书记林枫：

> 新华社晋西北分社十八日将邓宝珊对新军5周年纪念贺电播来延安，除令延安总社不要发表外，请你对晋西北分社及《晋西日报》加以指导。此类电报只能口传，不能发表，以免影响邓宝珊之地位，此外，整个通讯社及报社的新闻政策及社论、方针，分局必须经常注意，加以掌握，使我们的宣传完全符合于党的政策。

1943年5月，共产国际宣布解散，蒋介石乘机掀起第三次反共高潮。邓宝珊电邀南汉宸到榆林，共商对策。

6月，国民党政府电召邓宝珊去重庆开会，蒋介石知道邓宝珊与中共往来密切，因此在电文中特别指示他不要经过延安，而是绕道宁夏去重庆。

邓宝珊对此十分气愤："不指定路线便罢了，指定了，我偏要走延安这条路线。"

6月8日，邓宝珊率副参谋长于浚都、《大公报》驻榆林特派记者杨令德及卫士10多人由榆林骑马启程，取道延安赴重庆。

绥德地委书记习仲勋闻讯后特地派杨虎城的儿子杨拯民到米脂迎接邓宝珊一行。

10日，邓宝珊一行到达绥德。中共绥德地委和警备司令部召开欢迎大会，习仲勋亲自主持，徐向前和邓宝珊在会上讲了话。

17日，邓宝珊一行到达延安。延安组织群众、干部特意到郊外列队迎接，邓宝珊非常感激延安方面的盛情款待。

当天，毛泽东在杨家岭新建的中共中央礼堂设宴为邓宝珊接风洗尘。中共领导人朱德、贺龙、林伯渠，民主人士李鼎铭以及邓宝珊的老朋友南汉宸、续范亭等都出席了欢迎宴会，给予邓宝珊规格极高的礼遇。

邓宝珊大步走进新建的礼堂，毛泽东等人迎了过来。这是两人的第二次见面。

不待毛泽东发话，邓宝珊抢先道："毛先生发胖了！"

"这是由于我们军民搞大生产，丰衣足食所致。"毛泽东颇为自豪地回答，"邓先生的身体也好多了吗！"

邓宝珊毫不掩饰："这是我戒了大烟的结果。"

对话引得众人阵阵笑声。宴会就在欢乐的气氛中开始了。

宴会后，举行了盛大的欢迎晚会。叶剑英致欢迎词，晚会上演出了《大生产大合唱》《兄妹开荒》等文艺节目。

20日，毛泽东又在交际处宴请邓宝珊。

此时的延安已稍有暑意。宴会前大家围坐院内乘凉漫谈。毛泽东平易近人而又思维活跃，谈吐风趣而又寓意极深，引得满座笑声不断，使人们有如沐春风之感。

当谈到胡宗南以重兵包围边区时，毛泽东幽默地说："不过是挑两筐鸡蛋叫卖而已，我们给他丢两块石头，就全部砸烂了。"

邓宝珊思索了一下，笑着说："其中可能有些石子。"

听到此，毛泽东会意地哈哈大笑。

邓宝珊又问："毛先生贵庚几何？"

毛泽东回答："鄙人生于清光绪十九年癸巳，公历1893年12月26日。"

邓宝珊很是认真地说："先生比我长一岁。中国有毛先生这样一位领导，乃民族之福。打败日本帝国主义之后，我们一定要为毛先生祝寿。"

在随后的几天里，邓宝珊多次同毛泽东单独会谈，特别对国内、国际形势，两人交换了看法。

毛泽东在谈话中特别强调："世界反法西斯战争已临近光明的前途，连蒋介石也感到了这个变化。但蒋的反应和对策是加紧反共，而不是积极地与共产党通力合作，以促使抗日战争胜利的及早到来，这是不好的。希垂邓先生与我们合作，要求蒋放弃独裁，实行民主。"

邓宝珊表示："为民主建国尽最大努力。"

在延安停留二十多天后，邓宝珊一行恋恋不舍地与毛泽东告别，动身前往重庆。

9月6日，国民党五届十一中全会在重庆召开。会上反共顽固分子大肆诬蔑共产党"破坏抗战、危害国家"，为掀起第三次反共高潮做舆论准备。邓宝珊就是在这种情况下来到重庆的。

重庆烦闷的夏季，伴随着国民党的反共喧嚣，使邓宝珊忍无可忍。其间，蒋介石几次找他谈话，让他列席国民党十一中全会。

当邓宝珊最后一次面见蒋介石时，直陈内战是打不得的，并说："我想把领袖拥护成华盛顿，不愿把领袖拥护成拿破仑。"

蒋介石十分震怒，稍停片刻，问邓宝珊："听说你有个女儿是共产党？"

邓宝珊平静地回答："是的，思想不同，有什么办法呢？"

蒋介石表面上假装一笑，不置可否。事后大骂邓宝珊有"投共"嫌疑，密令胡宗南对邓宝珊严密监视。

9月底，邓宝珊乘飞机由重庆飞抵西安。

当时，胡宗南正偷偷从其他战场上调集兵力，准备进攻陕甘宁边区。蒋介石、胡宗南从政治、军事和经济上对邓宝珊施加压力，以迫使他反共。

11月下旬，邓宝珊一行由西安经老家三原再度来到延安。这是邓宝珊的第三次延安之行，也是他最后一次来延安。

时值国民党的第三次反共高潮被打退不久，整个解放区反蒋情绪十分强烈。对邓宝珊的处境，中共中央也是掌握一些情况的，毛泽东特地叮嘱交际处要热情接待，指出："邓先生是国民党里的联共、抗日派，我们对他的方针不变。他如有困难，我们应按对国民党军队区别对待的原则，给予政治上、物质上的帮助。"

对此，有些同志表示不理解。为说明团结邓宝珊这样的国民党朋友的必要性，毛泽东专门列举了当年"左"倾机会主义者不积极与福建人民政府合作的惨痛教训。

根据毛泽东的指示，工作人员把正在延安养病的续范亭接到交际处，以便他做邓宝珊的思想工作。当年邓宝珊任新1军军长时，续范亭曾在该军任参谋长，两人私交甚深。

毛泽东向续范亭提出对邓宝珊应继续坚持大力争取的方针，并说："对于国民党里的进步派、顽固派，我们决不能等量齐观，一定要区别对待。对进步派一定要真心诚意地帮助。"

一天，毛泽东派人到交际处接邓宝珊、续范亭到自己住处谈话，朱德、周恩来在座。毛泽东说：国民党可能采取三个方向，第一个是直接投降和内战方向，这条路是走不通的；第二个是一面假装抗日，一面积极反共，这条路最终也是行不通的；第三个是根本放弃法西斯独裁和内战政策，这才是一条生路，我们大家必须为此而努力奋斗。三民主义必须通过三大政策来实现。现在日本的困难越来越大，抗战胜利在望，只需国共两党继续努力了。

最后，毛泽东再次强调要走一条和平民主建国的道路："国共两党发生的许多历史事件，邓先生你我是过来人。历史的经验证明，内战的路走不通。蒋介石只有从根本上放弃独裁和内战政策这才是国民党的出路，我们大家必须为此奋斗。"

邓宝珊在延安期间，中共中央给予了热情款待，安排参观边区军民大生产成果展览会，出席劳动英雄大会和文艺晚会。

当邓宝珊参观延安的大生产展览时，更是兴致勃勃，称赞毛泽东"自己动手、丰衣足食"的政策英明。忽然，一个20余斤重的大南瓜映入了邓宝珊的眼帘，他连连称赞："只有边区才会长出如此大的南瓜。"

毛泽东不仅在思想上力促邓宝珊思想转变，同时也在生活上关心邓宝珊。

邓宝珊因长期劳顿，体质下降，在延安偶感风寒。毛泽东对他的病况非常关心，除亲自慰问外，还请精通中医的边区政府副主席李鼎铭诊脉。

考虑到马上就要进入酷寒的时节，而邓宝珊衣着不备，毛泽东还委托交际处长金城把10张上等的狐狸皮作为大衣料赠送给他，并专门给金城写了一封信："狐皮十件，送邓总司令做衣料，请转交为盼！"

邓宝珊在毛泽东和延安有关工作人员的关心照料下，病很快就好了。

中共中央及毛泽东对邓宝珊的接待可谓周到，怕他寂寞，除了请来他的老友续范亭、南汉宸陪同外，还不时为他专门组织文艺演出。这中间还有一个小插曲。

一天晚上，交际处专门为邓宝珊一行安排了一台文艺演出，周恩来、林伯渠陪同观看。当时边区还处在反对国民党第三次反共高潮的余波中，内部的审干运动尚未结束，所以在文艺舞台上表演的节目，大多是反映这两个运动的。

抗战剧团演的《血泪仇》反映的是河南人民在水、旱、蝗、汤（恩伯）的灾害下，被迫逃往抗日根据地求生，得到抗日根据地政府和人民热情帮助的情况；延安部队艺术学校演的《保卫边区大活报》是表现边区军民反对胡宗南进犯、坚决保卫边区的；鲁迅艺术学院演的《赵富贵自新》是反映边区军民取得对国民党特务斗争的胜利，争取那些受国民党特务欺骗拉拢的"失足者"，向政府主动坦白取得宽大处理的。这些戏很多内容是公开批判蒋介石的。

演出中，邓宝珊坐在下面显得很尴尬。对每一个节目，他都不鼓掌，但又不得不随着群众的鼓掌声表示赞许。当杨令德看到剧中蒋介石被打倒，从桌子上栽下来的场面时，说："这样的节目对我们压力太大了。"

事后，周恩来和林伯渠批评了有关人员，说："你们为什么弄这些节目给他们看？明天另外搞一台戏，再请他们一次。"

第二天晚上，有关部门又组织了一台由延安平剧院演出的老戏，有《棒打薄情郎》《打渔杀家》等。《棒打薄情郎》演到金玉奴被其刚刚高中状元的丈夫莫稽推下水后，就结束了。后面金玉奴被救起，最后又与莫稽团圆的一节统统删去了。

邓宝珊看后非常高兴，称赞道："这出戏改得好，阶级调和改成了阶级斗争！"

延安之行于12月中旬结束，给邓宝珊留下了难忘的印象，毛泽东也成了他至诚的朋友。

此后，邓宝珊与毛泽东经常有函电往来，单是毛泽东给邓宝珊的亲笔信就有十几封。邓宝珊的案头经常放着毛泽东著作单行本和延安出版的

《解放》《八路军军政杂志》等刊物。他读过毛泽东的《抗日游击战争的战略问题》《论持久战》和关于辩证唯物主义讲义等油印本，常和部下谈论这些著作中阐明的观点，认为毛泽东精通辩证法，对问题看得远，想得深。邓宝珊曾十分感慨地说："毛泽东学问渊博，读书很多，住的窑洞的书架上是马恩列斯著作，也有《三国演义》《红楼梦》等古典文学作品，还有陕北各县的县志。"

为进一步加强和邓宝珊的联系，共同将抗战进行到底，1944 年 12 月 22 日，毛泽东致信邓宝珊，高度评价了他支撑北线，保护陕甘宁边区的功劳。

> 去年时局转换，先生尽了大力，我们不会忘记。八年抗战，先生支撑北线，保护边区，为德之大，更不敢忘。去秋晤叙，又一年了，时局走得很快，整个国际形势都改变了。许多要说的话，均托绍庭兄专诚面达。总之只有人民的联合力量，才能战胜外寇，复兴中国，舍此再无他路。如果要对八年抗战作一简单总结，这几句话，鄙意以为似较适当，未知先生以为然否？"

1945 年 8 月，伟大的抗日战争取得胜利，中国革命进入了一个新阶段。以中国共产党为代表的人民大众，和以国民党为代表的地主买办资产阶级的阶级矛盾日益尖锐，很快上升为中国社会的主要矛盾。在神州大地，两种命运、两条道路展开了殊死搏斗。

在这场决定中国前途与命运的大搏斗中，每一个人都无一例外地面临着选择。邓宝珊内心深处充满矛盾和斗争，一方面对共产党的大公无私、艰苦奋斗、廉洁奉公和与人民群众血肉相连，十分钦佩，把共产党看作是建设中国的新生力量；一方面对国民党内部普遍存在的贪污腐化、腐败无能，对蒋介石的独裁专制、消灭异己、为个人和嫡系谋私利极为不满，但又寄希望蒋介石迷途知返，为人民利益着想，实现国共合作，和平建国。于是邓宝珊多次抵制蒋介石的内战政策，同时拒绝了中国共产党要他反蒋起义的要求。

1946年2月，国民党六届二中全会在重庆召开。这次会议"是一个要消灭共产党和中国民主势力，把中国引向黑暗的大会"。

会上，国民党政府国防部参谋总长陈诚狂妄地宣称："凭我数百万装备精良的国军，一定能在三个月打垮共军，六个月消灭共产党。"

蒋介石的嫡系将领们个个摩拳擦掌，跃跃欲试。会场上一片火药味。

见邓宝珊坐在一旁一言不发，蒋介石就问："你和共产党打交道多年，对他们颇有了解，你的意见如何？"

邓宝珊直言相告："打不得。第一是经过八年抗战，人民苦难深重，好不容易胜利了，需要有一个休养生息的机会，打的话，人心厌战；第二，经过八年抗战，民穷财竭，国力空虚，打的话，经济上会崩溃。"

众将面面相觑。蒋介石假惺惺地说："有道理。"

但蒋介石并不会因此停下反共的步伐，反而变本加厉，积极调兵遣将，疯狂地向解放区发动大规模的进攻。邓宝珊不愿卷入内战的旋涡，便回到陕西三原家中，闭门不出。

6月，蓄谋已久的蒋介石以围攻中原解放区为起点，终于发动了全面内战。

7月底，在胡宗南的再三催促下，邓宝珊返回榆林。等待他的是蒋介石一纸命令：扩建榆林机场。原来，蒋介石正加紧往榆林空运嫡系部队，准备大举进犯陕北解放军。

为争取这位多年友好相处的朋友，不致兵戎相见，中共中央立即派刘绍庭去榆林，携带朱德、续范亭的亲笔信，劝阻邓宝珊不要上蒋介石的当，充当内战的炮灰，并希望他选择适当时机归向人民。

邓宝珊毕竟是一名老资格的国民党员，当时还缺乏摒弃国民党集团转向共产党的勇气，没有做出立即行动的抉择。在蒋介石的严令催促下，邓宝珊还是将机场扩建。事后，他对人说："如果内战再起，中共若仍用游击战与国军对抗，则无异于以人肉碰钢铁，无论如何是拼不过的。"

毛泽东得知后，不无忧虑地说："看来北边的朋友交不成了。"

果不其然，不久胡宗南就把整编第36师第28旅空运至榆林，监督邓宝珊执行反共路线。

10月，邓宝珊的老部下、新编第11旅旅长曹又参和陕北保安指挥部副总指挥胡景铎分别在三边、横山率部起义。邓宝珊感叹道："这些年轻人呀，不懂事嘛。这次内战据毛泽东自己估计要打五年至七年，就打五年吧，我们等到三年半再去也不迟嘛！"

1947年3月，国民党军在全面进攻失败后，重点进攻山东解放区和陕北解放区。当时西北野战军不足3万人，面对国民党军34个旅25万余人的大举进犯，采取诱敌深入、各个击破的作战方针，连续取得青化砭、羊马河、蟠龙战役的胜利，稳定了西北战局。

7月底，邓宝珊突然接到情报：彭德怀率陕北共军主力8个旅，分三路向榆林进逼。

起初，邓宝珊并不相信，"共产党对榆林还用得着这样大兵力，他们要进攻榆林，总应该先派人打个招呼，来一个先礼后兵吧。"

出乎他的意料之外，接二连三的情报证实西北野战军由绥德地区北上进攻榆林，邓宝珊的心情沉重下来，马上进行战斗部署。

8月6日，西北野战军发起榆林外围作战，击溃守军1个团，并攻占榆林机场。7日，包围榆林城。10日，开始攻城。12日，整编第36师师长钟松率该师主力取捷径驰援榆林。当晚，西北野战军主动撤围榆林。

原来，彭德怀这一次使用的是"围城打援"战术，不打榆林，胡宗南的部队就分散不开，分散了才好各个歼灭。

胡宗南果然中计，误以为共军将东渡黄河"逃窜"，于是令刚刚到达榆林的钟松率部经归德堡南下，配合由绥德北上的第29军等部，企图南北夹击西北野战军。

邓宝珊要比胡宗南更了解共军，对手下人说："钟松到榆林，连我备下的饭都不吃，就急急忙忙地配合29军，想夹击共军，要把他们赶过黄河，我看是钻彭德怀的口袋去了！"

果不出邓宝珊所料，20日，钟松的2个旅在沙家店全军覆没。

此役，邓宝珊损失了1个团的子弟兵，非常痛心。同时又很不理解解放军发动榆林围城战的战略意义，认为自己尽力避免卷入内战的旋涡，何以解放军还要进攻自己的驻地？

1949 年 2 月，邓宝珊在西柏坡见到毛泽东时，提及此事，称："我与贵军一向和睦相处，贵军不该打榆林。"

毛泽东安慰道："从当时西北的整个战局看，还是应该打的。"

尽管邓宝珊在解放战争初期没能及时地站到人民阵线一边来。但是他还是决心：只要有机会，一定为人民革命事业尽一番力。

1948 年初，邓宝珊回到三原家中，静观时局变化。

这一年是中国的战争年，是中国两种命运的决战之年。对蒋介石来说，却是他那生涯起伏的一生中最"触霉头"的一年。

早在年初，蒋介石还曾信誓旦旦地宣称：我可以很负责地告诉大家，在最近六个月以内，国军有绝对把握消灭黄河以南匪军所有的兵力，决不让他们有整师或整旅的存在。可半年过后，情况又是怎样呢？

在东北，东北人民解放军在冬季攻势后，直取四平城，迫使国民党军东北"剿总"司令卫立煌部 55 万人龟缩在长春、沈阳、锦州地区，陷入孤立无援的困境；在西北，彭德怀率部取得宜川大捷，瓦子街一役全歼刘戡部 4 个旅，并乘胜收复了延安，志大才疏的胡宗南 40 万军队陷于西北，动弹不得；在华北，人民解放军相继发动察南绥东、晋中、冀热察等战役，一时杀得阎锡山、傅作义集团 60 余万大军人仰马翻；在华东，粟裕的胃口更是大得出奇，豫东一战，竟吃掉了国民党军 1 个兵团 9 万余人，生俘兵团司令区寿年，要不是黄百韬拼死突围、邱清泉及时相援的话，恐怕这 2 个兵团也早已成为粟裕的盘中餐了，直吓得刘峙集团 60 万大军收缩在徐（州）蚌（埠）一线，不敢轻举妄动；在中原，就连一向声称"不怕共产党凶，只怕共产党生根"的"小诸葛"白崇禧也无法阻挡住刘邓大军在大别山站稳脚跟……

"匪"越剿越多，兵越战越少，仗越打越背，蒋介石也无计可施，在日记中哀叹道："最近军事与经济形势，皆濒险恶之境，……盖人心之动摇怨恨，从未有如今日之甚者。"

与此形成鲜明对比的是，中国人民解放事业正以不可阻挡之势迎来了收获季节。毛泽东曾作了一个生动的比喻："解放战争好像爬山，现在我们已经过了山的坳子，最吃力的爬坡阶段已经过去了。"

同年底，随着辽沈战役的胜利结束，中共中央和毛泽东决定把国民党军主力歼灭在长江以北，随即发动了淮海战役。紧接着命令东北野战军隐蔽入关，于12月初发起平津战役。

邓宝珊感到时机已经成熟，起义只是迟早的问题，因此开始在西北方面暗中联络，争取一些地方势力。

平津战役打响后，傅作义自恃手中的几十万大军，可以在华北创个独立局面。但战局急速发展，至12月20日，东北、华北野战军在西起张家口、东迄塘沽的千里战线上，将傅作义集团分割包围在张家口、新保安、北平、天津、塘沽，使其陷入东逃无路、西窜无门、欲战无力、欲守不能的困境。

困守城中的傅作义也开始考虑自己的归宿问题。鉴于各方面的原因，傅作义认为：时局不可收拾，指望蒋介石已无可能，自己也无力保住平、津，北平又是几朝古都，古物众多，如战事一开，必城毁物无，自己定会成为历史的罪人。从内心讲，他希望走和平起义的道路。但令他担忧的是，身为战犯，起义后共产党会怎样处置他，另外就是他的部下是否会服从，还有就是谁来替他与共产党进行和谈？

就在傅作义举棋不定时，12月22日、24日，人民解放军相继解放了新保安、张家口，全歼傅作义嫡系主力第35军等部。傅作义赖以支撑下去的实力基本被消灭，真正到了山穷水尽的境地，一时间惊恐万分。

危急时刻，傅作义想起了老朋友邓宝珊。邓宝珊资历深，地位高，有政治头脑，又与共产党有过很长一段时间的友好合作，唯有他能够不辱使命。于是，傅作义派专机将邓宝珊接到北平。

12月28日，邓宝珊乘坐的"追云号"专机降落在天坛临时机场，对前来迎接的傅作义说："宜生兄，我是和你共患难来了。"

是夜，两人促膝长谈，分析时局，一致认为：蒋介石大势已去，和平解决华北问题是人心所向。邓宝珊表示愿为北平的和平解放尽力。针对傅作义的种种顾虑，邓宝珊开导说："只要你决心和平解决，其他一切具体问题，包括你个人前途问题，都由我去谈判解决。"

几天后，邓宝珊与中共北平地下党组织崔月犁等人秘密接头。一见面，他就说："我是了解共产党的政策的，我有个孩子在延安学习过，我见过毛主席，陕北电台的广播我经常听。"会谈中，邓宝珊表示将全力劝傅作义走和平起义的道路。

1949年1月中旬，傅作义终于下定决心，以邓宝珊作为全权代表，在华北"剿总"政工处处长周北峰的陪同下，前往解放军平津前线司令部谈判。

21日，双方达成了《关于和平解决北平问题的协议》。次日，傅作义正式向报界宣布协议内容，北平城内的国民党守军20万余人开始向城外移动。至31日，傅作义所部主力全部出城接受改编。古都北平终于回到人民的手中。

北平和平解放的意义，不仅在于保护了人民生命和文化古迹，避免了国共两军流血牺牲，还在于为国民党军队创立了一种和平解放的方式，为后来的绥远、新疆、湖南、云南、西康（今分属四川和西藏）等省的和平解放带了一个好头。

邓宝珊在北平和平解放中做出了巨大的贡献。当时北平《新民晚报》曾发表文章，标题是："北平和谈的一把钥匙——邓宝珊将军"。

2月22日，经中共中央安排，邓宝珊偕同傅作义前往西柏坡，受到了毛泽东、周恩来等人的亲切接见。

周恩来意味深长地说："邓先生，我们是长期合作的好朋友呀，现在，你该回'娘家'了。你与傅宜生在最后时刻，终于决定接受我们提出的条件，使北平得到和平解放，这是做了一件大好事。这不仅避免了双方军队不必要的流血牺牲和人民生命财产的损失，同时也保护了北平这座历史悠久的文化古城。从你个人来讲，你出身于劳动人民，在抗日战争和抗战以前几个历史时期，你曾站在人民的一边，后来走了一段弯路，离开了人民。如今你又回到了人民这个'娘家'，我们更为此而感到高兴！"

邓宝珊深受感动，说："我这次为北平的和平解放做了点事，也算尽了我一点微薄之力，就算我回'娘家'的见面礼吧。"

毛泽东高度评价了邓宝珊与傅作义为人民解放事业所做出的贡献，并专门讲到绥远问题，希望二人能为和平解放绥远再立新功。

北平和平解放给绥远的国民党军极大震动。华北"剿总"驻归绥指挥所主任兼绥远省政府主席董其武决心仿效傅作义、邓宝珊走和平之路。

对此，8月6日，毛泽东致电彭德怀，指出兼取政治方式解决西北问题，"我们认为，西北地区甚广，民族甚复杂，我党有威信的回民干部又甚少，欲求彻底而又健全又迅速地解决，必须采用政治方式，以为战斗方式的辅助。现在我军占优势，兼用政治方式利多害少。其办法即为利用靠拢我们的国民党人和我们的人一道组织军政委员会，以为临时过渡机构。这样的国民党人就是张治中、傅作义、邓宝珊"。

遵照毛泽东的指示，傅作义、邓宝珊奔走绥远，力劝董其武接受了和平解决绥远问题的方法。9月19日，绥远国民党军宣布和平起义，投向新中国怀抱。

邓宝珊在包头处理绥远起义时，还同国民党西北长官公署副长官马鸿宾进行了会晤。在邓宝珊的大力规劝下，马鸿宾于9月23日在银川举行起义。

中华人民共和国成立后，中央人民政府任命邓宝珊为甘肃人民政府主席。

赴任前，毛泽东专门约邓宝珊谈话，"多年来，蒋介石对你提着防着，不让你去甘肃，因为你是甘肃人，怕你在甘肃掌握了实权。我们共产党人让你去甘肃，因为你在那里人熟，有威信。西北的工作由彭德怀、习仲勋同志负责，你以后跟他们在工作上关系很密切，他们都是很好的同志，容易相处，你没有去之前，是不是先给他们发个电报，有个联系，更好一些，你看怎样？"

邓宝珊说："主席考虑得很周到，我一定照办。"

"那好，你把稿拟好送给我看一看，我替你发。"

第二天，邓宝珊就把起草的给彭德怀、习仲勋的电稿交给毛泽东。邓宝珊在电文中向彭、习二人问候，并表示如果可以，希望先到一些地方参观学习，再去甘肃。

又过了两天，毛泽东转来了彭德怀、习仲勋的复电：对邓先生表示祝贺和欢迎，并同意邓先生的要求。电文词意恳切，使邓宝珊很受感动。邓宝珊本来因为两次榆林战役时曾和彭德怀、习仲勋在战场上交过手，因而对去甘肃工作多少有些担心，这时候也就完全释然了。

1950年1月3日，邓宝珊飞往兰州就任。

重归故里，邓宝珊激情满怀地投身家乡建设和民族团结工作，深得人民拥护。他工作作风朴实，平易近人，经常深入基层了解情况，在甘肃兴修水利、种树防沙，被人民称为好省长。

邓宝珊虽然长期在西北工作，但一直同毛泽东保持着深厚的友谊。每次到北京开会，毛泽东总要在中南海约见他，以老朋友相待。除了政治上的信任，毛泽东对邓宝珊的生活也很是关心。

1956年，邓宝珊到北京出席人大会议。

一天会后，毛泽东邀请邓宝珊同车前往中南海丰泽园家中吃饭。因为邓宝珊是北方人，毛泽东特意为他准备了面食，并亲自为邓宝珊端饭。

席间，毛泽东还问到他二女儿邓友梅的情况。抗日战争期间，邓友梅因患肺病从延安回到榆林休养，不久便去世了。

周恩来说："我听说友梅同志临死时曾向你提过一个请求，说你在任何情况下都不能反对毛主席呀！她这临死的一句话你实践了……"

邓宝珊听后感慨万分，潜然泪下。

当时正值苏共二十大全面否定斯大林不久，邓宝珊就问毛泽东对这个问题的看法。

毛泽东说："斯大林功大于过，应该三七开，全面否定是错误的。"

接着，毛泽东又谈道："听说邓先生对镇反运动中镇压了国民党甘肃省政府教育厅厅长宁格有意见。"

邓宝珊如实回答："是这样，这个人本来是可杀可不杀的。"

毛泽东也惋惜地说："既然这样，当时还是不杀为好，希望邓先生今后见到什么，还是不客气地提出来。"

"文化大革命"开始后，邓宝珊受到冲击，周恩来总理立即派飞机把他接到北京。1968年11月27日，"中国共产党的忠实朋友"邓宝珊因病在北京去世。

毛泽东评傅作义

【傅作义简历】

傅作义（1895—1974），字宜生。山西荣河安昌村（今属临猗）人。国民党陆军二级上将。

1910 年，傅作义考入太原陆军小学堂。次年，辛亥革命爆发，参加太原起义，任学生军排长，在娘子关等地与清军作战。1912 年，被保送北京第一陆军中学堂。1915 年，升入保定陆军军官学校，1918 年毕业回山西在晋军服役，因治军有方，由排长递升至师长。1927 年，率第 4 师参加对奉军作战，10 月乘虚袭占涿州后，孤军苦守 3 个多月，以不足万人之师，抗击数倍于己之兵力，采用在城墙内外挖掘壕沟阻敌攻城、主动出击等办法，打退奉军多次进攻，终因粮尽援绝，于次年 1 月撤出涿州城，接受奉军改编。傅作义因拒绝张作霖委任，被软禁于保定张学良指挥部，5 月初出逃至天津。8 月，任第 3 集团军第 5 军团总指挥兼天津警备司令。1930 年，蒋冯阎战争期间，任阎锡山的第 3 方面军第 2 路军指挥官，率部在津浦铁路沿线与蒋军作战。阎军战败后被南京国民党政府收编。1931 年，任第 35 军军长兼绥远（今并入内蒙古）省政府主席。

1931 年"九一八"事变后傅作义通电坚决抗日。1933 年所部编为第 7 军团，任总指挥，率部在密云、怀柔一线参加长城抗战，施近战、夜战、白刃战，给日军以打击。1935 年 4 月，被授为陆军二级上将。1936 年，指挥绥远抗战，采用集中优势兵力各个击破、出其不意等战法奇袭日伪军，获百灵庙大捷，收复失地。抗日战争期间，相继任第 7 集团军总司令兼第 35 军军长、第八战区副司令长官、第十二战区司令长官，指挥所部转战晋、冀、察（即察哈尔，今分属内蒙古、河北）、绥等省，先后参加南口张家口战役、忻口会战、太原保卫战诸役。还灵活运用阻击、偷袭等战法打击日军有生力量，取得包头、绥西、五原等战役的胜利。1941 年初，提出民养军、军助民、军民合作发展粮食生产的具体措施，解决军民食粮问题。

抗战胜利后，傅作义任张垣"绥靖"公署主任兼察哈尔省政府主席、华北"剿总"总司令，执行蒋介石的内战政策。1949 年 1 月，天津解放后，接受中国共产党提出的和平解放北平（今北京）的条件率部起义，对完整地保留文化古都做出重大贡献。随后，又受毛泽东、周恩来委托，和邓宝珊促成绥远起义。

中华人民共和国成立后，傅作义曾任绥远军政委员会主席、绥远军区司令员、国防委员会副主席、水利部部长、中国人民政治协商会议全国委员会副主席等职。1955 年，被授予一级解放勋章。1974 年 4 月 19 日，病逝。

【毛泽东评点】

"足下英勇抗战，为中华民族争一口气，为中国军人争一口气。""红军抗日援绥，且具决心。""吾人深信，吾人现所努力之停止内战、抗日救国之行动，必能对于足下之抗日义举，遥为声援。"

——摘自《毛泽东年谱》上卷第 612 页

"傅氏反共甚久，我方不能不将他和刘峙、白崇禧、阎锡山、胡宗南等一同列为战犯，我们这样一宣布，傅在蒋介石及蒋系军队前面的地位立即加强了，傅可借此做文章，表示只有坚决打下去，除此以外再无出路；但在实际上，则和我们谈好，里应外合，和平地解放北平，或经过不很激烈的战斗解放北平。傅氏立此一大功劳，我们就有理由赦免其战犯罪，并保存其部属。"

——摘自《毛泽东传（1893—1949）》第 902 页

"过去我们在战场见面，清清楚楚，今天我们是姑舅亲戚，难舍难分。蒋介石一辈子要码头，最后还是你把他甩掉了。"

——摘自《毛泽东年谱》下卷第 460 页

"和平解放北平，宜生功劳很大！"

——摘自《毛泽东传（1893—1949）》第902页

"北平问题的和平解决，贵将军与有劳绩。贵将军复愿于今后站在人民方面，参加新民主主义的建设事业，我们认为这是很好的，这是应当欢迎的。"

——摘自《毛泽东年谱》下卷第471页

"我们认为，西北地区甚广，民族甚复杂，我党有威信的回民干部又甚少，欲求彻底而又健全又迅速的解决，必须采用政治方式，以为战斗方式的辅助。现在我军占优势，兼用政治方式利多害少。其办法即为利用靠拢我们的国民党人和我们的人一道组织军政委员会，以为临时过渡机构。这样的国民党人就是张治中、傅作义、邓宝珊。"

——摘自《毛泽东年谱》下卷第544页

薄一波有一段回忆说："组建中央人民政府时，谁担任什么职务，毛主席考虑得很周到。……他对我说：傅作义和平起义，是有功的，应该让他自己挑一个副部长，有职有权。"

——摘自《毛泽东传（1949—1976）》第17页

"你对水利工作感兴趣吗？那河套水利工作面太小了，将来你可以当水利部长嘛，那不是更能发挥作用吗？军队工作你还可以管，我看你还是很有才干的。"

——摘自《毛泽东年谱》下卷第460页

【评析】

1948年深秋，国民党统治区的政治、军事、经济、社会生活面临全面崩溃，蒋介石的统治已是穷途末路，处于风雨飘摇之中。中国人民解放事业正以不可阻挡之势迎来了收获季节。

为夺取人民革命战争的彻底胜利，坚决、彻底、干净、全部地消灭国内一切反动势力，不给国民党军以喘息的时间，中共中央决定在华北战场上发起一场规模巨大的平津战役。

当时，据守华北的傅作义集团，有4个兵团、12个军、42个师，连同地方保安部队，共计50余万人，面临着东北野战军和华北军区部队的联合打击。是撤是守，蒋介石和傅作义一时都拿不定主意。

毛泽东以其战略家的远见卓识看到了傅作义集团犹豫不决、撤守难定的矛盾心理，判断随着淮海战役的胜利发展，位于平津地区的蒋系部队向南撤退的可能性增大，一旦蒋系部队南撤，傅系部队亦必将西逃。而将其留在平津地区，对整个战局比较有利。这样，人民解放军可以集中华北、东北主力，将傅作义集团全歼于平津地区，使蒋介石难以组成江南防线。但若傅作义集团西逃或南撤，我军虽可不战而得北平、天津等大城市，但国民党军加强了长江防线，对于尔后渡江作战不利，势必影响整个解放战争的进程。

为此，中共中央、中央军委决定提前调东北野战军主力入关，包围天津、唐山、塘沽，在包围态势下继续休整，以防止国民党军南撤。11月17日，中央军委明确提出抑留并歼灭傅作义集团于华北地区的作战方针，命令华北军区第1兵团停攻太原，华北军区第3兵团撤围归绥，以稳住傅作义集团，不使其感到孤立而早日撤逃；利用蒋介石、傅作义对东北野战军入关时间的错误判断，指示新华社多发东北野战军在东北地区祝捷庆功、练兵开会及东北野战军领导人在沈阳活动的消息，迷惑、麻痹敌人；命令华北军区第3兵团首先包围张家口，切断傅作义集团西逃绥远的道路，吸引傅作义派兵西援；命令华北军区第2兵团和东北野战军先遣兵团出击北平至张家口一线，隔断北平与张家口的联系，以便抓住傅系部队，拖住蒋系部队，为东北野战军入关作战争取时间；命令东北野战军主力在开进中夜行晓宿，隐蔽入关，迅速隔断北平、天津、塘沽、唐山间的联系，切断傅作义集团南逃的道路，以便尔后逐次加以围歼。

18日，鉴于傅作义集团已成惊弓之鸟，为防其西窜或南逃，中央军委下令正位于沈阳、营口、锦州地区休整的东北野战军主力迅速入关，在华北军区主力协同下提前发起平津战役。

23 日，东北野战军主力 80 余万大军由锦州、营口、沈阳等地出发，隐蔽向北平、天津、唐山、塘沽地区开进，以迅雷不及掩耳之势隔断了唐山、塘沽、天津和北平之间的联系，切断了傅作义集团南逃的道路。

与此同时，华北军区第 3 兵团司令员杨成武、政治委员李井泉率第 1、第 2、第 6 纵队由集宁地区东进。

29 日，华北军区第 2 兵团在司令杨得志、政治委员罗瑞卿的率领下向张家口外围的国民党军发起进攻。震惊中外的平津战役就此打响了。

12 月 5 日，东北野战军先遣兵团在行进途中攻克密云，尔后主力继续南进；华北军区第 2 兵团进至涿鹿以南待机。

傅作义得知密云失守后，感到北平受到威胁，急令第 35 军主力由张家口星夜东返；令第 104 军主力及第 16 军由怀来、南口向西接应；令第 94 军主力及第 92、第 62 军由杨村、崔黄口、芦台地区开往北平，加强防御。

6 日，第 35 军主力乘坐 400 多辆美制十轮大卡车东撤。华北军区第 2 兵团第 12 旅在冀热察军区部队配合下节节阻击，将其滞留于新保安地区。第 2 兵团主力随后赶到新保安以东，打退了第 35 军及第 104 军主力的东西夹击，将第 35 军包围于新保安。

与此同时，华北军区第 3 兵团解放宣化，完成对张家口的包围。东北野战军主力第 1 梯队 6 个军，由喜峰口、冷口越过长城，到达河北蓟县、玉田、丰润地区。

这时，人民解放军虽已切断傅作义集团西逃的道路，但尚未切断其南逃的道路。与此同时，在淮海战场上，人民解放军继歼灭黄百韬兵团之后，正在双堆集围歼黄维兵团，又在徐州西南陈官庄包围了杜聿明率领的 3 个兵团，并歼灭了企图突围逃跑的孙元良兵团，胜利已成定局。

11 日，毛泽东指示平津前线领导人：目前唯一的或主要的是怕傅作义率部从海上逃跑。为了不使蒋介石、傅作义定下迅速放弃平津向南逃跑的决心，在两星期内的基本原则是"围而不打"，如对新保安、张家口；有些则是"隔而不围"，即只作战略包围，不作战役包围，如对北平、天津等地，以待把傅作义摆下的一字长蛇阵切成数段后，采取"先打两头，后取中间"和"先吃小点，后吃大点"的攻击次序，即先打张家口、新保安、塘沽，后打天津、北平；先攻占小城市，后解放大城市，从容歼灭各点之敌。

毛泽东还指示，尤其不可将南口以西诸点都打掉，以免南口以东诸点之敌狂逃。同时命令淮海前线人民解放军在歼灭黄维兵团后，留下杜聿明集团在两星期内不作最后歼灭的部署；命令山东军区集中若干兵力，控制济南附近一段黄河，并在胶济铁路线上预做准备，防止傅作义集团沿津浦铁路经济南向青岛逃跑。随后又指示华北军区抽调部队，控制保定、石家庄、沧州一线，准备搜捕由平津溃散南逃之敌。

根据上述指示，华北军区第2、第3兵团以防止新保安、张家口之敌向东、向西突围为重点，构筑多道阻击阵地，待命攻击；东北野战军主力克服疲劳、寒冷等困难，向北平、天津、唐山、塘沽等地急进。

傅作义发现人民解放军骤然逼近，自己已陷入欲逃不能、欲守亦难的困境，便匆忙放弃南口、涿县、卢沟桥、通县及唐山、芦台、廊坊等地，向北平、天津、塘沽收缩兵力，并将北平和天津、塘沽划为两个防区，实行分区防御。

战局急速发展，至15日，东北野战军先遣兵团占领南口、丰台、卢沟桥，从北面和西南面包围了北平；东北野战军第1兵团及华北军区第7纵队占领通县、采育镇、廊坊及黄村（今大兴），从东北面和东南面包围了北平，17日又攻占南苑飞机场。

当解放军百万大军云集北平郊区，将北平城包围得像铁桶一般时，傅作义如梦初醒，没想到共军行动如此之快。但为时已晚，东北、华北野战军在西起张家口、东迄塘沽的千里战线上，将傅作义集团全部分割包围于张家口、新保安、北平、天津、塘沽等地，封闭了其西逃和南逃的一切道路。

这样，傅作义集团由"惊弓之鸟"变成了"笼中之鸟"，陷入东逃无路、西窜无门、欲战无力、欲守不能的困境。固守孤城的傅作义感到空前的迷惘、惶惑和恐惧。

中共中央分析，傅作义在抗日战争时期主张抗日，并和共产党有过友好往来。虽在内战中执行蒋介石"戡乱"的反共政策，但随着国民党军的节节失利，已对蒋介石的反动统治失去了信心。在兵临城下、面临绝境的困境下，傅作义有两种可能：一是傅作义曾经是抗日爱国将领，与蒋介石独裁卖国、排除异己有着比较深的矛盾，现在蒋介石政府行将覆灭，有可能选择和平的道路；另一种可能是，傅作义长期反共，与共产党打了多年的仗，在整个华北统率着50多万国民党大军，不到万不得已时，是不会轻易接受和谈的。

鉴于北平是驰名世界的文化古城，为保护文化古迹和200万人民的生命财产，中央军委在立足于打一场大仗的同时，又力争和平解放，为胜利后在北平建都创造比较好的条件。

早在11月初，中共中央华北局城市工作部即指示北平地下党组织，通过多种渠道直接与傅作义及其周围的人员进行接触，争取他走和平道路。

当时北平地下党有四条渠道与傅作义发生联系：第一条是傅作义的女儿傅冬菊和丈夫周毅之（中共地下党员，公开身份是天津《大公报》记者），受北平地下党组织安排，来到傅作义身边，以照顾他身体为由，进行形势开导；第二条是傅作义的中将参议刘厚同（傅作义的老师和高参），地下党人王甦通过关系与刘厚同结识，在说服刘后，由他直接作傅的工作；第三条是杜任之（华北大学教授），他是傅作义同乡，两人交情很深，关键时刻出面劝说傅走和平之路；第四条是李炳泉（北平《平明日报》新闻部主任），通过其堂兄李腾九（傅作义保定军校校友，长期担任傅作义联络处长，与傅交情颇深），直接游说傅作义。

平津战役开始后，北平地下党首先通过刘厚同向傅作义陈说利害，建议他走和平之路。

傅作义接受了建议，并草拟一封给中共中央、毛泽东主席请求和谈的电报。电文大意是：为了国家和平统一，不愿再打内战。过去幻想以国民党、蒋介石为中心挽救国家危亡，现在认识到是错误了，今后决定以共产党、毛泽东主席为中心来达到救国救民的目的。电报是由傅冬菊通过在《平明日报》工作的中共北平学委负责人王汉斌发出的。

不久，傅作义又要傅冬菊直接约请中共地下党面谈。北平地下党负责人派李炳泉代表北平党组织面见傅作义，建议他派代表同解放军谈判。

此时，在中共地下党组织的领导下，北平城内要求和平解放的呼声日益高涨，使傅作义集团内部越来越多的人认识到：仗绝不能再打下去了，也无法再打。出路在哪里，只有与共产党进行和谈。

蒋介石眼见华北大势已去，决心放弃华北，退保江南，便致电力劝傅作义突围。他在电文中称：平津在战略上已失去意义，目前共军刚刚合围，立脚未稳，愚意以突围为上策，望兄激励所部奋力向塘沽突围，中正当派海空军全力掩护，撤离险地，希早下决心。

傅作义接电后顾虑重重，举棋不定。但没过几天，战局就急转直下。傅作义见自己的嫡系部队第35军被围新保安，危在旦夕，而北平城又迅速被解放军团团包围，于12月14日决定派《平明日报》社长崔载之为代表，在李炳泉的陪同下，与解放军洽商和谈。傅作义此举无非是想探清共产党的态度，若被国民党特务机关侦悉，也可以推到新闻界身上。

第二天一大早，崔载之、李炳泉携带电台及报务员、译电员等一行5人，秘密出城。

中共中央获悉后立即给平津前线司令部发电，指出："对傅作义代表谈判内容以争取敌人放下武器为基本原则，但为达到这个目的可以运用某些策略。我们应试图利用傅作义及其集团内大批干部，对于自己生命财产的恐惧，可以考虑允许减轻对于傅作义及其干部的惩处，允许他们保存其私人财产为条件，而以傅作义下令全军放下武器为交换条件。我们的第一个目的是解决中央军。你们应向傅的代表试探，有否命令中央军缴械之权力，如无，则可向他提出让路给我军进城，解决中央军。傅所提条件不像是真正的条件。这是一种试探性行动。傅作义如有诚意谈判，还会派代表出来。"

平津前线司令部参谋长刘亚楼派参谋处长苏静为代表，与崔载之在北平城外八里庄进行谈判，希望傅作义集团自动放下武器，人民解放军可保证其生命财产的安全。

傅作义的意图是以华北五省二市作筹码，参加联合政府，将平、津、保、察、绥划为"和平区"，所部改称"人民和平军"，归联合政府领导，其目的是想在军事上保存实力。显然，傅作义认为尚有实力，可再坚持3个月，观望全国形势的变化。这显然是中共中央所不能答应的，谈判未获结果。

战场上的胜败左右着傅作义对和谈的态度。

为了打破傅作义依靠自己的实力，建立所谓华北联合政府的幻想，按照毛泽东制定的"先打两头，后取中间"的攻击次序，华北军区第2兵团第3、第4、第8纵队共9个旅，于12月21日发起了新保安战役。战至17时，全歼新保安守军1.6万人，军长郭景云自杀。

中央军委估计到在攻击新保安之后，张家口的国民党军可能向西突围，同时考虑到华北军区第3兵团在兵力上与张家口守军相比不占优势，遂令东北野战军第41军在攻击新保安之前，由南口西进，归华北军区第3兵团指挥，加强对张家口的包围。

张家口守军为傅系第11兵团司令官孙兰峰所部第105军等共7个师（旅）。22日下午，傅作义急电孙兰峰："郭军在新保安被歼，希即研究可否及时突围，经察北、绥东与董其武军靠拢"。

23日拂晓，张家口守军弃城向北逃窜。华北军区第3兵团指挥所属第1、第2、第6纵队及东北野战军第41军共11个旅（师），在北岳、内蒙古军区部队配合下，冒风雪严寒，展开堵击和追击。至24日晨，将突围之敌压缩包围于大境门外的西甸子至朝天洼一条长约10公里、宽不足1公里的狭窄沟内。随即实施穿插分割、猛打猛冲，展开全面围歼。战至16时，解放军仅以900人的伤亡，歼灭第11兵团部、第105军等部共5.4万人，生俘第105军军长袁庆荣，孙兰峰率少数骑兵逃脱。塞外名城——张家口重新解放。

至此，北平、天津、塘沽已被解放军分割包围，傅作义赖以支撑下去的实力基本遗失殆尽，到了四面楚歌、山穷水尽的绝境。

傅作义戎马大半生，所倚仗的就是第35军。可万万想不到自己苦心经营了半辈子的第35军竟然在几天内就化为乌有，在傅系中引起极大震惊。

这使傅作义既痛心又害怕，心情非常沉重，一连数日吃不下饭，睡不着觉，双手插在棉裤裤腰里（傅作义的习惯动作），在办公室里转来转去，坐立不安，甚至自己打自己的嘴巴，痛心疾首地说："哎！我的政治生命完了！"

12月23日，也就是解放军攻打张家口的同一天、新保安解放的次日，傅作义给毛泽东发出一封电报，电文如下：

毛先生：

一、今后治华建国之遣，应交由贵方任之，以达成共同的政治目的。

二、为求人民迅速得救，拟即通电全国，停止战斗，促成全国和平统一。

三、余决不保持军队，亦无任何政治企图。

四、在过渡阶段，为避免破坏事件及糜乱地方，通电发出后，国军即停止任何攻击行动，暂维持现状。贵方军队亦请稍向后撤，恢复交通，安定秩序。细节请指派人员在平商谈解决。在此时期，盼勿以缴械方式责余为难。过此阶段之后，军队如何处理，均由先生决定。望能顾及事实，妥善处理。余相信先生之政治主张及政治风度，谅能大有助于全国之安定。

傅作义

12 月 23 日

25 日，中共中央宣布蒋介石等 43 人为罪大恶极的头等战犯，傅作义赫然名列其中。

毛泽东之所以要这样做，颇有深意：一是揭露蒋介石的假和平阴谋；二是在客观上加强傅作义等国民党高级将领在蒋介石一方的地位，防止蒋介石谋害他们。但为解除傅作义的顾虑，毛泽东指示在宣布战犯名单同时，配发了一篇短论，称像傅作义这样的战犯不可能不惩罚，但减轻惩罚还是可能的，唯一出路就是保证不再杀害革命人民，不再破坏公物、武器，缴械投降，立功赎罪。

但傅作义对毛泽东的意图并不理解，本来就怕和平解决后得不到共产党的谅解，而且自己的主力部队在新保安、张家口连续被歼，情绪非常低落。所以，当共产党把他列为战犯时，傅作义精神上受刺激很大，思想上更想不通。就连他的亲信人员也说："这样不违背中共的宽大政策吗？这一定是中共一批青年干部做的，毛先生一定不知道。"

此时，崔载之给傅作义连发几封电报，劝他考虑解放军的条件，军队要放下武器，否则谈不下去，并请他及早复电。

就在宣布战犯名单的第二天，傅作义发出急电，令崔载之立即返回北平。崔载之将傅作义的电报转交给苏静，由苏静将这一情况报告了平津前线司令部。

平津前线司令部随即以林彪的名义同时发了两封电报，一封是发给苏静的："望傅之代表稍待，然后再回北平"；另一封是发往中共中央军委的："傅之来电转上，该电似非真意，似另有企图，我们拟准其回去，并告以傅本战犯，现如能下令缴械，则对其本人及其部属可予优待，军委有何指示，盼复之。"

但苏静还未接到林彪的电报，崔载之就已走了，而李炳泉和报务员、译电员则仍留在谈判所在地的八里庄，电台也留下了。

27 日，林彪将崔载之已回北平的情况报告了中央军委。傅作义与中共的第一次和谈就这样结束了。

在傅作义同中共秘密接触、进行和谈之际，蒋介石已有所察觉。为了保住他在平津的军事实力，阻挠破坏北平和谈，蒋介石立即派国民党军令部部长徐永昌飞赴北平，对傅作义进行拉拢利诱。

此时，傅作义正深深陷入各种错综复杂的矛盾之中。解放军兵临城下，嫡系部队第 35 军等主力被全歼，首次派人出城和谈未果，自己又被中共列为战犯，同时还受到蒋介石的胁迫，思想斗争十分激烈。

此间，傅作义还约见中国民主同盟副主席、燕京大学教授张东荪，要其找中共，表示他自己无任何要求，只希望给他一个台阶下野，并用协商办法处理北平的国民党军队和政权问题。

对于傅作义的思想脉搏，毛泽东可以说是了如指掌。为实现和平解放北平这一目的，毛泽东及时采取措施，大力加强对傅作义的政治争取工作。

战犯名单公布后，毛泽东发电指示北平地下党：傅作义虽列为战犯，但与蒋介石有矛盾，仍要争取。讲清只要傅作义使北平和平解放，就是为人民立了大功，人民一定不会忘记他的。

遵照毛泽东的指示，北平地下党通过各种渠道，及时向傅作义传递了这一信息，向他及其幕僚宣传共产党的统一战线政策，宣传和平解放北平符合人民的利益。

12月31日，中央军委电示北平地下党转告傅作义，请他派有地位能负责的代表和张东荪一道出城到平津前线司令部进行谈判。

1949年1月1日，中共中央和毛泽东电令林彪、罗荣桓、聂荣臻等，派一可靠之人，向傅作义当面讲清我党的意见。电报主要指示有四点意见：

（一）傅作义不要发和平通电。因为电报一发傅即没有合法地位了，他本人及其部属都可能受到蒋系的压迫，甚至被解决。傅的此种作法是很不切合实际的，也是很危险的，我们不能接受他的这一想法。

（二）傅作义跟随蒋介石反共多年，我方不能不将其与刘峙、白崇禧、阎锡山、胡宗南等一同列为战犯。况且我们这样一宣布，傅作义在蒋介石及蒋军面前地位也加强了。傅作义也可借此大做文章，表示只有坚决打下去，除此之外别无出路。但在实际上则和我们谈好，里应外合，从而和平解放北平。傅氏立此一大功劳，我们就有理由赦免其战犯罪，并保有其部属。北平城内全部傅系直属部队，均可不缴械，并可编为一个军。

（三）希望傅派一有地位能负责之代表携同崔载之及张东荪一道秘密出城谈判。

（四）傅作义此次不去南京是正确的，今后也不要去南京，否则有被蒋介石扣留，做第二个张学良的危险。

平津前线司令部收到中央军委电示后，立即研究，确定派李炳泉回城，当面向傅作义传达中央军委的意图。

傅作义听了这四点意见后，如释重负，消除了不少疑虑。但是并未表示完全接受中共所提的条件，只是说："为了保全北平文化古城，还要继续谈判，希望谈得更具体一些。"

5日，林彪、罗荣桓公开发表《告华北国民党将领书》，严正指出：

"北平、天津、塘沽均已被包围，你们的陆上通路已完全断绝，从海上和空中，纵然有少数人逃跑，但你们绝大多数仍无法逃脱被歼灭的命运。现在只有一条路，就是立即下令全军，向本军投降，我们一律宽大待遇，对于你们全体将领官兵眷属的生命财产，一律加以保护。傅作义本人虽然罪为战犯，只要能够迅速率你们全体投降，本军也准其将功折罪，保全他们的生命财产。如果你们同意这种办法，即望速派代表前来本司令部接洽。本军总攻在即，务望当机立断，勿谓言之不预。"

在人民解放军强大的政治攻势和军事压力下，傅作义决定派华北"剿总"土地处少将处长周北峰为代表，与张东荪秘密出城，到平津前线司令部进行第二次和谈。

6日凌晨，周北峰与张东荪一起前往平津前线指挥部，与中共代表聂荣臻谈判。

聂荣臻问周北峰："这次你来了，我们很欢迎，你看傅作义这次有诚意吗？"

周北峰坦率地回答："我看老总（傅作义的部下对傅作义的称呼）已经看清了形势，这次叫我来主要是看解放军对和平解放的条件。"

聂荣臻又问："条件很简单。我们要求他停止抵抗。不过你是单谈北平问题呢？还是傅的全部统辖的部队和地区呢？"

周北峰说："我是奉命来谈全面的问题，包括平、津、塘、绥的一揽子和谈。"

聂荣臻点了点头，问道："傅先生是否还准备困兽犹斗，用当年守涿州的办法在北平负隅顽抗？"

周北峰诚恳地说："这次叫我出城商谈，我看是有诚意的。这是大势所趋，人心所向，只有走这一条路。当然在具体问题上，还可能费些周折，老总还有不少顾虑。我们这次商谈是要比较具体点的。"

聂荣臻说："好吧！我们仔细谈谈。"

7日，中共中央军委致电林彪、聂荣臻，要求向傅方代表严正表示下列诸点：和平让出平津；傅系军队以解放军名义编为一个军，不能有其他名义；其他军队一律缴械；迅速解决，否则我军即将进行攻击。

8日，聂荣臻与周北峰、张东荪举行第二次正式谈判。双方就如何改编，傅作义总部所属军队如何解放军化，所属地方如何解放区化，行政机关如何改组，军政人员如何安排等事项进行了会谈。

9日，双方最终形成了一个《会谈纪要》，并规定务必在1月14日午夜前作出答复。聂荣臻立即将会谈情况电告中央军委。

同日，毛泽东电示平津前线司令部："为避免平津遭受破坏起见，人民解放军方面可照傅方代表提议，傅作义军队调出平津两城，遵照人民解放军命令，开赴指定地点，用整编方式，根据人民解放军的制度，改编为人民解放军。"并明确了谈判的基本方针：傅作义只有和平让出北平、天津，才能赦免其战犯罪；和平解放后，傅作义部可以改编为一个军，他的私人财产，可以保全，其部属眷属的安全、财产均可保障。

11日，周北峰回到北平向傅作义作了详细汇报。

傅作义听后信心倍增，但当看完了《会谈纪要》后，只是唉声叹气，摇摇头说："谈的问题还不够具体。这个文件，过两天再说。"

显然，傅作义仍持观望态度，协议未能达成。原来，外受解放军政治、军事双重压力，内受蒋介石要挟逼迫的傅作义，内心十分矛盾，思想斗争激烈。他既不想关闭与解放军已经开启的谈判大门，又不愿接受"缴械投降"的条件；既不愿率部南撤成为蒋介石的殉葬品，又不想与国民党彻底决裂背上"叛将"的名声，更不愿血战到底做共军的俘虏。危急关头，傅作义想起了老朋友邓宝珊。

邓宝珊不仅资历深、地位高、有政治头脑，而且与共产党有过很长一段时间的友好合作。1944年12月，毛泽东致信邓宝珊，称赞道："先生支撑北线，保护边区，为德之大，更不敢忘。"傅作义知道只有邓宝珊才能不辱使命，于是派专机将他接到北平。

1948年12月28日，邓宝珊乘坐的专机降落在天坛临时机场，对前来迎接的傅作义说："宜生兄，我是和你共患难来了。"

是夜，两人促膝长谈，分析时局，一致认为，蒋介石政权大势已去，和平解决华北问题是人心所向。

邓宝珊这时已经看清形势，愿为北平的和平解放尽力。针对傅作义怕把他以战犯对待的顾虑，邓宝珊开导说："只要你决心和平解决，其他一切具体问题，包括你个人前途问题，都由我去谈判解决。"

中共中央在对傅作义进行争取工作的同时，指示中共地下党组织对国民党的其他部队加紧争取工作。经过一系列耐心细致的工作，国民党第 17 兵团司令官侯镜如、第 92 军军长黄翔等人准备起义；西直门、崇文门的守军也同意在解放军攻城时，来个"里应外合"，开城门迎接解放军进城；甚至连傅作义的嫡系第 35 军（原 35 军在新保安被歼后，傅作义重新在北平组建了 35 军）副军长丁宗宪也准备率部在德胜门、安定门一带单独起义。

1949 年 1 月 10 日，历时 66 天的淮海战役胜利结束，人民解放军歼灭了刘峙、杜聿明集团 55 余万人。消息传来，世界为之震惊，特别是平津的国民党军队更是惶惶不可终日。

14 日，解放军约定答复的最后期限到了。傅作义决定派邓宝珊作为全权代表，在周北峰的陪同下，前往解放军平津前线司令部谈判。

当日下午 1 时，邓宝珊、周北峰等人来到北平通县西五里桥的一个大院子。林彪、罗荣桓、聂荣臻等在院子门口亲自迎接。

罗荣桓说："你们先休息休息，等一会儿再谈。"

邓宝珊连忙摆手说："不累。是不是现在就可以谈？"

聂荣臻郑重地对周北峰说："周先生，我们前次谈得很清楚，14 日午夜是答复的最后限期，现在只剩下几个小时了，我们已下达了进攻天津的攻击令了。这次谈判就不包括天津了。你们有什么意见？"

邓宝珊对周北峰说："用你的名义打个电报，将这情况报告总司令请示。"

天津，是华北第二大城市和最大的工商业城市，有 200 万人口，与上海、广州、武汉合称中国四大商埠。地处水陆要冲，海河经市区流入渤海，西上约 120 公里是北平，东下约 70 公里可经塘沽出海，为南北交通的重要枢纽。明清两朝定都北平后，天津就有京畿门户之称，战略地位十分重要。

驻守天津的为国民党军第 62 军（欠 1 个师）、第 86 军等部 10 个师及非正规军共 13 万人，附山炮、野炮、榴弹炮 60 余门。警备司令陈长捷同傅作义一样出身晋军，又同为保定军校毕业，与傅作义有多年的袍泽之谊。傅作义主政华北后，念及旧谊，就将陈长捷从兰州调到天津。

天津城防工事坚固，经过日本侵略军和国民党军的长期修缮，形成了完整的防御体系，共筑有各种大小明碉暗堡 1000 余座，仅大型碉堡就有 380 余座。同时还结合市内高大建筑，构成了若干个既能独立坚守，又能以火力互相支援的防御要点。

东北野战军领导人决定集中 5 个军共 22 个师，连同特种兵总计 34 万人，附重炮 538 门、坦克 30 辆，以绝对优势的兵力和兵器夺取天津。1 月 2 日，各攻击部队进至天津周围，至 13 日基本肃清了外围据点。14 日 10 时，总攻天津的战斗打响了。

同日，毛泽东发表了《关于时局的声明》，明确指出：现在的情况是"只要人民解放军向着残余的国民党军再作若干次重大的攻击，全部国民党反动统治机构即将土崩瓦解，归于消灭"。但是，"为了迅速结束战争，实现真正的和平，减少人民的痛苦，中国共产党愿意和南京国民党反动政府及其他任何国民党地方政府和军事集团"，在"八项条件"的基础上进行和平谈判。

时刻关注新华社电讯的傅作义，在听到毛泽东的这一重要声明后，马上意识到：人民解放军用武力解决平津的一切条件都已具备，只待一声令下就可攻城，以前所幻想保存自己的军事实力是不现实的，拖延时间也是不可能的，眼下唯一的出路只有通过谈判实现和平解放。于是，他给周北峰复电："请和邓先生相商，酌情办理。"

然而，战局的发展大大出乎傅作义的意料！

天津战役打响后，各攻城部队仅用 40 分钟就在东西南三面 9 个地段突破了国民党守军号称"固若金汤"的天津城防。15 日晨，东西主攻集团于金汤桥会师，将守军分割成数块。尔后采取击弱留强，先吃肉后啃骨头的战法，经过 29 小时激战，全歼守军 13 万人，俘虏陈长捷、第 62 军军长林伟俦、第 86 军军长刘云瀚、天津市市长杜建时等人。

天津解放后，据守塘沽的国民党军第 17 兵团部及第 87 军等部 5 个师共 5 万余人乘船南逃。这样，驻北平的国民党军华北"剿匪"总司令部、第 4、第 9 兵团部及第 13、第 16、第 31、第 92、第 94、第 101 军和重建的第 35、第 104 军等部，共 8 个军 25 个师，连同特种兵和非正规军总计 25 万人，陷入了绝境。

形势急迫，邓宝珊决定立即带协议回北平交给傅作义。临行前，林彪让他给傅作义带一封信。信是毛泽东亲自执笔，以解放军平津前线司令员林彪、政治委员罗荣桓的名义写给傅作义的，敦促他当机立断，早日下定决心，接受"八项条件"，放下武器，站到人民方面来，以保全北平文化古城。信中还提到，天津已经解决，平津战役只有北平一城了，中央军委已下达攻城命令，希望傅作义将军不要再拖延，及早抉择为好。

17 日，邓宝珊返回中南海傅作义的住处，详细汇报了会谈经过和达成协议的情况。事已至此，傅作义终于下定了走和平道路的决心。

根据第三次谈判所取得的结果，双方代表对和平解决北平的具体实施方案进行商讨，于 19 日草拟了《关于北平和平解决问题的协议书》。

21 日，东北野战军前线司令部代表苏静和傅作义方面代表王克俊、崔载之在协议书上签字。双方议定成立北平联合办事处。

同日，傅作义发布文告，对外正式公布了北平和平解放的实施方法细则。各报刊纷纷登载，国民党中央社也发表了这份文告。

22 日，傅作义在华北"剿总"机关及军以上人员会议上，宣布北平城内国民党守军接受和平改编，发出了《关于全部守城部队开出城外听候改编的通告》。当天，国民党军开始陆续撤离北平城，接受改编。至 31 日，20 余万国民党军全部开出城去，听候改编。古城北平宣告解放！

北平解放后，傅作义原本应立即发表通电，并由周北峰等人组成"通电起草委员会"开展工作。但文稿草就近一月，傅作义却迟迟没有定稿，反而闷闷不乐，精神不振。

原来，傅作义的思想负担非常大。虽然他抗战有功，曾受到毛泽东的赞扬，但毕竟追随蒋介石与解放军真刀真枪地打了三年，对此傅作义深感内疚，认为自己应当负全部责任，接受人民的惩处。于是，傅作义渴望早日见到毛泽东，聆听他的教诲。

一天，傅作义对周北峰说："我打算亲自去拜见毛主席，你向叶剑英说一下，是否可以？"

周北峰立即报告了北平市军管会主任叶剑英，由他电告毛泽东请示机宜。

毛泽东致电叶剑英，表示欢迎。

此时正值上海民众和平代表团颜惠庆、邵力子、章士钊、江庸、黄启汉等人由上海乘机飞抵北平。

2月21日，叶剑英告知周北峰："中央欢迎与傅先生会见。请告诉傅先生，明天上海民众和平代表团颜惠庆等人飞石家庄，即请傅先生和邓宝珊偕一名随员同乘这架飞机去。"

22日，傅作义、邓宝珊及随员阎又文在石家庄机场一下飞机，就受到从西柏坡专程赶来的中央办公厅主任杨尚昆、统战部部长李维汉的热情迎接。傅作义一行在石家庄稍事休息后，换乘吉普车，前往西柏坡。

在西柏坡后沟招待所，周恩来对傅作义、邓宝珊的到来表示热烈的欢迎。

傅作义面带愧色地说："作义戎马半生，除抗日战争外，我是罪恶累累，罪该万死。今后我要在共产党的领导之下，立功赎罪，以求得人民宽恕。"

周恩来语重心长地说："傅先生以人民的利益为重，和平解决了北平问题，避免了一场灾难性的战争。否则，就会给人民带来巨大的损失。"

接着，周恩来又说："我们欢迎你与我们合作。我们的合作是有历史根源的。在抗日战争中，我们在敌后合作打日本。那个时候我们合作得不是很好吗？今后，我们还要继续合作。原来准备在解放区召开民主党派和无党派人士的会议，成立临时中央政府。现在北平和平解放了，就可以在北平召开这样的会议。你可以参加这次会议啊！你既是有党派，也是有功将领，参加会议，是有代表性的。"

当天下午，周恩来将傅作义到达西柏坡的情况向毛泽东作了汇报，说："我已经和傅作义交谈过了，看来情绪还好。"

毛泽东听后很是高兴，笑呵呵地说："情绪好就好，我们希望的就是他有一个好情绪。不要让他来，而是我去看他。"

初春的太行山区，仍旧是天寒地冻。毛泽东穿上皮大衣，戴上皮帽子，乘吉普车前往傅作义下榻的招待所。

傅作义早已在门口等候，未等车子停稳，便快步迎上前，伸出双手，紧紧地与毛泽东握手。

毛泽东风趣地说："过去我们在战场上见面，清清楚楚；今天我们是姑舅亲戚，难舍难分。蒋介石一辈子要码头，最后还是你把他甩掉了。"

傅作义深怀内疚，以负荆请罪的语气说："我半生戎马，除抗日外，罪恶不小。"

"你有功！我要谢谢你，中国共产党要谢谢你。你做了一件大好事。人民是永远也不会忘掉你的！"

毛泽东这几句话感人至深的话语，使傅作义几个月来积聚在心头的疑虑冰融雪化。

在会客室里，毛泽东亲切地对傅作义说："北平和平解放得很好，对你的部下也是一件大好事，保护了他们的生命财产和家庭团聚。北平是举世闻名的文化古都，英法联军欺负我们，烧毁了圆明园，破坏了许多名胜古迹。如果我们中国人自己把紫禁城打毁了，都城被破坏了，子孙后代会骂我们的。"

听着毛泽东盛赞他在抗日战争时期的功绩，傅作义心中充满了感激，还想表达请罪的心情，毛泽东打断了他的话，说："为了迅速结束战争，减少人民痛苦，中共愿意同南京政府进行和平谈判。而且我们不久也要回到北平去，在那里召开新政协，建立新中国。傅将军是有功人员，可以在新政府里面任职。"

在谈到对傅作义部原有人员的政策时，毛泽东说："我俘虏你的人员，都给你放回去，你可以接见他们，我们准备把他们都送到绥远去。"

傅作义大为不解，惊讶地问："为什么呢？"

"国民党不是一贯宣传共产党杀人放火，共产共妻吗？他们到了绥远，可以现身说法，共产党对他们一不搜腰包，二不侮辱其人格，可以帮助在绥远的人学习学习，提高认识，帮助董其武起义。这些人我们以后还要用哩！他们到绥远去参加起义，一律按起义人员对待。"

傅作义为毛泽东的宽广胸襟所折服，当即表示回到北平后，一定向部下传达毛主席和其他中央首长的指教与关心，一定做好部队的和平改编工作。他十分诚恳地说："我个人也要无条件地服从主席和党中央的决定，叫我做任何工作，我都保证做好。在我有生之年，做一些对人民有益的事情弥补我过去的过错。"

24 日，傅作义回到北平，一改往日的郁闷，心情愉快，精神振奋。

傅作义在原"华北总部"接见了部下，传达了毛泽东在西柏坡的谈话，并自我批评地说："过去，我把你们领到错误的路上去了，由我负责。今天，总算走到正路上来了。"他还勉励大家，今后一定要听从中国共产党的安排，好好地为人民工作。

对此，时任中央社会部部长的李克农风趣地说："毛主席一席谈，傅作义前后判若两人。"

3 月 5 日，毛泽东在中共七届二中全会上，代表党中央正式提出了"绥远方式"。

根据毛泽东主席指示的"绥远方式"，平津前线司令部首长于 3 月间在北京饭店宴请傅作义等人时，商定了谈判绥远和平解放的双方代表：解放军方面派李井泉、潘纪文二人；绥远方面傅作义派周北峰、阎又文二人。

3 月 23 日，双方代表在北京饭店开始进行第一次商谈。先就划定绥蒙解放军部队与国民党绥远部队停火线问题进行商谈。而后，就恢复平绥铁路交通、通邮通电、贸易往来、货币兑换、华北局指派联络办事处进驻归绥等问题又进行了反复商谈。

25 日，中共中央从西柏坡迁到北平。毛泽东、周恩来、朱德、刘少奇、任弼时等中央领导人在西苑机场检阅中国人民解放军。傅作义也应邀参加了检阅仪式。

当傅作义看到用战场上缴获的美式武器装备起来的人民解放军将士英武地站立在机场上时，非常激动，深感中国人民在中国共产党的领导下，确实是顶天立地站起来了！

几天后，毛泽东在香山双清别墅接见了傅作义和邓宝珊。

毛泽东问："傅将军，建国后您愿意干些什么呢？"

傅作义回答："我想不能在军队工作了。最好让我回到黄河河套一带去做点水利建设方面的工作。"

这时，邓宝珊插话："宜生从小就立志要为民众做些实事。他在绥远主政的时候，还在河套地区大兴水利，大办屯垦，老百姓很欢迎啊。"

"搞水利可以直接为人民办事。"傅作义补充说。

毛泽东高兴地说："看来宜生对水利感兴趣。不过黄河河套水利工作面太小，将来你可以当水利部长嘛！那不是更能发挥你的作用嘛。军队工作你还可以管，我看你还是很有才干的。我们朱总司令、彭德怀、刘伯承和贺龙等，过去在国民党军队里也是很出名的，现在不都是我们最优秀的指挥员吗？这主要是思想和立场问题。将来我们还可以合作，共同领导和指挥我们的国防军。"

毛泽东没有食言。中华人民共和国成立后，中央人民政府即发布公告，任命傅作义为水利部部长、中央人民政府军事委员会委员。

4月1日，傅作义发表了和平通电。全文如下：

中共中央毛主席、全国各民主党派、各人民团体、各民主人士及国民党中的爱国的朋友们：

北平的和平工作，自1月22日开始，现已圆满完成。地方未遭破坏，人民的生命财产，没有遭受损失，文物、古迹、工商、建筑也都得到保全。北平的和平解放，蒙全国各方所称许，认为是实现全国和平的开端。现正当全国和平商谈之际，在这个时候，我愿把我的认识和意见，向全国各方说明。

两年半的内战，我个人内心和行动，主观和客观，是在极端矛盾中痛苦的斗争着，北平和平的实现，就是由认识到行动，自我痛苦斗争的结果。现在回忆既往，我感觉我最大的错误，就是执行了反动的戡乱政策。我们在实行所谓戡乱的时候，每天说的虽是为人民，而事实上一切问题，都是处处摧残和压迫人民。我们的部队在乡村是给大地主看家，在城市是替特权、豪门、贪官、污吏保镖。我们不仅保护了这些乡村和城市的恶势力，而且还不断的在制造和助长这些恶势力。

种种错误的恶因，反映在政治上就是腐烂；反映在经济上就是崩溃；反映在文化教育上就是控制和镇压青年学生的反抗；反映在社会上就是劳苦大众的生活一天一天的贫困，上层剥削阶级奢侈淫靡的享受一天一天的增高；反映在外交上就是依附美国；反映在军事上就是由优势变成劣势。所有这些都是因为违反了人民的利益，所以得不到人民的支持，最后为人民所抛弃。中国共产党为什么成功呢？这是因为共产党以工农大众和全国人民的利益为基础，在乡村彻底解决了土地问题，得到广大农民的拥护；对城市工商业实行公私兼顾，劳资两利，铲除官僚资本，保护民族工商业的发展。共产党的民主联合政府的主张，已经得到全国各民主党派和人民的拥护。新民主主义不但科学地解释了革命的三民主义之内容，而且正确地说明了中国革命的过去、现在和将来。新时代的民族民主革命已经不属于旧的范畴，而是属于新的范畴，必须有工农阶级和代表工农阶级的共产党领导，才能保证革命政策的彻底执行和革命任务的彻底完成。共产党人既然对于历史有了正确的认识，又有为人民服务的艰苦奋斗的精神，所以一天一天的得到成功。正确的政策是真正和平的前提，也是真正和平的保障。所谓戡乱政策，既然完全错误，共产党的新民主主义既然完全正确，我们就必须公开反对所谓戡乱政策，真诚的实现和平，不应该再犹豫徘徊，违背人民的愿望。北平的和平就是遵从人民的意志与愿望，勇于自觉，勇于负责的认识和行动，符合于正确的政策，符合毛泽东先生所提出八项和平条件，这种和平是真正的和平。一切有爱国心的国民党军政人员都应该深切检讨，勇于认错，以北平和平为开端，努力促使全国和平迅速实现，然后国家才能开始建设。今天，中国人民民主事业是以中国共产党为领导、工农联盟为基础，团结全国各民主党派、国民党的进步人士和全国各民主阶层，共同奋斗。这已经是大势所趋，人心所向。作义本此认识，今后愿拥护中共毛主席的领导，实行新民主主义，和平建设新中国。

傅作义

四月一日

第二天，毛泽东欣然命笔，复电傅作义。全文如下：

傅作义将军：

4月1日通电读悉。南京国民党反动政府发动反革命内战的政策，是完全错误的。数年来中国人民由于这种反革命内战所遭受的浩大灾难，这个政府必须负责。但是执行这个政策的国民党反动政府的文武官员，只要他们认清是非，幡然悔悟，出于真心实意，确有事实表现，因而有利于人民事业之推进，有利于用和平方法解决国内问题者，不问何人，我们均表欢迎。北平问题的和平解决，贵将军与有劳绩。贵将军复愿于今后站在人民方面，参加新民主主义的建设事业，我们认为这是很好的，这是应当欢迎的。

毛泽东

一九四九年四月二日

傅作义的通电和毛泽东的复电，经报刊登载、电台广播，广为传播，在国民党阵营中产生了极大影响，大大加快了全国解放战争胜利的进程。

9月21日下午，傅作义出席了中国人民政治协商会议第一届全体会议。23日，傅作义在一片掌声中登上主席台发表讲话。

全国人民一致期待的政治协商会议开幕了。这才真正是国家的大事，值得庆贺……

我今天出席大会，感到很惭愧，因为在北平解放之前，我还是一个反动派的重要负责人，那时候，我还看不清人民意志的方向，还继续与解放军为敌。到东北战役结束时，我才清楚认识到"戡乱"政策的错误，才认识到中国共产党的正确。中国共产党和人民解放军由小到大，如此迅速地发展，就是人民意志表现的标志。我既然认识到自己行为的错误，我就有过必改，敢于大胆承认错误，立刻猛回头，遵从人民的意志，实现北平和平，脱离反动派，走到人民方面来。虽然北平的和平有助于革命的进展，虽然我尽了一切努力保全了有几千年文化积累的古城……但我觉得我还是应该对过去反动的内战负责，我并且向解放军请求以战犯来惩处我。人民今天宽恕了我，……不仅不咎既往，而且还让我……参加中国人民政治协商会议，真是既惭愧，又荣幸，更是无限兴奋和自豪……

让我们和全国人民一起在毛主席的领导下来建设繁荣昌盛的新中国……

傅作义的讲话充满了爱国主义激情，由衷地表示拥护中国共产党的领导，拥护毛主席，愿为建设繁荣富强的新中国而努力奋斗。毛泽东、周恩来、朱德在傅作义结束讲话时，带头为他热烈鼓掌，还迎上去跟他亲切握手和拥抱。

开国大典后三四天，薄一波通知周北峰说："毛主席要接见傅作义先生、邓宝珊先生，你和阎又文也去。时间确定后，我再打电话通知你。你先给傅先生打个招呼。"

当晚，薄一波告诉周北峰说："今天晚上，你就随傅、邓一起去中南海。"

这晚，毛泽东、周恩来在丰泽园接见了傅作义等人。在座的还有朱德、聂荣臻、薄一波。

毛泽东笑容满面，亲切和蔼地说："绥远的和平解放是全部完成了。绥远不采取军管，直接成立绥远省军政委员会，傅先生任主席，姚喆、董其武、孙兰峰任副主席；一波同志任绥远军区政委，高克林同志任副政委；邓宝珊回甘肃任主席，董其武任绥远省人民政府主席，周北峰等都可以到绥远去参加省人民政府工作。傅先生你看还有什么人可以参加人民政府工作。由一波同志与你筹划一下，绥远省的工作今后可按'团结一致，力求进步，改革旧制度，实行新政策'的原则，由董其武领导，大胆地努力去工作。"

12月2日，中央人民政府委员会第四次会议确定了绥远省军政委员会、省人民政府的组成人员。任命傅作义为绥远军政委员会主席，高克林、乌兰夫、董其武、孙兰峰为副主席。任命董其武为绥远省人民政府主席，杨植霖、奎壁、孙兰峰为副主席。

13日，中央人民政府人民革命军事委员会任命了绥远省军区负责人。

傅作义为司令员，薄一波兼政治委员，乌兰夫、董其武、姚喆、孙兰峰为副司令员，高克林、杨叶澎、王克俊为副政治委员。

1950年6月，朝鲜战争爆发。美帝国主义把战火烧到了鸭绿江边，妄图以朝鲜为跳板，实现扼杀新中国的狂妄野心。

8月27日，美帝国主义派飞机非法侵入中国东北领空。周恩来总理向美国政府提出严正抗议，要求惩办美国空军和赔偿一切损失，并致电联合国安理会，要求制裁美帝，撤出侵朝军队。

对于美帝国主义的狂妄野心和侵略行径，傅作义十分气愤。他当时正在黄河中游查勘，制定修建三门峡水库的计划。得到消息后，当即致电毛主席、周总理，表示对美帝的侵朝，不能置之不理，要积极地对朝鲜进行支援。回到北京，他又上书毛主席，详细陈述美帝侵朝是妄想扼杀新中国，认为对美帝的侵略行径我们不能坐视观望，必须予以打击。

毛泽东看了傅作义的信后，十分赞赏，当即将信的全文印发给党中央、政务院等部门领导同志参阅，又请博作义在政务院的最高国务会议上详细阐述了抗美援朝的利害关系。

10月下旬，中国人民志愿军雄赳赳气昂昂地跨过鸭绿江，进行伟大的抗美援朝战争。

11月上旬，傅作义向毛泽东建议：调原绥远起义部队到朝鲜前线参战。这样能使这支部队受到新的锻炼和考验，进一步实现解放军化。同时，对绥远地方实现解放区化也更为有利。

党中央、毛泽东采纳了傅作义的意见，决定以原绥远起义部队为主，成立中国人民解放军第23兵团，并就兵团的人选征询了傅作义的意见。

12月10日，傅作义从北京来到绥远，于当日召开了绥远军政委员会扩大会议，宣布中央军委和毛泽东主席的决定：组建成中国人民解放军第23兵团，归华北军区领导，移驻河北衡水地区，整训补充，作为抗美援朝的二线兵团。任命董其武为兵团司令员，高克林为兵团政治委员。

董其武随即率新组建的第23兵团离开绥远，开赴河北衡水，进行整训。

1951年9月3日，董其武率中国人民志愿军第23兵团开赴朝鲜战场后，立即投入到修建南市、秦川、院里机场的工作中。

全兵团的指战员们在董其武的率领下,怀着"你炸你的,我修我的""敌人有钢铁,我们有石头""上刀山,下火海,不修好机场不下战场"的豪情壮志,排除千难万险,提前完成了机场修建任务。

11月底,第23兵团将士凯旋。1952年12月,第23兵团整编为中国人民解放军第69军,开始进行现代化、正规化建设。在毛泽东的不断关怀下,傅作义的这支起义部队锻炼成为中国人民解放军的一支雄师劲旅。

中华人民共和国成立后,毛泽东十分关心傅作义,多次请他到家中做客,有时还邀他一起吃饭、看电影。

1951年农历五月初五,这天是傅作义56岁生日。毛泽东把傅作义请到中南海,又特意叫薄一波请华北的几个人来吃饭。进餐时,毛泽东谈笑风生,给傅作义频频夹菜,使傅作义感到十分温暖。在回来的路上,傅作义对身边的同志说:"毛主席真细心,真伟大,令人钦敬之至。"

傅作义一直热爱中国共产党,热爱社会主义国家,曾任第一至第三届全国政协常委,第四届全国政协副主席,第一至第三届全国人大代表,国防委员会副主席,水利部和水电部部长。鉴于傅作义为解放事业所做出的贡献,1955年,毛泽东亲自授予他一级解放勋章。

傅作义从1949年10月被任命为水利部部长起,就非常重视这项工作。他多次对水利部的同志们说:"我国水利建设任务很重要。在水利问题上,我还是个门外汉。要不辜负毛主席和共产党的信任,光坐办公室不好。得多下去了解情况,向群众学习,努力做好工作。"

傅作义是个言必行、行必果的人,多年来他坚持每年至少有四分之一到三分之一的时间在野外工作,跋山涉水,不辞劳苦。从天山脚下,到东海之滨;从松辽平原,到珠江三角洲的水利电力工地,都有他的足迹。在发生严重水灾时,傅作义总是亲赴抗洪抢险第一线,对新中国水利电力事业做出了卓越的贡献。

1950年6月至7月,安徽、河南交界处连降暴雨,形成洪涝灾害。7月18日,华东防汛总指挥部在给中央防汛总指挥部的电报中说:淮河中游水势仍在猛涨,估计可能超过1931年最高洪水水位。

毛泽东看了这封电报，心情十分焦急，当即批转周恩来，指示：除目前防救外，须考虑根治办法，现在开始准备，秋起即组织大规模导淮工程，期以一年完成，免去明年水患。

22日，周恩来邀集了有关人员初步讨论了淮河工程问题。

8月25日，水利部以毛泽东关于根治淮河的指示，在周恩来的具体领导下，傅作义主持召开了治淮会议。会议经反复研究和探讨，确定了"蓄泄兼筹，上中下游统筹兼顾"的基本方针和第一期工程。10月14日，中央人民政府政务院发布《关于治理淮河的决定》。

为加紧治淮工程的进行，1951年3月，傅作义到淮河上中下游进行了历时49天的视察。

回京后，傅作义在政务院第91次政务会议上作了《视察淮河报告》。不久，他又在北京召开了第二次治淮会议，根据考察所得的结论，进一步深入论证制定治淮计划，确定第二年的治淮工程。

长江中游的荆江段，是历史上水患最频繁的地区之一。在根治淮河的同时，中央人民政府于1952年3月决定修建荆江分洪工程。

毛泽东对此项工程极为重视，亲自题词："为广大人民的利益，争取荆江分洪工程的胜利！"并且制作成了锦旗，派傅作义前往工地，慰问参加施工的人民解放军和人民群众。

傅作义在前往荆江太平江口进洪闸慰问时，适逢大雨，道路泥泞，别人劝他等雨停后再去。但为了让广大军民尽快听到毛主席的声音，傅作义冒雨前往。

当工地广大军民听到毛主席亲切慰问的喜讯后，无不欢欣鼓舞。30万军民鼓起干劲，在短短的两个月内就完成了规模巨大的荆江分洪工程。

毛泽东非常满意地说："宜生，看来你对水利这一行是真钻进去了。"

傅作义谦虚地回答："我是一个从旧社会过来的人，能直接为人民办点事，向人民群众学习，向技术人员学习，是无比幸福的。"

1974年初，傅作义被确诊患癌症。

4月18日，刚因癌症动手术不久的周恩来拖着沉重的病体，赶到北京医院去看望病危的傅作义。

病危的傅作义见到周恩来的第一句话便说："我没有完成总理交给我的统一台湾的任务。"

周恩来紧紧握住傅作义的手，诚挚情深地说："宜生先生，毛主席叫我看望你来了，毛主席说你对和平解放北平立了大功。解放台湾，我们这一代不成，还有下一代嘛，工作总不可能由我们去做完嘛！希望你安心休养，多保重身体。"

听着这情深意切的话语，望着面容消瘦了许多的周恩来，傅作义干枯的双眼中闪现出激动的泪光，嘴唇颤动着想说什么。是啊，他有多少话要说给敬爱的周总理听，但再也没有力气说出来。

翌日 13 时 40 分，这位为北平、绥远和平解放，为新中国的水利事业做出卓越贡献的爱国将领，怀着对中国共产党、毛泽东主席、周恩来总理和对新中国的无限眷恋之情与世长辞。

毛泽东评高树勋

【高树勋简历】

高树勋（1897—1972），字建侯。河北盐山人。国民党陆军中将。

1915年，高树勋入冯玉祥部第16混成旅当兵，历任排长、连长、营长、团长。1926年，任国民革命军第2集团军师长，参加北伐战争。曾跟随冯玉祥参加反对蒋介石的中原大战。1930年，任国民党军第26路军第27师师长。因所部不是蒋介石的嫡系部队，深受排挤。1931年"九一八"事变后，因不满蒋介石的不抵抗政策，离开部队。1933年5月，赴张家口，协助冯玉祥组织察哈尔民众抗日同盟军，任骑兵第2挺进军司令。1936年起，任河北省保安处副处长、处长。

全面抗战爆发后，高树勋任河北暂编第1师师长，率部参加徐州会战。1939年，任新8军军长。1940年12月，诱捕并处决了企图投降日军的石友三。1941年起，任第39集团军总司令、冀察战区总司令。

1945年9月，高树勋任第11战区副司令长官。同年10月，率新8军、河北民军近万人在邯郸内战前线起义。中共中央曾号召国民党军队中的官兵学习高树勋部队的榜样，拒绝进攻解放区，站到人民方面来，被称为"高树勋运动"。起义后，部队改编为民主建国军，任总司令。1946年，高树勋加入中国共产党。后参加太原、平津战役。

中华人民共和国成立后，高树勋任河北省交通厅厅长、省政府副主席、副省长等职。曾获一级解放勋章。第一至第三届国防委员会委员。1972年1月19日，在北京病逝。

【毛泽东评点】

"高树勋起义意义很大"，"闻兄率部起义，反对内战，主张和平，凡属血气之伦，莫不同声拥护。特电驰贺，即颂戎绥。"

——摘自《毛泽东年谱》下卷第 42 页

对于高树勋的率部起义，毛泽东更是倍加赞扬。十二月十五日，他在《一九四六年解放区工作的方针》这份党内指示中，决定把"开展高树勋运动"作为解放区十大工作的第二项，指出："为着粉碎国民党的进攻，我党必须对一切准备进攻和正在进攻的国民党军队进行分化的工作。一方面，由我军对国民党军队进行公开的广大的政治宣传和政治攻势，以瓦解国民党内战军的战斗意志。另一方面，须从国民党军队内部去准备和组织起义，开展高树勋运动，使大量国民党军队在战争紧急关头，仿照高树勋榜样，站在人民方面来，反对内战，主张和平。"

——摘自《毛泽东传（1893—1949）》第 748 页

"对六十军之俘虏官兵，予以特别优待，详细调查其内部情形，抓紧顽军反蒋情绪，转变为反内战，号召他们学习高树勋，建立民主建国军。"

——摘自《毛泽东年谱》下卷第 87 页

"他们一面谈一面发兵。我们几个人在重庆也商量了一下，水来土掩，将至兵迎。我们也发兵，只要把蒋介石打得越痛就越好谈。高树勋委员就是在这个时候起义的。"

——摘自《毛泽东军事文选》第六卷第 357 页

【评析】

1945 年 10 月 10 日，蒋介石迫于全国人民反对内战、要求和平的压力，在重庆谈判中与中国共产党签订了《国民政府与中共代表会谈纪要》，也就是通常所说的《双十协定》，宣布必须以和平、民主、团结为基础，坚决避免内战，建立独立、自由和富强的新中国。

全国人民对和平建国抱有很大的希望，但蒋介石只是把和谈看作争取时间以调集兵力的手段。果然，和平的呼声犹在耳边，协议的墨迹尚未干透，国共之间已是风云突变，兵戎相见了。

10 月 13 日，也就是《双十协定》签订后的第三天和公布后的第一天，蒋介石向国民党各战区司令长官发出了一份杀气腾腾的密令：

> 此次剿共为人民幸福之所系，务本以往抗战之精神，遵照中正所订《剿匪手本》，督励所属，努力进剿，迅速完成任务。其功于国家者必得膺赐，其迟滞贻误者当必执法以罪。希转饬所属剿共部队官兵一体悉遵为要！

为抢占抗战胜利果实，从 8 月中旬到 10 月下旬的两个多月时间，蒋介石紧锣密鼓地调兵遣将，按照其"控制华北，抢占东北"的方针，共调集 113 个师约 80 万人，连同收编的 30 万伪军，沿平绥、同蒲、正太、平汉、津浦五条铁路东进或北上，企图打通铁路线，大举进军平津地区，再向东北推进；同时把华东、华北各解放区分割开来，尔后各个击破，以逼迫中国共产党在不利形势下订立城下之盟。

平汉线一路为主力。至 10 月中旬，第十一战区孙连仲部第 30、第 40 军及新编第 8 军共 4.5 万人，在副司令长官马法五（兼第 40 军军长）、高树勋（兼新 8 军军长）的率领下，从新乡沿平汉路向北开进。第 32 军和伪军孙殿英部随后跟进，后续部队 4 个军，除 1 个多军已进至新乡外，其余正准备由洛阳、开封等地向新乡开进，企图在进占石家庄的第一战区胡宗南部第 3、第 16 军接应下，首先占领晋冀鲁豫解放区首府邯郸，打通平汉路，进而夺取北平（今北京）。

面对敌人沿平汉路的大举进攻，为守住华北大门，确保我军在东北的战略展开，中央军委和毛泽东主席指示晋冀鲁豫军区，以一部兵力截击沿同蒲路北犯之敌，集中主要兵力歼击沿平汉路北犯之敌。并指出：反击作战务必精密组织，审慎忍耐，以逸待劳，诱敌深入至安阳以北于我有利地区，再坚决遏制之，逼迫其全部或大部展开，随后以主力从其暴露的翼侧或后方进行猛烈突击而各个歼灭。

随后，中央军委和毛泽东再次致电指出：即将到来的新的平汉战役，是为着反对国民党主要力量的进攻，为着争取和平局面的实现。这个战役的胜负，关系全局极为重要。因此，你们须准备以一个半月以上的时间，在连续多次的战斗中，争取歼灭8万顽军的一半左右或较多的力量，方能解决问题。望利用上党战役的经验，动员太行、冀鲁豫两区全力，由刘伯承、邓小平亲临指挥，精密组织各个战斗，取得第二个上党战役的胜利。

此时，晋冀鲁豫军区根据中共中央关于实行军事战略转变、编组超地方性正规兵团的指示，编组4个纵队作为军区野战军。冀鲁豫军区主力部队改编为第1纵队，司令员杨得志、政治委员苏振华，下辖第1、第2、第3旅；冀南纵队改编为第2纵队，司令员陈再道、政治委员宋任穷，下辖第4、第5、第6旅；太行纵队改编为第3纵队，司令员陈锡联、政治委员彭涛，下辖第7、第8、第9旅；太岳纵队改编为第4纵队，司令员陈赓、政治委员谢富治，下辖第10、第11、第13旅。每个纵队约1.2万至1.5万人。

刘伯承、邓小平等晋冀鲁豫军区领导人根据中央军委和毛泽东主席的指示精神，对当前敌我态势作了周密的分析，认为：敌军虽兵力多，装备好，久经训练，长于防御，但其弱点也很明显。部队新到，地理民情不熟，远离后方，供应困难，突击力弱，不善野战，特别是派系不一，内部矛盾复杂。其第一梯队的3个军原为西北军，除鲁崇义的第30军已变成半嫡系外，马法五的第40军和高树勋的新8军仍是杂牌军。且新8军中还有我党的工作基础，对蒋介石歧视非嫡系部队、吞并和驱使他们作内战先锋极为不满。就在上党战役打得热火朝天之际，高树勋派人与我军联络，表示不愿参加内战，准备保持中立。反观我军，虽然野战兵团组成不久，装备较差，且连战之后未经整训，但系胜利之师，为保卫胜利果实而战，士气极高，占据人和的优势，同时又控制了一大段平汉线，可用于诱敌深入，加上根据地人民的有力支援，具备歼灭敌人的基本条件。

据此，晋冀鲁豫军区决心以所部第4纵队和太岳军区部队在同蒲路沿线作战；集中第1、第2、第3纵队及太行、冀南、冀鲁豫3个军区的主力部队共6万人，并动员10万民兵参战，歼灭沿平汉路进犯的国民党军第40、第30军和新8军及河北民军一部。计划诱敌第一梯队至漳河以北、邯郸以南滏阳河与漳河河套的多沙地区先打第一仗，歼其一部，然后逐次歼灭之。同时争取高树勋所部举行战场起义。

10 月 16 日，刘伯承、邓小平发布《晋冀鲁豫军区作战字第八号命令》，决定以第 1 纵队及冀鲁豫军区主力兵团之一部为路东军，以第 2、第 3 纵队及太行军区、冀南军区部队为路西军，对敌实施东西夹击；以太行军区一部组成独立支队，在太行、冀鲁豫地方武装和民兵的配合下，先在黄河以北至安阳之间，对北犯之敌进行沿途袭扰，破坏交通，疲惫敌人，迟滞其前进，以争取时间掩护主力从上党及冀鲁豫等地向平汉线集中，并迫使敌留置兵力于安阳以南的铁路沿线，减少其北进部队，待敌通过漳河后，再以独立支队控制漳河渡口，阻止其后续梯队的增援；其余地方武装和民兵则继续牵制安阳以南的敌人。

为充分准备战场，以第 2 纵队自上党地区先行东归，配合在平汉线作战的部队，肃清盘踞于临漳、成安、临洺关（今永年）等处的伪军，并组织当地军民在漳河以北至邯郸之间，以及沙河以北至邢台之间，大举破路填沟，拆堡平寨，使进入邯郸战场之敌无险可守，从而利于我军进行运动战。

鉴于部队面临的作战对手和作战环境都发生了很大的变化，以前是运用游击战、山地战打击日军，如今变为以运动战、平原战对付国民党军，作战中必然会出现许多新问题。17 日，刘伯承发出《晋冀鲁豫军区关于战术上某些问题的指示》，规定了邯郸战役的战术原则，提出了"攻弱则强者也弱，攻强则弱者也强"的兵力运用原则。

在这个指示中，刘伯承强调：要以少数兵力钳制其他方面，借以腾出数量多、质量高的部队，攻击敌人最弱的地方，得手后以破竹之势扩展战果；对平原村落实施攻击，在指挥中应隐蔽接敌，突然攻击，求得一举突破，如不可能，即应注意纵深部署，设法破坏障碍物与工事，进行有组织的攻击；在突破的队形上，采用有重点的多路攻击，以分散敌之兵力、火力，求得至少两处突破，然后对敌实施纵深钳击，并做好反复突击和持续突击的准备；在突击点的选择上，强调善于选择突击部队易于接近并易于向纵深发展的村角或突出部，使火力、爆破和突击紧密结合；在纵深战斗中注意夺取和控制制高点与坚固建筑，采取逐屋挖通墙壁前进的方式，割裂包围敌人。

20日，国民党军先头部队第40军1个团渡过漳河，占领景龙、三台、岳镇等北岸要点，架设浮桥，掩护主力续渡。当日，敌3个军进至漳河南岸的岳镇、丰乐镇一线。

此时，路西军主力及冀鲁豫军区部队尚在开进途中，陈再道、宋任穷的第2纵队正在肃清战场附近的伪军据点，参战主力中仅路东军杨得志、苏振华的第1纵队赶到了临漳及南东方村。

为了争取时间，保证主力集结，刘伯承、邓小平果断命令杨得志、苏振华指挥第1纵队先行打击敌人，以迟滞其前进速度。

21日夜，第1纵队以一部奔袭敌先头部队。但因过早被敌发觉，在给予敌人一定杀伤后即撤出战斗。

第二天一早，国民党军按照第40军在右、新8军在左、第30军在后的阵势，北渡漳河，并以一部占磁县，一部向南东方村进攻，主力则沿铁路东侧前进。

为不让敌军进入邯郸，以便尔后主力在野战中歼敌，杨得志、苏振华决定留1个团在临漳以北地区担任阻击，纵队主力赶至邯郸以南的屯庄、崔曲、夹堤至东西向阳以北地区，组织防御，坚决遏阻敌人。

23日上午，第1纵队工事尚未构筑好，敌先头部队即向第1旅阵地屯庄、崔曲至夹堤一线展开攻击。第1旅边战斗边加固工事，打退了敌人数次冲锋。

24日，敌军主力全部渡过漳河。第40军进占南北文庄、秦家营地区，新8军跨滏阳河占领马头镇、南北左良至阎家浅一带，第30军占领滏阳河东侧之中马头及以南地区。

当日，第40军第106师等部在密集炮火掩护下，向第1旅阵地反复攻击。面对兵力绝对占优的敌人，第1旅官兵顽强抗击，以短促火力结合反冲击，给进攻之敌以重创，死死拖住敌人，为掩护主力集结争取了宝贵时间。

激战至黄昏，敌军突破了第1纵队在崔曲、夹堤之间的阵地，进占高庄、南泊子一线。但此时，晋冀鲁豫军区后续参战部队按作战预案已大部赶到预定地区。陈再道、宋任穷的第2纵队2个旅控制了邯郸及其以南之罗城头、张庄桥、陈家岗地区，陈锡联、彭涛的第3纵队全部集结于车骑关、光禄镇以西地区，太行军区的2个支队集结于磁县以西地区，对敌人形成了三面包围的态势。

当晚，第1纵队主力从东南，第3纵队和太行第5支队从西面对敌军实施钳击，并以独立支队控制漳河渡口，将敌包围于邯郸以南、马头镇以东、商城以西的狭长地带。

激战一夜，第1纵队歼灭国民党军第30军第81团一部，并将第30、第40军截为两段，迫使第106师缩回崔曲；第3纵队攻克中马头。敌3个军在遭到四面包围和不断打击下，急忙向南北左良、崔曲等地收缩，加固工事，并急电统帅部求援。

25日，刘伯承、邓小平致电中央军委报告战况，并决心于当晚发起攻击，求得首先消灭三四个团，不惜以最大伤亡，在一两个月连续战斗中消灭当前之敌。

入夜后，晋冀鲁豫军区部队再次出击。第1、第2、第3纵队及太行军区一部同时出击，利用夜暗近迫作业，逐点割歼，渗入袭扰，削弱和疲惫敌人。但由于敌人依托稠密的平原村落为掩护，并利用村落周围的树木做屏障，结合暗堡的火力封锁，拼死顽抗，而我军火力不足，又缺乏打地堡和克服鹿砦的经验，攻击一夜，收效不大。

26日，国民党军第16军和第32军各一部兵力分别由石家庄和安阳出动，南北对进，增援邯郸地区被围的3个军。

同日，刘伯承和邓小平电示第1、第2、第3纵队：在被围敌军精力尚未大大耗散、疲惫与挫折，我后续力量尚未到达前，暂不与敌决战，而以一部兵力利用夜间，选敌弱点，进行袭扰，削弱和疲惫敌人。同时决定增调太行军区部队一部协同晋察冀军区部队一部在高邑地区阻击由石家庄南援之敌，并加强在漳河的阻援阵地，在安阳以南袭扰第32军，迟滞其北进。这一招便是刘伯承、邓小平常用的猫捉老鼠、盘软了再吃的战法。

指示电发出不久，位于河北邯郸西南部峰峰煤矿的晋冀鲁豫军区前方指挥所里迎来了一位神秘的客人。此人名叫王定南，河南内乡人，当时在高树勋部任参议，但真实身份却是中共地下党员。

刘伯承、邓小平立即接见了王定南。王定南汇报说高树勋不愿充当蒋介石发动内战的炮灰，请求晋冀鲁豫军区派人前去谈判。

高树勋早年在冯玉祥的西北军当兵，参加过反对蒋介石的中原大战。对共产党军队和毛泽东，高树勋并不陌生。他曾率部参加对中央苏区的第二次"围剿"作战。

1931 年 5 月 22 日，毛泽东同朱德指挥部队在永丰县中村歼灭高树勋第 27 师 1 个旅，俘敌 2300 余人，缴枪 3000 余支。

1932 年 8 月 17 日，毛泽东、朱德指挥红一军团主力攻克乐安城，歼灭守军高树勋第 27 师第 80 旅 2 个团又 1 个营。三天后，毛泽东、朱德指挥红军主力攻占宜黄县城，击溃守城的高树勋第 27 师 2 个旅。

抗战期间，高树勋诱杀企图投降日军的汉奸石友三，得到了毛泽东的赞许，指出："石友三通敌叛国，被其部下高树勋逮捕枪毙，大快人心，证明八路军反对石友三是完全正确的。"

1939 年 7 月，高树勋的新 8 军在山东乐陵县宁家寨被日伪军重兵包围。危难关头，八路军冀鲁边区司令员萧华率部救援。高树勋自此心怀感恩图报之情。

这次，高树勋奉命率部由新乡北上进攻解放区，心里十分苦闷，曾主动派人与中共联系，表明自己不愿参加内战的态度。

在向王定南详细了解了高树勋的情况后，刘伯承、邓小平认为争取高树勋举行战场起义的时机已经成熟，决定派军区参谋长李达立即前往新 8 军军部驻地马头镇，与高树勋商谈起义事项。

临行前，邓小平对王定南说："高树勋现在起义，不仅对当前作用很大，对今后的政治影响也是很大的。定南同志，你转告他，时机很重要啊！"

王定南连连点头，表示回去后一定向高树勋陈述利害，促其起义。但高树勋的夫人刘秀珍还远在徐州，担心起义后会遭到不测。

"机不可失，时不再来，当机不断，反受其害。关于高树勋夫人的安全问题，我们可以电请中央解决。"刘伯承补充说。

28 日，李达风尘仆仆地返回了晋冀鲁豫军区前线指挥所，向刘伯承、邓小平汇报：高树勋已经同意率新 8 军举行起义。

刘伯承当即给高树勋写信，对他准备退出内战、宣布起义的行动表示欢迎，建议于 29 日夜行动，举行起义。同时为消除高树勋的后顾之忧，专门致电中共中央并转山东军区领导人陈毅、罗荣桓、黎玉："高树勋率新八军与我合作已经明朗化""第十一战区长官部自新乡至徐州开一专列，内载留守人员及眷属，请加快派人往徐州接出高树勋、王定南眷属至我地区并护送来此。"

事后，中共淮北行署公安局便衣大队派得力人员三进徐州城，经多方努力，终于将高树勋等人的家眷接到解放区，脱离险境。

鉴于晋冀鲁豫军区参战部队已全部到齐，刘伯承、邓小平决定于 28 日黄昏对被围之敌发起总攻，具体部署是：

以第 1、第 2 纵队及冀南、冀鲁豫军区部队和太行军区 2 个支队为北集团，归王宏坤、陈再道、宋任穷统一指挥，作为总攻的突击队，主攻第 40 军，重点割歼已遭受打击、突出于阵地东北端的第 106 师；以第 3 纵队、第 17 师及太行军区 2 个支队为南集团，统归陈锡联指挥，钳制第 30 军，佯攻新 8 军，配合高树勋起义行动。

总攻的当晚，李达再次赴马头镇与高树勋进一步接洽起义事宜。首先向高树勋转达了刘伯承、邓小平对他率部起义的热烈欢迎，勉励他发扬西北军冯玉祥、赵博生等将领的光荣传统，坚决投入人民的阵营。然后就起义的时间、起义后的行动路线以及部队改编等事项做了具体安排。

按照作战部署，晋冀鲁豫军区参战各部向被围之敌发起了猛烈攻击。由于攻击部队已摸索出一些打敌野战工事、碉堡和鹿砦的方法，采用土工作业配合爆破的手段，以割裂守敌配系而逐段消灭之。同时又加上敌军被围数日，缺粮少弹，士气低落。因此，总攻发起后，进展相当顺利。至 30 日，攻克村镇 20 多处，歼灭第 40 军第 106 师大部，重创第 30 军，敌人被迫再次向南撤退，进一步收缩阵地。

当晚，高树勋率新 8 军及河北民军等约万人在马头镇宣布起义。马法五得知这一消息，犹如五雷轰顶，半天说不出话来。随后下令以第 30 军担任掩护，其余部队迅速向漳河南岸撤退。

刘伯承、邓小平判断，高树勋部起义后，敌人由于兵力骤减，部署呈现缺口，军心更加动摇，必然向南突围，遂采取围三阙一的战法，故意放开退路，将主力先敌南移到漳河以北敌之退路两侧，准备歼敌于突围之中。

31日晨，马法五指挥第30、第40军残部约2万人以逐村掩护的办法，开始突围。第3纵队立即尾随追击，第1、第2纵队从东西两面多路出击，太行、冀鲁豫军区部队则前出到漳河北岸进行兜击，并组织大量民兵密布于各要道捕歼逃散之敌。至下午，将残敌全部合围于旗杆漳一带，随即展开猛攻。

11月1日夜，进攻部队一举突入并捣毁了马法五的指挥部。群龙无首的敌人顿时大乱，四散奔逃。我南北集团各部奋起围追、堵截溃逃之敌。战至2日，向南突围的敌人除少数人漏网外，大部被歼于临漳、磁县间的旗杆漳、辛庄、马营地域。由石家庄、安阳出援的敌军闻讯而撤。

此役，晋冀鲁豫野战军共毙伤国民党军3000余人，俘虏1.7万余人，包括第十一战区副司令长官兼第40军军长马法五、第十一战区参谋长宋肯堂、第39师师长司马恺、第106师师长李振清、第30师师长王震、第67师师长李学正等高级将领，争取起义万余人。

毛泽东高度评价"这次战役再次打击了蒋介石的内战阴谋，对堵住华北大门，掩护我军在东北的战略展开，起了重要作用"，并致电正在重庆谈判的周恩来："高树勋率两个师起义，影响极大""此战胜利后，将给'剿匪'军以大震动，我们拟公开发表""现今刘邓清查缴获文件，为数必多，拟公开发表，击破国民党之诬蔑宣传"。

2日，毛泽东、朱德致电刘伯承、邓小平转高树勋：

树勋将军吾兄勋鉴：

闻兄率部起义，反对内战，主张和平，凡属血气之伦，莫不同声拥护。特电驰贺，即颂戎绥。

毛泽东　朱德

当高树勋读到毛泽东、朱德的贺电后，心情激动万分，立即复电：

延安毛主席、朱总司令勋鉴：

戌冬电敬悉。抗战八年，生灵涂炭，实不忍再睹流血惨剧。此次举动，纯为呼吁和平团结，并速组织联合各党派之民主政府，俾国家日登富强康乐之境。专电驰复，顺颂勋祺。

高树勋

5 日，毛泽东为新华社撰写了《豫北冀南战场胜利捷报》的新闻报道，并以中共发言人的名义发表谈话，用平汉路战役的实例，戳穿了国民党中央宣传部长吴国桢所谓"政府在此次战争中全居守势"的谎言：

由彰德北进一路，攻至邯郸地区之八个师，两个师反对内战，主张和平，六个师（其中有三个美械师）在我解放区军民举行自卫的反击之后，始被迫放下武器。这一路国民党军的许多军官，其中有副长官、军长、副军长多人，现在都在解放区，他们都可以证明他们是从何处开来、如何奉命进攻的全部真情。这难道也是取守势吗？

10 日，起义部队在河北武安邑城宣布成立民主建国军，高树勋任总司令，归晋冀鲁豫军区建制。

12 月 15 日，毛泽东在为中共中央起草的《一九四六年解放区工作的方针》的党内指示中，提出广泛开展"高树勋运动"，指出：

为着粉碎国民党的进攻，我党必须对一切准备进攻和正在进攻的国民党军队进行分化的工作。一方面，由我军对国民党军队进行公开的广大的政治宣传和政治攻势，以瓦解国民党内战军的战斗意志。另一方面，须从国民党军队内部去准备和组织起义，开展高树勋运动，使大量国民党军队在战争紧急关头，仿照高树勋榜样，站到人民方面来，反对内战，主张和平。

　　"高树勋运动"的开展，更加激发了国民党军队的怠战、罢战、反战情绪，促使大批官兵举起反内战义旗，自动放下武器，退出内战，或掉转枪口，帮助人民解放军反击国民党军队的进攻。这一运动的开展，成为人民解放军瓦解敌军原则的重大发展，为加速国民党军队的崩溃，夺取解放战争的胜利，创造了有利条件，起到了推动作用。

毛泽东评韩德勤

【韩德勤简历】

韩德勤（1891—1988），又名韩韬，字楚箴。江苏泗阳人。国民党陆军中将。

韩德勤的父亲是清末秀才，在乡间以教书立馆为生。幼年的韩德勤就跟着父亲诵读经书，后入县立初级小学。1909 年，考入南京江苏陆军小学第四期，后就读于河北陆军学堂、保定军官学校第六期步兵科。1918 年，毕业后到北洋陆军任下级军官。后入川军任参谋、团副。1926 年，到广州，得同乡顾祝同保荐任国民革命军新编第 21 师司令部副官处长，后历任师参谋长、旅长、师长。1930 年，参加蒋冯阎中原大战。1931 年，兼任南昌卫戍司令，参加对中央苏区的第三次"围剿"。1932 年，任江苏省政府委员兼省保安处长。1933 年秋，参加第五次"围剿"中央苏区，任东路军参谋长。1934 年，任江西"绥靖"公署参谋长。1935 年，任军委会委员长重庆行营办公厅主任。

全面抗战爆发后，韩德勤历任第 24 集团军代总司令兼第 89 军军长、江苏省主席、鲁苏战区副总司令、第三战区副司令长官等职，参与徐州会战、策应武汉会战、参加冬季攻势等，并与苏北新四军发生多次冲突，有"摩擦专家"之称。1940 年 10 月，在黄桥战役中遭新四军重创。1943 年 3 月，被新四军俘获，后被释放。1944 年春，改任苏鲁皖游击总指挥，仍兼江苏省主席。是年冬，调任第三战区副司令长官。1945 年 8 月，在杭州接受日军投降。

解放战争期间，韩德勤执行蒋介石内战反动政策，历任徐州"绥靖"公署副主任、徐州"剿总"副总司令、国防部联勤总部副总司令等职。1949 年 3 月，退往台北，曾任"总统府"战略顾问。1988 年 8 月 15 日，病逝于台北。

【毛泽东评点】

"为对付韩德勤的进攻，第一一五师彭（明治）吴（法宪）支队约一万二千人，不日从鲁苏边出动，向苏北前进，估计约三星期内外可与刘少奇方面配合夹击韩德勤。韩德勤是顾祝同唯一嫡系，受我打击后，顾有对皖南、江南新四军采取压迫手段之可能，望项英准备应付办法。惟决不可先动手，应取自卫原则。"

——摘自《毛泽东年谱》中卷第 186 页

"我们的方针是'韩（德勤）不攻陈（毅），黄（克诚）不攻韩；韩若攻陈，黄必攻韩'。（毛泽东）让周恩来先告何应钦停止韩德勤的进攻行动，否则八路军不能坐视。"

——摘自《毛泽东年谱》中卷第 208 页

"主持召开中共中央书记处会议，讨论释放韩德勤问题，决定：如韩同意向西去，则发还一部分人枪就地解决问题；如韩不同意西去，则暂留一时期，待国民党表示态度后解决。"

——摘自《毛泽东年谱》中卷第 431 页

【评析】

韩德勤是国民党军嫡系中非黄埔出身的杂牌，在国民党高级将领中里指挥打仗一般，屡败于共产党军队，还曾两次被俘，却能官运亨通、飞黄腾达，贵为中将，官居封疆大吏。究其原因，除了对蒋介石表现始终的绝对服从和愚忠外，还与两个人有着莫大的关系。

其一是他的叔父韩恢。韩恢是老同盟会员，国民党元老，与蒋介石同辈，参加过黄花岗起义。当年陈炯明叛变，围攻总统府。在危急之中，孙中山电召韩恢急赴广东，授以讨贼军总司令之职。韩恢率军与陈炯明激战于黄埔间。后随孙中山先生回上海，奉命重新组织人马，以期打开江苏局面。1922 年 11 月 1 日，韩恢被江苏军阀齐燮元诱捕杀害于南京，年仅 35 岁。孙中山先生闻讯后异常痛惜，追任韩恢为陆军上将。

其二便是他的同乡顾祝同。韩德勤在保定军官学校学习期间，结识江苏涟水人顾祝同。二人是同期、同科、同队的同学，又是同乡。思想、生活上的义气相投，自然成为知己。毕业时，互相商定：将来谁在前途上有发展，一定要互相提携，以固同窗友谊。后来事实也证明了这一点。这也正是毛泽东称韩德勤为顾祝同唯一嫡系的缘故。

对于韩德勤，毛泽东并不陌生。早在中央苏区第三次反"围剿"斗争中，毛泽东、朱德指挥红一方面军主力在方石岭一役中，全歼国民党军第52师。师长韩德勤在同乡张翼的帮助下，化装成伤兵混入俘虏队伍中，因长相粗憨，居然也领了两个大洋的遣散费被红军释放，得以逃脱。虽说全军覆没，但由于顾祝同的力保，韩德勤没有被军法从事，只是降为副师长。

客观地讲，在抗战初期，韩德勤与日军作战还是比较勇猛的。

1938年徐州会战时，韩德勤率部在高邮、宝应一带负责南线作战，成功阻击了由扬州北进之敌，掩护运河的交通。对此，白崇禧曾评价道："减轻我第五战区之特别威胁，于台儿庄之胜利有间接之贡献"。就连日军将领坂垣征四郎也承认，韩德勤部的抵抗非常顽强。

同年夏秋，韩德勤率所部策应武汉会战，积极破坏津浦南段铁路，游击骚扰日军，反攻克复阜宁、盐城、东台等地，并一度反攻入徐州城中，屡获蒋介石嘉奖。

1939年2、3月间，韩德勤率部抵抗日军发动的"卜号作战"。10月，进行苏北反"扫荡"作战。同年底至1940年初参加冬季攻势，向淮阴、宝应、六合等地展开主动反攻作战。

这时，抗日战争已由战略防御进入战略相持阶段。日军一面停止了正面战场的进攻，加紧对国民党政府的诱降；一面把重点转向华北、华中战场，专心对付共产党领导的八路军、新四军等抗日武装。蒋介石虽说表面上放弃了"攘外必先安内"的反动政策，但其限共、溶共、灭共之心不死，因此在消极抗日的同时又企图妥协谋和，实行既联共又反共的两面政策。

于是，日本侵略者与国民党当局在反共这个交叉点上找到了共同语言。国民党大批将领率部投敌。一时间，降将如毛，降官如潮，大搞"曲线救国"，其实质就是反共。挺进敌后的江南新四军处于日军、伪军和国民党顽固派夹击的复杂形势之中，处境愈发严峻，"党内外，敌友我，矛盾重重相交错"。

为加强统一领导，集中力量打破敌顽夹击，新四军军部决定将第1、第2支队的领导机关合并。1939年11月7日，新四军江南指挥部在江苏溧阳水西村正式成立，陈毅任指挥，粟裕任副指挥。

几乎在新四军江南指挥部成立的同时，国民党五届六中全会进一步确定了将政治限共为主转为以军事限共为主的方针，抗战以来第一次反共高潮随之而起。

面对日益严峻的江南局势，中共中央、毛泽东审时度势，为新四军制定了"向南巩固、向东作战、向北发展"的战略方针。

陈毅、粟裕非常拥护这一战略方针，认为苏北地区盛产粮、棉、盐等战略物资，拥有2000多万人口，具有极其特殊的战略地位，是侵华日军、国民党顽固派和新四军三种力量的必争之地。这里既是控制日寇沿长江进出的重要翼侧，又是连接新四军与八路军的纽带。苏北的抗日局面打开以后，向南可以和江南新四军、抗日游击部队相呼应，扼制长江下游，直接威胁南京的日本侵略军总部和汪精卫伪政府；向北、向西发展，可以与山东、淮南、淮北抗日根据地相连接，直通华北、中原。

为冲破国民党当局的束缚，实现"向北发展"的方针，陈毅、粟裕命令卢胜、陶勇率领新四军第4团团部和第2营渡江北上，进入苏皖边区，与先前渡江北上的梅嘉生支队会师，合编为苏皖支队。不久，他们又与活动在淮南的八路军第5支队取得了联系。叶飞率领老六团由苏南开到扬中，与管文蔚部合编为新四军挺进纵队，然后渡江北上，在扬州、六合、泰州地区开展游击战。这样，大江两岸的苏南、苏中、淮南三面联通，互为犄角，造成了新四军足跨长江两岸、随时可向苏北发展的有利态势。

对新四军北上和八路军南下，远在陪都重庆的蒋介石如坐针毡。在他看来，皖南新四军处在国民党第三战区顾祝同的重兵包围之中，"如瓮中之鳖，手到擒来"，而陈毅、粟裕指挥的江南新四军虽身处敌后，却"如海滨之鱼，稍纵即逝"。一旦新四军北上与南下八路军携起手来，共同经营华中，后果不堪设想。于是，蒋介石密令第三、第五战区和苏鲁战区的国民党军队，截断新四军与八路军的南北联系，使新四军陷于皖南、苏南狭窄地区，然后再乘机拔掉这个眼中钉。

1940年4月，顾祝同、韩德勤、冷欣、李品仙等国民党顽固派已摆好了从南、北、西三面向新四军进攻的阵势。国民党第一游击区副总指挥、第63师师长冷欣对新四军江南指挥部早就虎视眈眈、跃跃欲试。时任国民党江苏省政府主席兼苏鲁战区副总司令的韩德勤也已切断了江上交通线，步步进逼北渡长江的新四军部队。

远在延安的毛泽东正时刻关注着江南新四军的斗争形势。15日，他致电刘少奇、项英指出：为对付韩德勤的进攻，第115师彭（明治）吴（法宪）支队约12000人，不日从鲁苏边出动，向苏北前进，估计约3个星期内外可与刘少奇方面配合夹击韩德勤。韩德勤是顾祝同唯一嫡系，受我打击后，顾有对皖南、江南新四军采取压迫手段之可能，望项英准备应对办法。惟决不可先动手，应取自卫原则。

7月8日，陈毅、粟裕率新四军江南指挥部主力渡过运河，越过沪宁线，顺利到达长江北岸的塘头地区。12日，新四军江南指挥部改称苏北指挥部，陈毅、粟裕分任正副指挥，下辖第1、第2、第3纵队，共9个团，7000余人。

当时在苏北斗争形势错综复杂。日本侵略军的力量最大，占领了长江北岸及运河沿线各县城和要镇。其次是素有"摩擦专家"之称的韩德勤，控制着东台、兴化、阜宁及广大乡村。此人是典型的顽固派，一向反共，自诩拥兵10万，视新四军苏北部队为心腹大患，欲除之而后快。再次就是李明扬、李长江部，控制着泰州和如皋以南地区。此外，还有驻曲塘一带的税警总团陈泰运部。李、陈属地方实力派，深受韩德勤的排挤和歧视，政治态度也与韩有差异，存在着一定的矛盾。

陈毅、粟裕认为，新四军力量还很弱小，仅开辟了吴家桥小片地区，要想在苏北站稳脚跟，执行中共中央关于独立自主开辟苏北、发展华中敌后抗战的战略任务，迟早会与韩德勤兵戎相见，一决雌雄。因此，争取李、陈等地方实力派保持中立，便成为新四军在苏北斗争的关键。他们经反复研究制定了"联李、击敌、反韩"的斗争策略。

接下来，陈毅、粟裕又作出东进黄桥、开辟以黄桥为中心的抗日根据地的重大决定。

进军黄桥，必经李明扬、李长江防区。陈毅、粟裕研究决定同"二李"谈判，明确告诉他们，新四军东进后，把每个月能收税 5 万元的吴家桥地区让给"二李"。作为交换条件，"二李"协助新四军东进。

大凡出色的政治家、军事家都很清楚：在外交上没有永远的敌人，也没有永远的朋友，只有永远的利害关系。因此，取得外交的成功，对自身的生存和发展都是至关重要的。

陈毅，这位中华人民共和国成立后的第二任外交部长，就是一位天才的外交家。他深知在错综复杂的苏北政治棋局中，韩德勤并不是万能的。由地方实力派和政治掮客排列组合成的万千世界，联合也好，结盟也罢，无时不在变化之中。以"二李"为代表的地方实力派担心韩德勤一旦过于强大，自己的地盘被吞掉，财路就会丧失。对他们而言，无论是韩德勤还是新四军变得过于强大都是他们所不愿意看到的。如果和新四军搞交易可以捞到好处，他们又何乐而不为呢？何况他们中间有些人也很爱国，对共产党、新四军的抗日主张表示欢迎。

陈毅把准了"二李"的脉搏，在随后的谈判中，显示出高超的外交才能。"二李"的工作终于做通了。

但粟裕深知，进军黄桥不会是一帆风顺的。前面还有两个对手：驻守曲塘的税警总团陈泰运部和占据黄桥的保安第 4 旅何克谦部。陈泰运属争取势力，至少在与韩德勤大战前要尽可能地争取；何克谦一贯勾结日伪，积极反共，鱼肉百姓，必须狠狠打击，消灭他，而后新四军才能进驻黄桥。

对此，陈毅表示赞同："陈泰运与韩德勤矛盾较大，属中间派。何克谦作恶多端，人称杀人魔王。对他俩要一个打、一个拉，区别对待。"

25 日，陈毅、粟裕率部东进，顺利通过"二李"防区，向黄桥挺进。

正密切窥视着新四军苏北指挥部一举一动的韩德勤，一面打电话质问李明扬、李长江为何不阻拦；一面命令何克谦由黄桥及其以南地区向北攻击，陈泰运由曲塘南下至北新街一带，妄图南北夹击，消灭新四军于运动中。

粟裕率已进至北新街以南的部队突然调头向北，以迅雷不及掩耳之势向陈泰运部发起攻击。没费多大力气，新四军便击溃了陈泰运的2个团，歼灭1个多营。为促使陈泰运抗日，按事先商定的策略，陈毅、粟裕下令把俘虏的官兵全部释放，归还了缴获的武器，并叫他们回去告诉陈泰运，不要再受韩德勤的利用，制造反共摩擦，今后只要不打内战就可相安无事。

接下来，粟裕集中全力对付何克谦的保安第4旅，亲自指挥王必成第2纵队攻击黄桥以北及东北的蒋垛、古溪、营溪，叶飞第1纵队攻占搬经镇，切断何克谦的退路，陶勇第3纵队从南面攻击黄桥。

27日夜，第2纵包围营溪，随即发起猛攻。何克谦率部负隅顽抗。激战至29日凌晨，新四军歼灭何克谦部近2000人，胜利占领黄桥镇。

紧接着，陈毅、粟裕马不停蹄，以黄桥为中心，分兵打击附近的日伪据点，将黄桥周围东西百余里，南北七八十里内的敌伪和顽军一扫而光。

在东进黄桥的斗争中，陈毅、粟裕把同顽固派争夺中间派的策略思想运用于军事，把政治仗同军事仗巧妙地结合起来。许多年后，新中国的电影工作者将这段故事搬上了银幕，拍摄了脍炙人口的影片——《东进序曲》。

8月，为策应新四军发展苏北，八路军第5纵队黄克诚部东进淮（阴）海（州）地区，形成南北配合、打开苏北抗战局面的有利态势。

虽说此时，新四军苏北指挥部建立了以黄桥为中心的抗日根据地，但就整个苏北全局而言，依然没有站稳脚跟。

韩德勤视苏北新四军为心腹大患，妄图采取"先南后北"的方针，集中兵力进攻黄桥，消灭立足未稳的新四军苏北部队，然后移兵北上，歼击南下的八路军第5纵队。

21日，韩德勤下达了向黄桥地区新四军进攻的作战命令。以李明扬、李长江、陈泰运等部为右路军，集结于姜堰地区；以第89军第117师、独立第6旅、保安第1旅为左路军，集结于曲塘、吴家集、海安地区。要求在各部于8月30日集结完毕，9月2日起开始攻击前进。

9月5日，保安第1旅占领营溪。第117师也打到古溪北面，随即猛攻古溪。

　　陈毅、粟裕决定逐步收缩，诱敌左翼深入，然后集中兵力进行分割围歼。当夜，新四军第1纵队出击营溪，一举击溃敌先头部队保1旅2个团。接着第2、第3纵队从古溪正面出击。韩军一看势头不妙，即以一部兵力以强大火力掩护主力迅速缩回曲塘、海安。保1旅是新四军的争取对象。陈毅、粟裕下令释放俘虏的保1旅副旅长以下1500余人，并发还了缴获的枪支。

　　此举在苏北各保安部队中影响甚大，尤其是保1旅旅长薛承宗深为陈毅、粟裕不计前嫌的义举所震动，表示今后再也不把枪口对向新四军。在后来的黄桥决战中，保1旅果然信守诺言，保持了中立。

　　营溪反顽是新四军与韩德勤在军事上的首次正面交锋。韩德勤领教了新四军的厉害，便改变了手法，采用堡垒政策，步步为营，缩据水网地区暂不出击。同时命令张少华率保安第9旅进驻原税警总团防地姜堰，严密封锁新四军粮食来源，并挟制"二李一陈"，企图把新四军压缩在沿江狭小地区，再勾结日伪合击。

　　姜堰是运河上的重镇，四通八达，素有"金姜堰，银曲塘"之说，地理位置十分重要，是周围有名的粮、棉、盐、油物资的主要集散地。姜堰一卡住，运盐河以南黄桥地区的生活必需品马上就会发生困难。韩德勤的这一招确实狠毒，妄想卡住新四军的脖子，困死、饿死新四军。

　　9月13日，新四军第2、第3纵队围攻姜堰，第1纵队在白米、马沟一带打援。仅一昼夜就结束战斗，攻克了姜堰，歼保9旅1000余人，缴获一大批军用物资。张少华只带了少数残部逃回江南。

　　为保持政治上的优势和进一步争取上层人士，遵照毛泽东的指示，陈毅、粟裕再次呼吁韩德勤停止内战、团结抗日。

　　然而，韩德勤反共是铁了心的，提出要以新四军退出姜堰作为和谈的先决条件。在他看来，新四军用鲜血换来的"金姜堰"是决不会轻易退出的；如果不退，他就可以此为借口向新四军发动更大规模的进攻。

　　陈毅、粟裕对韩德勤的阴谋洞察无遗，让新四军退出姜堰，只不过是他的托词罢了。为顾全团结抗日的大局，也为进一步争取"二李一陈"，陈毅、粟裕答应了韩德勤提出的条件，决定撤出姜堰，并送了个大人情给

"二李一陈"。

"二李"得知他们将从新四军手中接防姜堰，白捡到"金姜堰"，自然是喜出望外，当即派部队接管姜堰。陈泰运也从新四军那里得到100多条枪。"二李一陈"皆大欢喜，深感新四军讲信誉重情义，向陈毅、粟裕保证，如果韩德勤再进攻新四军，他们决不参战，并答应给新四军提供情报。

9月30日，新四军信守诺言，全部退出姜堰。自恃兵多粮足、装备精良的韩德勤，视新四军退出姜堰为胆怯，调集26个团3万余人，分三路大举进犯黄桥。

黄桥地处靖江、如皋、泰州、泰兴四县之间，北有通扬河，南临长江。如果建立起以黄桥为中心的根据地，向南可控制南通、如皋、海门、启东等地，进而与我江南部队相呼应，控制长江通道，威胁日寇，并切断大江南北国民党顽固派的联系。如果失掉黄桥，新四军就没有周旋的余地了，而且对民心、士气必将产生极为不利的影响。这一仗必须打，而且一定要打好。

同日，针对韩德勤的反共阴谋，毛泽东致电刘少奇并告叶挺、项英、陈毅，指出：陈毅、黄克诚部在苏北运河以东地区发展广泛的游击战争，不仅扩大主力，还应建立无数的小游击队，建立新政权，这样才能击破韩德勤。同时，对韩德勤部中下层及苏北各顽军与地方人士，应广泛开展联络工作，争取同盟者，孤立韩德勤。随后，又提出了"韩不攻陈，黄不攻韩；韩若攻陈，黄必攻韩"的斗争方针。并让周恩来先告知何应钦停止韩德勤的进攻行动，否则八路军不能坐视。

根据毛泽东的指示精神，陈毅、粟裕立即召开各纵队首长会议，分析当前敌情：

韩德勤此次进犯黄桥的具体部署是：中路是顽军主力，由韩嫡系部队第89军、独立第6旅组成，共1.5万余人，从海安、曲塘一线进攻黄桥北面及东面地区。右路是"二李一陈"的部队，左路由保安第1、第5、第6、第9、第10旅组成，掩护主力两翼，进攻黄桥以西及东南地区。

而苏北新四军部队总共才3个纵队7000多人，战斗部队不过5000人，兵力处于绝对的劣势，但新四军也有优势。首先是地利。黄桥北面、东面是通扬运河，南边是长江，西南有一条从泰州到口岸的通江运河，周围有如皋、泰兴、靖江等日军据点。这个地区河多、桥多、路窄，对于顽军山炮、野炮之类的重武器，可谓是天然的障碍。顽军窜犯不易，逃跑更难。相反，黄桥周围的旱地，高秆作物半割半留，既便于伏兵隐蔽，又利于迂回突击。其次是人和。新四军进驻黄桥两个月，根据地各方面的建设开展得有声有色、扎实深入，群众情绪高涨，积极支持和拥护新四军。

据此，会议决定集中兵力，采取诱敌深入、各个击破的战法，于运动中歼击韩部。命令陶勇第3纵队坚守黄桥；叶飞第1纵队、王必成第2纵队分别隐蔽集结于黄桥西北的顾高庄、横巷桥一带，待机出击；第2纵队派出2个营实行运动防御，诱敌深入。陈毅的指挥部设在严徐庄；粟裕的前线指挥部设在黄桥，实施战场指挥。

首战对象的选择，将极大影响战役进程，甚至关系到整个黄桥战局的成败。粟裕对韩德勤三路大军方方面面作了分析对比，把首歼目标锁定在韩德勤的主力独立第6旅翁达部上。

独6旅是韩德勤手中的一张王牌。全旅3000多人，装配清一色的"中正式"79步枪，每个步兵连还配有9挺崭新的捷克式机枪，齐装满员，战斗力很强，军官也大都是军校科班毕业，号称"梅兰芳"式部队。

韩德勤早在"围剿"中央根据地时就和红军交过手，略知我军一贯的作战原则是先打弱敌，后打强敌。因此，做梦也不会想到粟裕首战会拿独6旅开刀。

部署既定，全军上下斗志昂扬，紧张地进行战斗准备。黄桥地区的人民群众也掀起了支前高潮，组成救护站、担架队待命行动，家家更是烧水、磨面、烙饼。仅黄桥镇就有60多个烧饼炉为前线烘制烧饼，并由此诞生了广为流传的《黄桥烧饼之歌》。

10月1日，韩德勤下达了进攻黄桥的命令。

天公不作美。部队出发不久，便大雨滂沱。道路泥泞，顽军行动十分困难，根本不是在走，而是在"滚"，官兵们个个浑身泥污，走走停停，停停走走，百十来里路竟走了两天。

对新四军来说，这可是场及时雨，为更周密布兵，建立稳固的防御阵线，赢得了宝贵时间。黄桥决战，新四军不仅占据了地利、人和，又赢得了天时。

3 日，雨过天晴。第 89 军军长李守维下令所部攻击前进。次日凌晨 4 时，第 33 师向黄桥东门发起了猛烈进攻。

随着黄桥决战帷幕的拉开，苏北各种政治势力一下子都被吸引到黄桥这块弹丸之地上来：李明扬宣布"谢绝会客"，中止了和新四军方面代表见面，日夜询问战况；陈泰运则派人埋伏在通扬运河大堤上监视黄桥；泰兴日军侦探进到黄桥以西十五六里的石梅观战；周围伪军据点中的汉奸们也密切关注着黄桥的风云变化。一时间，在以黄桥为中心的苏北战场上，出现了一幕两方对阵、多方围观的奇局。

4 日上午 11 时，第 33 师发动第一次总攻。顽军的进攻十分疯狂，枪声炮声震耳欲聋。李守维妄想首轮总攻便将新四军黄桥防线彻底冲垮，竟一次投入 3 个多团的兵力。

顽军用猛烈的炮火掩护部队向黄桥东门猛攻，新四军的防御工事大部被摧毁。第 3 纵队伤亡很大，战斗异常紧张激烈。危急关头，第 3 纵队司令员陶勇、参谋长张震东把上衣一脱，操起马刀，带领部队冲杀出去，拼死血战，硬是将顽军杀出东门。

下午 3 时，独 6 旅向黄桥攻击前进，前锋已抵黄桥以北五六里处。

随着粟裕一声令下，第 1 纵队的战士勇猛出击，犹如四把钢刀，将独 6 旅切成数段。首歼旅部和后卫团，迫使其先头团回援，然后以一部从侧翼迂回敌后，乘势形成合围。激战 3 小时，独 6 旅全军覆没，中将旅长翁达自杀。

独 6 旅既灭，顽军主力第 89 军完全暴露和孤立了。第 89 军是韩德勤赖以横行苏北的主要军事支柱，人多武器好，是顽军在苏北最有战斗力的主力之一。

军长李守维预感大势不妙，急将主力集结在黄桥东北一线，企图最后猛扑黄桥或固守待援。但第 89 军已成瓮中之鳖，插翅难逃了。

午夜，第 2 纵队经八字桥直插分界，切断了第 89 军的退路。随后，第

1、第2、第3纵队三路夹击，将第89军主力分割包围于黄桥东北地区。

5日中午，围歼第89军的战斗打响了。新四军各纵队紧缩包围，奋勇冲杀。激战至6日清晨，第89军大部被歼，中将军长李守维在逃跑时坠入河中溺死。

与此同时，八路军第5纵队由涟水东进，攻占阜宁、东沟、益林，歼韩部保安旅一部后，直下盐城。11日，新四军第2纵队前锋与八路军第5纵队先头部队，在东台以北的白驹镇胜利会师。

韩德勤见前线主力几乎全军覆没，率残部千余人犹如惊弓之鸟向老巢兴化狼狈逃窜。陈兵运粮河东西一线的左路军各保安旅团更是树倒猢狲散，争相逃命。企图坐收渔利的李明扬、李长江部和陈泰运部亦随之撤退。黄桥战役胜利结束，新四军共歼韩德勤部1.1万余人。

捷报传到延安，正在为击退国民党顽固派发动的反共高潮而运筹帷幄的毛泽东欣喜无比，于9日致电刘少奇、叶挺、陈毅等人，指出：国民党军"无论何部向我进攻，必须坚决消灭之。只有消灭此等反共部队，才有进攻日寇之可能。你们的部署与决心是完全正确的，国民党任何无理责难都不要理它"。陈毅部大胜，振我士气，黄克诚南下增援是完全正当的。

黄桥一战，韩德勤指挥失措，一败涂地，主力尽失，元气大伤，而且舆论上也狼狈不堪。气得蒋介石训斥他：不光丢了地盘，还让大家都骂国民党。自此对韩德勤失去了信任，派王懋功、冷欣接替他的职务。

关键时刻，又是顾祝同从中斡旋，千方百计拖延时间，使韩德勤暂保其位。但是，屡战屡败，使韩德勤的手下人心浮动，有的回到第三战区找老长官顾祝同谋事，有的投靠日本人当了伪军。韩德勤的12万官兵，最后只剩下3万来人，盘踞在以淮安、宝应、涟水之间的车桥为中心，南北只有70华里、东西长不到80华里的狭小地域里苟延残喘，不仅武器弹药无法再由江南运入补充，就连吃粮烧草也处于无法解决的状态。

1943年2月，日军为确保其苏北与南京、上海、杭州之间的占领区，加强对沿海重要港口的控制，进而腾出兵力执行机动作战任务，集中第17、第35师团和独立混成第12旅团各一部及部分伪军2万余人，分批多路向盐城、阜宁抗日根据地的新四军进行"铁壁合围"。同时采取"逼韩反共"手段，围攻驻车桥的韩德勤部。

陈毅从维护抗日民族统一战线大局出发，不计前嫌，主动派新四军第3师师长黄克诚带兵把韩德勤部接到抗日根据地淮阴、涟水一带休整，并给予粮饷接济。

对此，韩德勤十分感激，亲自给陈毅写信表示：千恩万谢，永世不忘恩德。

可仅仅过了一个月，3月14日，韩德勤反共故态复萌，遵照蒋介石指令，以"南下原防，收复失地"为由，率总部特务营和保安第3纵队王光夏部西渡运河，侵入新四军淮北根据地中心地区，捕杀根据地的地方工作人员，收缴地方武装枪支，抢掠财物，简直无恶不作。

新四军在多次劝说、警告韩部退出无效的情况下，新四军第4师在师长彭雪枫、政委邓子恢的指挥下，冒着瓢泼大雨，从南北两个方向同时向韩部进攻。

18日凌晨，战斗打响。激战至次日中午，全歼韩部，保安第3纵队司令王光夏和新编独立旅旅长李仲寰被击毙，韩德勤本人第二次做了共产党军队的俘虏。

被俘后，这位韩主席自觉羞愧难当，竟上演了绝食和吞服火柴头自杀的一出闹剧。陈毅哭笑不得，在与韩德勤谈话时，指责其是"搬起石头砸自己的脚"。韩德勤听后，沉默半天，表示："蒋介石消极抗日、积极反共的政策是错误的。但我是军人，只晓得以服从为天职，有些事明知不对也得去干啊。"

陈毅致电中共中央和毛泽东主席，表示从宣传和团结抗战的大局出发释放韩德勤。毛泽东对此事十分关注，19日即复电同意，并于23日主持召开中共中央书记处会议，讨论释放韩德勤问题。会议决定：如韩同意向西去，则发还一部分人枪就地解决问题；如韩不同意西去，则暂留一时期，待国民党表示态度后解决。

根据中共中央和毛泽东的指示，新四军决定把缴获的人马、枪、炮、电台还给韩德勤，并派人协助他安全通过津浦铁路，西去皖北。

4月1日凌晨，陈毅、彭雪枫、邓子恢等人亲自为韩德勤送行。

韩德勤被新四军捉放一事成为党国军人的笑柄，蒋介石深感脸上无光。因此，当韩德勤到达皖北后，即下令撤销他的苏鲁战区副总司令一职，改任苏鲁皖边区游击总指挥。

解放战争初期，韩德勤任徐州"绥靖"公署副主任，参与指挥对山东解放区的重点进攻。结果，孟良崮一役，国民党军五大主力之一的整编第74师全军覆没。

1948年5月，韩德勤改任国防部联勤总部副总司令，专门负责运送粮食、弹药等军用物资。1949年，逃往台湾，四年后退役，彻底离开了军界。

毛泽东评何应钦

【何应钦简历】

何应钦（1890—1987），字敬之。贵州兴义人。国民党陆军一级上将。

何应钦7岁时入乡塾，10岁就读于本乡初等小学，13岁入县立高等小学，17岁保送入武昌陆军第三中学。后东渡日本，入东京振武学校第11期，并加入同盟会。1911年，回国后曾任江苏陆军第7师第1旅第3团连长、营长。次年，返回日本继续学业。1913年，入日军陆军士官学校第22期步科。1916年，毕业回国后，在黔军历任团、旅长等职。1924年，到广州参加筹建黄埔军校，后任总教官、代理教练部主任、教导第1团团长。1925年，率部参加两次东征陈炯明，在棉湖被数倍于己的敌军包围，全团官兵伤亡三分之一以上。何应钦临危力战，亲自督队冲锋，大破敌军，深得蒋介石信赖。战后，何应钦官运亨通，相继升任国民党第1旅旅长、第1师师长，国民革命军第1军军长。1926年7月，参加北伐，率第1军大部防守广东汕头、梅县（今梅州）地区。10月，面对强敌来攻，出其不意，改守为攻，袭取福建永定，获松口大捷，击溃福建督办周荫人部，打开进军福建门户。12月，率部进占福州，任东路军总指挥，挥师由福建向浙江进军。

1927年初，何应钦率东路军由赣东及闽北入浙，攻占杭州。4月，参与蒋介石发动的"四一二"反革命政变。随后任第一路军总指挥，率部继续北伐。8月，会同李宗仁指挥龙潭战役，大败孙传芳部，全歼孙军5万余人。战后，何应钦获"捍卫党国"奖旗一面。1928年，任参谋次长代参谋总长、编遣委员会筹备主任。在国民党新军阀混战期间，先后任讨逆军总参谋长和广州、武汉、郑州行营主任等职，帮助蒋介石击败了反对势力。1930年3月起，任军政部部长达14年之久。其间，先后兼南昌行营主任、"剿共"军前敌总司令、赣粤闽边区"剿共"总司令，指挥对中央苏区的第二、第三、第四次"围剿"作战，均以失败告终。1933 年 3 月，何应钦接替张学良兼任军事委员会北平分会代理委员长，指挥长城抗战。5 月，与侵华日军签订丧权辱国的《塘沽协定》。8 月，奉蒋介石命令指挥重兵镇压察哈尔（今分属内蒙古、河北）民众抗日同盟军。1935 年 4 月，被授为陆军一级上将。6 至 7 月，又与日本中国驻屯军司令官梅津美治郎达成卖国的《何梅协定》。西安事变爆发后，何应钦在国民党中央常务委员会、中央政治委员会召开紧急会议，力主武力解决，并编组"讨逆"军，出任总司令，调集重兵准备进攻陕西，轰炸西安。

全面抗战爆发后，何应钦历任第四战区司令长官、参谋总长、同盟国中国战区中国陆军总司令等职，参与指挥徐州会战、武汉保卫战、南昌会战、随枣会战、上高会战、第一至三次长沙会战、湘西会战、桂柳追击战等，并制造了皖南事变。1945 年 8 月，日本宣布无条件投降后，被委任为中国战区受降之最高指挥官。9 月 9 日，在南京中国陆军总司令部大礼堂代表中国战区最高统帅接受日军投降。

抗日战争胜利后，何应钦积极执行蒋介石发动内战的反动政策。1946 年 4 月，任重庆行营主任。6 月，被派出任联合国安全理事会军事参谋团中国代表团团长。1948 年 5 月，任国防部部长，后辞职。1949 年 3 月，任行政院院长，极力反对签署国共双方代表达成的《国内和平协定》（最后修正案）。4 月，复任国防部部长，指挥国民党军企图阻止人民解放军渡江南下。失败后于 6 月辞职。8 月，去台湾，历任"中央"非常委员会委员、"总统府"战略顾问委员会主任等职。1987 年，去世。

【毛泽东评点】

1958 年 9 月 5 日，毛泽东在第十五次最高国务会议上的讲话中，指出："禁运对我们的利益极大，我们不感觉禁运有什么不利。禁运对我们的衣食住行以及建设（炼钢炼铁）有极大的好处。一禁运，我们得自己想办法。我历来感谢何应钦。一九三七年红军改编成国民革命军第八路军，每月有四十万法币，自从他发了法币，我们就依赖这个法币。到一九四〇年反共高潮就断了，不来了。从此我们得自己想办法。我们想什么办法呢？我们就下了命令，说法币没有了，你们以团为单位自己打主意。从此，各根据地搞生产运动，产生的价值不是四十万元，不是四百万元，甚至于不是四千万元，各根据地合起来，可能一亿两亿。从此就靠我们自己动手。现在的何应钦是谁呢？就是杜勒斯，改了个名字。现在他们禁运，我们就自己搞，搞大跃进，搞掉了依赖性，破除了迷信，就好了。"

——摘自《建国以来毛泽东文稿》第七册第 388 页

【评析】

何应钦毕生追随蒋介石坚决反共，与蒋鼎文、刘峙、钱大钧、顾祝同并称"五虎上将"，深受蒋介石的喜爱和器重，可谓国民党军、政界的首要人物。毛泽东在讲话中所说的"我历来感谢何应钦"，显然是一句反话。

在国民党军高级将领中，何应钦一直被视作亲日派的代表人物。这与他早年曾两度赴日本留学，先后在东京振武学校和日本陆军士官学校学习生活了近 5 年不无关系。

1933 年，何应钦出任军事委员会北平（今北京）分会代理委员长，主持华北军事。5 月，他与日军签署《塘沽协定》，默认日本帝国主义侵占东北三省和热河（今分属河北、辽宁和内蒙古）的"合法"性，并且又把绥东、察北、冀东划为日军可以自由出入而中国不能驻军的"非武装区"，使华北门户洞开，为后来华北事变的发生种下了恶果。这一协定丧权辱国的程度，可以说不亚于袁世凯签订的"二十一条"。

面对日军大举入侵，蒋介石、何应钦倒行逆施，执行卖国不抵抗政策，把大好河山拱手送给了日本侵略者，激起了全国人民的极大愤慨。

6 月 1 日，中国共产党以中华苏维埃共和国临时中央政府名义，发布《为反对国民党出卖平津华北宣言》，反对国民党政府同日本帝国主义签订的《塘沽协定》，揭露国民党蒋介石反动集团对人民竭力进攻，对日本帝国主义投降卖国的罪行，号召全国人民一致团结起来，为收复失地、保卫中国、争取中华民族的独立解放而斗争。

广大人民群众积极响应中国共产党的号召，大力支援红军和一切抗日爱国力量的抗日反蒋行动。平、津、京、沪等地人民群众纷纷集会，发表通电，要求国民党政府立即对日宣战和准许组织抗日团体。许多地区的工人节衣缩食，捐款购买飞机，支援抗日。海外侨胞也通电呼吁出兵抗日。

在全国人民抗日高潮的推动下，国民党军队内部的一部分官兵也要求停止"剿共"，一致抗日。长城各口的中国守军在全国人民高涨的抗日情绪推动下，与长城内外民众义勇军相配合，自动奋起抗击日寇。宋哲元率领第 29 军在长城喜峰口英勇抗战，给日军以沉重打击，大大鼓舞了全国民众。蒋光鼐、蔡廷锴率领第 19 路军，向国民党政府提出全军北上抗日的要求，并组织了"援热先遣队"，从漳州等地出发，取道粤汉路入湘，准备北上抗日。

以冯玉祥、吉鸿昌、方振武等为首的抗日爱国将领，对蒋介石的卖国投降政策更加不满，积极响应中国共产党的号召，表示愿意合作抗日。5 月 26 日，他们在张家口宣布成立察绥抗日同盟军，通电全国，主张联合抗日，收复失地。队伍由几千人迅速发展到 10 余万人。6 月中旬，抗日同盟军出兵北击。至 7 月下旬，先后收复了康保、沽源、多伦，把日伪军完全驱逐出察哈尔省，并在张家口成立了收复东北 4 省计划委员会，准备进一步对日作战。

别看何应钦在日本人面前卑躬屈膝、卖国求荣，但对抗日同盟军却是痛下杀手、毫不留情。

7 月 6 日，何应钦趁同盟军进攻多伦之际，命令庞炳勋、冯钦哉部 11 个师向察哈尔省推进，命令孙德荃、关麟征、冯占海部向沙城、怀东、延庆等地集结，企图以武力威逼冯玉祥取消同盟军，停止抗日行动。随后又增派王以哲、黄杰、王敬久部 5 个师入察，完成了对同盟军的军事部署。31 日，下令断绝平绥路交通，致使同盟军完全处于日伪军和国民党军的包围之中。

在粮弹断绝、孤立无援的困境下，8 月 4 日，冯玉祥被迫接受何提出的取消同盟军总司令名义，让出张垣、宣化，由宋哲元回察主政等条件。

吉鸿昌、方振武等爱国将领决心继续高举抗日同盟军的旗帜，率部转移张北，准备会师商都，创建察绥抗日根据地。何应钦自然不会答应，立即组织大军追堵。9月，吉鸿昌、方振武率领的抗日同盟军西征受阻，转战进入河北，占领怀柔，宣誓抗日反蒋，准备袭击北平。

何应钦竟置民族大义于不顾，暗中勾结日寇，在牛栏山、昌平、大小汤山一带，与日军第8师团围攻吉鸿昌、方振武。激战月余，同盟军因弹尽粮绝、伤亡惨重而告失败。

侵略者历来都贪婪成性。《塘沽协定》签署后，日本帝国主义又把侵略的魔爪伸向了华北五省。1935年5月，日本借口中国当局援助东北义勇军刘永勤部进入"非武装区"，破坏了《塘沽协定》，向国民党政府提出对华北统治权的要求，并由关外调集重兵入关进行军事威胁。

面对日本咄咄逼人的侵华野心，何应钦始终追随蒋介石对日妥协路线。6月初，何应钦与日本华北驻屯军司令官梅津美治郎秘密谈判，签订了臭名昭著的卖国条约——《何梅协定》，规定：取消国民党在河北和平、津的党部；撤退驻河北的东北军、中央军和宪兵第3团；撤换国民党河北省主席和平、津两市市长；撤销北平军分会政训处；取缔河北省的反日团体和反日活动等。

事后，何应钦还多次催逼河北省主席于学忠辞职离开天津。在遭到拒绝后，他竟以中央的命令形式，将省会迁至保定，并逼迫于学忠率第51军开赴西安。

毛泽东对何应钦并不陌生，早在土地革命时期，双方即在中央苏区反"围剿"的战场上数度交手。

从1931年4月至1933年3月，在不到两年的时间里，何应钦参与指挥了对中央苏区的第二、第三、第四次"围剿"作战，全部以失败告终，而且一次比一次败得惨。

1931年4月，何应钦以国民政府军政部长的身份，出任陆海空总司令南昌行营主任兼"剿共"军前敌总司令，指挥18个师又3个旅，连同3个航空队共20余万人，采取"稳扎稳打、步步为营"的方针，向中央苏区发起第二次"围剿"。

红军在毛泽东、朱德的率领下，主动退却，诱敌深入。待"围剿"各部疲乏至极之时，红军突然发起反攻，至5月31日，在半个月内，由西向东横扫 700 里，连续取得富田、白沙、中村、广昌、建宁战斗的胜利，五战全胜。何应钦大败而归，损兵折将 3 万余人。

仅仅过了 20 天，不甘心失败的蒋介石飞抵南昌，亲任"围剿"军总司令，任命何应钦为前敌总指挥，集中 23 个师又 3 个旅共 30 万大军，发动了第三次"围剿"。何应钦把"围剿"大军编成左中右三路，自兼中路军总司令，采取"长驱直入"的作战方针，企图首先寻找红军主力决战，摧毁苏区，然后再深入进行"清剿"。

毛泽东、朱德继续采取"诱敌深入"的方针，"避其主力"，待敌深入苏区中心区，再集中兵力"打其虚弱"。结果，国民党军又一次劳而无功，冤枉路没少跑，甚至连红军的踪迹也摸不着，武力"围剿"变成了"武装游行"，锐气挫去一半。8 月初，红军实施反攻，在莲塘、良村、黄陂三战三捷后，主力又神秘地"消失"在赣南的崇山峻岭中。

此时，何应钦指挥的各路大军在中央苏区里来往奔波两个月，除被消灭 3 个师外，一无所获。全军上下牢骚满腹，怪话连连，"胖的拖瘦，瘦的拖病，病的拖死"。9 月 7 日、15 日，红军又先后取得老营盘、方石岭等战斗的胜利，粉碎了第三次"围剿"。这次，何应钦又被红军消灭了 17 个团 3 万余人。

1933 年 2 月，蒋介石再次来到南昌，亲自兼任江西"剿共"总司令，何应钦为赣粤闽边区"剿共"总司令，指挥近 40 万大军，采取"分进合击"的方针，对中央苏区发动了第四次"围剿"。

为一雪前三次"围剿"失利之耻，何应钦任命第 18 军军长陈诚为中路军总指挥，指挥中央军的嫡系精锐 12 个师近 70 个团 16 万之众，担任"主剿"任务，在左右两路的协同下，企图将红军主力歼灭于黎川、建宁地区。

红军在周恩来、朱德的率领下，坚持毛泽东的"诱敌深入"方针，与强敌周旋。首先在蛟湖伏歼第 52 师，击毙师长李明。紧接着，又在霍源再歼第 59 师，俘师长陈时骥。随后，乘第 11 师孤军深入之机，全力发起围攻，击毙师长肖乾，歼其大部。何应钦一连损失 3 个主力师，第四次"围剿"再次以惨败告终。

抗日战争期间，何应钦竭力推行蒋介石的"防共、限共、反共"政策，对中国共产党领导的抗日根据地和抗日武装进行经济封锁，并制造了皖南事变。

日军占领武汉后，改变其侵华政策，逐步将主要军事力量转向中国共产党领导下的抗日根据地，实行灭绝人性的"烧光、杀光、抢光"政策。

在日本帝国主义的诱降和英、美等国对日妥协政策的影响下，以蒋介石为首的国民党政府惧怕中国共产党领导的人民抗日力量日益发展，开始消极抗日，积极反共。

1939年1月，国民党五届五中全会通过《限制异党活动办法》，设立"防共委员会"。不久，又秘密颁发《共党问题处置办法》《沦陷区防范共党活动办法》等反共文件。同年11月，国民党五届六中全会确定以军事限共为主、政治限共为辅的方针，大肆破坏抗日统一战线，调动军队包围封锁陕甘宁边区及各抗日根据地，并进攻八路军和共产党领导的山西新军，发动了第一次反共高潮。中国共产党高举坚持抗战、反对投降，坚持团结、反对分裂，坚持进步、反对倒退的旗帜，同国民党顽固派进行了坚决的斗争，很快就打退了第一次反共高潮。

1940年4月，日本与德、意缔结法西斯军事同盟后，为从中国战场抽兵南进，加紧了对蒋介石的诱降；英、美则一改以牺牲中国利益换取日本妥协的绥靖政策，加紧拉拢蒋介石以遏制日本；而苏联也希望中国政府能坚持抗战，并继续提供援助。这使蒋介石顿感身价倍增，便急于趁此良机掀起第二次反共高潮。

10月19日，在蒋介石的授意下，何应钦与白崇禧以国民政府军事委员会正副参谋总长的名义，发出致朱德总司令、彭德怀副总司令和叶挺军长、项英副军长的"皓电"，污蔑在敌后坚持抗战的八路军、新四军"自由行动""自由扩充""破坏行政系统""吞并友军"，强令黄河以南的八路军、新四军在一个月内撤到黄河以北指定地域。

11月9日，朱德、彭德怀、叶挺、项英发出"佳电"，据理驳斥了"皓电"的无理要求，但为顾全抗战大局，同意将江南的新四军撤到长江以北，并请"宽以限期"。

14 日，何应钦在幕后策划，国民党军令部下达《黄河以南剿灭共军作战计划》，指示其亲信第三战区司令长官顾祝同组织对新四军的进攻。

12 月 7 日，这一计划得到了蒋介石的批准。次日，何、白发出"齐电"，令黄河以南之八路军、新四军全部开赴河北，以此制造进攻借口。

这时，蒋介石也从幕后跳到前台，于 9 日亲自颁布命令，限令八路军、新四军北移。10 日，他密令顾祝同"对江南匪部，应按照前定计划，妥为部署……，应立即将其解决，勿再宽容"。据此，顾祝同命战区副司令长官兼第 32 集团军总司令上官云相指挥 7 个师 8 万余人，从东、南、西三面围堵皖南新四军。

1941 年 1 月 4 日晚，皖南新四军军部及其所属部队共 9000 余人，从泾县云岭出发绕道北上。6 日，当部队行至茂林地区时，突遭国民党大军堵截，旋即陷入重重包围。新四军将士被迫反击，经过 7 个昼夜浴血奋战，终因弹尽粮绝，除 2000 余人分批突围外，其余大部牺牲，一部被俘。军长叶挺为保全部队在与国民党军谈判时被扣，副军长项英、参谋长周子昆突围后遭叛徒杀害，政治部主任袁国平在突围时壮烈牺牲。这就是震惊中外的皖南事变。

事变发生后，中共中央立即决定在政治上采取攻势，军事上采取守势，对国民党的反共行径展开了针锋相对的斗争。

1 月 17 日，国民党政府军事委员会发布通令，反诬新四军"抗命叛变"，宣布取消其番号，将叶挺革职，"交军法审判"，妄图先声夺人。

中国共产党在事变前顾全大局，事变后处事不惊，展开有理、有利、有节的政治反击，博得了各界人士的广泛同情。18 日，中共中央发言人发表讲话，揭露了皖南事变的真相和国民党剪除异己的罪恶阴谋。20 日，中共中央军委发布重建新四军军部的命令，任命陈毅为代理军长，刘少奇为政治委员。

皖南事变是国民党顽固派在中华民族国难当头、共御外敌时，一手制造的一起兄弟相残的民族悲剧。这种不顾民族大义、同室操戈的倒行逆施，立即遭到了国内外舆论的普遍谴责，使国民党政府在政治上陷入更加被动和孤立的困境。

然而，蒋介石是不甘心失败的。在他的授意下，何应钦下令停发八路军和新四军的军饷，并实行经济封锁，妄图困死、饿死根据地军民。

　　由于日军对各抗日根据地反复进行疯狂残酷的"扫荡""蚕食"，加之陕北、华北等地连年遭受水、旱、虫等自然灾荒，致使整个抗日根据地财政经济发生了极大困难，军队供给濒于断绝，陷入没粮吃、没衣穿、没被盖、没经费的困境。

　　对当时抗日根据地的极端困境，毛泽东曾这样写道："我们曾经弄到几乎没有衣穿，没有油吃，没有纸，没有菜，战士没有鞋袜，工作人员在冬天没有被盖的地步。"

　　为战胜困难，打破敌人的经济封锁，支持长期抗战，中共中央和毛泽东主席动员抗日根据地全体党政军民，自力更生，克服困难，渡过难关。1939年2月，中共中央在延安召开生产动员大会，毛泽东号召陕甘宁边区军民"自己动手，生产自给"，要求部队在不妨碍作战的条件下参加生产运动。6月10日，他又明确提出了"自力更生，克服困难"的方针。

　　陕甘宁边区党政机关、部队、学校和群众响应号召，首先开展起大规模的生产运动。毛泽东、朱德、周恩来、任弼时等中央领导人以身作则，亲自参加劳动，种菜纺纱。至今在延安的窑洞内，还陈列着周恩来、任弼时当年用过的纺车。

　　1940年2月，中共中央军委向全军发出《关于开展生产运动的指示》。各抗日根据地军民，人不分男女老少，地不分南北东西，都迅速行动起来，一场轰轰烈烈的大生产运动展开了。从河滩到原野、山沟，到处都是开荒种地的大生产景象。那战天斗地的生动场面，令人感动，催人振奋。

　　1942年12月，毛泽东发表《经济问题与财政问题》，提出"发展经济，保障供给"的总方针，从而进一步推动了各抗日根据地生产运动。此后，他又发表了《开展根据地减租、生产和拥政爱民运动》《组织起来》《必须学会做经济工作》《游击区也能够进行生产》等文章和讲话，成为当时中国共产党领导的抗日根据地生产运动的基本纲领。

　　在中国共产党的领导下，大生产运动取得了巨大成绩。到1943年，各抗日根据地的农业生产有了飞速发展，不仅渡过难关，解决了吃饭、穿衣问题，而且还储存了大批粮、油、棉等重要物资。仅晋绥、北岳、胶东、太行、太岳、皖中等六区就扩大耕地 600 万亩以上。陕甘宁边区机关和部队每年需细粮（小米）3900 万公斤，自己生产达 1500 万公斤。陕甘宁边区 1945 年耕地面积达到 1520 万亩，较战前增长 79%；晋绥根据地 1945 年产棉 150 余万公斤，较 1940 年增长了 70 倍。边区许多部队粮食、经费达到全部自给，实现了毛泽东"自己动手，丰衣足食"的号召。

在大生产运动中，八路军第 359 旅开发南泥湾并创造的"南泥湾精神"，时至今日仍为人津津乐道。

1941 年春，第 359 旅奉命开赴南泥湾实行军垦屯田。当时，南泥湾一带杂草丛生、荒无人烟、野兽出没。全旅官兵没有房子住，没有粮食吃，没有工具用，但他们没有被这些困难所吓倒。上至旅长王震，下至炊事勤务人员，统统编入生产小组，在"一把镢头、一支枪，生产自给保卫党中央"的口号下，披星戴月，自力更生，开荒种植，养猪烧炭，兴办商业和各类工厂，开展劳动竞赛。经过两年的辛勤劳动，把南泥湾变成了"陕北的好江南"。正如歌中所唱的：

……
南泥湾好地方，
好地呀方，
好地方来好风光，
到处是庄稼，
遍地是牛羊。
……

第 359 旅屯田垦荒成绩卓著，不仅逐步做到粮食、经费全部自给，达到了"耕二余一"，实现了"二人一猪、一人一羊、十人一牛"的生产指标，而且在 1944 年生产细粮 2 万石，向边区政府缴纳公粮 1 万石，成为全军大生产运动的一面光辉旗帜，被誉为执行中共中央屯田政策的模范，受到了毛泽东、周恩来、朱德的热情赞扬。旅长兼政委王震由于吃苦在前，成绩卓著，被评为陕甘宁边区大生产运动中"有创造精神"的劳动英雄。

在大力发展农业的同时，中共中央还十分注重根据地工商业的发展。一方面大力发展公营工商业，到 1942 年底，陕甘宁边区工业初具规模，共有纺织、造纸、印刷、化学、石炭等类工厂 74 个，职工 4063 人；另一方面，积极保护和扶持私营工商业，到 1944 年仅陕甘宁边区的私营纺织厂就达到 50 家之多。

大生产运动改善了抗日根据地军民的物质生活，减轻了人民负担，对密切官兵关系和军政、军民关系，增强劳动观念和组织纪律性，起到了积极作用，使抗日根据地军民胜利地度过了抗日战争的最困难时期，为战胜日本帝国主义奠定了物质基础。它与 1942 年的整风运动一起被毛泽东称为当时整个革命链条中起决定性作用的两个环子。

毛泽东评胡宗南

【胡宗南简历】

胡宗南（1896—1962），字寿山，别号琴斋。浙江孝丰鹤落（鹿）溪（今属安吉县）人。国民党陆军一级上将。

胡宗南8岁时入私塾，13岁进入孝丰县城高等小学堂读书。1913年，考入湖州公立吴兴中学，毕业后回孝丰县立高小教书。1924年，到广州考入黄埔军校第一期。毕业后，被分配到教导第1团第3营第8连任少尉见习，后调任机枪连排长，参加第一次东征，因作战有功，晋升机枪连上尉副连长。随即又参加讨伐杨希闵、刘震寰的战争和第二次东征。在战斗中，胡宗南总是冲在最前，杀敌勇敢，升任第1团第2营营长。北伐前，蒋介石以2个教导团为基础，扩编成第1军教导师，胡宗南改任教导师第2团第2营营长，后晋升为第2团团长。1926年秋，教导师在江西南昌一带与孙传芳部作战，恶战10多天，惨遭溃败，师长王柏龄被撤职。胡宗南却在这次战斗中打得相当出色，指挥第2团打败了孙传芳1个精锐师，俘虏了军长李彦春以下官兵8000余人，深得蒋介石的赞赏。

1927年5月，蒋介石为表彰胡宗南的战功，晋升他为第1师少将副师长，成为黄埔系学生中第一个跨入将军行列的人。其后在协助刘峙攻打蚌埠的作战中，指挥有方，升任第1军第22师师长。1928年4月，胡宗南参加第二期北伐。8月，第22师缩编为第1师第2旅，胡宗南任旅长。11月，所部在蒋介石校阅中因训练成绩突出，被评为"模范旅"。1929年，随蒋参加蒋桂战争。次年，率部参加蒋冯阎中原大战，战后任第1师师长。1932年2月，蒋介石出任国民党中央军事委员会委员长，决定成立由胡宗南、贺衷寒、康泽等人发起的复兴社，胡宗南成为复兴社的"十三太保"之一。6月，胡宗南指挥所部参加"围剿"鄂豫皖革命根据地。1935

年 2 月，派兵到四川松潘一带阻截北上的工农红军。1936 年 4 月，任第 1 军军长。

全面抗战期间，胡宗南历任第 17 军团军团长、第 34 集团军总司令、第八战区副司令长官、第一战区代司令长官等职，先后率部参加淞沪会战、武汉保卫战等。其间，曾派重兵包围封锁陕甘宁边区，多次向八路军挑衅，制造摩擦。

1945 年至 1948 年，胡宗南历任第一战区司令长官、西安"绥靖"公署主任等职，极力推行蒋介石反共反人民的内战政策，指挥所部进犯陕甘宁边区，一度进占中国共产党中央委员会所在地延安。1949 年 5 月至 7 月，所部在人民解放军发动的陕中、扶郿战役中遭受沉重打击后，陆续撤至秦岭、巴山地区。9 月，兼任川陕甘边区"绥靖"公署主任。12 月，任西南军政长官公署副长官兼参谋长。在人民解放军发动的成都战役中，所部大部起义或被歼，余部逃往西昌。1950 年 3 月，由西昌逃往台湾后，任江浙"反共救国军"总指挥、澎湖防守司令官等职。1962 年 2 月 14 日，病故，被追晋为陆军一级上将。

【毛泽东评点】

沙家店战役进行时，毛泽东就在离战场只有二十里的梁家岔。炮声一打响，他就兴奋地说："好！我看这回胡宗南怎么交代！"战斗一结束，他来到西北野战军司令部，高兴地说："胡宗南是个没有本事的人，阴险恶毒，志大才疏，他那么多军队，打我们没一点办法！我们打了这么多次，就没有吃过败仗。他的本事，就是按我们想的行动。""那有什么办法？我们那样想，他就那样办，当然要吃亏了。"

——摘自《毛泽东传（1893—1949）》第 810 页

【评析】

在蒋介石众多门生中，"小老乡"胡宗南无疑是最受宠爱的，也是升官速度最快的。

1924 年 11 月，胡宗南从黄埔军校毕业后，平步青云，短短三年间便升至国民革命军第22师师长，在黄埔一期生中当属第一。同时他还是黄埔系第一个晋衔陆军上将和战区司令长官的。抗战胜利后，胡宗南出任第一战区司令长官、西安"绥靖"公署主任等职，统辖40多个师，总兵力近50万，控制着陕、甘、宁、青等数省，人称"西北王"，可谓权倾一时、威风八面。其中自然有很多诀窍，但有一点至为重要，就是对蒋介石无二的忠诚。

毛泽东对胡宗南并不陌生。早在1935年2月，胡宗南奉蒋介石之命率部到四川松潘一带阻截长征北上的工农红军，屡败于红军之手，尤其在包座一役中更是遭受重创。

上下包座位于四川省松潘县的北部，距离巴西、班佑100多里，地处深山峡谷的包座河流域，在今若尔盖县东南端。"包座"藏语意为枪筒，因地形得名。上下包座相距数十里，包座河纵贯其间，松（潘）甘（肃）古道蜿蜒于包座河沿岸，山高路险，森林密布，包座河水深流急，两岸石崖陡峭，地形十分险要，是红军进入甘南的必经之路。

胡宗南部进占松潘后，松甘古道成为其运粮的主要通道。为此，他命令补充旅第2团约2400人进驻包座，另以张孝莱支队约300多人协同前往。

第2团团长康庄派3营驻守上包座大戒寺及其附近山头阵地，团部和1营、2营驻守下包座求吉寺（救济寺），张孝莱支队驻守下包座附近的阿西茸。守军利用山险隘路，修筑集群式碉堡，构成一个防御区。

在得悉红军北上的消息后，胡宗南深恐包座有失，急调伍诚仁的第49师驰援，企图在上下包座至阿西茸一线堵击红军。

攻占包座，开辟北上前进通路，成为红军的当务之急，否则就有被逼回草地的危险。据此，红军决定赶在国民党军援兵到来之前，速战速决，攻取上下包座，然后集中兵力打援。

8月29日傍晚，红264团突然向大戒寺国民党守军发起猛烈进攻。战斗打得非常艰难，敌人凭借险要地势和强大火力，固守待援。激战一夜，红264团歼灭守军2个连，击毙少校营长陈嘘云以下数十人，残部逃至大戒寺后山碉堡继续顽抗。

30日上午，红军除以少量兵力继续包围监视包座守敌外，将第88、第89师主力埋伏在第49师必经之路的西南山上，并派1个连控制了东山制高点。这座险峻的山岗，西可俯视来援之敌，北可对包座之敌形成包围。当夜，第49师先头团抵大戒寺南。红军略作抵抗后，主动后撤，诱其深入。

31日下午3时，红军各部按部署一齐向进入包围圈的第49师发起全面攻击。红268团首先来了一个"中心开花"，从正面插入河西岸敌军南北两团接合部，并以一部夺取包座桥，切断了东西两岸敌军联系，将敌军一下子分割为三部分。

战斗异常激烈，包座河两岸，枪炮声、喊杀声响成一片。红军指战员英勇奋战，连续猛烈突击。第49师渐渐不支，遂向沿岸森林退缩。激战至当晚，红军将第49师大部歼灭。

得知第49师在包座被围，胡宗南急得在屋里团团转，对参谋长于达说："派部队救援吧，不但时间上来不及，徒劳无益，而且怕在半途被共军拦路吃掉；不去吧，又恐校长责怪我坐视部队临危不救。"

苦思冥想了一晚上，他才决定派第1旅旅长李铁军率所属3个团前去救援。

不巧的是，部队出发后不久，就遇上了坏天气。大雨倾盆而下，草地上烂泥成浆，第1旅可吃尽了苦头，根本不是在走，而是在"滚"，官兵个个浑身泥污，有的丢了帽子光着头，有的走烂了鞋子光着脚，简直成了一支乞丐大军。足足"滚"了两天，才走了百余里路，不足一半行程。这时，包座方向传来令人震惊的消息：第49师已被红军击溃，装备也损失殆尽。

胡宗南生怕第1旅中途遇袭，急电李铁军："四十九师在毛儿盖全部被红军缴械，该旅严加警戒，并限星夜赶回松潘原驻地待命。"

包座战役，红军共毙、伤敌4000余人，俘敌800余人，缴获长短枪1500余支、轻机枪50余挺以及大批粮食、牛羊，打开了向甘南进军的门户。

1936年10月9日，红一、红四方面军在甘肃会宁西关会师。22日，红一、红二方面军在静宁以北的将台堡会师。至此，红军长征全部胜利结束。

10月下旬，蒋介石亲自坐镇西安督战，调集5个军的重兵，分四路向红军发起进攻。

11 月 21 日，红军在山城堡一役中重创胡宗南部第 78 师，歼其 1 个多旅，沉重地打击了敌人的嚣张气焰，壮大了红军的声威，对促进逼蒋抗日方针的实现起到了积极作用，为长征画上圆满的句号。

1946 年 6 月 26 日，国民党军对共产党领导的解放区发动大规模进攻，全面内战爆发了。蒋介石错误地判断了战局的发展，狂妄叫嚣在 3 个月至半年内扫清关内共军，然后解决东北问题。

然而 8 个月过去了，到 1947 年 2 月，国民党军虽然占领了解放区的 105 座城市，但同时也付出了惨重代价，被歼灭 71 万人，且战线越拖越长，兵力越来越分散，补给越加困难，包袱也越沉重。

与之相反，在解放区人民群众的大力支持下，共产党领导的革命武装力量越战越强，不断壮大，兵力发展到 137 万人，装备也得到较大改善。

面对军事、政治、经济的多重失败，蒋委员长焦头烂额、心神不宁。为挽救全面进攻的失败颓势，决定收缩进攻的正面，在东北、晋察冀、晋冀鲁豫战场上改取守势，抽调兵力重点进攻山东和陕北两解放区，企图在战略上首先实施两翼突破，尔后钳击华北。

延安是中共中央所在地，被誉为"革命圣地"，吸引着成千上万的热血青年和爱国人士，一直是蒋介石的眼中钉。此次他把进攻陕北解放区的重任，交给了他的得意门生、心腹爱将——第一战区司令长官胡宗南，命其对"匪军老巢"延安实行"犁庭扫穴，切实占领"。

1947 年初，为在这年 3 月 10 日在莫斯科召开的苏、美、英、法四国外长会议上捞取政治资本，争取国际支持，蒋介石把胡宗南召回南京议事。

2 月上旬，胡宗南飞赴南京。蒋介石迫不及待地召见了他，意味深长地说："共匪在延安现有兵力不过 2 万多人，你要集中至少 10 倍于敌的兵力，一举拿下延安，消灭共产党中央机关，活捉毛泽东，这可是你为党国立的首功啊。"

胡宗南信誓旦旦地向校长打保票："拿不下延安，学生甘受军法！"

28 日，胡宗南飞到西安，立即召集手下诸将开会，商讨进攻延安的具体部署。最终决定调集 34 个旅 25 万余人，围攻延安，摧毁中共中央机关、人民解放军总部，消灭陕甘宁解放区部队于黄河以西，或逼过黄河，尔后会同华北国民党军将其歼灭于黄河以东地区。

此时，人民解放军在陕北战场仅有正规军1个纵队和2个旅及3个兼警备区的地方旅，全部兵力加起来不足3万人，而且装备很差。

形势万分严峻。3月2日，中共中央书记处召开会议，研究决定"必须用坚决战斗精神保卫和发展陕甘宁边区和西北解放区"，以从战略上配合其他解放区作战。为此，急调晋绥军区第2纵队王震部2个旅近万人，自吕梁地区西渡黄河，集结于延长附近，加入西北人民解放军序列；西北人民解放军充分利用陕北有利的地形条件和群众基础，诱敌深入，与敌周旋；必要时放弃延安，采用"蘑菇战术"，牵制胡宗南集团主力于陕北战场，陷敌于十分疲惫、缺粮的困境，抓住有利战机，集中绝对优势兵力在运动中各个歼敌，以时间空间换取敌我力量的逐渐改变，最终夺取西北解放战争的胜利。

6日，中央军委电令晋冀鲁豫野战军第4纵队司令员陈赓、政治委员谢富治及太岳军区司令员王新亭，立即率部出击胡宗南侧背，配合延安保卫战。

7日，中央军委电令贺龙尽量支援炮弹，用汽车运送军用物资；同时电令陕甘宁野战集团军司令员张宗逊，在现有防线基础上于劳山与三十里铺之间、南泥湾与三十里铺之间及其以东地区，加筑第三道防线。

8日，中共中央在延安召开战斗动员大会，中央军委副主席彭德怀亲自作动员。"保卫党中央！保卫毛主席""保卫延安！保卫边区！保卫胜利果实"的口号声此起彼伏，震天动地。

11日，胡宗南在洛川召集旅以上军官开会，宣布进攻延安的作战计划：以董钊的第1军率领整编第1、第27、第90师为右兵团，由宜川经南泥湾、金盆湾向延安进攻，占领延安东北地区；以刘戡的第29军率领整编第36师和整编第76、第17师各1个旅，由洛川经牛武镇、清泉镇向延安进攻，占领延安西南地区；整编第76师2个旅为总预备队，集结于洛川，进攻开始后，随右兵团后尾前进，策应两兵团作战。在进攻发起前，胡宗南向蒋介石保证："三日内拿下延安，向校长、向全国、向全世界报捷！"

同日，毛泽东以中央军委主席的名义，发布关于保卫延安的作战命令：边区部队迅速调整部署，组成3个防御兵团。第1纵队和警备第3旅7团组成右翼兵团，教导旅和第2纵队组成左翼兵团，新编第4旅为中央兵团兼延安卫戍部队。并明确边区一切部队，统归彭德怀和中共西北局书记习仲勋指挥。

12日，朱德、刘少奇等率一部分中央机关人员自枣园北上子长县的王家坪，毛泽东、周恩来搬到延安王家坪解放军总部办公。

对于中共中央决定放弃延安、转战陕北，不仅广大干部战士想不通，就连许多高级领导人也担心党中央和毛主席的安全。时任中央书记处办公室主任的师哲回忆道：

在延安保卫战打响后的一天晚上，我特地从枣园骑马急行几十里赶到王家坪去见毛主席。我忧心忡忡地问主席备战工作到底应该怎样做？一定要疏散吗？可否设法保住延安而不撤退？主席点燃了一支烟，转过来微笑着打开了话匣子：你的想法不高明，不高明。不应该拦挡他们进占延安。你知道吗？蒋介石的阿Q精神十足，占领了延安，他就以为自己胜利了。……延安既然是一个世界名城，也就是一个沉重的包袱。他既然要背这个包袱，那就让他背上吧。而且话还得说回来，你既然可以打到延安来，我也可以打到南京去。来而不往非礼也嘛。

毛泽东还说："我们在延安住了十几年，都一直处在和平环境之中，现在一有战争就走，怎么对得起老百姓？所以，我决定和陕北老百姓一起，什么时候打败胡宗南，什么时候再过黄河。我不离开陕北，还有一个理由，现在有几个解放区刚刚夺得主动，如果蒋介石把胡宗南投入别的战场，那里就会增加困难。中央留在这里，蒋介石就会多下些本钱。这样，咱们负担重些，就能把敌人拖住，不让他走，最后还要消灭他。"

13日，国民党军左、右两兵团11个旅8万余人，在数十架飞机的配合下，以密集队形实施多路攻击。

面对敌人的疯狂进攻，教导旅和警备第 7 团等部依托既设阵地组织防御，交替掩护，顽强抗击。

转眼三天过去了，国民党军仍被阻滞于马坊、南泥湾、麻洞川一带。胡宗南急得如同热锅上的蚂蚁，董钊和刘戡报告称，共军坚壁清野，找不到任何食物，也得不到关于共军的任何情报；共军占据有利地形，采取"节节撤退、节节抵抗"战术，国军重型武器优势无法发挥，加之阵地前遍布雷区，每前进一步都要派工兵进行扫雷，又经常受到民兵袭击，分不清是否共军主力；国军伤亡惨重，人心惶惶，前进缓慢。

至 16 日，国民党军在付出巨大代价后，进抵甘泉县麻子街至金盆湾一线，随即改变战术，谨慎推进。

位于延安东南 90 余里的金盆湾，是敌人进攻延安的必经之地，战略位置十分重要。战前，彭德怀专程赶到金盆湾，对负责防守的教导旅旅长兼政治委员罗元发说："你们教导旅要想尽一切办法，争取守一个星期。你们防守的时间长，党中央和延安机关、群众就能安全转移。"

罗元发响亮地回答："保证完成任务！"

残酷的阻击战打响了。进攻金盆湾的是右兵团整编第 90 师。师长陈武倚仗空中飞机支援和地面炮火轰击，发起整连整营冲锋。

教导旅阵地上，硝烟弥漫，火光冲天。指战员们依托临时构筑的工事，顽强抗击，一连打退了敌人的数次进攻。

恼羞成怒的陈武亲自组织上百人的敢死队，以每人 10 块大洋的赏钱，命令敢死队员冲击教导旅阵地。

面对一次次疯狂进攻的敌人，教导旅本来就不充足的弹药很快便所剩无几了，伤亡也不断增大，但官兵们仍以无所畏惧的战斗意志，死死坚守着阵地。

彭德怀、习仲勋即令第 1 纵队、新编第 4 旅加入战斗。西北野战部队利用有利地形，实行积极防御，适时组织反击，并利用夜暗灵活出击，袭扰、迟滞国民党军的进攻。

17 日，国民党空军又出动 45 架飞机分别从西安、郑州、太原机场起飞，对延安地区再次进行了疯狂轰炸，一共投下 59 吨炸弹。

延安顿时变成一片火海。轰炸中，一颗重磅炸弹在毛泽东居住的窑洞前爆炸了，巨大的气浪冲进屋里，将桌上的一个热水瓶给冲倒了。而毛泽东仍若无其事地坐在桌前批阅文件。

当日，董钊调整部署，以整编第 90 师为右纵队，沿金盆湾向延安大道以北地区攻击前进；整编第 1 师为左纵队，在大道以南地区攻击前进；整编第 27 师为兵团预备队，由临真镇推进至金盆湾，策应兵团作战。

在猛烈的炮火及飞机掩护下，国民党军以密集队形向新 4 旅九股山阵地、教导旅 2 团金盆湾阵地发起攻击。激战至中午，攻占了松树岭南部的磨盘山阵地，向延安城步步逼近。

18 日，董钊传达胡宗南的指示"首先攻入延安的部队，赏法币一千万"，命令整编第 1、第 90 师全力猛攻。

重赏之下必有勇夫。整编第 90 师第 61 旅旅长邓钟梅亲自跑到前线督战。下午，教导旅主动后撤，整编第 90 师全部进至狗梢岭以西地区，第 61 旅先头部队距延安只有 15 里了。

这时，整编第 1 师的先头部队进至杨家畔地区，落后整编第 90 师约 15 里。陈武兴高采烈地对手下人说："这下子我们可以得占领延安的首功了。"

谁知，夜半时分接到董钊的一道命令：90 师在明日午前 9 时由现在的位置开始攻击，其攻击目标为宝塔山至清凉山之线及其以东地区。

这明摆着是要让整编第 1 师赶到整编第 90 师前面，首先进入延安城。陈武气得破口大骂："我们 90 师从 17 日起连续两天担任强攻，牺牲很大，而第一师未遇激烈战斗，并且行动迟缓，落后 15 里。这时眼看延安唾手可得，却来限制 90 师的行动，偏袒第 1 师要它去立功，真他妈岂有此理！"

仗还没打完，就先为争功勾心斗角，闹得不可开交。

黄昏时分，延安城里已可清晰听到枪炮声。彭德怀急坏了，因为毛泽东还没有走。

看到彭德怀喘着粗气跑进窑洞来，毛泽东不紧不慢地说："不要紧，来得及。大路朝天，各走一边。他走他的，我走我的。他在那个山头，我在这个山头，怕什么呀？"

彭德怀也有些火了，对警卫排长下了死命令："主席再不走，你们弄副担架，抬也要把他抬走"。

此时，延安的党政机关、学校已安全转移，群众也疏散完毕。在大家的一再劝说下，毛泽东率中央机关和人民解放军总部，依依不舍地告别了居住10年的延安。

这样，经过6个昼夜的激战，西北野战部队共歼敌5000余人，完成了预定任务，主动撤出延安。

19日下午3时，整编第1师占领了空无一人的延安城。胡宗南谎报战绩："我军经过7个昼夜的激战，第1旅终于19日晨占领延安，是役俘虏敌5万余人，缴获武器弹药无数，正在清查中。"

"捷报"传来，国民党陕西省主席祝绍周立即命令西安市的商店、居民一律要在当天晚上悬挂国旗，燃放鞭炮，以庆祝"陕北大捷"。

正在南京城召开国民党六届三中全会的蒋介石也难以抑制兴奋和激动，神采飞扬地宣布："我可以向大家保证，再用3个月，我们就可以彻底消灭共匪，实现真正的和平！"

国军"光复延安"，蒋介石大悦，授予胡宗南"二等大绶云麾勋章"、晋升中将加上将衔，并发去贺电：

宗南老弟：

　　将士用命，一举而攻占延安，功在党国，雪我十余年来积愤，殊堪嘉尚，希即传谕嘉奖，并将此役出力官兵报核，以凭奖叙。戡乱救国大业仍极艰巨，望弟勉旃。

中正

既然是空前"大捷"，南京国防部发动所有的新闻工具进行大肆宣传，并组织京沪一带的中外记者前往西安参观战绩，采访战地新闻。

这下，胡宗南着急了，立即召集"绥靖"公署有关处长以上人员举行紧急会议，积极进行准备，首先研究确定让这些记者到哪里参观。大家认为前方易于捏造情报，以在延安现地参观较为稳妥。

胡宗南当即指定"绥靖"公署第2处处长刘庆增、新闻处处长王超凡负责筹备成立一个"战绩陈列室"。

二人绞尽脑汁、冥思苦想，决定在延安周围 20 里内分设 10 个战俘管理处，从整编第 27 师中挑选伶俐的士兵 1500 人，连同在边区乡村抓来的青壮年 500 多人，混编成几个俘虏队，穿上杂色服装，冒充共军俘虏，并强迫他们按照事先规定的一套"对答"，以应付参观的新闻记者。参观期间，这些"俘虏"每人每天发 1 元津贴，以示恩惠。由于假俘虏队人数与战报所公布的数目相差悬殊，只好在参观时，临时由各战俘管理处互相抽调来充数。

"俘虏"总算是有了，可"缴获"的武器装备又去哪里找呢？不过，这也难不住两位处长：步枪抽调整编第 17 师的三八式和汉阳造来抵充，轻重机枪则从延安警备部队中抽调。白天将枪支送到"战绩陈列室"，晚上再偷偷送回部队。为了把这出戏演得更真实些，二人还抽调一部分人力连夜在延安东北延水两岸建造了许多假坟墓，并用木牌标明国军阵亡烈士或共军阵亡人员的姓名。

进占延安后，胡宗南陶醉在"赫赫战果"中，认为陕甘宁解放区部队已"不堪一击"，急于寻找与之决战。

然而，西北野战军主力如同人间蒸发般，消失得无影无踪。

时间一天天过去，蒋介石催促的电话一个接着一个。胡宗南更是心急火燎，仅十几万大军的粮草、弹药补给就成了大问题，只好一次次催促董钊、刘戡加强搜索。董钊、刘戡二人指挥大军，天天在山里转，如同武装游行般，四处扑空，疲惫不堪。

其实，西北野战部队并没有消失，在中央军委副主席彭德怀和中共西北局书记习仲勋的指挥下，以一部诱敌北上安塞；主力隐蔽集结在延安东北甘谷驿、青化砭等地待机。

胡宗南果然上当了，判断解放军主力位于安塞以东、蟠龙以西地区，立即命令董钊率第 1 军所属整编第 1、第 90 师共 5 个旅由延安向安塞方向急进"扫荡"，尔后由安塞以北地区向东迂回，企图协同第 29 军围歼西北野战部队主力于蟠龙以西、延安以北地区；命令刘戡率第 29 军所属整编第 36、第 76 师共 4 个旅向延安东北、蟠龙以西地区"扫荡"；命令整编第

27师主力戍守延安，该师第31旅旅部率第92团由延安东南的临真镇前出青化砭，保障其主力翼侧安全。

敌人被调动了，战机也就出现了。

3月25日，西北野战军在彭德怀、习仲勋的指挥下发起青化砭战役。经两小时激战，全歼国民党军第31旅旅部及第92团共2900余人，生擒旅长李纪云，缴获近30万发子弹和大量粮食。

此役是西北野战军撤出延安后的第一个胜仗，狠狠地打击了胡宗南的嚣张气焰，极大地鼓舞了陕甘宁解放区军民的斗志。

26日，毛泽东致电彭德怀、习仲勋："庆祝你们歼灭三十一旅主力之胜利。此战意义甚大，望对全体指战员传令嘉奖。"

青化砭战役后，急于寻找解放军决战的胡宗南，急令第1、第29军共11个旅，由安塞、延安、临真镇出发，兵分三路，采取国民党国防部制定的所谓"方形战术"，即两个兵团排成数十里宽的方阵，行则同行，宿则同宿，经延长向延川、清涧地区进行"大扫荡"。

西北野战军于4月14日发起羊马河战役，全歼国民党军第135旅，活捉旅长麦宗禹。

15日，毛泽东致电彭德怀、习仲勋和其他战略区，指出："这一胜利给胡宗南进犯军以重大打击，奠定了彻底粉碎胡军的基础。这一胜利证明，仅用边区现有兵力（六个野战旅及地方部队），不借任何外援，即可逐步解决胡军；这一胜利又证明忍耐等候、不骄不躁可以寻得歼敌机会。"

新华社也发表了题为《战局的转折点——评蒋军135旅被歼》的社论："135旅的全部歼灭是西北战局的转折点，同时就是全国战局的转折点"。

占领延安仅仅过了一个月，胡宗南就在青化砭、羊马河连输两阵，损失了2个旅，真是又气又急，不知如何是好。

这时，国民党军统帅部判断中共中央机关及西北野战部队主力在绥德地区并正在东渡黄河，遂令胡宗南的第一战区部队急速北上，并令驻守榆林的邓宝珊第22军等部南下，企图南北夹击，消灭共军于葭县（今佳县）、吴堡地区，或将其逼过黄河。

胡宗南决定以第1、第29军共9个旅的兵力，于4月26日由蟠龙、永坪地区分两路向绥德地区急进。

彭德怀和习仲勋决心乘胡宗南集团主力北上绥德，回援不及之机，进攻孤立据点蟠龙。5月4日，西北野战部队攻克蟠龙镇，全歼守军6700余人，俘虏第167旅旅长李昆岗，缴获面粉1.2万余袋、服装4万余套及大批武器、弹药。

至此，西北野战部队三战三捷，共歼国民党军1.4万余人，从而稳定了陕北战局，为转入战略反攻奠定了基础。

12日，新华社发表了题为《志大才疏阴险虚伪的胡宗南》社评：

> 蒋介石最后的一张王牌，现在在陕北卡着了，进又进不得，退又退不得，胡宗南现在是骑上老虎背。……事实证明，蒋介石所依靠的胡宗南，实际上是一个"志大才疏"的饭桶。

1947年7月至9月，中国人民解放军晋冀鲁豫野战军主力、陈赓谢富治集团和华东野战军西线兵团挺进中原，完成战略展开，迫使国民党军在战略上处于被动地位。

8月18日，担任右翼钳制国民党胡宗南集团任务的西北野战军，在司令员彭德怀的率领下发起沙家店战役。战至20日黄昏，歼灭胡宗南部三大主力之一的整编第36师6000余人。

沙家店战役成为西北野战军转入战略反攻的转折点。战斗结束后，毛泽东来到野战军司令部，高兴地说："胡宗南是个没有本事的人，阴险恶毒，志大才疏。他那么多军队，打我们没有一点办法！"

随后，毛泽东指示彭德怀："沙家店一战，把敌人的嚣张气焰完全打掉了！形势对我们非常有利，我们要找机会再打几个这样漂亮的胜仗，到那时候，陕北的敌人就没有立足之地了。"

果然，胡宗南被毛泽东的"蘑菇战术"搞得焦头烂额，几十万大军在陕北的黄土高坡上被只有3万人的西北野战军牵着鼻子走，屡战屡败，早就没有半年前进占延安时的豪情壮志了。

眼见自己的部队被共军一口口吃掉，才半年不到就损失了2万多人，胡宗南真是又心痛又害怕。鉴于手里可以机动的部队越来越少，继续对陕北共军发动全面攻势已不现实，胡宗南冥思苦想，最后决定由攻转守。

10月，胡宗南从陕北、晋南抽调所部整编第1、第30、第36师至潼关及其以东地区，采取重点机动防御的战术，据守延安、洛川、宜川各要点，阻止西北野战军南进。

部署完毕后，胡宗南即从延安返回西安，将陕北的烂摊子丢给了第29军军长刘戡。

1948年初，西北野战军经过1947年冬季开展新式整军后，根据中央军委关于把主力转至外线作战的指示，为南下陕中，威胁西安，彭德怀决定向延安、宜川线出击，得手后再向该线以南、渭水以北进击，以建立渭北根据地，歼灭胡宗南集团主力和调动其在潼关及以东的部队回援，配合晋冀鲁豫野战军和华东野战军西线兵团在中原地区作战，并打通陕甘宁与晋南解放区的联系。

2月底，西北野战军发起宜（川）瓦（子街）战役，歼灭胡宗南部1个整编军军部、2个整编师师部、5个旅共2.9万余人，其中毙伤7500多人。这是西北野战军转入战略进攻后的第一个大胜仗，粉碎了胡宗南集团阻止西北野战军南进的企图，取得了西北战场上的空前大捷，并迫使位于陇海铁路潼关以东及郑州地区的国民党军回撤西安，有力地策应了晋冀鲁豫野战军、华东野战军西线兵团在中原地区的作战。

毛泽东在为解放军总部发言人起草的评论《评西北大捷兼论解放军的新式整军运动》中写道："这次胜利改变了西北的形势，并将影响中原的形势。""西北野战军的战斗力，比之去年是空前的提高。西北野战军在去年作战中，还只能一次最多歼灭敌人两个旅，此次宜川战役，则已能一次歼灭敌人五个旅。"

4月21日，西北野战军收复了被国民党军侵占1年零1个月的延安。

胡宗南连遭受重击，自此一蹶不振。一年后，他麾下的数十万大军被解放军全部吃掉。1950年3月，当胡宗南仓皇从西昌乘飞机逃到台湾时，已是名副其实的"光杆司令"了。

毛泽东评蒋鼎文

【蒋鼎文简历】

蒋鼎文(1895—1974),字铭三。浙江省诸暨人。国民党陆军二级上将。

蒋鼎文10岁入象乡私塾,15岁转入浬浦镇翊忠学堂。辛亥革命爆发后,他投笔从戎,在杭州参加学生军。次年,入绍兴大通陆军中学堂,后转入浙江陆军讲武堂。1914年,毕业后入浙江督署守备队,历任排长、连长。1915年,去广东,供职于援闽浙军总司令部。1919年,投广东护法军政府。1921年,任非常大总统府参谋副官。1923年,任大元帅大本营兵站总监部上校参谋。1924年,任黄埔军校第一期第二学生队区队长、教导第1团副营长兼第2连连长,参加平定广州商团叛乱。后参加第一次东征陈炯明、北伐战争,因作战勇猛升任营长、副团长、团长、师长。1929年,率部参加蒋桂战争,任第2军军长。1930年,参加蒋冯阎中原大战。1931年7月,任第4军团总指挥,参加对中央革命根据地第三次"围剿"。1933年,任北路军前敌总指挥兼第二路军总指挥,参加第五次"围剿"中央苏区。其间,参加镇压反蒋抗日的福建人民政府,后改任东路军总指挥,继续"围剿"中央苏区。中央红军长征后,改任驻闽"绥靖"公署主任,"围剿"留在南方的红军游击队。1935年,被授予陆军二级上将军衔。西安事变中,蒋鼎文为蒋介石的安全奔走于西安、南京之间,更加倚重于蒋介石。

全面抗战爆发后,蒋鼎文任第4集团军总司令,国民党政府军事委员会西安行营主任,陕西省政府主席、保安司令,第十战区司令长官等职。主政西北期间,蒋鼎文徇私枉法,贪污成性,狂嫖滥赌,成为有名的"腐化将军"。1942年1月,任第一战区司令长官兼冀察战区总司令,驻洛阳。消极抗日,积极反共。1944年春,日军发起贯通大陆交通线的作战。

在豫中会战中，蒋鼎文指挥失当，遭受惨败，被迫引咎辞职，任军事参议院参议。此后淡出军界，专心经商。

1948年，蒋鼎文出任总统府战略顾问委员会顾问。1949年，出任国防部东南区点验整编委员会上将主任委员。8月，逃到台湾。退役后任"总统府"国策顾问、"光复大陆"设计委员会委员。1974年1月2日，病逝。

【毛泽东评点】

"红军主力已上前线，多兵堆于狭地不合游击战使用，因此一二九师留驻待机是完全正当的。蒋鼎文身为军人不懂军事，还应加意学习我们的兵法，依照他的无知妄想是要打败仗的。"

——摘自《毛泽东年谱》中卷第20—21页

【评析】

国民党军高级将领中，蒋鼎文与何应钦、刘峙、钱大钧、顾祝同并称蒋介石的"五虎上将"，深受蒋介石的喜爱和器重。

早年，蒋鼎文追随孙中山闹革命，在孙中山的大元帅府参谋部担任上校参谋。那时，蒋介石是少将参谋长，军衔只比蒋鼎文高一级，合称孙中山身边的"两蒋"。恰巧二人都来自浙江，操一口宁波官话，人们误把他们俩当成了亲戚。实际上，蒋介石的老家浙江奉化离蒋鼎文的家乡诸暨并不很远。

1924年，孙中山在苏联和中国共产党帮助下，在广州建立陆军军官学校，即黄埔军校，蒋介石出任校长。蒋鼎文也辞去大元帅府上校参谋之职，跑到黄埔军校屈就第一期第二学生队中尉区队长，后改任上尉军事教官。

蒋鼎文有早起习惯，经常被蒋介石碰见。时间一长，蒋校长对这位浙江老乡产生了好印象。不久，学校举行野外学习，蒋鼎文担任连指挥，观操的苏联顾问加伦将军当场向蒋鼎文提问，蒋对答如流。加伦对蒋介石说：此人可重用。于是，蒋鼎文逐步得到了蒋介石的赏识。

蒋鼎文自16岁从军起，经历大小战事数百次，客观地讲，就具体的战斗来说，他的作战经验还是相当丰富的，尤其是做中下级军官时，执行命令坚决、应对灵敏周到，擅长机动战，精熟于部队敌前运动和编组，作战也十分勇猛。

1925年2月，蒋鼎文参加第一次东征陈炯明。3月，东征军与陈部激战于棉湖。时任营长的蒋鼎文身先士卒，勇猛冲击敌阵。战斗中，他胸部中弹，被勤务兵从死尸堆中背出，送到医院抢救。蒋介石得知后，当即犒赏5000元。而何应钦则怀疑蒋鼎文是怯敌逃跑时被流弹所伤，后派人验明，子弹是从左肋穿入的。蒋鼎文遂以战功任教导第1团副团长，不久又升任第2师第5团团长，深得蒋介石的信任，自此官运亨通。

1926年3月，蒋介石制造了"中山舰事件"。蒋鼎文奉蒋介石密令率部包围苏联顾问团驻地和省港罢工委员会，强行收缴枪械，并扣留了黄埔军校和国民革命军第1军中的党代表及政治工作人员。7月，蒋鼎文参加北伐，率部随蒋介石总司令部行动。9月，在攻占南昌的战斗中再次受伤，得到蒋介石的赞赏。

1927年1月，蒋鼎文升任总司令部直属伤兵团少将团长。4月，改任南京警卫团团长。10月，升任第1军第1师师长。时国民革命军渡江追击孙传芳部在凤阳受挫，北上各军受张宗昌、孙传芳联军压迫，接连后撤，形势危急。蒋鼎文指挥第1师夜渡明光河，直扑凤阳，吸引敌军注意后突率主力脱离，转而攻下蚌埠，一举扭转了战局，这是蒋鼎文在几十年的军事生涯中最为出色的一战。

1929年4月，蒋鼎文升任第2军军长兼第9师师长。中原大战爆发后，蒋鼎文率部奔走于陇海、津浦两线及其中间地带，行动迅捷，飘忽不定，被称为"飞将军"。

别看蒋鼎文在北伐战争和军阀混战中，威风八面，屡立战功，颇受蒋介石赞赏。但当他走上"围剿"红军的战场上时却屡遭重创。

1931年6月，蒋介石调集23个师又3个旅30万大军对中央革命根据地发动第三次"围剿"。此次"围剿"，蒋介石不惜血本，将其嫡系部队陈诚的第14师、罗卓英的第11师、赵观涛的第6师、蒋鼎文的第9师、卫立煌的第10师，共10万人调到江西前线，企图毕其功于一役。

对此，蒋介石信心十足，曾对手下人说："这次'围剿'如不获全胜，死也不回南京。"并严令各路将领："限三月之内'肃清'江西共军，如不成功则成仁；如不获胜，自刎首级。"

红一方面军主力在毛泽东、朱德指挥下，采取"诱敌深入"的方针，"避其主力"，待敌深入苏区中心区，再集中兵力"打其虚弱"。结果，国民党军又一次劳而无功，冤枉路没少跑，甚至连红军的踪迹也摸不着，武力"围剿"变成了"武装游行"，锐气挫去一半。

8月初，红军实施反攻，在莲塘、良村、黄陂三战三捷后，主力又神秘地"消失"在赣南的崇山峻岭中。此时，国民党军已在中央苏区里来往奔波两个月，除被消灭3个师外，一无所获。全军上下牢骚满腹，怪话连连，"胖的拖瘦，瘦的拖病，病的拖死"。

9月7日、15日，红军又先后取得老营盘、方石岭等战斗的胜利，全歼蒋鼎文第4军团所辖第52师和第9师1个旅，要不是第19路军蔡廷锴部拼死援助，蒋鼎文也要死在战场上了。从此，蒋鼎文颇有些消沉，"今后打算积资百万，在上海消磨二十年岁月，就可结束此生"，指挥作战也逐渐趋稳，更喜欢步步为营地平行推进。

1933年11月20日，第十九路军在福州举起"联共反蒋抗日"的大旗，宣布脱离国民党，成立"中华共和国人民革命政府"。

蒋介石立即入闽，坐镇建瓯，从"围剿"中央苏区的北路军中抽调了9个师，连同从宁沪杭后方拼凑的2个师，共计11个师，10万多人，从海陆空分数路向福建猛扑过来，意在一举消灭第19路军。蒋鼎文出任第三路军总指挥，率李玉堂第3师、李延年第9师，由赣东进入闽北。出发前，蒋介石暗示蒋鼎文，如按期拿下福建，则以福建省主席之职相许。

重赏之下，必有勇夫。蒋鼎文不顾第19路军曾对其有救命之恩，不遗余力，施展各种手腕，军事政治并举，只用了不到一个月时间，就占据福建全境，搞垮了福建人民政府。

不过，蒋介石并没有立即将福建省主席的肥缺赏给他，而是派他改任东路总司令，继续对中央苏区进行第五次"围剿"。

1934年10月，中央红军长征后，蒋鼎文任驻闽"绥靖"公署主任，继续在福建"围剿"留在南方的红军游击队。1935年2月，瞿秋白在福建长汀被蒋鼎文所部宋希濂的第36师俘获。蒋鼎文奉蒋介石旨意，下令将瞿秋白枪杀。

1936年12月初，蒋鼎文被蒋介石召至西安，出任为西北"剿匪"军前敌总指挥，再次到内战前线与红军作战。但他尚未离开西安，即爆发了震惊中外的西安事变。

12日，国民党东北军将领张学良和西北军将领杨虎城在西安发动兵变，拘捕了蒋介石，并通电全国，提出了停止一切内战、实现抗日等八项主张。蒋鼎文与陈诚、卫立煌等10余人也一同被拘禁扣押起来。

17日，张学良让蒋鼎文带着蒋介石给宋美龄和何应钦的信函，从西安飞回南京，传递信息。随后，他又陪同宋子文、宋美龄飞赴西安谈判。张学良亲往机场迎接，拍着蒋鼎文肩膀说："铭三兄，你是好汉，果然不怕死，又回来了。"蒋鼎文答道："副司令是大好汉，我是小好汉。"

事变发生后，中国共产党以国家和民族利益为重，力主和平解决，并派周恩来等人组成代表团飞赴西安。由于中共的协助和调解，在各方努力下，蒋介石最终接受了停止内战等六项条件，西安事变和平解决。

25日，张学良送蒋介石回南京，途中在洛阳停留。刚下飞机，蒋介石立即要求张学良放回蒋鼎文、陈诚、卫立煌等人。两天后，蒋鼎文等被释放回南京。

蒋鼎文在西安事变中，为蒋介石的安全奔走于西安、南京之间，"赴汤蹈火，在所不辞"，表现了对蒋介石的一片忠心，更加得到蒋介石的器重。

这时，中国全民族抗战的大机器终于隆隆发动了，国共两党开始就陕甘宁边区政权、红军改编、两党合作的组织与共同纲领等问题，先后进行了6次谈判。但由于国民党当局缺乏诚意，甚至企图通过谈判达到削弱以至消灭共产党和红军的罪恶目的，因而谈判几度陷入僵局。

1937年7月7日，是每个炎黄子孙都不可忘却的日子。就在这天深夜，北平西南距广安门只有20多里的卢沟桥，突然响起隆隆炮声，日本帝国主义发动了全面侵华战争。

"七七"事变，震惊了世界，也惊醒了中国人民；日本法西斯的种种暴行，更激起了4万万同胞的民族义愤。全面抗战自此爆发。

在关系到中华民族生死存亡的历史关头，中国共产党迅速作出反应，事变的第二天即发表通电：全国同胞们！平津告急！华北告急！中华民族告急！只有全民族实行抗战，才是我们的出路⋯⋯

毛泽东、朱德致电蒋介石，要求全国总动员，并代表红军将士请缨杀敌。7月15日，周恩来将《中共中央为公布国共合作宣言》递交蒋介石，郑重声明：愿取消红军番号，改编为国民革命军，准备随时奔赴抗日前线。但此时蒋介石仍未完全放弃与日媾和的幻想，又把中共的提议搁置起来。

8月13日，急于灭亡中国的日本帝国主义在上海燃起熊熊战火，矛头直指国民党统治心脏——南京。

这下蒋介石可慌了神，急需调动红军开赴前线参战，因此国共谈判得以顺利进行，一直悬而未决的红军改编问题迅速得到了解决。

22日，国民党政府军事委员会发布命令，宣布红军主力改编为国民革命军第八路军，简称八路军。25日，中共中央军委发布改编令，将中国工农红军第一、第二、第四方面军及陕北工农红军改编为八路军，朱德任总指挥，彭德怀任副总指挥，叶剑英任参谋长，左权任副参谋长，任弼时任政治部主任，邓小平任副主任。下辖3个师：第115师，师长林彪；第120师，师长贺龙；第129师，师长刘伯承。全军共4.6万人。

9月11日，根据国民政府军事委员会电令，八路军改番号为第18集团军，朱德、彭德怀改任正、副总司令。但八路军的称呼却广为传颂，一直流传至今。22日，国民党中央通讯社发表中国共产党于7月15日递交的《中共中央为公布国共合作宣言》。次日，蒋介石发表谈话，申明了国共合作、团结御侮的必要性，事实上承认了中国共产党的合法地位。10月21日，又宣布将南方8个省15个地区坚持游击战争的红军和游击队，改编为国民革命军陆军新编第四军，简称新四军。北伐名将叶挺出任军长，项英任副军长。下辖第1、第2、第3、第4支队，共1万余人。在中国共产党的不懈努力和全国人民日益高涨的呼声中，以第二次国共合作为基础的抗日民族统一战线终于形成了。

全面抗战爆发后，中日两国矛盾空前激化，中华民族到了生死存亡的攸关时刻。在此严峻形势下，几乎所有的炎黄子孙都义无反顾地踏上了抗日救亡的道路，但国共两党却在如何抗战的问题上存在严重分歧。

由于国民党代表着大地主大资产阶级的利益，这就决定了在如何抗战的问题上国民党必然推行单纯由政府和军队抗战的片面抗战路线，对共产党和人民抗战力量总是持怀疑态度，甚至千方百计予以遏制和打击，这也必然导致正面战场的屡屡失利，于是国民党转而将抗战胜利的希望寄托在国外援助和国际形势上。而代表人民大众的根本利益的中国共产党，相信战争的伟力存在于民众之中，从战争一开始就提出了与国民党片面抗战路线截然不同的全民族抗战路线。

在洛川会议上，中共中央旗帜鲜明地提出了全民族抗战路线，要求国民党在全国范围内进行必要的政治经济改革，废除一党专政，给予人民充分的抗日民主权利。会议通过的《抗日救国十大纲领》便是对全民族抗战路线的具体阐述。

抗日战争不仅需要正确的政治路线，同样也需要正确的战略方针。早在瓦窑堡会议上，毛泽东就强调指出："要打倒敌人必须准备作持久战"。而且八路军、新四军所面临的政治军事形势同国内战争时期迥然不同，新的敌人是日军，旧的敌人成了友军，作战地域也是以前几乎从未涉足的华北。新情况、新变化就迫切需要适应新形势的战略方针。

中共中央对此极为重视。1937 年 8 月，毛泽东在致电周恩来等人时指出：我军新的战略方针应是"在整个战略方针下执行独立自主的分散作战的游击战争"。

在八路军的行军路线与作战方向上，国共双方同样也发生了严重分歧。

时任国民党政府军事委员会第一部部长的黄绍竑和国民党军副参谋总长白崇禧提出：八路军以 2 个师由渭南上车，经风陵渡、同蒲路至代县附近下车，到蔚县一带集中。另 1 个师沿陇海路转平汉路，在徐水下车，到冀东玉田、遵化一带，开展游击战争。

毛泽东敏锐地看出这个所谓的"黄白案"包含着企图使八路军"分割出动""强使听命"，最终达到"受命出动后即就为蒋之属下"的极大阴谋，指出：坚决不能同意，我军主力（不是全部）决由韩城渡河，决不走陇海线和平汉线。

国民党见一计不成，又施一计。时任国民党政府军事委员会西安行营主任的蒋鼎文强横地要求八路军所属3个师全部开赴前线，并划定活动区域。

对此，毛泽东驳斥道："游击战争与按照情况使用兵力，是朱（德）、周（恩来）在京与蒋（介石）、何（应钦）、白（崇禧）、黄（绍竑）决定之战略方针与指挥原则。红军主力已上前线，多兵堆于狭地不合游击战使用，因此一二九师留驻待机是完全正当的。蒋鼎文身为军人不懂军事，还应加意学习我们的兵法，依照他的无知妄想是要打败仗的。"

为解救华北危局，八路军不待改编就绪，即在朱德、彭德怀的率领下誓师出征，由陕西三原、富平经韩城地区东渡黄河，日夜兼程，挺进山西抗日前线。

与之形成鲜明对比的是，国民党军在消极防御的战略方针指导下，丧师失地，节节败退。防守宣化、张家口、大同等地的国民党军此时正纷纷退却，秩序混乱，华北大片国土沦陷敌手。而突然出现的整齐威武、斗志昂扬、纪律严明的八路军，勇敢地迎敌而进，宣传抗日救国纲领，号召各阶层人民组织起来抗战，犹如黑暗中的一缕光明，照亮了三晋人民。人们奔走相告，扶老携幼夹道欢迎，都将希望寄托在英勇挺进的八路军身上。

八路军并没有辜负民众的期望，入晋不久便取得了震惊中外的平型关大捷。

9月22日，日军精锐第5师团第21旅团一部从灵丘向晋东要塞平型关进犯。驻守平型关的国民党军势单力薄，难以阻止日军。危急时刻，刚刚开抵晋东北前线的八路军第115师在林彪、聂荣臻的率领下，于24日夜冒雨在平型关东北公路两侧高地设伏。25日晨，日军进入伏击地域，第115师突然发起猛攻。激战竟日，歼灭日军千余人，击毁汽车百余辆，缴获各种枪支上千支及大批军用物资。

平型关大捷是全面抗战爆发后，中国军队取得的第一个大胜利，沉重打击了日军的嚣张气焰，粉碎了日军不可战胜的神话。捷报传出，举国欢腾！向八路军致敬和慰问的电报如雪片般飞向延安和八路军总部。

忻口保卫战打响后，八路军以机动灵活的游击战配合国民党军正面防御。

10月间，第120师在雁门关南北频繁设伏，歼敌数百人，击毁日军汽车、坦克和装甲车50余辆，切断了大同至宁武、忻口的交通线。

19日夜，第129师769团夜袭代县阳明堡机场，击毁日机20多架，大大削弱了日军进攻忻口的空中力量。

至此，八路军3个师均首战告捷，全国军民抗战的信心大增，共产党和八路军的威望也与日俱增。

1938年5月，毛泽东发表了《论抗日游击战争的战略问题》，根据抗日战争的特点和规律，把自古就有的、通常只是正规战的辅助形式的游击战争，从战略高度进行了考察，有力地推动了全党全军由国内正规战争向抗日游击战争的战略转变。

11月，太原失守后，国民党军纷纷南撤，华北的主要交通线和黄河以北大部分地区被日军占领，从而宣告在华北以国民党军为主体的正规战结束，取而代之的是以八路军为主体的游击战争。

华北战场出现了一种奇特的景观：日军大举进攻，步步进逼；国民党军屡战屡败，节节后退；八路军则大踏步挺进敌后，开辟抗日战场。

到敌人后方去，开辟敌后战场，这就使中国抗日战争形成了两个相互配合的战场：一个是由国民党军队担负的正面战场，另一个则是由共产党军队开辟的敌后战场。

所谓开辟敌后战场，就是挺进敌后，建立根据地，并以根据地为依托，开展抗日游击战争。

11月11日，朱德、彭德怀在山西和顺县石拐镇召开军事会议，对八路军挺进敌后开辟抗日根据地作了具体部署。

八路军各路健儿随即挥师挺进敌后，一方面开展创建山西抗日根据地的斗争，以建立华北游击战争的军事后方；一方面派出有力部队向日军占领区实施战略挺进。北上察绥，挺进燕山；南下豫北，挺进苏鲁豫边；东出太行，挺进华北大平原。到1938年7月，八路军以山西为军事后方，先后创立了10个战略区。第115师聂荣臻部，以五台山为依托，创建了晋察冀根据地，同时发展冀东游击区；第115师主力创建了吕梁山根据地，一部挺进冀鲁边，创建了山东抗日根据地；第120师以管涔山为依托，创建了晋西北根据地，同时发展了晋察绥边游击区；第 129 师以太行山为依托，创建了晋冀豫根据地，同时发展冀南、豫北、冀鲁边 3 个游击区。至此，华北敌后战场基本形成。

此时，在江南的新四军也正在进行艰苦卓绝的创建抗日根据地斗争。在韦岗初战告捷后，新四军第 1、2 支队挺进苏南，第 3 支队开赴皖南，第 4 支队展开于皖中，相继取得新丰、句容、永安桥、马家园、棋盘岭等战斗的胜利，并粉碎了日军对小丹阳地区的"扫荡"。至 1938 年 10 月，新四军不仅顺利完成了改编、集中和整训任务，而且挺进大江南北，开展游击战争，初步建立起苏南、皖南、皖中抗日根据地，开辟了华中敌后战场。

从 1937 年 9 月八路军首战平型关，到 1938 年 10 月广州、武汉沦陷，八路军、新四军在异常艰难的条件下与日伪军展开殊死搏杀，共作战 1780 次，歼敌 5.4 万余人，创建了晋察冀、晋绥、晋冀豫、晋西南、冀鲁边、冀鲁豫、山东、苏南、皖南、皖中等抗日根据地，华北、华中敌后战场基本形成。

而那位被毛泽东讥笑为"身为军人不懂军事"的蒋鼎文果然在抗日战场上屡吃败仗，在豫中会战中更是指挥失当，一败涂地，举国震惊。

1942 年 1 月，蒋鼎文到洛阳出任第一战区司令长官，副司令是被河南百姓称之为"水、旱、蝗、汤"四大害之一的汤恩伯。能与水灾、旱灾、蝗虫之灾并列，汤恩伯的为人可想而知。虽然蒋鼎文与汤恩伯素来不和，但在对河南人民的横征暴敛上是一致的。

早在抗战初期，蒋鼎文在西北期间就滥用职权大发国难财。他深知蒋介石对下属"只准腐化，不准恶化"的政策，徇私枉法，贪污成性，狂嫖滥赌，成为有名的"腐化将军"。通过贪污受贿、投机经商，蒋鼎文聚敛的私产数额巨大。

在国民党高级将领中，蒋鼎文以滥赌闻名。这与他的家庭有关。其父蒋子朗"嗜赌如命"，以致家境日渐破落。从军后，蒋鼎文恶习不改，经常聚众豪赌。中原大战后，蒋鼎文与顾祝同、上官云相会师于郑州，一夜间竟输光了所部官兵 3 个月的薪饷。次日，当军需处长发饷时，蒋鼎文两手空空，只好硬着头皮去见蒋介石。蒋介石大怒，立即命他向顾祝同等讨回输款。但顾推说，钱已作为犒赏发给官兵了。蒋介石无奈，只得给蒋鼎文一张 5 万元的支票，帮他渡过难关。

蒋鼎文生活极度腐化，喜好嫖娼，虽有一妻两妾，还强占了西安京剧名角粉牡丹。长期的淫乱，使蒋鼎文染上了严重的性病，由花柳病专家杨槐堂作为贴身医生，专给他治性病，杨槐堂也因此受宠，一直做到少将军医处长，成为军中笑柄。

主政河南后，蒋鼎文纵容部下不仅剥夺了农民手里最后一点粮食，而且还强行征用农民的耕牛以补充运输工具。于是，河南农民自行武装起来，反抗国民党军队的横征暴敛。当时，日军在黄河北岸济源县一带，到处张贴蒋鼎文一手抱美人一手提钞票的宣传画，可谓对他刻画得入木三分。

1943 年，同盟国反法西斯战争转入战略反攻和进攻，日军在太平洋战场上屡遭挫败，使南洋各地军队的海上交通线受到威胁。日军大本营为保持本土与南洋的联系，决定打通从中国东北直到越南的大陆交通线，同时摧毁沿线地区的中美空军基地，以保护本土和东海海上交通安全，遂调集约 51 万兵力发动打通大陆交通线的作战。

1944 年 4 月，日军华北方面军司令官冈村宁次指挥近 15 万人，以攻占平汉铁路南段为目标，向郑州、洛阳地区发动进攻，豫中会战就此打响。

当时，第一战区拥有 8 个集团军 1 个兵团共 17 个军约 40 万人，156 架飞机，并得到第八战区一部的支援。战前，蒋鼎文在洛阳召集高级将领开会，决定以第 28 集团军依托黄河南岸既设河防阵地抗击日军；第 4 集团军在河南汜水县、密县（今新密市）间山区构成防御地带，进行坚守防御；第 31 集团军集结于禹县、襄城、临汝地区，待机歼敌。

会上，第 36 集团军总司令李家钰提出主动出击的建议，但未获批准。蒋鼎文认为，自 1941 年 5 月中条山大血战后，日军与第一战区隔河相峙 3 年之久，皆因他部署的坚强防线，使日军不敢轻举妄动而越雷池半步。因此第一战区的防线没有必要调整，更不必四处出击，只要稳坐钓鱼台就行了。

18 日，日军第 37 师团配属独立混成第 7 旅团从中牟新黄河东岸向第

28 集团军暂编第 15 军河防阵地发起攻击。次日，日军第 110、第 62 师团由郑州黄河铁桥南端向第 28 集团军第 85 军邙山头阵地发起攻击。至 23 日，相继攻陷郑州、新郑、尉氏、汜水、密县。30 日，日军集中 3 个师团又 2 个旅团向许昌发起猛攻。5 月 1 日，许昌失守。

尽管蒋鼎文与汤恩伯有隙，大敌当前本应同舟共济。但当汤恩伯部在中牟、许昌地区与日军血战周旋，几乎吸引了全部日军主力的 20 天时间里，蒋鼎文却率第一战区主力按兵不动，一直在黄河南岸边静待日军进攻。

令人费解的是，蒋鼎文将第一战区主力 20 多万人马，迭次配备于约 200 公里的黄河南岸，广大后方几乎无机动兵力。更让人感到诧异的是，蒋鼎文竟然将自己的战区长官布署于黄河岸边的洛阳城。

蒋鼎文以为这样便于在第一线指挥河防作战，自己同第一线将士安危同在，可以鼓舞士气。但这却是一个很初级的错误。蒋鼎文混淆了指挥员与指挥机关的界限。如果指挥部被敌人打掉，指挥系统将陷入瘫痪，数十万名将士在数百公里的范围内如何统一协调地作战？

果然，日军攻占许昌后，即以一部沿平汉铁路南进，主力转向西进，渡过黄河，寻找第一战区主力决战。

蒋鼎文的指挥部因离前线太近，有被日军包围的危险，于 5 月 6 日撤往新安。第 31、第 4 集团军分别撤往伏牛山、韩城。

至 9 日，西进日军进抵龙门附近，随即以一部进逼洛阳，大部向伊河、洛河河谷进攻。

10 日夜，惊慌失措的蒋鼎文带着幕僚和参谋人员，从新安向西南撤退，通过洛宁进入伏牛山的深山密林中，眼睁睁看着日军围攻孤城洛阳。25 日，洛阳失陷。

至此，仅仅 38 天，国民党军在豫中会战中大溃败，丢失了开封至潼关间约 400 公里、新乡至信阳间约 350 公里的广大中原地区。

此役是整个豫湘桂战役的开端，失败的原因是多方面的，但其中最主要的一条，就是蒋鼎文的指挥不当。就连他自己也认为这次失败是"治军从政四十年来最大挫折"。

蒋介石对此极为震怒，责令蒋鼎文辞职，并撤了汤恩伯第一战区副司令长官和鲁苏豫皖四省边区总司令之职。

1944 年 7 月初，交割了司令长官职务的蒋鼎文回重庆，到军事参议院任参议。不久，不甘心坐冷板凳的蒋鼎文，索性脱下陆军二级上将的戎装，迁居上海经商赚大钱去了，从此淡出军界。

纵观蒋鼎文的一生，毛泽东评点他"身为军人不懂军事"，是很深刻的。

毛泽东评李济深

【李济深简历】

李济深（1885—1959），字任潮。广西苍梧人。国民党陆军上将。

李济深早年就读于广东陆军速成学堂步兵科，毕业后分配到广东新军当见习官。1909年，入保定北洋军官学堂（后改为陆军大学校）。辛亥革命爆发后，参加反清斗争。1913年，重返陆军大学，翌年毕业后留校任教，培养的许多学生后来都成了国民党军队的高级将领，如国民政府国防部部长徐永昌、广西省主席黄旭初等。1920年，李济深应粤军第1师师长邓铿之邀回到广州，在该师任副官长、参谋长。1923年3月，升任第1师师长兼第1军参谋长。1924年6月，兼任黄埔军校教练部主任。1925年8月，任国民革命军第4军军长。10月，率部参加第二次东征陈炯明，在热汤遭遇战中，击溃陈军主力万余人，后又协同友军在塘湖歼陈军5000余人。东征结束后，任南征军总指挥，率所部于次年1月至2月，将退守琼崖的军阀邓本殷残部全部歼灭，实现广东革命根据地的统一。北伐战争时期，任国民革命军总司令部参谋长、黄埔军校副校长，留守广州。

1927年4月，李济深支持蒋介石发动"四一二"反革命政变，并在广州制造"四一五"惨案。后兼任国民党中央政治会议广州分会主席、广东省政府主席、第8路军总指挥等职。10月，派部进入赣南、潮汕地区，围攻堵截南昌起义军。1929年3月21日，被蒋介石以勾结桂系、反对中央的罪名，幽禁于南京汤山，1931年"九一八"事变后获释。1932年2月，任军事委员会办公厅主任。5月，兼豫鄂皖三省"剿共"副总司令。1933年11月，与蒋光鼐、蔡廷锴等发动福建事变，失败后去香港，继续从事抗日反蒋活动。

全面抗战时期，李济深历任战地党政委员会副主任委员、军事委员会桂林办公厅主任等职，积极主张抗日，反对国民党的反共分裂政策。抗战胜利后，李济深坚持民主，反对蒋介石的独裁内战政策。1946 年 7 月，被授为陆军上将并退为备役。1948 年 1 月，与宋庆龄、何香凝等人在香港组建中国国民党革命委员会，当选为主席。5 月 5 日，代表民革与其他民主党派领导人联合通电，响应毛泽东关于召开新的政治协商会议、成立联合政府的号召。12 月，秘密离港，赴东北解放区。

1949 年 9 月 21 日，李济深出席中国人民政治协商会议第一届全体会议，当选为中华人民共和国中央人民政府副主席，后当选为政协全国委员会副主席。1954 年，当选为全国人民代表大会常务委员会副委员长。1959年 10 月 9 日，在北京病逝。

【毛泽东评点】

"目前抗日救国大计必须进入具体实际的阶段。蒋介石氏及中国国民党一律参加抗日统一战线，实为真正救国政策的重要一着。贵我双方订立抗日救国协定，实属绝对必要。对贵方所提草案各条，提出敝方意见，略有修改，如荷同意，即祈诸位先生签名盖章，即成定案。如有尚待磋商之处，即祈惠示，往返商妥，再行确定。"

——摘自《毛泽东年谱》上卷第 583 页

"国难如斯，非有几个纯洁无私之政治集团及许多艰苦奋斗之仁人志士为全国各党各派各界各军之中坚，伟大的反日统一战线之真正完成与坚持斗争，是不能容易达到目的的。"

——摘自《毛泽东年谱》上卷第 585 页

"北平解放在即，晤教非远，诸容面叙。"

——摘自《毛泽东年谱》下卷第 444 页

"毛泽东对这些民主人士很尊敬，十分亲切有礼，一听说哪位老先生到了，马上出门到汽车跟前迎接，亲自搀扶下车、上台阶。一些民主人士见到毛泽东总要先竖起大拇指，连声夸耀'毛主席伟大'。对于这种情况，毛泽东十分不安。一次，毛泽东出门迎接李济深，李老先生一见面就夸毛泽东了不起，毛泽东扶他进门坐下后说：'李老先生，我们都是老朋友了，互相都了解，不要多夸奖，那样我们就不好相处了。'"

——摘自《毛泽东传（1893—1949）》第 938—939 页

【评析】

1949 年 4 月 2 日下午，北平（今北京）香山双清别墅，中共中央主席毛泽东的住所。

毛泽东早早走出门外，准备欢迎一位交往 20 多年的老朋友。他就是曾被国民党三次开除党籍的国民党元老——李济深。提起毛泽东与李济深的交往，还要追溯到第一次国共合作时期。

1924 年 1 月，国民党第一次全国代表大会在广州召开。当时，孙中山先生力主"联俄、联共、扶助农工"三大政策，作为湖南地方组织代表的毛泽东出席会议，并在会上作了发言，受到孙中山先生和一些国民党人士的赏识和注意。大会在选举中央执行委员和候补委员时，孙中山先生亲自草拟了一个候选人名单，其中就有毛泽东。

2 月上旬，国民党中央决定派毛泽东等人去上海参加国民党上海执行部的工作，临行前，毛泽东到国民党中央执行委员谭延闿家中辞行，并通报一些关于湖南的情况。

走进客厅，见坐着一位非常精干的军官。谭延闿立即给双方介绍："这位是粤军第一师师长、西江善后督办李任潮将军，这位是我的老乡、湖南的后起之秀毛润之先生。"

毛泽东大步上前，紧紧握住李济深的手："李将军大名早有耳闻，今日幸会，非常高兴。"

李济深说："毛先生才能出众，这次当选为本党的候补中央执委，乃本党的荣幸。今日能见到毛先生，我也非常高兴。"

"李先生乃中山先生麾下名将，今日一见，果然名不虚传。没有李将军在前线奋勇杀敌，我们哪能在广州平安地开会，我这个候补中央执委恐怕也当不成哟。"毛泽东对李济深大加称赞。

李济深谦虚道:"毛先生过奖了,济深乃一名军人,杀贼保民是军人的本分。"

两人寒暄了一阵,李济深便先行告辞,匆匆结束了与毛泽东的第一次见面。

三年后,李济深追随蒋介石在广东进行"清党"反共活动,大肆捕杀共产党人和进步学生。毛泽东领导湘赣边界秋收起义,毅然走上了领导农民开展武装斗争、进行土地革命的新的历史征途。这种政治立场的分野,使毛泽东与李济深从同一个战壕里的战友变成了兵戎相见的对手。

然而,事物总是在变化的。面对日本帝国主义侵略中国野心的日益膨胀,在民族大义面前,毛泽东和李济深这两位昔日的战友、今日的对手又重新走到一起,承担起抗日救国的重任。

1936年6月1日,李宗仁联合陈济棠发动震惊中外的"两广事变",要求国民党北上抗日,并将其部改称"抗日救国军",通电表示要誓率所部"为国家雪频年屈辱之耻,为民族争一线生存之机"。蒋介石自然不会答应,调集大军,围困广西,试图逼李宗仁就范。蒋桂大战一触即发。

危急关头,李济深受李宗仁的邀请来到风雨飘摇中的广西。

为了壮大抗日力量,联合桂系一致抗日,毛泽东派红军大学政治部的云广英秘密前往广西,向李济深、李宗仁、白崇禧等人宣传中国共产党的抗日主张,表达联合起来共赴国难的意愿。

对中共中央和毛泽东代表的到来,李济深非常高兴。早在是年春,他就曾派陈铭枢等人专程前往莫斯科,与中共驻莫斯科代表团商讨建立抗日民族统一战线等合作事宜。李济深还特意给中共中央和毛泽东写了一封"致敬信"。此刻在南宁见到云广英,李济深表示赞同中共提出的"停止内战,一致抗日"的主张,"很乐意同中共合作,共同进行抗日救国活动"。

随后,李济深力劝李宗仁等桂系首领派代表钱寿康秘密去延安,提出双方订立抗日救国协议的建议。8月底,钱寿康辗转来到延安,向中共中央递交了李宗仁的信件和"协议"草案,并转达了李济深对毛泽东的问候。

9月22日,毛泽东致信李济深,并请他转致李宗仁、白崇禧。信的全文如下:

任潮先生并请转致德邻健生先生勋鉴：

钱寿康君来，具悉贵方情形及所示协定草案，谋国伟画，无任钦迟。目前，抗日救国大计必须进入具体实际之阶段，敝方 8 月 25 日致电中国国民党书即提出此种实际方案，现托钱君携呈尊览。诸公高瞻远瞩，对此谅有同心。当前急务，在于全国范围内停止内战一致对日。现贵方与南京之间虽幸免战祸，然西北方面尚未停息。全国各党各派各界各军向南京当局一致呼吁，请其将仇恨国人之心移以对外，蒋介石氏及中国国民党一律参加抗日统一战线，实为真正救国政策重要一着。全国汹汹，抗日不成，实为南京当局缺乏抗日救亡之认识与决心，因循于对外退让对内苛求之错误政策而不变。督促批判，责其更新，全国人民及各实力派系与有责焉。

贵我双方订立抗日救国协定，实属绝对必要。兹对贵方所提草案各条，提出敝方意见，略有修改，缮写两份，仍由钱君携回，敬祈审察。如荷同意即祈诸位先生签名盖章，自存一份，以另一份再由钱君携来敝处，即成定案。起效时间，以诸位先生签署之月日为准（请填上时间）。如有尚待磋商之处，即祈惠示，往返商妥，再行确定。一俟确定之后，双方根据协定一致努力，务达抗日救亡之目的而后已。中华民族之不亡，日本帝国主义之驱逐出中国，将于贵我双方之协定开其端矣。专此奉复。

敬颂

勋祺

毛泽东

九月二十二日

第二天，毛泽东又专门给李济深写了一封信，同时向原福建人民政府领导人陈铭枢、蔡廷锴、蒋光鼐等人一并表示问候。信中写道："国难如斯，非有几个纯洁无私之政治集团及许多艰苦奋斗之仁人斗士为全国各党各派各界各军之中坚，伟大的反日统一战线之真正完成与坚持斗争，是不能容易达到目的的……甚愿按照新的斗争纲领订立新的协定，共同向着抗日救国目标致其最精诚之努力……"

毛泽东的信给李济深以很大的影响，他十分同意毛泽东所说的在一定条件下蒋介石有可能走上抗日道路。于是决定放弃过去一贯坚持的"反蒋抗日"的主张，接受"逼蒋抗日"的方针，并写了回信，请云广英带给毛泽东。因途中携带不便，云广英将信的内容牢牢背记在心中后，将信销毁。回到西安，云广英复写出原信内容，交由叶剑英转呈毛泽东。据云广英回忆，李济深在信中"表示对我们党关于抗日民族统一战线的拥护，诚意地同我们党合作进行抗日救国运动。最后提出今后在军事行动上同我红军密切合作"。

此后，在居正、蔡廷锴、蒋光鼐、刘斐等人的斡旋下，蒋介石于9月初亲自写信给李宗仁、白崇禧，表示只要地方服从中央，他就准备抗日。李宗仁、李济深等积极响应，同意服从南京中央，接受和谈。

1937年春，李济深在广西梧州召开代表中华民族革命同盟（简称"大同盟"）各省代表会议，发表《解决时局抗日救亡之意见》，提出"停止内战、一致对外""开放政权，肃清亲日派""召集救亡会议，实现民主自由"等五条"挽救危亡团结御侮之急务"。随后，李济深又前往香港，通过"大同盟"的机关报《大众日报》向外界报道抗日救国主张。

也就在这时，李济深感到有必要采取进一步行动加强与中共的合作。于是一个念头油然而生：既然毛泽东如此真诚地希望与各抗日党派合作，干吗自己不去延安，与毛润之面商救国大计呢。

李济深当即以他和蔡廷锴的名义写了一封亲笔信，托中共秘密党员杨德华去西安交给周恩来、叶剑英，请他们转交给毛泽东和朱德。李济深在信中除重申《解决时局抗日救亡之意见》外，还表示如果中共同意，他和蔡廷锴愿意亲赴延安与中共共商国是。

后来，杨德华回忆道：

> 我带了李的亲笔信，作为李济深、蔡廷锴先生密使，于1937年3月间到西安。周恩来、叶剑英同志介绍我到延安，经伍修权同志安排，在延安旧城石窑洞晋谒毛主席。毛主席说，欢迎李、蔡两先生来

信，所陈意见，主要是联合抗日反蒋救国，有积极意义。又说，李、蔡两先生都是国民党的抗日民主派。蔡先生还是上海抗日十九路军名将，李先生又为倡建福建人民政府的主席，只可惜当年我们共产党的主要领导人王明有"左"倾教条宗派主义等偏向，以致李、蔡两先生派代表到瑞金协商联合反蒋抗日救国没有成功，甚为遗憾，应请李、蔡两先生谅解。毛主席又说，可是如今不同了，我们共产党在遵义会议后，决心搞好民族民主革命和社会革命，特别是当前要做的以抗日救国为首要任务的革命统一战线的工作。李、蔡两先生的意见我们赞同，惟有一点不同意，就是李、蔡两先生想即来延安，共商国是。我们认为还是暂缓来延，仍安心在国民党区域开展抗日救国运动，并适当地批评蒋介石恐日投降、联美反共、卖国求荣大错特错的老一套方针政策。同时还要大力联合各方力量，推动全国各界抗日救国人士行动起来。将来主客观条件成熟时，我们共产党再请李、蔡两先生命驾西北共商大计，共同策进。今天，只要我们回顾历史，吸取北伐时国共合作，执行联俄、联共、扶助农工三大政策的经验教训，我们就能开诚布公保证长期合作。当然，来日道路可能有曲折，但应相信，前途是光明的。

我返回香港向李、蔡两先生复命汇报后，他们皆大欢喜，欣然同意，并叫香港《大众日报》主笔任毕明召开香港新闻界数十人的座谈会，我化名杨萍介绍西安事变前因后果和在延安的参观见闻。当时香港《大众日报》等对座谈会都作了报道，扩大了宣传，影响很大，提高了群众对共产党抗日救国统一战线的认识，争取了海外华侨、国际人士的同情和拥护。

1937 年 7 月 7 日，震惊世界的"卢沟桥事变"爆发。日本帝国主义发动了全面侵华战争，妄图速战速决，灭亡中国。

在关系到中华民族生死存亡的历史关头，中国共产党迅速作出反应，事变的第二天即发表《通电》：全国同胞们！平津告急！华北告急！中华民族告急！只有全民族实行抗战，才是我们的出路……

在全国人民一致抗日的呼声中，蒋介石被迫放下了"攘外必先安内"的反动政策，同意进行国共合作、团结御侮，并表示欢迎过去反对过他的人参加抗战，"共赴国难"。

李济深诚心拥护中国共产党号召民众众志成城、共同抵抗外侮的抗日主张，对毛泽东和周恩来等中共领导人也十分信赖，同时对蒋介石领导全面抗战表示支持，遂携方振武、蒋光鼐等人前往南京，出任国民政府军事委员会常委，积极投身到抗日救亡的运动中。

为了促进国共两党的合作抗日，李济深曾专函蒋介石："必须坚持抗战和实行民主的两大主张；必须请毛泽东、周恩来、白崇禧、冯玉祥诸位，凡是主张抗战的，组织最高国防委员会，商量国家大计。"

谁知，这封信如同石沉大海。蒋介石仍是一意孤行，我行我素。

见自己的建议得不到采纳，李济深即返回广西继续从事抗日活动。不久，蒋介石电邀李济深到重庆主持组织国民党战地党政委员会。

为了能使该委员会延揽中共及其他民主党派和无党派爱国人士，李济深一到重庆即晋见蒋介石，开门见山地说："我可以负责，但有条件，一是凡主张抗日的，不分党派，都要用；一是凡闹小宗派的，党派成见深的人，就不能用。"

此时，蒋介石虽内心里一万个不乐意，但表面上还要装出一副"联合一切抗日力量，共御外侮"的样子，只好满口答应。李济深出任战地党政委员会副主任委员（蒋介石为主任委员）后，果然延聘了一些共产党人和进步人士参加工作，周恩来、张友渔、高崇民、梅龚彬、刘一峰等都是该会委员。

抗日战争胜利后，李济深对蒋介石独裁和内战的反动行径极为不满，联合民主人士黄炎培、冯玉祥、龙云等进行抵制。他曾两次上庐山面见蒋介石，劝说蒋必须遵照孙中山先生的"三大政策"，为国家和民族保存元气，不要打内战。后来，他又给蒋介石写了一封长达19页的信进行规劝。

1946年6月，蒋介石悍然发动了全面内战。9月，国民党召开伪国大，颁布"戡乱"动员令。李济深拒绝出席会议，公开支持各地学生的反内战、反饥饿、反迫害的爱国运动。

1947 年 2 月，李济深在香港发表了反对蒋介石发动内战的"七项意见"的声明，引起了国内外人士的强烈反响。

蒋介石恼羞成怒，下令以"对总裁失敬和侮辱国民党"的罪名，第三次开除了李济深的国民党党籍。对此，李济深一笑置之："我所需要的不是一块招牌，我需要的是真正的三民主义！"

同年冬，人民解放军由战略防御转入战略进攻。李济深在香港积极联络各地反蒋派系和国民党内民主人士，成立由国民党民主促进会、三民主义同志联合会及其他民主人士组成的中国国民党革命委员会。李济深任主席，宣布"脱离蒋介石劫持下的反动中央"，并以推翻蒋介石卖国独裁政权为当前革命任务。

1948 年 4 月 30 日，新华社向全国播发了由毛泽东起草的《五一劳动节口号》，把中国共产党对时局的分析、判断以及自己的政治主张公告天下。其中第五条是："各民主党派、各人民团体、各社会贤达迅速召开政治协商会议，讨论并实现召集人民代表大会，成立民主联合政府。"

5 月 1 日，为召开全国政治协商会议，毛泽东致电民革中央主席李济深、民盟中央常委沈钧儒。

电报由毛泽东在城南庄拟就，经晋察冀军区司令员聂荣臻用电话传给西柏坡的周恩来。然后，由周恩来责成机要电台将电文拍送潘汉年处，面交李济深。电文如下：

任潮衡山两先生：

在目前形势下，召集人民代表大会，成立民主联合政府，加强各民主党派、各人民团体的相互合作，并拟订民主联合政府的施政纲领，业已成为必要，时机亦已成熟。国内广大民主人士业已有了此种要求，想二兄必有同感。但欲实现这一步骤，必须先邀集各民主党派、各人民团体的代表开一个会议。在这个会议上，讨论并决定上述问题。此项会议似宜定名为政治协商会议。一切反美帝反蒋党的民主党派、人民团体，均可派代表参加。不属于各民主党派各人民团体的反美帝反蒋党的某些社会贤达，亦可被邀参加此项会议。此项会议的决定，必须求得到会各主要民主党派及各人民团体的共同一致，并尽可能求得全体一致。会议的地点，提议在哈尔滨。会议的时间，提议在今年秋季。并提议由中国国民党革命委员会、中国民主同盟中央执行委员会、中国共产党中央委员会于本月内发表三党联合声明，以为号召。此项联合声明，弟已拟了一个草案，另件奉陈。以上诸点是否适当，敬请二兄详加考虑，予以指教。三党联合声明内容文字是否适当，抑或不限于三党，加入其他民主党派及重要人民团体联署发表，究以何者适宜，统祈赐示。兹托潘汉年同志晋谒二兄。二兄有所指示，请交汉年转达，不胜感幸。

　　谨致

民主革命敬礼

毛泽东

五月一日

　　李济深为中国民主事业奋斗半生，深盼有朝一日能推翻独裁统治，建立独立民主富强的国家。此时读罢毛泽东的来信，心潮澎湃，立即与沈钧儒一起召集民盟中央、民进中央、致公党、农工民主党、中国人民救国会、中国国民党民主促进会负责人和在港无党派人士聚会，传达毛泽东的来信，并讨论了中共的"五一"号召。各民主党派积极响应，纷纷就如何召开新政协、建立新中国的问题发表宣言，在香港掀起了一场声势浩大的新政协运动。

　　5月5日，李济深代表民革与其他民主党派领导人通电国内并致电毛泽东：

　　　　南京独裁者窃国卖国，史无前例，近复与美帝国主义互相勾结，欲以伪装民主，欺蒙世界。人民虽可欺，名器不容假借。当此解放军队所至，浆食集于道途；国土重光，大计亟宜早定。同人等盱衡中外，正欲主张，乃读贵党五一劳动节口号第五项，适合人民时势之要求，尤符同人等之本旨，何胜钦佩。除通电国内外各界暨海外侨胞共同策进完成大业外，特此奉达，即希赐教。

三个月后，这封电报才辗转交到了毛泽东手上。毛泽东于8月1日复电李济深等人：

> 5月5日电示，因交通阻隔，今始奉悉。诸先生赞同敝党五月一日关于召开新的政治协商会议，讨论并实现召集人民代表大会，建立民主联合政府一项主张，并热心促其实现，极为钦佩。现在革命形势日益开展，一切民主力量亟宜加强团结，共同奋斗，以期早日消灭中国反动势力、制止美帝国主义的侵略，建立独立、自由、富强和统一的中华人民共和国。为此目的，实有召集各民主党派、各人民团体及无党派人士的代表们共同协商的必要。关于召集此项会议的时机地点、何人召集、参加会议者的范围以及会议讨论的问题等项，希望诸先生及全国各界民主人士共同研讨，并以卓见见示，曷胜感荷。

不久，周恩来亲自拟定了一份名单，邀请李济深等77位民主人士到解放区来参加筹备新政协。

12月27日，李济深等一行30余人应中共中央和毛泽东主席之邀，在人民解放战争尚在如火如荼之时，从香港乘苏联货轮"阿尔丹"号北上前往解放区。

1949年1月7日，经10多天的航行，李济深等人顺利到达大连，受到了中共中央和毛泽东主席的代表李富春、张闻天的热情迎接。

早在抗战前，李济深就曾想访问延安，但因当时时机不成熟而未成行。对共产党解放区的情况，除听别人介绍外，并没有感性认识。第一次踏上解放区的土地，李济深处处都觉得新鲜，目睹了解放区内政治清明，共产党领导有方，人民安居乐业。于是，李济深在到达沈阳后，致电毛泽东和周恩来：

济深于一月十日抵沈，诸承款待，至所感激。贵党领导中国革命，路线正确，措施允当，洽符全国人民大众之需要，乃获今日伟大之成就，无任钦佩。济深当秉承中山先生遗志，勉尽绵薄，为争取中国革命之彻底胜利而努力。

22日，李济深与其他民主人士联名发表《对时局的意见》公开声明，表示"愿在中共中央领导下，献其绵薄，共策进行"，把新民主主义革命进行到底。

24日，毛泽东同周恩来复电李济深："北平解放在即，晤教非远，诸容面叙。"

2月1日，进入东北解放区的各民主党派、人民团体代表李济深、沈钧儒、马叙伦、郭沫若等56人致电毛泽东、朱德，庆祝人民解放战争的伟大胜利，并提出对国民党残余军事力量要"任是天涯海角，使奸犯无处潜藏，纵有羊狠狼贪，令阴谋断难实现"。

第二天，毛泽东、朱德复电李济深等人，指出："诸先生长期为民主事业而努力，现在到达解放区，必能使建设新中国的共同事业获得迅速的成功。"

此时，北平已经和平解放。中共中央决定在北平召开新政协筹备会议。

25日，李济深、沈钧儒、郭沫若等35位民主党派和无党派民主人士在中共中央政治局委员林伯渠等人的陪同下，由沈阳乘专列抵达北平。

3月23日，毛泽东在主持召开完中共七届二中全会后，与朱德、刘少奇、周恩来、任弼时等中共中央领导人一起乘车离开了西柏坡向北平进发。

25日晨，毛泽东一行从涿县（今涿州）改乘火车到达北平清华园火车站，随后到颐和园休息。午饭后乘车前往西苑机场。

北平的各民主党派领导人、爱国民主人士和北平各界代表组成了声势浩大的欢迎队伍。李济深就站在队伍的最前面。

车队驶进西苑机场。毛泽东身着新军装，精神焕发地走下车来，向欢迎队伍走去。李济深笑容满面地迎上前去，与毛泽东热烈握手。两位领导人，经历了几十年的风风雨雨、分分合合，如今终于以胜利者的姿态，怀着为实现富国强民的理想在北平会合了！

由于在机场欢迎式上人太多，毛泽东没有时间与李济深过多地交谈，于是他在香山双清别墅住下后，就邀请李济深前来会面。

双清别墅里，两位老朋友亲切交谈，打开历史的闸门，一起回忆起20多年的交往。

在谈到两广事变和西安事变后双方通过密使传递信息进行交往时，李济深诚恳地说："西安事变和平解决后，国内形势发生了很大变化，当时的抗日救国应该怎么搞，我们心中也没有底，很想来延安跟润之先生等诸位当面请教。"

毛泽东说："接到任潮先生和贤初兄（蔡廷锴字贤初）的信，我们很高兴啊，也很想跟你们当面交换一个想法，只是延安的条件实在太艰苦，怕委屈了你们二位，所以只好谢绝了。"

说罢，二人都笑了起来。

李济深激动地说："毛主席太客气了。我这个人你是知道的，我过去是反对共产党的，也犯了很大的错误。以后我觉悟了，看到蒋介石反动派丧权辱国，腐败无能，使中华民族长期陷入贫困落后、暗无天日的悲惨生活之中。我认识到，只有中国共产党才能救中国。现在，大半个中国已经获得了解放，中国即将解放，我真心诚意地拥护中国共产党。我们的全体同志，都拥护中国共产党。共产党的领导干部都很谦虚，毛主席、周恩来先生都这么谦虚。我们这次来北平的同志，都是这么认为的，这并不是我个人的吹嘘。"

这里要提及的是，李济深早年曾积极反共。1927年4月，蒋介石在上海发动"四一二"反革命政变，大肆屠杀共产党人，叫嚣"宁可错杀一千，不可放过一人"。轰轰烈烈的大革命就此失败。时任黄埔军校副校长的李济深在广州与蒋介石遥相呼应，"用国民党监察委员会名义，命令各个部队清除中共"，制造了"四一五"惨案。同年6月，他又在广东进行第二次"清党"，著名的共产党员和工人领袖肖楚女、熊雄、邓培、李启汉等人就是在这次"清党"中被杀害的。10月，任国民革命军第八路军总指挥的李济深又率部进入赣南、潮汕地区，围攻堵截南昌起义军。

对于这段历史，李济深非常内疚，深感自己双手上沾满了共产党人的鲜血，是有罪之人。然而，共产党人光明磊落，不计前嫌，使他深受感动。所以说，李济深对毛泽东说的一段话可谓发自肺腑。

毛泽东连连摆手，说："我们都是老朋友了，互相都了解，不要多夸奖了。应该对我们多提意见，多提批评。这样，才能使咱们今后相处得更好啊。"

李济深十分诚恳地说："我说的这些，都是实实在在的。我相信，以后在毛主席的领导下，咱们相处得会更好。"

谈话转入正题。毛泽东此次请李济深来双清别墅，主要是听取他对国共和谈的意见。于是，两人就从与国民党南京代表团的和谈问题谈起，并就筹备新政协会议问题和外交问题等充分交换了意见。

毛泽东和李济深一致认为，为了使这次与国民党南京代表团谈判取得成功，争取桂系转变立场，适当照顾南京政府中一些人的利益是必要的，但他们要求的"划江而治"则绝不能答应。最后，鉴于李济深与李宗仁、白崇禧有深远的历史关系，毛泽东希望他能尽量设法多做李、白二人的争取工作。

李济深表示这是义不容辞的事，一定会努力去做。当晚，他就写信给白崇禧等人，劝其接受和谈条件："革命进展至此，似不应再有所徘徊观望之余地，放下屠刀，立地成佛，至所望于故人耳。革命原是一家，革命者不怕革命者，望站在国民党革命委员会立场，依反帝、反封建、反官僚资本主义、反独裁、反戡乱主张，赞成开新政治协商会议，组织联合政府，立即行动，号召全国化干戈为玉帛，其功不在先哲蔡松坡之下也。"信中，他还语重心长地劝白崇禧等人："一切听毛主席的，就什么事情都好办了。"

为说服桂系转变立场，经毛泽东同意，李济深委派民革中央常委朱蕴山和刘仲容去南京、武汉，劝说李宗仁、白崇禧接受中共提出的和平主张，并转告李宗仁，"务必当机立断，同帝国主义和蒋介石决裂"，只要见诸行动，"将来组织联合政府，毛主席和其他党派负责人，都愿意支持他担任联合政府副主席"，还表示支持白崇禧在联合政府成立后继续带兵。

但是南京政府最终还是拒绝在《国内和平协定》(最后修正案)上签字。

4月21日，毛泽东、朱德发布《向全国进军的命令》。人民解放军百万雄师强渡长江，以风卷残云之势向国民党的残兵败将发起最后一击。

23日，以李济深领衔，各民主党派领导人联合发表了拥护人民解放军进军命令的声明，指出："前此中共代表团与南京代表团所进行之和平谈判，及所达到之国内和平协定，公允合理，有利于人民与国家"，并使"南京反动势力下有正义感之爱国人士"能"获得参加民主和平新中国建设之机会"。然而南京政府断然拒绝了这个协定，"徒使江南人民增加痛苦，其所负之战争责任，实无可宽贷"。声明号召全国未解放地区的各民主党派和各界人士，"努力动员，迎接解放大军，协助杀敌，并保护一切重要物资免受破坏"。同时还号召国民党内爱国人士，进行"局部和平解放，以减少人民之灾难，而不与蒋介石共招同一灭亡命运"。

为配合人民解放军解放全中国，李济深亲自做国民党上层将领的工作。他曾给国民党华中"剿总"副司令长官、湖南省主席程潜写信，劝其早日举义。当解放军进军广西时，他致函广西国民党军政界和参议会，号召他们认清形势，"揭竿而起，向人民靠拢"。在他的策动下，广西第六行政区专员兼保安司令赖慧鹏在靖西起义。随后，云南省主席卢汉也在李济深和民革领导人杨杰、龙云的推动下，举行起义，云南得以和平解放。

6月15日，新政协筹备会第一次全体会议在北平中南海勤政殿开幕。出席会议的有中国共产党、中国国民党革命委员会、中国民主同盟及其他民主党派、人民团体、各界民主人士、少数民族和海外华侨代表等134人。

毛泽东在讲话中指出：召开新政协的时机已经成熟，这个筹备会的任务就是"完成各项必要的准备工作，迅速召开新的政治协商会议，成立民主联合政府，以便领导全国人民，以最快的速度肃清国民党反动派的残余力量，统一全中国，有系统地和有步骤地在全国范围内进行政治的、经济的、文化的和国防的建设工作"。

李济深在讲话中说："新政治协商会议筹备会，是建设一个符合人民愿望的新中国的开始，全中国人民盼望有一个民主的、独立的、和平的、繁荣的中国出现，已经很久了，我们要深谋远虑地制定切实的草案，使人民愿望的新中国得以迅速地建立起来。筹备会的责任很重大，我们一定要认真地、严肃地在毛泽东主席领导下进行我们的工作。"

就在人民政协会议积极筹备之际，李济深的夫人、子女等家人从香港乘挪威货船，悄悄通过台湾海峡的封锁线，安全到达天津。李济深非常开心，亲自去迎接。

当和全家人见面时，这位久经沙场的老将军激动得流下了眼泪。事后，李济深动情地说："我的一生经历了孙中山领导的民主革命，后来又积极从事反蒋抗日活动，抗战初期和共产党合作到现在，一直在为实现一个独立、民主、富强的新中国而奋斗。这个理想马上要实现了，你们也从香港回来了，我怎能不高兴得流泪呢？"

李济深一家到达北平后，先临时住在北京饭店，不久在毛泽东、周恩来的直接关心下，搬到了西总布胡同五号的一栋两进四合院。西总布胡同靠近东四，也靠近后来的北京火车站。宋庆龄、张澜等许多重要的民主人士都住在这一带。

房子面积不小，但质量并不高。李济深一家搬来后，全家人生活朴素，也没有什么特殊的陈设。由于李济深先后担任中央人民政府副主席、中国人民政治协商会议全国委员会副主席、全国人民代表大会常务委员会副委员长等职，是国家要人，故这里被人们称为"李公馆"。李济深在忙于各项国务活动的同时，又常在家中召集民革领导人开碰头会，"李公馆"便成为民革中央领导人经常活动的场所。

9月21日，中国人民政治协商会议第一届全体会议在中南海隆重开幕。出席会议的代表共有662人，代表着各革命政党、各人民团体、人民解放军、各地区、各民族以及海外华侨。

毛泽东致开幕词：我们的会议是一个全国人民大团结的会议。它具有代表全国人民的性质，它获得全国人民的信任和拥护。并郑重宣布："我们的工作将写在人类的历史上，它将表明：占人类总数四分之一的中国人从此站起来了！"

23日，李济深代表中国国民党革命委员会第一个在会议上作了热情洋溢的发言。他说：中国人民政治协商会议的召开，"显示着中国人民空前的大团结""显示着人民的新中国的光辉灿烂的前程"。大会之所以能够召开，"应感谢中国共产党二十多年来的艰苦奋斗和正确领导，感谢中国人民解放军的英勇作战，感谢全国人民与反革命势力长期搏斗，以及各民主党派、各人民团体和一切爱国民主人士的共同努力"。民革今后将在中国共产党及毛主席的领导下，按照"共同纲领，不避艰辛，再接再厉，向前迈进"。

30 日，大会胜利闭幕，李济深当选中央人民政府副主席，后又当选为人民政治协商会议全国委员会副主席。

10 月 1 日，李济深同毛泽东等中共中央领导人一起登上天安门城楼，参加了隆重的开国大典。

能目睹中华人民共和国的诞生，时年 64 岁的李济深心潮澎湃。是啊，作为一位饱经风霜的老人，深知旧中国人民的苦难，深感新中国的来之不易，由衷地敬佩领导中国革命取得胜利的中国共产党和领袖毛泽东。

中华人民共和国成立之初，各民主党派都作为人民民主统一战线的成员，参加了中国共产党领导的多党合作的国家政权，担负起新的历史任务。而国民党民主派自 1948 年初以来，就存在着民联、民促和民革 3 个独立组织。1949 年，国共和谈破裂后，国民党和谈代表张治中、邵力子等人，以及一些高级起义将领，如程潜等，也参加了人民民主统一战线，形成了国民党内爱国民主派别的第 4 支力量。这种组织上的不统一状态，如果继续下去，势必影响国民党民主派的团结和作用的充分发挥。

中共中央和毛泽东主席向李济深等人建议，希望"孙中山先生的信徒，不分先后，为实现革命的三大政策，为遵守共同纲领，为人民服务，首先要团结起来，统一组织"，以便"集中力量，为新民主主义建设工程发挥作用"。

李济深立即与民促领导人何香凝、蔡廷锴，民联领导人谭平山、陈铭枢等人，就实现国民党民主派组织的联合问题进行商谈。大家都认识到实现联合的必要性和迫切性，决定接受中共中央和毛泽东的建议，解决这一问题。

11 月 12 日，中国国民党民主派代表会议在北京举行，决定民革、民联、民促和国民党其他爱国民主分子统一组成——中国国民党革命委员会。李济深当选为民革中央主席。

毛泽东对李济深非常关心。李济深也非常尊重毛泽东主席和周恩来总理，不仅重大问题随时向他们报告，而且每年去北戴河、青岛等地疗养，也总要亲自写报告向毛主席请假。毛泽东也总是以书面方式及时准假。

1953年夏，李济深就给毛泽东写过这样一份请假报告：

> 我因政府照顾，给我以暑期休假，兹定明日（八月四日）前往青岛休假约一个月，在休假期间，政府如有事，电召即来，谨此敬礼。

中华人民共和国成立后的一段时期，中国共产党的广大干部和人民解放军的各级军官还是供给制，生活相当艰苦，李济深对此深感不安。

1954年1月6日，李济深特致函毛主席，建议将广大中共干部和人民解放军的各级干部一律改为薪金制。他说："多年以来，济深寝食不安耿耿在念者，以济深无功无能，竟蒙党、政府给以超等的照顾及待遇"，而"为着中国人民解放事业牺牲流血、挨饥受寒的共产党员及人民解放军的各级干部至今国家仍给以供给制待遇，使他们衣食不好，家人受苦"。

李济深在信中写道：在打游击的战争时期，因条件所限，实行供给制是必要的，"而今人民共和国已成立五年，国家财政经济已大大改观，人民大众生活亦有所改善，政府一般工作人员工资每年亦有所提高，则独于共产党组织的人员和人民解放军的各级干部仍然是供给制待遇，实属令人难安。虽说共产党员及人民解放军抱有解放全人类才解放自己的伟大的崇高志愿，然而革命的目的是为了提高人民的物质及文化生活水平，何能独独对功高而长期受尽艰苦的共产党员及人民解放军的干部而不与，且他们亦有父母孩子，这不但不公平，亦使人不忍，因此济深不得不冒昧请求钧鉴加以考虑，提出商讨，早日将供给制待遇的人员一律改为薪给制，以示公允，是否有当，伏乞卓裁"。

毛泽东对李济深这封信非常重视，一连看了两遍，然后指示统战部就李济深的建议找一些民主人士征求意见。结果，民主人士普遍赞同李济深的建议。此后，毛泽东又将这一问题在党中央提出，作了研究。经过周密的考虑和计算，党和政府终于在次年采取切实步骤，全面实行薪金制。

1959年8月，李济深被查出患有胃癌，不久病情就急剧恶化。他自知来日无多，便对前来探视的民革常委朱蕴山、朱学范等人说：民革要在中国共产党和毛主席的领导下做好工作，并和共产党搞好长期共存、互相监督的关系。

这年国庆节，已病入膏肓的李济深在病床上写了一首《十年建国万年红》的颂歌："十年建国万年红，衡麓光辉永照中。我与人民宏愿在，及身要见九州同。"

10月9日，李济深在北京逝世，终年75岁。11日，毛泽东与刘少奇、朱德、周恩来等中共领导人一起来到设在中山公园中山堂的李济深灵堂进行吊唁。

在毛泽东的一生中，亲自参加吊唁活动是不多的，这也充分体现了毛泽东对李济深一生革命的肯定。

对李济深的去世，毛泽东十分悲痛，曾对朱蕴山说："如果任潮先生能多活几年，那是多么的好啊！"

毛泽东评李宗仁

　　李宗仁（1891—1969），字德邻。广西临桂（今桂林）人。国民党陆军一级上将。

　　1908年，李宗仁入广西陆军小学堂。1910年，加入同盟会。1913年，于广西陆军速成学校毕业，任南宁广西将校讲习所教官。一年后，该所停办，返回桂林，应聘为省立模范小学高级班军训教官。1916年夏，投护国军第6军任排长，参加护国战争，后又参加护法战争，由排长递升至营长。第6军改称为粤桂第1路边防军后，1921年6月升任统领。7月，从边防军中率千余人在粤桂边境六万大山自图发展。不久，所部接受粤军改编，任粤桂边防军第3路司令。1922年春，粤军撤离广西。5月，改所部为广西自治军第2路，自任总司令，积极扩大势力范围，先后控制广西郁林（今玉林）、容县等7个县。1923年秋，所部改称定桂军，联合黄绍竑、白崇禧之广西讨贼军消灭盘踞浔江一带的陆云高部，占据西江上游。1924年5月，乘桂系军阀陆荣廷与沈鸿英在桂林交战之际，与广西讨贼军采取联沈攻陆，得手后再歼沈的策略，于6月歼陆荣廷部主力，进占南宁。随即两军合并组成定桂讨贼联军，任总指挥。11月，被孙中山先生任命为广西省绥靖督办公署督办兼广西陆军第1军军长。1925年初，发动讨伐沈鸿英战役。在粤军李济深部协同下先后占领柳州、桂林等地。尔后，回师南宁，击退假道广西企图进攻广东的滇军唐继尧部。7月，统一广西，成为新桂系首领。1926年，两广统一，桂军改编为国民革命军第7军，任军长。5月，派所部第8旅先期入湘，增援唐生智部。7月，率部入湘参加北伐战争，会同第4、第8军攻占长沙等地。8月底，参与指挥第4、第7军攻占贺胜桥，直抵武昌城下。在第8军攻克汉阳、汉口后率第7军入赣，与其他各军协同击溃孙传芳军在赣主力。1927年1月，任中路军江左军总指挥，率部沿长江东下。3月，攻占安徽安庆。后参与发动"四一二"反革命政变。4月下旬，任国民党军第3路总指挥，指挥所部先后攻克蚌埠、徐州等地。8月，与何应钦部相策应击败孙传芳军，获龙潭大捷。10月，南京国民党政府西征讨伐唐生智，任西征军总指挥兼第3路军总指挥，击败唐部，控制湖北、湖南。1928年3月，任武汉政治分会主席。5月，任第4集团军总司令，指挥所部沿京汉铁路北上。6月，进占天津、北京等地。至此，新桂系已控制南起广西，北达京、津的广大地区，总兵力达20余万人。

新桂系势力的兴起，严重地威胁到蒋介石的独裁统治，蒋桂矛盾激化。1929年3月，蒋桂战争爆发，桂系兵败后李宗仁出走香港。11月，返回广西，任护党救国军总司令。1930年3月，与阎锡山、冯玉祥联合反对蒋介石，任中华民国陆海空军副总司令兼第1方面军总司令。5月，蒋冯阎中原大战爆发，挥军入湘，策应冯、阎军作战，失利后退守广西。1931年5月，与陈济棠等通电要求蒋介石下野，在广州成立反蒋的国民政府，改所部为第4集团军，自任总司令。"九一八"事变后宁粤息争，与白崇禧合力治理广西，制定"三自"（自卫、自治、自给）政策和赞同白崇禧提出的"三寓"（寓兵于团、寓将于学、寓征于募）政策。1935年4月，被授为陆军一级上将。1936年6月，与广东陈济棠等发动"两广事变"，反对蒋介石。7月，与蒋妥协，就任广西"绥靖"公署主任。

全面抗战爆发后，任第五战区司令长官。1938年1月，兼安徽省政府主席。1月至6月，指挥约60万中国军队与日军展开徐州会战，以阵地战、运动战、游击战相结合，获台儿庄大捷。6月至10月，参与指挥武汉保卫战。1939年起，先后指挥随枣、枣宜、豫南等会战，抗击日军。1945年2月，任军事委员会汉中行营主任。

抗日战争胜利后任北平行营主任，支持蒋介石发动全面内战。1948年4月，当选为中华民国副总统。1949年1月，蒋介石"引退"后，任代总统。4月，派代表团到北平（今北京）与中国共产党代表团进行和平谈判。和谈破裂后，于12月去美国。1955年8月，在美国公开提出《对台湾问题的具体建议》，反对"台湾托管"和"台湾独立"，主张国共两党再度和谈，中国问题由中国人自己协商解决。1965年7月，冲破重重险阻，毅然回归祖国大陆。1969年1月3日，在北京病逝。

【毛泽东评点】

"中国共产党对时局主张，具见本年一月十四日声明。贵方既然同意以八项条件为谈判基础，则根据此八项原则以求具体实现，自不难获得正确之解决。战犯问题，亦是如此。总以是否有利于中国人民解放事业之推进，是否有利于用和平方法解决国内问题为标准，在此标准下，我们准备采取宽大的政策。本日与张文白先生晤谈时，即曾以此意告之。为着中国人民的解放和中华民族的独立，为着早日结束战争，恢复和平，以利在全国范围内开始生产建设的伟大工作，使国家和人民稳步地进入富强康乐之境，贵我双方亟宜早日成立和平协定。中国共产党甚愿与国内一切革命分子携手合作，为此伟大目标而奋斗。"

——摘自《毛泽东年谱》下卷第 477 页

"人民的要求，我们最了解。我们共产党是主张和平的，否则也不会请你们来。我们是不愿意打仗的，发动内战的是以蒋介石为头子的国民党反动派嘛，只要李宗仁诚心和谈，我们是欢迎的。""李宗仁现在是六亲无靠哩！""第一，蒋介石靠不住；第二，美国帝国主义靠不住；第三，蒋介石那些被打得残破不全的军队靠不住；第四，桂系军队虽然还没有残破，但那点力量也靠不住；第五，现在南京一些人士支持他是为了和谈，他不搞和谈，这些人士也靠不住；第六，他不诚心和谈，共产党也靠不住，也要跟他奉陪到底哩！""我看六亲中最靠得住的还是共产党。只要你们真正和谈，我们共产党是说话算数的，是守信用的。"

——摘自《毛泽东传（1893—1949）》第 919—920 页

【评析】

毛泽东与李宗仁相识于第一次国内革命战争时期。那是1926年5月，在广州召开的国民党二届二中全会上，李宗仁与毛泽东初次见面。

刚刚完成统一广西大业的李宗仁意气风发，经过 10 余年战火的洗礼，已由护国军的一个下级军官成长为新桂系军阀的首领人物。而小李宗仁两岁的毛泽东，此时正任国民党代理宣传部长、中央党部所办的农民运动讲习所所长。

由于知道毛泽东是当年孙中山先生为实现"联俄、联共、扶助农工"的三大政策而特意请来参加国民党代表大会的中国共产党员，李宗仁对他既心存戒备，又充满好奇。

许多年后，李宗仁在回忆录中写道：毛泽东"时常穿一件蓝布大褂；长得身材高大""在议会席上发言虽不多，但每逢发言，总是斩钉截铁，有条不紊，给我印象很深，觉得这位共产党很不平凡"。

虽说李宗仁已暗暗感到这位气宇轩昂的年轻人身上有一种不凡的魅力，将来必能成就一番大事业，但他却万万没有想到就是这位年轻人领导了一场翻天覆地的革命，缔造了一个统一独立强大的社会主义新中国，也绝没有想到他与这个年轻人几度兵戎相见、几度携手言欢，在中国近现代历史舞台上演绎了一幕"四十载恩恩怨怨，一朝化干戈为玉帛"的活剧。

不久，随着国共合作的彻底破裂，李宗仁与毛泽东分道扬镳，成了水火不相容的敌人。李宗仁与蒋介石同流合污，密谋"清党"反共。他对蒋介石说："我看只有以快刀斩乱麻的方式清党，把越轨的左倾幼稚分子镇压下去。"并主动提出将桂系主力第 7 军一部调到南京附近，"监视沪宁路上不稳的部队，使其不敢异动"。

1927 年 4 月 12 日，蒋介石在上海发动反革命政变，向共产党人举起了屠刀。李宗仁积极响应，并借此机会，在苦心经营广西的同时，大肆扩充桂系势力。而毛泽东则在井冈山上点燃了中国革命的星星之火，工农红军不断发展壮大，渐成燎原之势。

有道是：不是冤家不聚头。

1934 年 11 月，中央红军长征经茶陵、桂东，直逼桂北的恭城、灌阳、全县（今全州）。历史给了李宗仁与毛泽东第二次碰面的机会，只不过这一次会面的地点变成了两军厮杀的战场。

蒋介石一面严令李宗仁、白崇禧率桂军围堵红军，一面又令嫡系薛岳、周浑元等率中央军对红军紧追不舍。李宗仁察觉到蒋介石"借刀杀人"的险恶用意，为保存桂系部队实力，同时防止蒋介石借机插手广西，便采取"打尾不打头"的策略，给红军让出一条通道。

一年后，这两个国共两党的"死对头"在抗日救亡的道路上又一次走到了一起。

虽说李宗仁视共产主义为"洪水猛兽"，多次率部"围剿"红军。但与蒋介石不同的是，在民族大义面前，李宗仁始终立场坚定。"九一八"事变后，面对祖国大好河山惨遭日寇铁蹄的肆意践踏，李宗仁积极主张抗日救亡，号召"兄弟阋于墙，外御其侮"，提倡"焦土抗战"，指出"利用我广土众民、山川险阻等条件，作计划的节节抵抗的长期消耗战""发动敌后区域游击战"，决心"用大刀阔斧答复侵略者"。

1936 年 6 月 1 日，李宗仁联合粤系军阀陈济棠发动震惊中外的"两广事变"，要求国民党北上抗日，将桂军改称"抗日救国军"，通电表示要誓率所部"为国家雪频年屈辱之耻，为民族争一线生存之机"。

蒋介石自然不会答应，调集大军，围困广西，试图逼李宗仁就范。蒋桂大战一触即发。

此时，毛泽东已率领红军胜利到达陕北，提出建立抗日民族统一战线的号召。"两广事变"爆发后，中共中央认为这是国民党内部分裂的表现，决定利用国民党中央和各省地方实力派的矛盾，派人到广西与李宗仁、白崇禧接触，对桂军开展抗日民族统一战线工作。

完成这项特殊使命的任务，就落到了红军大学政治部组织科科长云广英的肩上。云广英对广西的情况非常熟悉，早在五年前，他就曾在广西与张云逸、邓小平一起参加兵运工作，创建了中国工农红军第 7 军，并在右江革命根据地轰轰烈烈地开展了一场革命。

1936 年 6 月的一天，毛泽东、朱德、周恩来、叶剑英、张闻天等领导突然接见了云广英。

周恩来先分析了当时的形势，然后对云广英此次南下联合李宗仁建立抗日民族统一战线的任务作了交代。

毛泽东详细询问了云广英的情况后，握着他的手语重心长地说："你这次出去工作很好。"并预祝他马到成功。

云广英果然不辱使命。

在南宁李宗仁的官邸,云广英慷慨陈词,宣传中国共产党提出的"反对内战,一致抗日"和"建立抗日民族统一战线"的政策。

云广英一针见血地指出:正是由于蒋介石对日寇不抵抗,对国内打内战,才造成今天中国的严重民族危机,必须坚决反对蒋介石对日寇妥协、投降的政策,组织广泛的抗日民族统一战线,把全国一切不愿当亡国奴的人们团结起来,打倒日本帝国主义及其汉奸卖国贼,才能解救中国。并说:"党中央这次派我到广西来,就是为着商谈合作抗日的问题,以促进我国全面抗战高潮的到来。"

李宗仁当即表示赞成中国共产党的抗日民族统一战线政策,今后在抗日斗争中愿意与中国共产党紧密合作。同时,他还特意请云广英向毛泽东等人带去问候。

鉴于当时形势急迫,蒋介石大兵压境,根据中共中央的指示,云广英建议李宗仁以和平谈判的办法为上策。但在谈判中,必须以迫蒋停止内战和一致抗日为前提,并立即把进攻广西的武装撤走。待和平解决后,继续团结各方抗战力量,开展救亡运动。

李宗仁采纳了这一建议。

在居正、朱培德、李济深、蔡廷锴、蒋光鼐、刘斐等人的斡旋下,9月初,蒋介石亲自写信给李宗仁、白崇禧,表示只要地方服从中央,他就准备抗日。李宗仁积极响应,同意服从南京中央,接受和谈。

在中国共产党和全国人民"反对内战,一致抗日"呼声中,"两广事变"和平解决了。李宗仁对中国共产党的深明大义和毛泽东的坦荡胸襟,在内心里不禁暗自佩服。

时光飞逝,转眼到了1948年秋,中国人民解放战争进入战略决战阶段。至年底,蒋家王朝的丧钟已经敲响。人民解放军势如破竹,辽沈战役解放了东北全境,淮海战役激战正酣,解放了华东大部,平津战役胜利在即,华北地区已基本解放,北平、天津几座孤城均处于解放军的重重包围之中。

正当蒋介石被前线战事搞得焦头烂额之际，李宗仁、白崇禧等桂系首领乘势而起，以"吁和"为名，仿效古人"逼宫"。

12月24日，国民党华中"剿总"总司令白崇禧给蒋介石发了一封意味深长的"亥敬"电，请求停战以议和，同时宣称非蒋介石下野不能和谈。在南京，时任国民党政府副总统的李宗仁也不失时机地发表和平主张，与白崇禧一唱一和。随后，湖北省参议会、河南省参议会，以及湖南省主席程潜等也在李宗仁、白崇禧的授意下，相继来电促蒋介石引退，为与共产党和谈扫平道路……

1949年1月1日，蒋介石发表元旦《文告》，发出了"和平果能实现，则个人的进退，绝不萦怀"的哀鸣，并声称为"以冀弭战消兵解人民倒悬于万一"而甘愿"引退"。

21日，内外交困的蒋介石正式宣布下野，由副总统李宗仁为代总统。当日，蒋介石在写下"冬日饮寒冰，雪夜渡断桥"的诗句后，黯然神伤地离开总统府，回老家奉化溪口"归隐"去了。

蒋介石走了。但他并非真的退而为山野之人，只不过是由前台转到了幕后。在奉化溪口，当他逗留在雪窦寺中，或流连于山林泉石之间时，仍操纵着一切，甚至比在南京时公务更繁忙更紧张了。蒋介石成了世界上最忙的"闲人"。

李宗仁终于如愿以偿当上了代总统。然而，他费尽心思得到的却是一个一国三公、四分五裂的烂摊子。自称"从一位闲散的副总统于一夕之间变成'日理万机'的国家元首"的李宗仁，上台伊始便陷入捉襟见肘的尴尬境地。

原来，蒋介石前脚走，最高军事统帅部后脚就跟到了溪口，孙科的行政院则自动宣布"迁政府于广州"。而顾祝同、何应钦等一班党国干将要员干脆搬到溪口办公，在那里部署长江防御战。军机大事固然唯溪口之命是从，政府各部门一应事务也都要溪口点头，没有蒋介石的认可什么事也办不成。一时间，京沪杭公路上轿车川流不息，各方大员有事无事便往溪口跑。这样，李代总统被孤零零地扔在南京城，成了名副其实的"光杆司令"。

更叫李宗仁大为光火的是，蒋介石将国库的黄金、美钞统统运到台湾，弄得这位李代总统在"执政"期间竟不名一文。

尽管如此，李宗仁仍有信心，因为他背后有美国人的支持，手里还有一张"和谈"的挡箭牌。他对刘斐颇为自信地说："我想划江而治，共产党总满意了吧！只要东南半壁得以保全，我们就有办法了。"

当时，李宗仁的最大愿望就是企图与共产党两分天下，划江而治。因此，上台伊始，李宗仁就积极筹备与共产党的"和谈"，借以延缓国民党政权的灭亡。同时加紧整顿军队，扩充实力，妄图与人民解放军隔江对峙，分庭抗礼。然而，这仅仅是他个人的天真幻想，共产党是决不会答应的。

李宗仁认为当前面临三大要务，亟待处理：第一，要立即与中共联系，迅速举行和平谈判，结束内战。第二，谋求内部团结，加强民主改革，收拾民心，并阻止解放军渡过长江，求取光荣和平。第三，寻求美援，抑制通货膨胀。

为此，李宗仁立刻致电宋庆龄、李济深以及张澜、章伯钧、张东荪等民主同盟和一些小党派的领袖们，想通过这些平素与他交善的民主人士，对中国共产党施加压力，增加和谈的砝码，"庶几使中共不致毫无顾忌，而将此毫无意义的内战进行到底"。

然而，大大出乎李宗仁的意料，这些民主人士早就"无心再来烧国民党的冷灶了"。相反，中国共产党的统战工作更为活跃，在香港的李济深等人纷纷前往北平，参加即将召开的新政治协商会议。

为试探共产党对和谈的反应，李宗仁转而策动南京、上海一带的教育界领袖和颜惠庆、章士钊等社会贤达，组成"人民代表团"，乘专机飞往北平。

2月27日，李宗仁发表文告，表示愿意接受毛泽东在1月14日时局声明中提出的八项条件为基础，进行和谈。电文如下：

润之先生勋鉴：

　　自政协破裂，继八年对外抗战之后，内战达三年有余。国家元气大伤，人民痛苦万状，弭战谋和已成为今日全国一致之呼声。故自弟主政之日起，即决心以最高之诚意，尽最大之努力，务期促成和平之实现。弟于二十二日所发出之声明，及所致任潮、衡山、伯钧、东荪诸先生之电，计均已早邀亮察。国家今日残破如此之甚，人民痛苦如此之深；田园城市之摧毁，无辜人民之死伤，不可胜计，而妻离子散，啼饥号寒者，复随处皆是。此番由于战争所招致。以往国共两党在孙中山先生领导下，曾共同致力中国革命，不幸现因政见分歧，阋墙斗起，致使国家人民遭此惨祸，抚今追昔，能不痛心？吾人果认为革命之目的在于增进人民与国家之利益，革命之动机基于大多数人民之意旨，则无论国共两党所持之主张与政见如何不同，在今日之情势下，绝无继续诉诸武力，互相砍杀，以加重人民与国家痛苦之理由。现除遵循全国民意，弭战谋和，从事政治解决之外，别无其他途径可循。否则吾人之罪诚将百身莫赎。先生以往曾一再宣示愿意寻求和平解决。现政府方面已从言论与行动上表明和平之诚意，所有以往全国各方人士所要求者，如释放政治犯，开放言论，保障人民自由等，均在逐步实施，事实俱在，何得谓虚？务望先生号召贵党同志，共同迅速促成和谈，即日派遣代表商定地点，开始谈判。战争能早一日停止，即保存万千之国民生命，减少万千之孤儿寡妇。果能共体时艰，开诚相见，一切当可获得解决。贵方所提八项条件，政府方面已承认可以此作为基础，进行和谈，各项问题自均可在谈判中商讨决定。在双方商讨尚未开始之前，即要求对方必须先行执行某项条件，则何能谓之为和谈？以往恩怨是非倘如过分重视，则仇仇相报宁有已时？哀吾同胞，恐无噍类。先生与弟将同为民族千古之罪人矣！抑尤有进者，贵方广播屡谓政府此次倡导和平，为政府与某国勾结之阴谋，此种观点显系基于某种成见而来。弟自抗战迄今，对外政策夙主亲仁善邻，无所轩轾，凡有助于我国之和平建设，均应与之密切合作。今后亦唯有循此原则，以确保东亚和平与我国家之独立自主。先生明达，当引为然。总之，今日之事，非一党一人之荣辱，而为国家命脉，人民生死之所系。弟个人亦决无丝毫成见与得失之心，如能迅消兵革，招致祥和，俾得早卸仔肩，还我初服，固所时刻馨香祷祝者，掬诚布悃，希卓裁见复为幸。弟李宗仁　子感京秘印同日，颜惠庆、章士钊、邵力子和江庸组成的"人民代表团"在北平活动了两个星期之后回到南京。李宗仁立即召见他们。

颜惠庆等人向李宗仁详细汇报了在北平与中共领导人的接触情况，表示中共领导人十分有诚意与南京政府合作，但有两个先决条件：一是南京政府与美国完全断绝关系；二是解决蒋介石反动政府的残军余党。此外，他们还带回了毛泽东写给李宗仁的信件，并转达了毛泽东的口信，"刘仲容先生是桂系的亲信，又是中共的朋友，我们欢迎他前来。"

刘仲容（1903—1980），湖南益阳人。早年在苏联莫斯科中山大学学习，回国后长期担任李宗仁、白崇禧的高级参议。抗日战争期间，积极参加爱国民主运动，曾多次前往延安，与毛泽东、周恩来等中共领导人畅谈建设抗日民主统一战线问题，参与发起中国民主政团同盟。由于刘仲容与共产党联系密切，以致蒋介石、白崇禧甚至连李宗仁的夫人郭德洁都视他为共产党员。

李宗仁沉思良久，决定派刘仲容前去与中共接洽，商议和谈的事项，并亲自拟定了五项谈判要义：政府同意以政治方法解决国内一切问题，双方立即组织正式代表团恢复和谈，和谈期间停止一切军事行动，今后国家建设应遵循政治民主、经济平等、军队国家化、人民生活自由等原则，今后外交方针应遵守平等互惠之原则。

刘仲容临行前夕，白崇禧面授机宜：李宗仁代总统后，国共双方都表示愿意和平解决争端，和平气氛有了，希望早日举行和平谈判；今后可以有一个"划江而治"的政治局面，希望中共军队不要渡过长江。国民党军队的主力虽然部分被歼灭，但还有强大的空军、海军和数十万陆军，如果中共硬要渡江，是会吃亏的。而且，既然双方表示愿意和谈。如果中共过了江，打乱了摊子，那就不好谈了。

"见到毛泽东的时候，一定要把这层意思讲清楚，陈明利害。"说到这里，白崇禧再三叮嘱。

随后，白崇禧拿出他写给毛泽东和周恩来的亲笔信交给刘仲容，说："你跟我们十几年，你是我们办外交的能手，相信你这次一定不辱使命，会为我们打算的。"

中共中央与毛泽东对李宗仁的和谈要求十分重视。3月21日，毛泽东亲自起草了致中原局的电报：李宗仁、白崇禧的代表刘仲容16日到汉口，与白崇禧大约需有几天商量，约定20、21、22日到驻马店，请你们迅即命令卢声涛科长速往驻马店迎接。刘仲容到时，立即派妥人陪同乘车经徐州、济南、天津至北平市政府叶剑英市长处，愈快愈好，不要去石家庄。

3月下旬，刘仲容到达北平。当天，周恩来接见了他，并安排他住在中南海的丰泽园里。晚上，一辆吉普车把刘仲容悄然送到北平西郊的香山脚下，毛泽东要接见他。双清别墅里，毛泽东谈笑风生。两位湖南老乡亲热地问候寒暄了一番。话题很快转到和谈上。毛泽东首先询问到南京政府的动向。

"依我看，南京政府有三种人，一种是认识到国民党失败的命运已定，只好求和罢战，这是主和派；一种是主张'谋和备战'者，他们认为美国一定会出面干涉，和是为了赢得时间，准备再打，这是顽固派；还有一种人，既不敢得罪蒋介石，又不相信共产党，动摇徘徊，非常苦闷，这可以说是苦闷派吧。"刘仲容如实地回答。

毛泽东点头表示赞许，笑着又问："李宗仁、白崇禧的态度怎样？"

刘仲容回答："从历史上看，蒋桂多次兵戎相见，宿怨甚深。现在两家又翻了脸，彼此怀恨。李宗仁、白崇禧知道蒋介石是不甘罢休的，他们既要防范蒋介石的'暗箭'，又怕共产党把桂系军队吃掉。在这种情况下，只好被迫主张和谈，以谋取'划江而治'的局面。因此，白崇禧极力希望解放军不要渡江。他估计解放军能够抽出参加渡江作战的不过60万人。认为依据着长江天险以海陆空军固守，解放军想渡江是不那么容易的。"

"白崇禧要我们不过江，这是办不到的。"毛泽东的回答斩钉截铁。

毛泽东吸了口烟，接着说："我们能用于渡江作战的解放军不是60万而是100万，另外还有100万民兵。我们的民兵可不像国民党的民团，我们的民兵是有战斗力的。等我们过了江，江南的广大人民都拥护我们，到那时共产党的力量就更强大了，这是白崇禧没有估计到的吧。"

谈话从晚上8时一直到第二天凌晨3时才结束。

4月3日晚，毛泽东再次接见了刘仲容，要他返回南京，继续对李宗仁、白崇禧做工作，争取李、白二人在此重要历史时刻认清形势，向人民靠拢。

毛泽东笑着问："你敢去吗？我可以对你打保票，保证你平安回来。"

刘仲容当即表示："请毛先生放心，这是我责无旁贷的事。"

毛泽东转向一旁的周恩来："他们去南京的事，你给安排一下吧。"

随后，毛泽东郑重要求刘仲容转告李宗仁和白崇禧：关于李宗仁的政治地位，可以暂时不动，还是当他的代总统，照样在南京发号施令。关于桂系部队，只要不出击，解放军也不动他，等到将来再具体商谈。至于蒋介石的嫡系部队，也是这样，如果他们不出击，由李宗仁做主，可以暂时保留他们的番号，听候协商处理。关于国家统一问题，国共双方正式商谈时，如届时李宗仁出席，毛泽东也将出席；如果李宗仁不愿来，由何应钦或白崇禧当代表也可以，中共方面则派周恩来、叶剑英、董必武参加，谈判地点在北平，不能在南京。双方协商取得一致意见后，成立中央人民政府。现在双方已经开始和平谈判，美国和蒋介石反动派是不会甘心的，他们一定会插手破坏，希望李宗仁、白崇禧要拿定主意，不要上美帝国主义和蒋介石的当。

毛泽东话锋一转，说："白崇禧是喜欢带兵的，他的桂系部队只不过十来万人，将来和谈成功，一旦成立中央人民政府，建立国防军时，我们可以请他继续带兵，请他指挥30万军队，人尽其才，对国家也有好处嘛。"

"白崇禧要我们的军队不过江，这办不到。我们大军过江以后，如果他感到孤立，也可以退到长沙再看情况；又不行，他还可以退到广西嘛。我们来一个君子协定，只要他不出击，我们三年不进广西，好不好？"

说到这里，毛泽东问刘仲容："你看，我们是不是煞费苦心呢？之所以这样做，不是我们没有力量打败他们，而是让人民少受点损失。"

刘仲容十分真诚地说："这样安排，对他们是仁至义尽了。"

坐在一旁的周恩来补充道："此次去南京，总的原则是：他们同意我们过江，什么都好谈，要抵抗，那是不行的。对他们讲清楚，不要以为我们过了江会孤立，广大人民是站在我们这边的，群众是拥护我们的。"

在刘仲容到达北平之后，4月1日，以张治中为首的南京政府和谈代表团也到达北平。代表团成员还有黄绍竑、邵力子、章士钊、李蒸和刘斐。中国共产党则派出了以周恩来为首的和谈代表团，成员有林祖涵、林彪、叶剑英、李维汉和聂荣臻。因为刘仲容这次来北平是秘密的，所以同南京的和平代表团并无接触。

4月5日，南京方面派出中国航空公司飞机飞抵北平。下午，刘仲容搭乘这架飞机，在暮色苍茫中返回南京。

一下飞机，刘仲容就马不停蹄地赶到傅厚岗李宗仁官邸，向他详细地报告了此次北平之行的经过，并如实转达了毛泽东和周恩来的谈话。

接着，刘仲容把一张当天出版的《人民日报》报纸递给李宗仁，"这是我特意从北平带来的。这篇文章很重要，它表达了共产党的方针政策，指明了方向。"刘仲容指着头版一篇名为《南京政府向何处去？》的社论解释道。

李宗仁认真看完文章，一言不发，重重地叹了口气，随即叫秘书给何应钦打电话，请他马上过来听一听刘仲容在北平同中共接洽的情况。

"这好吗？"刘仲容满腹疑惑。

"敬之（何应钦字敬之）是行政院长，应该让他也听听嘛。"

不一会儿，何应钦出现在门口。一进门，人还未坐下，就问刘仲容："这次你带回什么消息呀？在那边你见到文白（张治中字文白）、邵老了吧？"

"没有见面，我是德公（李宗仁）派出去了解情况的。我刚到，正向德公汇报。"刘仲容说。

"据你看，共产党有没有诚意？你见到毛先生没有？"何应钦接着追问。

刘仲容如实回答："见到了，毛先生说，国共两家打了这些年的仗，该歇歇手了，谈总比打好，这并不是共产党没有力量，而是为了早日结束内战，使地方和人民少受损失。毛先生还说，解放军一定要过江，谁也不能阻拦。他欢迎你和德公到北平直接商谈，协商解决一切问题。"

"我们的代表团不正在那边同他们谈吗？"何应钦一副不以为意的表情。

因摸不清何应钦的心思，刘仲容只好含糊其词，"双方最高当局直接会谈，可能更直截了当些吧。"

4月7日，李宗仁怀着一种极其复杂的心情致电毛泽东，表示："凡所谓历史错误足以妨碍和平如所谓战犯也者，纵有汤镬之弄，宗仁一身欣然受之而不辞。至立国大计，决遵孙总理之不朽遗嘱，与贵党携手，并与各民主人士共负努力建设新中国之使命。况复世界风云，日益诡谲，国共合作，尤为迫切。如彼此同守此义，其他问题便可迎刃而解。"

8日上午，毛泽东、周恩来在香山接见南京政府代表团首席代表张治中，就谈判的有关事宜进行了长达4个小时的会谈。

下午，李宗仁接到了毛泽东的复电。毛泽东在复电中指出："中国共产党对时局主张，具见本年一月十四日声明。贵方既然同意以八项条件为谈判基础，则根据此八项原则以求具体实现，自不难获得正确之解决。战犯问题，亦是如此。总以是否有利于中国人民解放事业之推进，是否有利于用和平方法解决国内问题为标准，在此标准下，我们准备采取宽大的政策。本日与张文白先生晤谈时，即曾以此意告之。为着中国人民的解放和中华民族的独立，为着早日结束战争，恢复和平，以利在全国范围内开始生产建设的伟大工作，使国家和人民稳步地进入富强康乐之境，贵我双方亟宜早日成立和平协定。中国共产党甚愿与国内一切革命分子携手合作，为此伟大目标而奋斗。"

当晚，张治中打电话向李宗仁报告和谈情况：关于战犯问题，中共已做出了让步，毛泽东表示可以不在和平条款中提出战犯的名字。关于惩治战犯问题，中共也做出了较大让步，在和平协定中改写成：一切战犯，不问何人，如能认清是非幡然悔悟，出于真心诚意，确有事实表现，因而有利于中国人民解放事业之推进，有利于用和平方法解决国内问题者，准予取消战争罪犯，给宽大处理。此外，毛泽东对南京方面特别是李代总统目前的处境和困难，表示谅解。关于和谈方案，毛泽东表示先由中共方面草拟，拿出方案后，正式谈判就比较容易了。将来签字，如李宗仁、何应钦、于右任、居正、童冠贤等都来参加则更好。

接着，张治中向李宗仁请示：代表团一致认为中共方面已做出了极大让步，但在解放军过江的问题上却没有丝毫的改变，能否接受这个和平协定？

听到此，李宗仁刚刚燃起的希望之火一下子被浇上了一瓢冷水，这样看来，和谈成功是非常渺茫的。因为中共坚持要过江，而这一条连他的亲信白崇禧都不能接受，更何况蒋介石了。于是，他再三强调要张治中在谈判中继续坚持就地停战、解放军不渡江、不追究战争责任等要求。

9日，白崇禧从武汉匆匆赶到南京后，立即把刘仲容找来问话。

刘仲容又把北平之行的前后经过向白崇禧详细叙述了一遍，说："当初受您交付的使命，向中共方面提出了关于政治可以过江、军事不要过江的建议。但中共方面态度坚决，坚持政治要过江，军事也要过江，而且很快就要过江。"

"他们一定要过江，那就非打下去不可了，这还谈什么？"白崇禧气呼呼地说。

刘仲容便又把毛泽东的话讲给白崇禧，特别提到如果和谈成功，成立人民政府，毛泽东将请他指挥国防军。

"个人出处，现在不是我考虑的时候，目前要紧的是共产党如果有和平诚意，就立即停止军事行动，不要过江，能让步的我们尽量让步，不能让步的绝对不能让。过江问题是一切问题的前提。中共如在目前'战斗过江'，和谈的决裂就不可避免。"

白崇禧自恃尚有实力，认为他的桂系军队能征善战，未伤元气，加之凭借长江天险足可以抵挡解放军过江，对刘仲容的讲话显得十分不耐烦。

"德公和敬之有什么看法？"

刘仲容马上答道："他们两位都没有表示，就是要同你商量一下。"

"还有什么好商量的？你马上就回北平通话，把我所说的意思转告他们。就这样办。"

见白崇禧有些气急败坏，刘仲容极力劝阻："就当前的形势看，我们位处下风，共产党是战胜者，进行和谈本来就不易，现在好容易开始谈判，和平还有一线希望，千万要把握这宝贵的时机，不要错过啊！"

但白崇禧仍一意孤行，过分迷信他的军事实力，并幻想美国插手援助，甚至发动第三次世界大战，因此对刘仲容的规劝置若罔闻，根本就听不进去。

见此情景，刘仲容也就不好再谈下去了。

12日，刘仲容飞抵北平，立即驱车直驶香山双清别墅，向毛泽东汇报南京之行的情况。

见到刘仲容，毛泽东笑容满面，风趣地说："我给你打过保票，现在你不是平安归来了吗？""李宗仁、白崇禧的态度有转变没有？"毛泽东边说边点燃了一支香烟。

"白崇禧还是顽固坚持反对解放军渡江，我看是没有什么希望了。"刘仲容的回答有点无可奈何。

"李宗仁呢？"毛泽东吸了口烟，紧跟着问。

"还有争取的可能性。主席，我没能很好地完成您交我的任务……"刘仲容内疚地说。

毛泽东打断了刘仲容的话，"那不关你的事。中共中央已经决定，解放军就要渡江。希望德邻先生在解放军渡江时，不要离开南京，如果认为南京不安全，可以飞到北平来，共产党会以贵宾款待他，那时和谈仍可以继续进行。"

不难看出，毛泽东对李宗仁仍寄予希望，并表示了十分宽大的态度。

13日晚，国共和谈代表团在中南海勤政殿举行第一次正式会议。周恩来作《国内和平协定草案》的说明，并重申了中共对这个草案所持原则。张治中表示愿意就中共所提草案再加研究，并将提出修正案。

15日晚，国共和谈代表团在中南海举行第二次正式会议。周恩来指出：经过第一次正式会议后，我和文白先生就协定草案全部内容要点再度具体交换了意见。中共代表团尽可能地吸收了南京政府代表团的许多意见，凡是于推进和平事业有利、于中国人民解放有利的意见，我们尽量采纳。并宣布4月20日为签字的最后期限。

经研究，南京政府代表团表示接受《国内和平协定》最后修正案，并决定派黄绍竑和屈武携带文件于次日返回南京请示。

16日，李宗仁召集桂系核心人物开会研究。会上，他对黄绍竑说："你回北平告诉张文白，叫他向中共代表团力争，取消逮捕战犯这一条，我愿意以国民政府代总统的身份去北平负荆请罪；内战罪责，由我一人承担，但不要再追究国民政府所属的军政人员过去的罪过。其他各条款，我们都愿承认，并认真执行……"

但在"解放军过江"这一关键问题上，李宗仁仍是举棋不定。

然而，手握重兵的白崇禧早已下定"要是中共坚持渡江便不能接纳和议"的决心，同黄绍竑围绕签字与否，激烈交锋，结果双方各执己见，争得面红耳赤，不欢而散。

李宗仁坐在一旁，任由双方争吵，一言未发。他心里明白，如果他表示同意，就会同军方发生冲突。只要仍在幕后操纵的蒋介石一句话，就会把他轰下台，甚至有性命之忧。如果他不同意，则是自食其言，失信于民。退一步说，即使他批准代表团在《国内和平协定》上签字，也不能保证贯彻实施。

思前想后，李宗仁还是不敢接纳和议，只得将签字权推给了"和谈指导委员会"。同时，为了免受蒋介石迫害，他又派张群携带《国内和平协定》到溪口给蒋介石过目。这实际上等于拒绝签署和平协定。

后来，李宗仁在回忆录中写道："我在南京出任代总统的三个月期间，本抱'死马当活马医'的态度，欲为不可收拾的残局尽最后的努力，期望息兵，达成和平局面，解人民于倒悬。古人说：'尽人事而听天命'。但是因环境特殊，蒋先生处处在背后牵制，使我对这匹'死马'实未能尽应有的努力。"可见，李宗仁当时的苦闷与无奈。

20日，李宗仁、何应钦正式复电北平国民党和谈代表张治中等人，声明不同意签字。

21日，毛泽东主席和朱德总司令发出了《向全国进军》的命令。中国人民解放军百万雄师强渡长江，以秋风扫落叶之势迅速摧毁国民党军号称"固若金汤"的千里江防。

23日清晨，在人民解放军的隆隆炮声中，李宗仁仓皇逃离南京，乘专机飞往桂林。

此时此刻，李宗仁心情凄凉无比，"默坐机上，只闻机声隆隆，震耳欲聋，除此之外，则又似万籁俱寂。瞻前顾后，不觉百感丛生，悲愤已……"

当晚，人民解放军攻占了国民党反动政府所在地——南京，宣告蒋家王朝的覆灭。

在桂林，李宗仁召集广西军政首脑商讨时局。与会人员一致认为，国民党政权已至末日，积重难返，迟早必然崩溃，绝无挽回的可能，建议李宗仁在广西与中共言和，实现局部的和平。

中国国民党革命委员会中央委员、白崇禧的老师李任仁更是语重心长地规劝李宗仁："德公，蒋先生在大陆上垮台，尚有一台湾可以负隅，你如在大陆上失败，则一条退路都没有，又何苦坚持到底呢？失败已经注定，我们为什么不能放下屠刀，却要把这害国害民的内战坚持到底呢？"

李宗仁内心十分矛盾，自觉国民党在"内政、外交、军事、财政，同处绝境，断无起死回生之望"，却又依旧坚持"不成功则成仁"，想做"断头将军"。于是，他断然拒绝了与中共再度和谈的建议。

不久，白崇禧、李品仙等人也来到桂林，一致反对与中共和谈。白崇禧更是声色俱厉，大骂这些人是投降论者。

在何应钦、阎锡山等人软硬兼施下，李宗仁于5月7日南飞广州，决心"为防止中国赤化，作最后五分钟的努力"。21日，他发表《告全国同胞书》，重申"戡乱到底"的决心，号召"反共到底"，在政治上又一次与蒋介石同流合污。

然而战局已不可逆转，解放军势如破竹，似疾风扫落叶，战上海，取长沙，通向广州的大门已经打开。

在国民党政府风声鹤唳、大厦将倾的岌岌可危关头，蒋介石暗地里紧锣密鼓，准备第三次"复出"。李宗仁深感孤掌难鸣，决意与蒋介石分道扬镳，各行其是。

6月13日，中华北路广州市政府的迎宾馆，时为李宗仁官邸。

李宗仁与白崇禧派人把刚由北平来到香港的原桂系首领刘斐请到广州来面谈。三人从早上一直谈到深夜。

此时，刘斐已决心与国民党政权彻底决裂，便力劝李、白二人不要再执迷不悟，赶快走和平起义的道路。

刘斐对白崇禧说："为今之计，只有德公下野，因为他已失去代表讲和的资格，而由你率领湘、桂两省军政人员和部队举行局部起义。这样，不仅你们在政治上有出路，而且还可救全多年追随你们的部下，使他们也好有个安顿；否则，你们失败了往国外一跑，他们往哪儿跑呢？"

这本是一个两全其美的良策，但忠言逆耳，白崇禧根本听不进去，脱口而出："汉曹不两立，我除同他们拼到底而外，没有第二条路可走。失败就失败，算了！投降起义我不干！"

见此情景，刘斐知道事情已然如此，不能强求，便意味深长地说："好吧！士各有志，你既宁愿失败，我也不能勉强。不过，我们同过生死，共过患难，在这风雨飘摇船将下沉的时候，我还要向老朋友最后进一忠告：你们如果失败了，就千万不要再到台湾去呀！"

李宗仁勃然变色，暴跳起来，用劲往那张横在他面前的长条桌上猛地一拍，大吼道："哪个王八蛋才到台湾！"

10月1日，毛泽东在北京天安门城楼上向全世界宣告"中华人民共和国中央人民政府今日成立了"。伴随着的隆隆礼炮声，五星红旗冉冉升起，召唤着海内外的炎黄子孙，激励着亿万中华儿女。

此时，在广州的李宗仁正通过无线电波倾听着来自北京的声音。

11月间，白崇禧指挥的华中部队彻底溃败，李宗仁在政治上和军事上赖以生存的最后一点资本血本无归。

20日上午，在人民解放军挥师南下解放全中国的隆隆炮声中，李宗仁怀着无限的惆怅，凄然地离开了祖国，乘专机飞往香港。

12月5日，李宗仁以医治胃病为名飞往美国。不久，定居美国新泽西州盎格鲁林镇，自此开始了长达16年的海外流亡生活。

1950年3月1日，蒋介石在台湾宣布"复职"。

1954年3月10日，国民党在台北召开"第一届国民大会第二次会议"，宣布罢免李宗仁的"副总统"职务。

1955年4月18日，印度尼西亚万隆沉醉在一片节日的欢乐之中，具有伟大历史意义的亚非国家团结会议在这里举行。中华人民共和国国务院总理兼外交部部长周恩来率中国政府代表团参加会议。周恩来以其杰出的才干，为年轻的共和国赢得了声望。

23 日，周恩来发表关于台湾问题的声明：台湾问题是中国内政，台湾地区的紧张局势是美国造成的。中国政府愿意同美国政府谈判讨论和缓台湾地区紧张局势的问题，但任何谈判都丝毫不影响中国人民行使自己的主权——解决台湾的行动。并表明解放台湾有两种可能的方式，即战争方式与和平方式。中国人民愿意在尽可能待条件下和平解放台湾。

中国政府对台湾问题的声明表达了 5 亿中国人民热爱和平的强烈愿望，充分显示了中国政府的诚意，博得了国际舆论的好评，同时也为中美华沙大使级会谈和后来中美友好关系的发展打开了大门。

面对大陆伸出的和平之手，蒋介石从一开始就采取强烈的抵制态度。他不相信共产党，不相信毛泽东，对国共合作更是心有余悸。蒋介石常说，他倒霉就倒霉在国共合作上了。因此，第三次国共合作这样的名词只能让蒋介石不寒而栗。于是他连忙对外宣称：与中共做朋友就会成为中共的俘虏，国家要存在就不能要共产党。

青山遮不住，毕竟东流去。8 月，在遥远的太平洋的彼岸，在北美洲的土地上，传来了一个意想不到的回声。

晚年的李宗仁在经历了失败之痛、流落异邦之苦后，痛定思痛，逐渐从过去的歧误中醒悟。他对周恩来总理在万隆会议上阐明中国对台湾问题的严正立场表示"深感兴奋""竭诚拥护"，毅然发表了《对台湾问题的建议》，指出："今后解决台湾问题之道，在我看来，可有甲、乙两案可循。甲案：恢复国共和谈，中国人解决中国事，可能得一和平折中方案。乙案：美国承认台湾为中国的一部分，但目前暂划为自治区，双方宣布不设防，美国撤退第七舰队，使成为纯粹的中国内政问题，如此则战争危机可免。时日推移，大陆和台湾内部彼此敌视的态度减轻，则真正解决便可实现……"并批评美国政府对中国采取"等待尘埃落定"的政策，"试看今日中国，尘埃已经落定，室内金光耀目，焕然一新。"

声明一经发表，立即在海内外引起轩然大波。

台湾当局严厉谴责李宗仁是在"为席卷大陆的共匪张目"。一些与他共事多年的国民党要员们也纷纷发表声明，说李宗仁"上了共产党的当"，是"年岁高而糊涂了"。

当李宗仁的建议被新华社编入内参电讯稿，摆到中南海西花厅周恩来的办公桌上时，周恩来敏锐地意识到：这是自 1949 年国共和谈破裂以来，李宗仁在政治立场上的一个重大转变。这种转变是如何发生的？能不能看到这位昔日的对手进一步转变而促进正在新生的中国统一的步伐？

李宗仁后来在回忆录中描述了当时的心情："我以过去亲身参与中国政治的体验，观察今日的世局，自信颇为冷静而客观。我惟愿中国富强，世界和平，也就别无所求了。而我作为一个中国人，不能永远漂泊异乡，总有一天要回到生身父母之邦的。……蒋先生比我年长 4 岁，今年 77 岁了。他在漫长的一生中饱经忧患。如果他能像我一样客观地展望一下我们可爱祖国的前程，我可以完全肯定地说，他会同意我的意见的。"

但作为与共产党在战场上拼杀了大半生的前国民党政府代总统，李宗仁此时此刻的心情仍是忐忑不安。

对于这一点，毛泽东自然明白。

1956 年 1 月，毛泽东发表讲话，指出："台湾那里的一堆人，他们如果是站在爱国主义立场，如果愿意来，不管个别的也好，集体的也好，我们都要欢迎他们，为我们的共同目标奋斗。"随后又提出了"和为贵""爱国一家、爱国不分先后，以诚相见，来去自由"的主张。

面对中国共产党的和平呼吁，李宗仁真诚的赤子之心被唤醒了，决定采取行动。

4 月，李宗仁派他的亲信、前国民党中央委员会常委程思远由香港秘密回到大陆。程思远曾回忆道：当时他是抱着豁出去的心情回国的。他要亲身试一试中国共产党所宣称的来去自由的许诺到底是真是假。他还要亲眼看一看，在无产阶级掌握政权之后，那片给他生命、哺育他成长的苦难土地上究竟发生了什么变化。当然，他之所以要"冒险"回国一游还有更深刻的含义。那就是为李宗仁的归国铺路搭桥。

4 月 28 日，程思远由香港经广州秘密回到祖国首都北京。此时，大陆正广泛宣传"百花齐放、百家争鸣"的方针，反右斗争也尚未展开，加上号召和平统一祖国，整个政治气氛、社会面貌都显得生机勃勃。程思远所到之处，一片欣欣向荣的景象。

5月7日晚，张治中约程思远在家中吃饭，并告诉他："周总理将在明天下午政协举行的酒会上接见你。"

8日下午3时，周恩来健步走进全国政协礼堂三楼的宴会厅。

张治中正准备介绍程思远，不想周恩来笑容满面地伸出手来，对程思远说："欢迎你回来！我们1938年在武汉见过面。"

事隔18年，周恩来还记得那一次见面，这大大出乎程思远意料，钦佩之情油然而生。

12日中午，周恩来在中南海紫光阁设宴招待程思远。参加宴会的有李济深、张治中、邵力子、黄绍竑、刘斐、屈武、余心清、刘仲容、刘仲华、李克农、罗青长等人。

午饭后，周恩来同程思远进行了轻松、愉快的谈话，指出：中国共产党主张爱国一家，团结对外，以诚相见。国共两党曾两度合作，并肩作战。我们希望将来出现第三次的国共合作。有人说，过去两次国共合作，结果隙大凶终，但是追源究始，责任不在共产党。这是事实俱在、有目共睹的。只要大家以民族和祖国的利益为重，国共两党仍然可以重新携手团结起来，争取第三次国共合作，实现祖国的完全统一。

程思远连连点头称是。

周恩来话锋一转，说："李宗仁先生去年发表了一个声明，反对搞'台湾托管'，反对'台湾独立'，主张台湾问题由中国人自己协商解决。这是李先生身在海外心怀祖国的表现。欢迎李先生在他认为方便的时候回来看看。"并请程思远把这次谈话的精神转达给海外人士。

这分明是周恩来代表中国共产党向李宗仁发出的邀请函，程思远兴奋不已。

程思远回到香港立即给李宗仁写信，详细叙述了与周恩来、张治中等人见面商谈的情况以及沿途和在北京的所见所闻，包括农村丰收在望、工业生产蓬勃发展和市场供应无缺的大好景象，并转达了周恩来欢迎李宗仁在适当的时候回来看看的邀请。

不久，程思远接到李宗仁的回信：北京之行，事关重大，事先应当同他充分商量。

1959 年，程思远应邀作为港澳地区代表团成员，再次来到北京，参加国庆 10 周年庆祝活动。

10 月 25 日下午 3 时，周恩来在中南海紫光阁接见了程思远。程思远首先汇报了参观东北的观感以及李宗仁近年的情况，并说李宗仁想把一批珍藏多年的文物"捐献"给祖国。

周恩来说："德邻先生出于爱国热诚，要向国家贡献一些文物，政府表示赞赏。至于他有落叶归根的意愿，估计当前他回国的时机尚未成熟。在适当的时候希望他到欧洲同你谈谈，然后作出决定。"

毛泽东与周恩来认为，李宗仁之所以要在此时"捐献文物"，不过是在进一步试探共产党对他回国的诚意。于是决定接受这批文物，并照价付款。

1960 年秋，李宗仁夫人郭德洁以探亲为名到香港同程思远会面，商量程思远、李宗仁在欧洲会面的地点、日期，以及如何联系，如何躲避美蒋特务盯梢等问题。最后商定在瑞士苏黎世会面。为避人耳目，李宗仁以探亲、旅游名义前往。程思远则以参观罗马古迹名义飞往罗马，然后再转道瑞士。

这一年恰逢美国大选，肯尼迪以 10 万票的微弱多数战胜尼克松入主白宫。

李宗仁认为麦卡锡死了，国会援蒋集团的头目诺兰也不在了，决定劝说肯尼迪重新检查对华政策。于是，他亲自给肯尼迪写了一封信，一方面祝贺他就任总统，一方面建议美国同新中国建立外交关系，以期奠定东亚和平。但肯尼迪借口事关对外政策需缜密考虑，没有接受李宗仁的建议。

周恩来得知这一情况后，立即约程思远于 1961 年 6 月中旬第三次到北京。

在听取了程思远与郭德洁会面的情况后，周恩来要程思远传话给李宗仁，目前肯尼迪政府困难重重，不能期待其对华政策有任何转变，李先生的立场当然要超然一点，不要对肯尼迪政府抱有幻想。

1962 年底，中印边界发生武装冲突。为维护祖国尊严和领土完整，人民解放军在青藏高原的喜马拉雅山和喀喇昆仑山区进行了一场大规模的边境自卫还击战。

李宗仁深明民族大义，在《纽约时报》发表了题为《对中印边界问题的进一步探讨》的文章，指出：西藏自古以来是中国神圣领土不可分割的一部分，中印边界线几个世纪以来都未划定，尼赫鲁制造中印边界纠纷，想借此解决印度内部困难，同时还想利用中印冲突来争取美援。

1963年夏，李宗仁在接受意大利米兰《欧洲周报》女记者奥古斯托·玛赛丽的采访时，重申台湾是"中国内政问题"，反对"台湾独立"和"联合国托管"，坚持"国共和谈，中国人解决中国事"的主张。

李宗仁讲道："关于蒋（介石），我只能说史迪威将军常说的话。这就是，他有许多缺点。就我个人来说，我很喜欢他。我们都是失败者。许多年来，蒋一直是中国的元首，而现在他的举动、他的经验好像还没有一个村长多。每年一度他站在金门、马祖海边的悬崖上发表演说。他总是重复着同样一句话：'我们一定要回去'，很难说他本人是否了解这一事实：回大陆是不可能的。"

"蒋说我是一个共产党，我回答说我不是共产党，我甚至也不喜欢共产党，但是我不否认今天共产党为中国所做的事情。我宁愿继续做一个诚实的人和可怜的政治家，但我不能不说实话。中国从来没有像现在组织得这样好。我怎么能够抹杀事实呢？"

"我像蒋介石和国民党一样是一个失败者，唯一的区别是：我完全不把这件事放在心上。作为个人来说，我自己无关紧要，我不能妨碍中国的前途和它的进步。我由于自己的失败而感到高兴，因为从我的错误中一个新中国正在诞生……"

句句话语，充分显示了李宗仁身在海外、心系祖国的真诚情怀。李宗仁从护国军的一个排长到国民政府的代总统，其间经历了多少艰苦磨难、浴血奋战、苦心经营，也有过多少钩心斗角的权力斗争。虽然他有过雄心抱负，立志要干番事业，但终究是逆历史潮流而动，始终认识不了国家、民族的最高利益，人民的要求，而脱离不了个人名利的局限，终被人民所抛弃。但是作为一个失败者，难能可贵的是他能客观地检讨自己，终于在晚年走出了个人的樊篱，觉悟到民族的大义，彻底否定了自己的过去，这是需要相当的勇气和决心的。

11月14日，程思远第四次到北京，向周恩来汇报他与李宗仁在苏黎世会晤的准备情况。

15日深夜，周恩来在中南海紫光阁接见了程思远，让他向李宗仁转达毛泽东主席和中共中央的意见，最重要的是"四可"。第一，李先生可以回来在祖国定居；第二，可以回来，也可以再去美国；第三，可以在欧洲暂住一个时期再定行止；第四，回来以后可以再出去，如果还愿意回来，可以再回来。总之，来去自由，没有约束。

一个月以后，程思远飞抵苏黎世，与李宗仁秘密会晤。故人相见，千言万语涌上心头，但又不知从何说起。

李宗仁已是两鬓皆白，但精神很好，对程思远说："我们不能再像断了线的风筝似的，浮萍浪迹，漂泊西东。树高千尺，叶落归根。我是中国人，一定要回中国去，在祖国的土地上寻找我最后的归宿。我总不能把这把老骨头抛在异国他乡啊。人到晚年，更加思念父母之邦。蒋介石那个'中国'，是与我无缘的。我如今悔之太晚。我最大的错误，就是与蒋介石决裂得太晚。一时犹疑，错失良机，酿成千古之恨。宗仁老矣，但我还要回去，回到祖国去，现在亡羊补牢，还尚有残年……"

程思远转达了周恩来的问候和"四可"的意见。

李宗仁当即表示："我只要'一可'，回到祖国定居，安度晚年。"

1965年6月13日，李宗仁以给手术后的郭德洁疗养为由，离开旅居16年的美国飞往瑞士，开始了回归祖国的漫漫旅程。

7月18日上午7时许，李宗仁与夫人郭德洁在程思远的陪同下，飞抵广州白云机场。

李宗仁结束海外流亡生活、回归社会主义祖国的消息，立刻通过无线电波传遍了全球，成为当日世界各大报纸的头条新闻。

在白云机场的候机厅里，李宗仁夫妇与前来迎接的陶铸等广东省党政军领导人亲切交谈，并一同品尝了广东点心和"及第粥"。早餐后，李宗仁一行重新登机。经过两个多小时的飞行，上午11时到达上海。李宗仁没有料到周恩来、陈毅等已在机场欢迎，他感动极了。

20 日，在国务院副秘书长罗青长、统战部副部长刘述周的陪同下，李宗仁从上海乘专机直飞北京。周恩来的专机提前 20 分起飞。

7 月的北京，烈日炎炎，骄阳似火。首都机场上，周恩来亲率陈毅、贺龙、叶剑英、罗瑞卿、彭真、郭沫若等，举行盛大隆重的仪式，热烈欢迎李宗仁的归来。参加欢迎仪式的还有各民主党派负责人、无党派人士、国民党起义将领等数十人。当年国民党政府和谈代表团成员邵力子、黄绍竑、章士钊等人也在其内。

上午 11 时，专机安全降落。面对机场上的热烈场面，李宗仁激动万分，频频向欢迎的人群拱手致谢。当他看到站在欢迎队伍最前面的周恩来时连忙快步上前，与周总理紧紧拥抱。

"你回来了，我们欢迎你！"

听着周总理亲切的话语，李宗仁热泪盈眶，连声说："总理你好，总理你好。"

随后，李宗仁与前来欢迎的陈毅等人一一握手致谢。当周总理介绍溥仪同李宗仁见面时，一个历史性的镜头出现了：在新中国的首都，清朝末代皇帝同国民党政府代总统的手紧紧地握在了一起。

当晚，周恩来在人民大会堂设宴为李宗仁一行接风洗尘。席间，周总理向李宗仁转达了毛泽东主席的问候，并说毛主席将于近日接见他。

26 日，正当李宗仁一行在北京东郊参观纺织厂时，突然接到通知：毛主席要在中南海接见他们。

上午 11 时，李宗仁偕夫人郭德洁准时而至。毛泽东早已迎出门外。具有历史性意义的一幕出现了。新中国的缔造者和旧中国的代总统重又聚首了，两双手紧紧握在一起。

"德邻先生，你们回来了，很好，欢迎你们！"

刚刚坐定，毛主席以浓重的湖南乡音对李宗仁先生说："德邻先生，你上当了。"

李宗仁为之一怔。

"这一次归国，你是误上贼船了。台湾当局口口声声叫我们做'匪'，还叫祖国大陆做'匪区'，你不是误上贼船是什么呢！"

毛泽东说完哈哈大笑，笑声中洋溢着他那独具的幽默、豁达、自信和气度。

李宗仁及在座的人也不禁笑起来。

"这一次回到祖国怀抱，受到政府和人民的热烈欢迎，首先应对主席表示由衷的感谢。几天以来我们在北京地区参观访问，亲眼看到祖国社会主义建设的伟大成果，感触颇深。我们为祖国的日益强大而感到十分高兴。"李宗仁向毛泽东谈起归国几天的亲身感受。

毛泽东点点头："祖国比过去强大了一些，但还不很强大，我们至少要再建设二三十年，才能真正强大起来。"

当李宗仁谈到海外的很多中国人都渴望回到祖国来时，毛泽东用力挥了一下手，掷地有声："跑到海外的，凡是愿意回来，我们都欢迎，他们回来，我们都以礼相待。"

下午1时许，毛泽东与李宗仁、程思远一行乘车去丰泽园，这是毛泽东的住所。在这里毛泽东设宴招待李宗仁等人。

席间，李宗仁再三表示深以台湾问题久悬不决为虑。毛泽东说："德邻先生，不要急，台湾总有一天会回到祖国来的，这是不可逆转的历史潮流。"

9月26日下午，李宗仁举行盛大的记者招待会，回答了中外记者提出的有关台湾问题、中美关系问题，畅谈了回国两个多月的观感，并且发表了对时局的看法。

对台湾问题，李宗仁指出：台湾是中国不可分割的领土。台湾问题是中国的内政，政府关于如何解决台湾问题的政策，早已宣告中外。深望蒋先生和在台湾的国民党同志好自为之。

一位记者问："你是不是属于马克思主义者？"李宗仁意味深长地回答："我是爱国主义者。我不相信修正主义。"

接着，他由衷地说："在海外住了十六年以后，终于回到祖国怀抱，走上一条爱国反帝的道路，这是吾辈国民党人今后唯一可能抉择的光荣的道路""我回国只有两个月，到过东北参观，深感16年来祖国变化很大，需要多看看，了解了解，以后再根据祖国的需要来报效祖国。我有一分的力量，即作一分的贡献。至于个人出处，我无所萦怀。"

1966 年初，李宗仁夫妇访问了阔别了 17 年的故乡，重游桂林山水。3 月 21 日，郭德洁因患乳腺癌在北京医院逝世。

这一年国庆节，毛泽东邀请李宗仁参加国庆 17 周年的庆祝活动。天安门城楼上，毛泽东向李宗仁走过来，伸出了他那双有力的大手。李宗仁无比兴奋，也连忙伸出双手。两位老人的手又一次紧紧地握在了一起。

解放军画报记者孟昭瑞拍下了这一有重要意义的历史瞬间。许多年后，孟昭瑞仍能清楚地记起当时的情景：

> 1966 年国庆节，毛主席邀请李宗仁先生上天安门，故意地站在城楼的中间热情地握着他的手，似乎为了让所有的人都能看到这一历史性的会见。这充分地体现了党的统一战线政策是坚定不移的。当时我只是不停地拍照，但仍然能清晰地听到毛主席带着浓重的湖南口音对李宗仁说："请多保重身体，共产党不会忘记你的！"两位老人的会见是那样的和谐、诚恳，它将永远留在人们的心中。

毛泽东的用意十分明白，他不仅要让所有的人都能看到这一历史性的会见，同时在当时"文化大革命"的特殊历史情况下，这无疑也是对李宗仁的一种保护方法。

休息室里，毛泽东与李宗仁交谈起来："群众是发动起来了，群众一起来，那就不能完全依靠个人的想法去做。火是我自己烧起来的，点火容易灭火难。看来这火还要烧一个时期。"

接着，毛泽东问李宗仁对这场"文化大革命"有什么看法，有什么意见，希望李宗仁坦率谈谈。

李宗仁谦逊地说："毛主席高瞻远瞩，英明伟大，古今中外任何国家领袖，没有一个人能有这么大的魄力来发动这场革命。目前虽然稍乱一点，但是为了子孙后代，还是很值得的。"

李宗仁还向毛泽东讲了一段北伐时期他与苏联顾问鲍罗廷之间往事：

当时革命队伍内部发生了严重分裂，李宗仁由南京到武汉进行调处，与鲍罗廷就革命形势发生争论：

鲍罗廷问："举个例子来说吧，你说妇女们想不想生儿女？"

李宗仁答："生产是妇女的天职。既是女人，就要生儿育女。"

鲍罗廷又问："请问妇女生产痛苦不痛苦呢？"

李宗仁回答："岂但痛苦，有时还有生命危险！"

鲍罗廷笑道："这就是你们的革命了。妇女知道生产痛苦，还是想生产；正如你们知道革命困难，还是要革命一样。你们今日革命，由于幼稚病所引起的困难，也就是妇女生产时的痛苦是避免不了的。"

显而易见，李宗仁用这段历史对话来比喻"文化大革命"，暗指当前的乱是为了未来的治，作为领导人要尽可能缩小这种乱的范围和程度。

毛泽东自然听出了李宗仁的话外之音，表示目前他也正在做这个制乱的工作。接着，毛泽东又把统一战线在民主革命中的作用、贡献和社会主义时期统一战线的必要性，对李宗仁作了说明。

"红卫兵小将们向各民主党派勒令限期取消民主党派组织，这是不可以的。听说他们要砸烂政协，要彻底毁灭统亡战线，这更是不对的。民主党派不能取消，这要对红卫兵说清楚，有些人可能听不进去，但这要好好地做工作，说服教育他们。"

最后，毛泽东问："德邻先生，你的看法怎么样？"

李宗仁连声说："毛主席英明高见。"

1968 年 8 月，李宗仁被确诊患了直肠癌。几个月后，已病入膏肓的李宗仁自觉不久于人世，便对在身边的工作人员说："我的日子不会再有多久了。我能够回来死在自己的祖国，这是了我一件最大的心愿。"

"回来以后，我想在台湾问题上做些工作……现在来不及了。台湾是要统一的，可惜我是看不见了，这是我没有了却的一桩心事。那些书（指他带回的许多线装书），送给广西图书馆。书画送给政府。那几瓶酒，送给毛主席、周总理！"

那几瓶酒，李宗仁珍藏了几十年之久，一直舍不得喝。如今在临终前送给毛泽东、周恩来，可见他们之间极为浓厚的感情。

1969年1月30日午夜12时，李宗仁在北京病逝，享年78岁。

弥留之际，李宗仁坚持口述了一封给毛泽东、周恩来的信："我在1965年毅然从海外回到祖国，所走的这一条路是走对了。……在这个伟大的时代，我深深地感到能成为中国人民的一分子是一个无比的光荣。……在我快要离开人世的最后一刻，我还深以留在台湾和海外的国民党人和一切爱国的知识分子的前途为念。他们目前只有一条路，就是同我一样回到祖国怀抱……"

毛泽东评马占山

【马占山简历】

马占山（1885—1950），字秀芳。奉天怀德（今吉林省公主岭市）人。国民党陆军中将。

1903 年，马占山因不满当地劣绅地主的欺侮，离家跑到黑虎山落草。因精明强干、为人豪爽、重义气，兼有一身善于骑射的好功夫，被推举为绿林头目。1904 年，日俄战争在中国东北爆发，马占山看到家乡人民遭受帝国主义蹂躏的苦难，决心不再在绿林中混迹下去，寻找为民族建功立业之路。1905 年，他接受清朝官府收编，出任怀德县游击队哨官，从此开始了行伍生活。1911 年，他得到奉天后路巡防营统领吴俊升的赏识，任四营中哨哨长。中华民国成立后，所部改编为中央骑兵第 2 旅，因作战勇猛由连长递升至团长。1925 年起，历任奉军第 17 师骑兵第 5 旅旅长、骑兵第 17 师师长、骑兵第 2 军军长。1928 年，奉军缩编，改任黑龙江陆军步兵第 3 旅旅长。次年，任黑龙江省骑兵总指挥。1930 年，调任黑河警备司令兼第 3 旅旅长。

1931 年"九一八"事变后，马占山被张学良委任代理黑龙江省政府主席兼代东北边防军驻（黑龙）江副司令长官，不顾蒋介石的不抵抗政策和辽宁、吉林两省相继陷落的孤立困境，于 11 月 4 日率部奋起进行江桥抗战，打退日伪军多次进攻，鼓舞了全国人民的抗日爱国热情。终因力尽援绝，撤至海伦。17 日，被国民政府任命为黑龙江省政府主席。1932 年 2 月，一度屈服于日本关东军的压力，任伪黑龙江省省长和伪满洲国军政部总长，受到全国舆论谴责。4 月 1 日，从齐齐哈尔秘密出走，7 日抵达黑河，通电反正，重新举起抗日大旗，并致电国联调查团揭露日本制造伪满洲国内幕。5 月，他联合省内旧部和民团、乡勇在海伦组织黑龙江省民众抗日救国义勇军，被推为总司令，率部在黑龙江省南部、吉林省北部铁路沿线和山林地区打击日伪军，后因孤立无援、寡不敌众，于12月退入苏联境内。1933年6月，马占山到上海。他见热河（今分属河北、辽宁和内蒙古）失守、长城抗战失利、华北危急，便跑到庐山面见蒋介石要求回东北继续抗日，但未获蒋应允，被任命为军事委员会委员，闲居天津。其间，与东北爱国人士杜重远、阎宝航、栗又文等交往甚密，并在共产党员孙达生等人的影响下，表示联络张学良停止内战，一致抗日。1936年1月，被授为陆军中将。12月，到西安，支持张学良、杨虎城逼蒋抗日爱国行动，参与了"西安事变"。

全面抗战爆发后，马占山被蒋介石任命为东北挺进军总司令，率部转战晋、绥（绥远，今属内蒙古）、陕等省，其间曾在延安住了一段时间，受到毛泽东的接见，对中国共产党提倡的抗日民族统一战线有了进一步了解。1945年6月，任第十二战区副司令长官。

抗日战争胜利后，蒋介石为抢占东北抗日胜利果实，设立东北行营和保安司令部，委任马占山为委员。1945年9月初，马占山奉蒋介石命令，率部配合傅作义部进犯绥东和察西等解放区。在遭到重创后，以到北平（今北京）治病为由请假。1946年10月，任东北保安副司令长官，但一直在北平养病。直到1947年4月，在蒋介石的多次催促下才来到沈阳就职。1948年8月，任东北"剿总"副总司令。此时，马占山见东北战场上国民党军大势已去，便称病寓居北平。平津战役期间，蒋介石曾派飞机接马占山去南京。马占山认为国民党政府必败，拒绝南逃，并接受北平中共地下党的要求，邀请邓宝珊来平，一起劝说傅作义和平起义。1950年11月29日，在北京病逝。

【毛泽东评点】

今天开会欢迎始终如一抗战到底的马占山将军。中国古代社会即是欢迎有始有终的人，一直到今天都是这样，半途而废的人不被人所欢迎。抗日是一件大事，要始终如一，抗战到底。现在有些投降派，半途而废，他们是虎头蛇尾。我们要和马将军一道，和全国抗战的人一道，抗战到底。

——摘自《毛泽东年谱》中卷第150页

【评析】

1939年5月中旬，时任东北挺进军总司令的马占山赴重庆请示蒋介石关于部队的补充和今后作战部署等事宜。8月下旬，他在由重庆返回时，考虑到挺进军的作战和辎重运输曾多次得到延安方面的帮助（当时马占山部驻守陕西府谷县哈拉寨镇），便决定途经延安晋见毛泽东。

当马占山一行走到距延安50里的稻草铺时，忽见路旁有山鸡，便操起猎枪射击。不料，猎枪筒突然爆炸，将马占山的拇指、中指和食指全部炸断。昏昏沉沉的马占山被部下送进了延安医院。

经过医护人员的精心治疗，马占山康复出院了。中共中央和陕甘宁边区政府设宴欢迎马占山。宴会后，毛泽东陪同马占山出席延安各界在中央大礼堂举行的欢迎晚会，并发表了热情洋溢的讲话：今天开会欢迎始终如一抗战到底的马占山将军。中国古代社会即是欢迎有始有终的人，一直到今天都是这样，半途而废的人不被人所欢迎。抗日是一件大事，要始终如一，抗战到底。现在有些投降派，半途而废，他们是虎头蛇尾。我们要和马将军一道，和全国抗战的人一道，抗战到底。

毛泽东之所以如此盛赞马占山，是缘于八年前发生在白山黑水间那场震惊全国的江桥抗战。

早在19世纪末叶，日本由资本主义发展成帝国主义国家后，即走上对外侵略扩张的道路。通过发动甲午战争、参加八国联军侵华和旨在争夺中国东北地区的日俄战争，相继侵占中国领土台湾和澎湖列岛以及取得在中国驻军、开矿、办厂等特权。

第一次世界大战期间，日本又借口对德国宣战，出兵山东，占领青岛及胶济线，并提出企图灭亡中国的"二十一条"，急欲变中国为其殖民地。此后，日本在政治上日益军国主义化，在经济上加速国民经济军事化，逐步成为第二次世界大战的东方策源地。

20世纪30年代初，空前严重的资本主义经济危机，给日本以沉重打击，进一步加剧了其国内的阶级矛盾。日本政府为转嫁危机，缓和国内矛盾，摆脱困境，加速了以武力侵略中国的步伐。继"东方会议""大连会议"制定《对华政策纲领》之后，1931年6月，日本陆军中部制定了《解决满洲问题方策大纲》，伺机发动战争。日本关东军遂相继制造"万宝山事件""中村事件"，为进攻东北寻找借口。8月16日，蒋介石向东北军统帅张学良下达对日军的寻衅不予抵抗的命令。

9月18日晚10时许，关东军独立守备队岛本中队的河本末守中尉以巡查铁路线为名，带领数名士兵向柳条湖走去。他们一面从旁边观察北大营的兵营，一面选定离兵营约800米往南去的地点，河本亲自把炸药装置在铁轨下，并点燃导火索。随着"轰"的一声巨响，预先埋伏好的日军在坦克掩护下向奉天（今沈阳）东北军驻地北大营发起突然进攻。震惊世界的"九一八"事变就此爆发了。

"九一八"事变是日本帝国主义精心策划，早有预谋的。早在1930年末，关东军便着手选择并确定沈阳柳条湖为事变地点。1931年6月，坂垣征四郎、石原莞尔拟好"柳条沟铁路爆发计划"，即用炸药将位于北大营附近的柳条湖南满铁路炸毁，并以此为借口，向东北军发动进攻。计划要求关东军在一夜之内占领奉天城，并乘机大举进攻占领东北全境。

虽说日军早有预谋，但在事变发生时，关东军在东北的部队仅有1个师团和旅顺重炮大队，另有铁路守备队6个大队（相当于营），全部兵力加起来也只有1万余人。参加进攻奉天的日军仅1个联队（相当于团）和2个铁路守备大队。而驻守北大营和奉天附近东山嘴的东北军有2个旅共计6个团，另外城内还驻有3个警察总队，兵力占绝对优势。因此日军在开始进攻时，仍小心翼翼，用不装引信的炮弹进行试探。见东北军毫无反应后，这才放心大胆地展开攻击。

当时驻守北大营的是东北军第7旅。当晚事发时，旅长王以哲擅离职守回城里家中过夜。日军发起进攻后，参谋长赵镇藩一面用电话通知王以哲，一面又请示东北军总参谋长荣臻。

正在北平协和医院养病的张学良偕夫人于凤至和赵四小姐，当晚前往前门外中和剧院观看梅兰芳表演的京剧《宇宙锋》。戏演到精彩处时，随从副官匆匆来报，荣臻从沈阳打来长途急电。张学良立即返回医院，接到荣臻的电话报告："驻南满站的日本联队，突于本晚10时1刻，袭击我北大营，诬称我方炸毁其柳河铁路路轨，现已向省城进攻。我方已遵照蒋主席'铣电'的指示，不予抵抗。"

张学良听后顿感震惊，当即命令荣臻随时报告日军动向。但不久，与奉天的联系就中断了。张学良感到事态严重，连夜在协和医院召集在北平的东北军高级将领开会。

会上，张学良首先向大家通报了日军进攻北大营和奉天的情况，表示"日本人图谋东北由来已久，这次挑衅的举动，来势很大，可能要兴起大的战争。我们军人的天职，守土有责，本应和他们一拼，不过日军不仅是一个联队，它全国的兵力可源源而来，绝非我一人及我东北一隅之力所能应付，现在我们既已听命于中央，所有军事外交均系全国整个的问题，我们只应速报中央，听候指示。我们是主张抗战的，但须全国抗战；如能全国抗战，东北军在第一线作战，是义不容辞的……总期这次的事件，勿使事态扩大，以免兵连祸接，波及全国。"

张学良随即将荣臻的报告内容电告南京国民政府，并请示如何处置。军事委员会办公厅主任熊斌转达蒋介石的指示：不能打，并告知张学良，外交部已电告国联，听候国联处理。

就在张学良忙于请示南京国民政府的同时，驻北大营的东北军第7旅官兵们正面临着一场血与火、生与死的考验。

荣臻向张学良请示后，立即向赵镇藩下令："不准抵抗，不准动，把枪放到库房里，挺着死，大家成仁，为国牺牲。"然而，在日军屠刀面前，不愿引颈就戮的第7旅广大爱国官兵是万难接受不抵抗命令的。

早在事变发生前，王以哲曾专门召集全旅上校以上军官和情报人员开会，研究对付意外事件的应变之策。经反复研究，会议决定采取"衅不自我开，作有限度的退让"的对策，即：如果日军进攻，在南北东之间待日军进到营垣七八百米的距离时，在西面待日军越过铁路时，即开枪迎击；在万不得已的情况下，全军退到东山嘴子附近集结，候命行动。

此时，日军已从西、南、北三面接近营垣，情况万分危急。如不果断采取措施，第7旅将遭全军覆没之灾。生死关头，赵镇藩和第620团团长王铁汉等人毅然下令对入侵日军予以还击。北大营保卫战打响了。

战斗中，第7旅广大爱国官兵同仇敌忾，以劣制装备，英勇抗击武器精良、突然袭击的日本侵略军。战斗进行得异常残酷激烈，一直持续到次日凌晨3点多。

第7旅虽顽强抵抗，但终因仓促应战，加之王以哲和另外两个团长事变当夜均不在营中，部队指挥混乱，无法组织起有力的反击，伤亡不断增加。

赵镇藩见败局已定，为避免全军覆没，只好下令突围。按事先订好的计划，第7旅一部由北大营向南、北两面拼死出击，以掩护非主力部队从东面向东山嘴子一带撤退。

经过一番殊死搏杀，第7旅终以伤亡290余人的代价，杀出日军重围，至清晨5时许，安全撤退到东山嘴子一带。稍事休整后，即沿沈海线向东边镇守使于芷山部驻地——山城镇退却。日军仅以24人的伤亡就占领了北大营，只有警察和少量卫队守卫的奉天城也随即沦陷。

20日上午，张学良召集在北平的学者、名流、政客和东北军高级将领等27人，商议应变大计。经反复研究，决定仍是听命于中央，依靠国联对付日本。

会后，张学良向全国及南京政府发表通电，大意是：据东北军参谋长荣臻将军报告，日本军队9月18日晚10时开始向我驻扎在北大营的东北军第7旅官兵开火。我军为了避免事态扩大，坚持不抵抗政策，没有进行还击。而日军不但缴了我方士兵的械，还纵火焚烧了北大营，这些情况我们已经向各有关当局作了报告……日军公然不顾事实真相，颠倒黑白，诬称中国人炸掉了南满铁路，并声称他们进攻中国兵营是出于自卫，事实并非如此，甚至在日军火烧北大营时，我军都没有进行抵抗。

不久，张学良接到蒋介石密电：日军行动，可作为地方事件，望力避冲突，以免事态扩大。一切对日交涉，听候中央处理。

然而，日军并未因此停下侵略东北的步伐。19日凌晨3时55分，日军向长春发起突然袭击。守军得到的命令仍然是"急速撤走，不准抵抗"。面对日本侵略军的嚣张气焰，不愿做亡国奴的东北军爱国官兵群情激昂，奋起反击。无奈由于仓促应战，局面十分被动，加之重武器库很快被日军占领，东北军手里只有轻武器，许多官兵甚至是赤手空拳。激战数小时后，东北军伤亡惨重，一部被缴械，一部撤往榆树等地，长春陷落。

从 19 日起，日军相继攻占营口、牛庄、安东（今丹东）、抚顺、凤城、海城、本溪、盖县（今盖州）等城镇。在不到 5 天的时间里，偌大的辽宁省除辽西一地外，全部被日军占领。驻洮南的东北军洮辽镇守使张海鹏、驻山城镇的东边镇守使兼辽宁省防军第 1 旅旅长于芷山等一大批东北军高级将领，在日本帝国主义的诱降政策和南京国民政府的不抵抗政策驱使下，纷纷率部投降，甘心沦为汉奸。东北边防军驻吉林副司令长官熙洽也打着"奉命不抵抗""避免事态扩大"的幌子，暗中勾结日寇，率部投降，将吉林的大好河山出卖给日本侵略者，成为中华民族的千古罪人。

就这样，日军在几乎没有遇到抵抗的情况下，只用不到一周时间便占领了辽宁省和吉林省的大部，下一个目标就是黑龙江省。

当时东北军在黑龙江省驻有省防军步兵 3 个旅、骑兵 2 个旅和炮兵团、工兵营、保安队等，共计约 3 万人。

为了弥补兵力不足，日军将投降的东北军编成伪军，以张海鹏所部 3 个团 3000 余人为先锋，于 10 月 16 日沿洮昂铁路向黑龙江省泰来地区发动进攻。骄横狂妄的日伪军原以为可长驱直入，一举荡平黑龙江。但大大出乎他们的意料，在嫩江桥附近遭到了东北军步兵第 3 旅马占山部的迎头痛击。

对于日寇的侵略行径，马占山早已义愤填膺，而且他的老上司、对他有多年提携之恩的吴俊升在三年前（指 1928 年 6 月 4 日"皇姑屯事件"）被日本人炸死了。当时他就发誓要"公仇私恨，必报复之"。面对伪军的大举入侵，马占山指挥所部奋起抗击。双方激战一夜，伪军死伤过半，张海鹏只得收拾残部仓皇南逃。为阻止日伪军进犯，守军将嫩江铁路桥的第 1、第 2、第 5 号桥炸毁。

19 日，张学良委任黑河警备司令兼东北军步兵第 3 旅旅长马占山代理黑龙江省主席兼军事总指挥。次日，马占山在省城齐齐哈尔新建成的大礼堂举行就职典礼。会后，他分别向南京国民党政府、各院部会，北平张副司令、锦州东北边防军司令长官公署和各省、市及黑龙江省各县发出通电："占山遵电令于本月 20 日驰抵省垣，就职视事。当兹边围垂危，千钧一发，牺牲所惜，陨越堪虞，惟望远锡箴视……"表示保卫国土的抗战决心。

为鼓舞斗志、激励将士，马占山亲自致电前线官兵，勉励他们奋勇杀敌，保家卫国。同时发布悬赏购买民族败类张海鹏首级的公告："张贼叛变，罪止张贼一身，其部下如不反抗国军，决不横加诛联。尔军民人等，如能将张贼活擒来辕献俘，或携其首级来献者，在职军人立即加升二级，并奖大洋一万元，百姓赏大洋二万元"。

恼羞成怒的日军决定亲自出马，进攻黑龙江。27日，日本齐齐哈尔特务机关长林义秀以关东军司令官代理名义向马占山提出所谓的最后通牒：要求黑龙江省政府在11月3日前修竣嫩江桥，否则，日方将以实力掩护自行修复。同时，关东军以第2师团第15旅团第16联队主力为主组建嫩江支队，任命滨本喜三郎大佐为支队长，陈兵江桥，准备进攻并伺机夺取齐齐哈尔。

马占山大义凛然，断然拒绝了这一无理要求，指出："南满铁路对于洮昂路仅有借款关系，债权者不能代债务者修理工程，且洮昂路并非江省政府所属，不能代为承认由满铁兴修，可由江省政府代为通知洮昂路自行修理可也。"

日寇哪肯善罢甘休，随即又提出："嫩江桥不得为战术上使用；至11月3日止，南北两军各由桥梁撤退10公里以外地点，至修竣为止；不承认上述要求或妨碍修理者，认为对日军有敌意，即行使武力。"

面对日本侵略者的嚣张气焰和武力威胁，马占山召开军事会议商讨对策。会上，有人表示日军来势凶猛，不可抗御，主张撤出阵地。马占山拍案而起，声色俱厉地说："吾奉令为一省主席，守土有责，不能为降将军。且吾出身绿林，位重未阁，亦何惜一死！"

会后，马占山发表抗日宣言，增调本省驻军16000余人，部署在嫩江桥及以北地区，准备迎敌。江桥位于三间房、泰来之间，是南北交通要冲，洮昂铁路跨越嫩江的必经之路。日军进犯齐齐哈尔，必须要首先占领江桥。

11月4日，4000多名日伪军在飞机、铁甲车和野战炮的支援下，向驻守江桥的东北军发起猛攻。守军在马占山的指挥下，奋起抵抗，首挫敌锋。震惊中外的江桥抗战就此爆发了。

江桥抗战自 11 月 4 日开始，至 19 日结束，历时 16 天。这是东北军自"九一八"事变后，第一次针锋相对的大规模地抗击日本侵略军的阵地战，也是对抗蒋介石"不抵抗主义"的第一次大反击。

5 日，日伪军分三路再次向江桥阵地猛扑过来。守军抱定"人在阵地在"的决心，视死如归，以正面抗击、翼侧迂回的战法，重创敌军，再次将敌击退。据日方统计，此日血战，日伪军共死伤官兵 1400 余人。

6 日拂晓，日军增调的 2 个大队到达江桥。当日，日伪军携野炮 20 余门、重炮 8 门、飞机 8 架、铁甲车 4 列，对嫩江北岸的大兴车站发起进攻。守军顽强抵抗，再次予敌以重创。

江桥抗战以来，这一天的战斗最为激烈。马占山也亲赴前线，冒着枪林弹雨指挥战斗。守军自早至晚，苦战一天，重创日军，滨本步兵联队几乎被全歼，高波骑兵联队也伤亡殆尽。战后，日军哀叹是自到东北以来空前损失的一次。

马占山清醒地认识到形势已愈发不利。连日激战，敌机和重炮狂轰滥炸，工事全部遭到破坏，已无屏障可守；部队孤军奋战，伤亡甚重，一时得不到补充；而日军大批增援部队正向江桥集结，敌我力量对比悬殊。为保存实力，马占山果断下令放弃大兴车站，连夜向北撤到距江桥 50 华里的三间房一带，在汤池、三间房、昂昂溪等地设置三道防线，筑壕坚守，抗击日伪军。

在东北军的英勇抗击下，狂妄骄横的日寇屡遭重创，不得不从长春、吉林调集长谷旅团 2 个联队，天野旅团步、炮兵各 1 个联队，投入江桥前线。与此同时，东北军苏炳文、程志远一部也由扎兰屯、满洲里开拔，加入江桥抗战。

7 日，马占山电请国民政府火速予以增援，称："占山守土有责，一息尚存，决不使失尺寸之地，沦于异族。惟有本我初衷，誓与周旋，始终坚持，绝不屈让。海内明达，其谅鉴焉。"这番气壮山河的豪言壮语再次向世人展示了中华民族不甘屈服、抵御外侮的精神。

是日晨7时，大战重新开始。东北军发起反攻，重新夺回江桥阵地，共毙伤日军600余人、伪军1000余人。双方在江桥再次形成对峙局面。至此，江桥抗战第一阶段宣告结束。

江桥抗战使全国人民及海外华侨备受鼓舞，纷纷捐款捐物声援马占山。北平救国会致电称赞马占山："此次暴日侵我黑省，举国同愤，将军保土卫民，孤军血战，忠勇义烈，钦佩莫名，尚祈整饬军旅，继续奋斗，收复失地，还我河山！"著名的教育家陶行知赋诗一首《敬赠马占山主席》："神武将军天上来，浩然正气系兴衰。手抛日球归常规，十二金牌召不回。"《京津泰晤士报》发表社论称：马占山是"在充满灾难的中国里，中国高级官吏堪称道仅有的一人……"东北青年学生组织援马义勇军，准备开赴前线，抗击倭寇；就连肇东一带的蒙古王公也召集兵马，表示愿意听从马占山的指挥，共抗日寇；一再鼓吹"不抵抗主义"的南京国民政府此时在全国人民一致抗日的呼声下，不得不传令嘉奖马占山部；连日来一直背负着"失地卖国"骂名的张学良精神为之大振，致电嘉奖马占山：自代理黑龙江省主席和军事总指挥以来，"亲临阵地，威声传播，中外交推"，并任命他为东北边防军驻江副司令，所有驻黑省军队一律归其节制指挥，在江桥"死守到底"。

眼见在江桥损兵折将却没捞得半点好处，日军便改变策略，玩弄其惯用的软硬兼施的伎俩，由军事进攻为主、政治诱降为辅，改为政治诱降为主、军事进攻为辅的方针。

8日，关东军司令官本庄繁向马占山提出警告："马主席如欲避免日军进入齐齐哈尔，应速披沥诚意。"

当晚，林义秀将所谓诚意条件用短札形式交给了黑龙江省外交主任王春。信中称："考察目前之时局，避免战祸，维持地方秩序的唯一方法，为马主席于此时下野；同时黑省政府与张海鹏之间实行和平授受政权，除此之外，别无良策。"

12日，本庄繁向马占山发出所谓的"最后通牒"，提出三点要求：一是马占山立即下野；二是东北军从齐齐哈尔撤退；三是出于保障洮昂线安全之考虑，日军将向龙江东站移动。并限定马占山必须于12日夜12时以前做出答复，否则一切后果自负。

当夜，马占山正式答复日方，称："一、下野本无不可，但须有中国中央政府命令，派人前来，方能交代，如张海鹏一类者，虽有中央命令，亦不交与政权；二、关于退兵一事，在我国领土，我国有权，非日本所得干涉；三、昂昂溪站为中国与苏俄合营之铁路站，贵军要求进兵，殊与芳泽代表在国联声明'日本无领土野心'一语，自相矛盾。且余奉命保守疆土，在未奉到命令让渡与日本前，碍难办到。同时在法律事实两方面，亦非贵国所应要求。"马占山义正词严地驳斥了日军的无理要求，再次维护了中华民族的尊严。

见威逼马占山屈服失败后，气急败坏的日寇调集重兵准备发动新一轮进攻。这时，围困江桥的日军计有步兵第4、第29、第30、第10联队，骑兵第2、第28联队，以及2个野炮兵联队。

12日，也就是本庄繁向马占山发出"最后通牒"的当天，日军发动了大规模的进攻。双方激战一天，日军占领了前后宫地、张花园。

13日下午，日军集中步、骑兵3000余人，在飞机、铁甲车和重炮的配合下，向汤池、乌诺头、新立屯发起猛攻。马占山亲临前线指挥，守军奋勇杀敌。激战一直持续到黄昏，日军进攻多次均无功而返。

14日，日军卷土重来，向汤池蘑菇溪间阵地猛扑过来。守卫阵地的东北军与来犯之敌鏖战达15个小时之久，打退了敌人的多次冲锋。

16日，不甘心失败的日军重新集结兵力，在10架飞机、8门重炮和数辆坦克的掩护下，直扑三间房阵地。激战一天，日军再次铩羽而归。

17日，日军第2师团主力等增援部队陆续到达大兴前线，共集结步兵11个大队、野炮3个大队、重炮1个大队、骑兵2个中队、工兵1个中队，飞行2个中队12架飞机约6000人及伪军一部。

18日，日军在第2师团长多门二郎统一指挥下，以第15旅团、混成第39旅团第78联队等部为右翼队，第3旅团等部为左翼队，在炮兵和航空兵支援下，分由孤店、汤池向三间房主阵地发动全面进攻。

凌晨3时，日军先以重炮对三间房阵地狂轰滥炸。8时许，日军发起总攻击。三间房阵地上，弹如雨下，火光冲天。

马占山亲率所部拼死抵抗，"双方激战甚烈，血肉相搏，我军伤亡之极大"。但东北军广大爱国官兵同仇敌忾，枵腹血战，拼死肉搏，击退了日军一次又一次疯狂的进攻。

血战至黄昏时分，守军终因连日鏖战，只剩下 4000 余人，弹尽粮绝，渐不能敌，三间房、大兴防线相继失守，省城齐齐哈尔已无险可守。

马占山在伤亡惨重、求援无望的情况下，为避免全军覆没，被迫于当夜下令撤出阵地，向海伦方向转移。撤退前，他接到大汉奸张景惠的诱降电话："无论如何，兵士先退，君可不退，留在省城，与日军从长计议。"马占山断然拒绝，表示："占山自信系一好男儿，绝不降日本；阁下如降日本，则人各有志，不必相强。"

19 日晨，日军占领齐齐哈尔。

江桥抗战是东北爱国官兵自发奋起抗击日本侵略者的伟大壮举，虽然最终失败了，但他们在内缺弹药、外无援军、装备低劣的困境中，坚守江桥 10 余日，使日军集中数万精兵对此弹丸之地却久攻不下，并屡遭重创，损兵折将数千人，沉重地打击了日本侵略者的嚣张气焰，向全世界展现了中华民族不畏牺牲、抵御外侮的精神。同时也极大地鼓舞了全国人民，振奋了民族精神，使越来越多的中华儿女投身到抗日救国的洪流中。

战后，著名的《国际协报》曾评论道："马占山及黑省一般将领，将来纵因不能敌，终归失败，其丰功伟绩，在中国历史上，亦终有不能磨灭湮灭者也。"

1932 年 10 月出版的《九一八周年痛史》一书中对江桥抗战作了高度评价："沙塞孤军，苦战半月，开我国反日民族战争之先声，振全国抗日救国之精神，所关甚大，虽败犹荣。"

江桥抗战使马占山一战成名，成为著名的抗日将领，并得到了中国共产党和毛泽东主席的充分肯定。

中华人民共和国成立后，马占山寓居北京，因身体多病一直深居简出，但毛泽东并未忘记这位抗日英雄。

1950 年 6 月的一天，马占山突然接到毛泽东托人打来的电话，邀请他出席全国政协一届二次会议。遗憾的是，此时马占山已重病缠身，无法参加会议。

11月，病重的马占山自知将不久于人世，便立下遗嘱："我亲眼看见我中国在毛主席和中国共产党之领导下，全国人民获得解放，新民主主义已顺利实现，人人安居乐业。我生平中之新型国家，已建设起来。我虽与世长离，但可安慰于九泉之下。我嘱尔等务须遵照我的遗嘱，在人民政府的英明领导下，诚心诚意去为新中国的建设努力奋斗到底，实事求是做事为人，不可稍懈。"

毛泽东评汤恩伯

【汤恩伯简历】

汤恩伯（1900—1954），名克勤，字恩伯。浙江武义人。国民党陆军上将。

1920年，汤恩伯入援闽浙军讲武堂，毕业后任浙军第1师排长。1925年，入日本陆军士官学校。1927年，回国任陆军第1师学兵连连长。1928年，任中央陆军军官学校军事教官，继任学生总队大队长，在校期间著《步兵中队（连）教练之研究》，博得蒋介石赏识，自此官运亨通。1930年，升任教导第2师第1旅旅长。随即参加中原大战，任第4师副师长兼第18旅旅长。是年冬，率部对赣东北革命根据地进行长达一年的"围剿"，升任第2师师长。1932年，在对鄂豫皖革命根据地的第三次"围剿"中遭红军歼灭性打击，汤恩伯因此受到蒋介石撤职处分。不久，调任第89师师长，在湖北黄陂一带对苏区进行"清剿"。1933年，"福建事变"爆发后任第10纵队指挥官，第89、第4师参与镇压第十九路军。旋即率部进至泰宁、建宁地区，参加对中央苏区的第五次"围剿"。1935年，升任第13军军长。

全面抗战爆发后，汤恩伯指挥所部在南口地区抗击日军进攻，予敌重创。10月，任第20军团军团长。翌年3月，率部参加台儿庄会战。6月，任第31集团军总司令，先后参加武汉保卫战、随枣会战。1942年，任第一战区副司令长官兼鲁苏皖豫边区总司令，极力扩充实力，与陈诚、胡宗南分掌重兵，成为蒋介石政权的军事三巨头之一，自封为"中原王"。1944年春，日军发起贯通大陆交通线的作战。4月，在豫中会战中所部溃败，受撤职留任处分。9月，调任黔桂边区总司令。1945年3月，任陆军第3方面军司令官，率部参加桂柳追击战。

抗日战争胜利后，汤恩伯于1945年12月任徐州"绥靖"公署副主任。1946年5月，任首都卫戍司令。6月，任陆军副总司令。1947年春，兼第1兵团司令，积极执行蒋介石的反共内战政策，率部参加对山东解放区的重点进攻。5月，所部整编第74师被全歼。1948年8月，任衢州"绥靖"公署主任。1949年1月，任京沪杭警备总司令，奉蒋介石之命凭借长江天险固守宁沪杭地区。4月至5月，所部主力在人民解放军发动的渡江战役、上海战役中被歼，残部溃退厦门。10月，由金门去台湾，任战略顾问委员会战略顾问等职。1954年，病逝，被追晋陆军上将。

【毛泽东评点】

关于改组军队，我以为应当改组的是丧失战斗力、不听命令、腐败不堪、一打就散的军队，如汤恩伯、胡宗南的军队，而不是英勇善战的八路军新四军。

——摘自《毛泽东年谱》中卷第556页

【评析】

1944年11月8日，毛泽东在延安接见美国总统罗斯福的私人代表赫尔利。

当时世界反法西斯的战争形势发生了根本性变化。在欧洲，苏联收复了全部国土，并把战争推进到德国及其占领区内；盟军在法国诺曼底登陆，成功地开辟了第二战场。在亚洲，美军在太平洋发起"越岛进攻"，逼近日本本土；中国远征军进行滇西反攻作战；中国共产党领导的抗日根据地军民逐步掌握了战争的主动权，开始对日伪军发起攻势作战，进行局部的反攻。

这一形势迫切要求中国内部加强团结，实现民主改革，巩固和扩大抗日力量，以夺取抗日战争的最后胜利。然而，国民党当局仍坚持一党专政及反民主、反人民的政策，企图削弱和消灭共产党领导的人民革命力量，蓄意准备发动第三次反共高潮，国共两党关系进一步恶化。美、英两国认为如果这时中国爆发内战，只会使日本得到好处，便向蒋介石施压，要其

"政治解决"国共关系。

为保持抗日民族统一战线，彻底打败日本侵略者，中国共产党与国民党当局进行了针锋相对的斗争，提出建立民主联合政府的主张，并就两党关系同国民党代表进行谈判。美国政府也从其战后利益出发，表示愿意调解国共关系，帮助中国实现民主团结。

此次赫尔利到延安，便是来调处国共关系、推动国共谈判的。他带来了经蒋介石修改同意的名为《为着协定的基础》的文件，规定："中国共产党的军队，将遵守与执行中央政府及军事委员会的命令""在中国，将只有一个国民政府和一个军队，共产党军队的一切军官与一切士兵，当被中央政府改组"，等等。

这实际上是取消中国共产党领导的军队和解放区，中共是决不会答应的。毛泽东一针见血地指出：我以为应当改组的是丧失战斗力、不听命令、腐败不堪、一打就散的军队，如汤恩伯、胡宗南的军队，而不是英勇善战的八路军新四军。

毛泽东之所以将汤恩伯的军队称为"丧失战斗力、不听命令、腐败不堪、一打就散的军队"，是源于半年前的豫中会战。时任第一战区副司令长官兼鲁苏皖豫边区总司令的汤恩伯被日军杀得丢盔弃甲，几十万大军望风而逃。

汤恩伯与蒋介石是浙江老乡，且同在日本留学，自1927年投靠蒋后，深得蒋的喜爱，仅两年时间便由学兵连连长擢升为少将旅长，可谓平步青云。

1938年，武汉会战后，时任第31集团军总司令的汤恩伯率部进入河南，负责冀豫边作战任务。1940年，国民党设立鲁苏皖豫四省边区总部，汤恩伯兼任总司令。此后几年间，这位汤总司令既没有指挥所部向日军发射一炮一弹，也没有消灭日军一兵一卒，而是盘踞四省边区，极力扩充势力，拥兵自重。

汤恩伯打着蓄积兵力、准备对日大反攻的幌子，在河南全省及鲁、苏、皖边区横征暴敛，抓夫征粮要饷。很快，他就拥有了第19、第28、第45、第15和第31集团军，并收编了四省边区的游杂部队。当时四省在日占区和蒋管区的地痞流氓、地主武装无不被汤恩伯网罗收编，最高峰时汤部号称有 40 万大军。

汤恩伯的私欲随之急剧膨胀，认为论地盘辖有鲁苏皖豫四省，论兵力手握 40 万重兵，上有蒋委员长的宠信，下有一帮亲信捧场，就自封为"中原王"。

1941 年冬，蒋介石的另一位心腹爱将、"五虎上将"之一的蒋鼎文来到洛阳出任第一战区司令长官，成为汤恩伯的顶头上司。

蒋鼎文和汤恩伯是浙江老乡，年龄比汤大五岁，资历也比汤老得多，曾在孙中山大元帅大本营兵站总监部任上校参谋，北伐战争时期即贵为师长，1935 年被授予陆军二级上将军衔。因此，蒋上将入主河南后，便以老资格的派头对汤恩伯以命令行事。汤非但不肯就范，反而分庭抗礼。于是，两位浙江人为称霸中原大唱对台戏。

1942 年，河南大旱，数月无雨，加之遇上严重的蝗灾，以致赤地千里，饿殍遍地，成千上万的百姓背井离乡，沦为难民。

然而，比天灾更为严重的是兵祸。

由于汤恩伯部 40 万人马的军粮全部强征自地方，河南百姓迫其淫威，只能倾其所有，弄得十室九空。为阻挡日军战车前进，汤恩伯纵容部下大肆抓丁，从北起郑州、东至开封、南至周口附近，夜以继日地挖掘深沟，沿途树木被砍伐一光，祠堂、庙宇甚至民房都被拆之一尽。对此，河南百姓恨之入骨，将其称作"汤灾"，与水灾、旱灾、蝗虫之灾并列为河南四灾。

1944 年初，日军在太平洋战场上屡遭挫败，使南洋各地军队的海上交通线受到威胁。为保持本土与南洋的联系，日本大本营决定孤注一掷，打通纵贯中国大陆的交通线，使平汉、粤汉和湘桂铁路恢复通车，经由印度支那维持与南洋地区的联系，并摧毁沿线地区的中美空军基地，以保护本土和东海海上交通安全。

据此，日本大本营制订了代号为"一号计划"的"打通大陆交通作战"，计划于 4 月下旬向黄河两岸发动攻势，用 1 个半月的时间打通平汉铁路，6—9 个月打通粤汉和湘桂铁路。为实现这一战略企图，日军在黄河至信阳、岳阳至湖南的源山、衡阳至广州的 2400 公里的漫长战线上，调集了约 50 万人、1500 门火炮和 250 架飞机。

4 月 18 日零时，日军第 37 师团等部在河南中牟一带强渡黄河，突破了中国守军的防线，向郑州挺进，从而揭开了豫中会战的序幕。

当时，第一战区拥有 8 个集团军和 1 个兵团共 17 个军约 40 万人、156 架飞机，并得到第八战区一部的支援，兵力远远超过日军，又多为蒋介石的嫡系部队，装备精良，且河南地区有两年未有战事，部队得以充分休整训练，按理说完全可以抵挡住日军的进攻。

然而，身为第一战区最高统帅的蒋鼎文、汤恩伯两人却置大敌当前于不顾，反去忙于争夺对部队的指挥权。他们对于日军的行动既无充分估计，对于自己部队的行动又无周密计划，更无必要的措施，在战斗中又互不配合，因此在与日军接火不久后就来了个全线大溃退，相继丢了郑州、许昌、洛阳等重镇，纵容几十万大军争相往豫西山里撤。

败退下来的部队极其混乱，军纪败坏。别看他们打日本人不行，对老百姓却凶狠至极，烧杀抢掠，无恶不作，激起了更大的民愤。豫西"土皇帝"别庭芳遗留下来的地方武装刘杰卿及别庭芳的儿子趁机以"地方自治""守望联防"为名，纠合地方百姓，建立武装，袭击汤部。

已成惊弓之鸟的汤部听到枪声，以为日寇追至，竟至在一声吆喝之下，便缴械投降。第 31 集团军总司令王仲廉所率的总部直属部队，被地方武装包围在一个土寨中缴了械。王仲廉侥幸逃脱，部队完全失控，四处溃散。就连汤恩伯的卫队也被地方武装包围缴械，指挥部电台丢失。威风八面的"中原王"竟化装成伙夫，才得以逃命。

可悲可恨的是，这种混乱的局面又无形中给日军的进攻提供了便利条件，使其更加横行无忌，长驱直入。仅仅 38 天，汤恩伯一败涂地，损兵 20 万，失城 38 座，河南全省沦陷。河南人民深恶痛绝，纷纷向重庆政府请愿，控诉汤部在豫中会战中，"官比兵跑得快，兵比日本人跑得快！"

蒋介石气得两眼发赤，一怒之下将汤恩伯撤职。

1946 年 6 月 26 日，蒋介石冒天下之大不韪，公然撕毁停战协定，调集重兵向中原解放区发动大规模进攻，接着又将战火烧至其他解放区，全面内战就此爆发。

大战初期，蒋介石自恃拥有装备精良的 400 多万大军，背后还有美国主子的撑腰，根本不把仅靠"小米加步枪"作战的 120 余万"土八路"放在眼里，狂妄叫嚣要在 3 个月内消灭共产党。

然而，事实是无情的。从 1946 年 12 月至 1947 年 2 月，短短三个月时间内，国民党军在山东战场连吃 3 个败仗，损兵折将 13 万之多。蒋介石气得暴跳如雷，大骂王耀武失职、李仙洲无能，下令撤销徐州、郑州两个"绥靖"公署，组成"陆军总司令部徐州司令部"，由陆军总司令顾祝同坐镇徐州，统一指挥。汤恩伯复得蒋介石重用，出任第 1 兵团司令。

3 月初，蒋介石在南京召开军事会议，决定改变原来的战略方针，由对解放区的全面进攻改为集中兵力对陕北、山东解放区实行重点进攻。

蒋介石认为"目前山东是匪我两军的主战场""匪军的主力集中在山东，同时山东地当冲要，交通便利，有海口运输。我们如能消灭山东战区的主力，则其他战场就容易肃清了"。

为一举扭转全国战局，蒋介石把最大的赌注都押在了山东战场上，抽调 24 个整编师（军）45.5 万人，编成 3 个机动兵团，由南向北向鲁中山区推进。具体部署是：汤恩伯率第 1 兵团 8 个整编师共 20 个旅 20 万人，企图首先占领沂水、坦埠一线，尔后与王敬久的第 2 兵团和欧震的第 3 兵团通力向北、向东进攻，迫使华东野战军主力决战或北渡黄河。第二"绥靖"区 5 个军部署在胶济铁路和津浦铁路泰安以北地区，策应 3 个兵团作战；第三"绥靖"区 2 个整编师在峄县（今属枣庄）、枣庄，为二线部队。

这次，蒋介石真是下了血本，把国民党军"五大主力"在关内的 3 个主力整编第 74 师、整编第 11 师和第 5 军，全部投到山东战场。尤其是有"看着顺心、守着放心、用着称心"的整编第 74 师参加对山东的重点进攻，蒋介石心中感到格外踏实。

整编第 74 师，前身为第 74 军，是国民党"王牌军"中最耀眼的一颗战场"明星"，被认为是第一等主力中的第一主力。它有一系列的美称："御林军""抗日铁军""虎贲"师，并荣获国民党军中最高奖励——"飞虎旗"；它经历过一系列的恶仗、硬仗、险仗：淞沪会战、南京保卫战、武汉会战、长沙会战、南昌会战、上高会战等，战功卓著；它产生过一系列的名将：俞济时、王耀武、张灵甫，个个骁勇善战。

3月中旬，按照蒋介石的计划，顾祝同指挥汤恩伯、王敬久、欧震3个机动兵团，向山东解放区大举进攻。

国民党军吸取了以往作战被各个歼灭的教训，采用"密集靠拢、加强维系、稳扎稳打、逐步推进"的新战法，成纵深梯次部署，作弧形一线式推进。汤恩伯兵团由临沂向北，欧震兵团由泗水向东北，王敬久兵团由泰安向东，企图对华东野战军形成弧形包围态势。

面对重兵压境、强敌云集的严重形势，陈毅、粟裕沉着应战，指挥华野10个纵队在鲁南和沂蒙山区忽南忽北、忽东忽西不停地机动，在运动中吸引、调动、疲惫、迷惑敌人，以创造战机。陈毅把这种战法形象地比喻为"耍龙灯"：我军挥舞彩球，逗引敌军像长龙一样回旋翻转。粟裕要求华野全军必须树立大踏步进退的运动战思想和以歼灭敌人有生力量为主要目标的歼灭战思想。

至5月初，华野与国民党军"耍"了一个多月的"龙灯"，诱使汤恩伯、王敬久、欧震兵团25万大军进行了一次千余公里的"武装大游行"，但因其始终保持密集靠拢的队形且行动谨慎，几次交锋，均未达到作战意图。

冤枉路走了不少，却没打上一个痛快的大歼灭战。华野不少指战员沉不住气了，牢骚怪话也多了起来："机动机动，只走不打，老耍龙灯。"

这时，国民党军继续向北推进，步步逼近，侵占了新泰、蒙阴等地，形势十分紧张。陈毅、粟裕准备以3个主力纵队南下，插到鲁南、苏北敌后地区，以调动敌人。

5月4日，中央军委指示华野："敌军密集不好打，忍耐待机，处置甚妥。只要有耐心，总有歼敌机会。"

6日，中央军委又电示陈毅、粟裕："目前形势，敌方要急，我方并不要急……待敌前进或发生别的变化，然后相机歼敌。第一不要性急，第二不要分兵，只要主力在手，总有歼敌机会。"

据此，陈毅、粟裕当即调整部署，将主力东移，后撤一步；并以准备南下华中的第2、第7纵队隐蔽集结于莒县地区，以进入鲁南的第6纵队隐蔽在平邑附近地区，待机配合主力作战。

果然不出所料，蒋介石见迟迟不能"打掉陈、粟主力"，愈发焦躁不安。得知华野主力东移，错误地判断华野"攻势疲惫"，已无力决战，遂于5月10日下令顾祝同跟踪进剿，变"稳扎稳打"为"稳扎猛打"。

顾祝同令旗一挥，命3个兵团放胆向莒县、沂水、博山一线疾进。中央社得意忘形，大叫什么"共军北窜""泰安以东地区无成股共军"。国民党的《中央日报》更是狂呼："雄师北指，气吞沂蒙！"

"稳打"变为"猛打""逐步推进"变为"全线急进"。这样一来，国民党军密集靠拢的态势发生了变化，有利于华野的战机终于出现了。

为抢头功，好在"老头子"面前露一手，汤恩伯不待王敬久兵团、欧震兵团统一行动，即以整编第74师为骨干，在整编第25师和整编第83师的配合下，自垛庄、桃墟地区进攻坦埠，企图乘隙占领沂水至蒙阴公路；另以第7军及整编第48、第65师在左右两侧担任掩护。

5月11日，整编第74师经孟良崮西麓，向坦埠以南华野第9纵队阵地发起进攻。

12日晨，陈毅、粟裕作出围歼整编第74师的部署：以第1、第4、第6、第8、第9纵队和特种兵纵队担任主攻；以第2、第3、第7、第10纵队担任阻援；另以地方武装牵制各路援敌和在临沂及临泰公路沿线敌之后方袭扰与破坏。

13日，围歼整编第74师的战斗打响了。

在漆黑的夜幕掩护下，担任迂回穿插任务的华野第1、第8纵队以一部兵力在整编第74师正面实施阻击，主力从其两翼寻隙向纵深楔进。第1纵队第3师攻占曹庄及其以北高地，逼近蒙阴，阻击整编第65师；纵队主力攻占黄斗顶山、尧山、天马山、界牌等要点，割断了整编第74师与整编第25师的联系，并歼整编第25师一部，该师大部缩回桃墟。第8纵队主力攻占桃花山、磊石山、鼻子山等要点，割断了整编第74师与整编第83师的联系；一部占领孟良崮东南的横山、老猫窝。同时，第4、第9纵队从正面发起攻击，占领黄鹿寨、佛山及马牧池、隋家店一线，扼制了整编第74师的进攻。第6纵队由鲁南向鲁中飞兵疾进，昼夜兼程，抢占沂蒙公路上的重镇垛庄。

14 日深夜，第 6 纵队借着浓重的夜色掩护，以 1 个团袭击垛庄。次日拂晓，第 6 纵队犹如神兵天降，攻占垛庄，全歼守敌 1 个战斗辎重连。接着，第 16 师抢占了黄崖山，斩断了整编第 74 师与整编第 25 师的联系；第 17 师抢占了牛头山、大朝山，截断了整编第 74 师与整编第 83 师的联系。

至此，整编第 74 师的所有退路完全被切断，一个铁桶般的包围圈已然形成。它纵然有天大的能耐，也插翅难飞了。

孟良崮是沂蒙山区一个著名的平顶大山头，位于蒙阴东南 60 公里的芦山山区顶峰，海拔 500 余米。这里群山连绵，溪流纵横，四季风光绚丽多彩。令人称奇的是，山峰生得古怪，四周陡峭，形同圆柱，顶端平坦，可以种田，当地人称之为崮。崮崮相连，据说有 72 崮。

当 13 日晚前沿据点遭到华野攻击时，骄横跋扈、不可一世的张灵甫满不在乎地说："共军想一口吃掉我 74 师，他们没有这么大的胃口，恐怕想也未必敢想！"

14 日上午，张灵甫得知华野已攻占天马山、马牧池、磊石山等要点，并正向垛庄、万泉山前进，这才感觉不妙：在他的前后左右共发现有 5 个华野主力纵队的番号，与 25 师、83 师的联系都被共军截断，74 师竟然成了一支孤军！

想到此，张灵甫心中不禁打了个寒战，急忙下令全师放弃北进，立即向孟良崮、垛庄方向撤退。

但为时已晚，等到张灵甫派出的部队赶到，垛庄已被华野第 6 纵队攻占。张灵甫不得不收兵退缩孟良崮、芦山地区。

整编第 74 师被围，蒋介石惊喜交加。惊的是，粟裕竟敢在"太岁头上动土"，围歼他的"王牌军"；喜的是，张灵甫的指挥能力无人能及，74 师的武力勇猛超群，所处地形利于守不利于攻，必能坚守孟良崮，如左右邻加速增援，便可造成与华野主力决战的机会。

于是，蒋介石急令张灵甫固守待援，严令新泰的整编第 11 师、蒙阴的整编第 65 师、桃墟的整编第 25 师、青驼寺的整编第 83 师以及河阳、汤头的第 7 军、整编第 48 师等部迅速向整编第 74 师靠拢；并调第 5 军自莱芜南下，整编第 20 师自大汶口向蒙阴前进，企图内外夹击华野主力。

蒋介石扬言此乃"歼灭共匪完成革命惟一良机"，并派参谋总长陈诚和副参谋总长白崇禧，匆忙赶到临沂督战指挥。

陈诚拼命给张灵甫打气，狂妄地说："这个战役的结果，只有一个，那就是我们的辉煌胜利。消灭陈毅所部，我们就能保住东南半壁江山。委座对这个战役抱有很大的希望，我们已经下达最严格的命令，命令外线部队同你们密切呼应，你们也要密切配合，来一个内外夹击，中心开花，尽歼顽敌。"

汤恩伯也为张灵甫打气说："贵师为全区之枢纽，只要贵军站稳，则可收极大之战果。"

此时，孟良崮地区出现了不同寻常的战场态势：华野以 5 个纵队包围着整编第 74 师，国民党军又以 10 个整编师（军）包围着华野。

这是一场主力对主力、王牌对王牌，攻对攻、硬碰硬的大决战。

15 日下午 1 时，华野发起总攻。

孟良崮已成了双方争夺得最炽烈的战场。空中，国民党空军出动了 100 多架次飞机，对华野阵地进行猛烈的轰炸、扫射；地面，国共两军的数百门大、小火炮互相对射。炮声隆隆，惊天动地，弹如雨下，山崩石裂，浓烟滚滚，遮天蔽日。整个孟良崮地区，陷入了硝烟火海之中。

整编第 74 师利用洞穴、石岩、山沟等有利地形拼死顽抗，还不时成群结队地发动反冲锋，与解放军展开肉搏战，用机枪、冲锋枪、手枪、手榴弹对打、对攻，甚至刺刀见红，连枪托也沾上了脑浆。有时双方扭打到一起，牙齿、拳脚、石块都成了攻击对方的武器。

混战中，敌我双方阵地变得犬牙交错，我中有敌，敌中有我。每一块岩石、每一个山头、每一处阵地都要经过反复争夺，一再易手，战斗的激烈程度为解放战争以来所少见。

在炽盛猛烈的炮火掩护下，华野各纵队从四面八方多路突击，势如潮涌，逐波冲锋，不给敌人以任何喘息之机。整编第 74 师逐渐支持不住，陷入绝境。

张灵甫此时才慌了神，一面向蒋介石拼命呼救告急，一面倾全力开始突围。先向东南突围，企图与整编第 83 师会合，结果被华野第 8 纵队顶了回来。接着又向西突围，企图与整编第 25 师会合，又被华野第 1、第 6 纵队狠狠地赶了回去。

华野指战员们越战越勇，扫清山麓，突破山腰，奔向山巅，一点点收紧包围圈，当晚就把整编第 74 师压缩于东西 3 公里、南北 2 公里的狭窄山区。

激战至 16 日拂晓，整编第 74 师阵地只剩下芦山、孟良崮主峰等几个山头。

眼看"御林军"要葬身沂蒙山区，蒋介石更是急得六神无主，再次向增援部队发出了最严厉的手令："如有萎靡犹豫，巡逡不前或赴援不力，中途停顿者定必以贻误战局，严究论罪不贷！"

汤恩伯也向所属各部发出急电："张灵甫师孤军奋战，处境艰危"，希望发扬"亲爱精诚之无上武德与光荣""务须击破共军包围，救袍泽于危困，……岂有徘徊不前，见危不救者，绝非我同胞所忍为，亦恩伯所不忍言也"。

在蒋介石、汤恩伯的严令督促下，国民党各路增援部队疯狂地向孟良崮地区攻击前进。华野阻援部队与敌展开了空前惨烈的大血战，挡住了敌军一波又一波的冲击。

华野第 10 纵队在莱芜附近死死拖住了国民党五大主力之一的第 5 军；第 3 纵队不顾牺牲，在新泰附近拼死阻击国民党另一支王牌主力整编第 11 师的进攻；第 1 纵队第 1 师的 1 个团和第 6 纵队第 16 师在 60 公里宽的正面阵地上，抗击整编第 25、第 65 师的猛攻，3 个团几乎全部打光；第 2、第 7 纵队顶住了第 7 军和整编第 48 师的轮番攻击；鲁南、滨海等军区部队则牵制住了整编第 20、第 64 师。

16 日上午，华野攻占雕窝、芦山，整编第 74 师主阵地全部丢失，覆没在即。而此时，整编第 83、第 25 师与整编第 74 师相隔只有 5 公里左右路程，其余援敌距整编第 74 师也只有 1 日至 2 日行程，但硬是被华野阻援部队挡在了包围圈外，始终不能越雷池一步。

究其原因，除华野阻援部队英勇顽强外，还有一个很重要的原因，就是源自国民党军自身的"毒瘤"——派系林立、勾心斗角、互相倾轧。国民党各路援军貌似强大，气势汹汹，攻势如潮，但在是"舍己救人"还是"保全自己"的问题上，都无一例外、毫不犹豫地选择了后者。

最具讽刺意味的是，整编第 83 师与整编第 74 师相距最近，炮火已能打到孟良崮，但因该师师长李天霞曾与张灵甫为争夺 74 师师长之位结下私怨，结果兵力增援变成了"口头声援"——只派了 1 个突击连象征性地支援了一下，便按兵不动了。

决战的时刻终于来到了。

四面八方飞来的密集炮火，将孟良崮主峰完全笼罩在烈火浓烟之中，炮弹的弹片夹杂着山上的碎石和 74 师官兵的血肉四处飞溅。在嘹亮激昂的冲锋号声中，华野将士从四面八方如潮水般地涌向孟良崮主峰。

张灵甫早已没有了往日的骄横自负，躲在孟良崮主峰的一个山洞中，声嘶力竭地向李天霞、黄百韬呼救："李师长、黄师长，赶快向我靠拢、赶快向我靠拢……看在党国的份上，拉兄弟一把！"

最先攻上孟良崮主峰的是华野第 6 纵队特务团。当他们接近崮顶北侧整编第 74 师指挥所时，张灵甫负隅顽抗，组织残兵败将进行了最后疯狂的反扑。

副团长何凤山命令战士们用轻机枪、冲锋枪朝山洞内猛扫了一阵，接着又投进了几颗手榴弹。

"轰！轰！"几声爆炸声响过后，洞内传出嘶哑的喊叫声："共军兄弟们，你们不要打了，张师长已被打死了！"

何凤山等人冲入洞里，只见张灵甫倒在血泊中，呜呼哀哉了。

此役，华东野战军仅用了 4 天时间，以伤亡 1.2 万人的代价，全歼了拥有全副美式装备、号称"国军模范""御林军"的国民党王牌主力——整编第 74 师。该师 3 万余人，上至师长、下到马夫，无一漏网。

许多年后，新中国的电影工作者将这段历史改编成一部脍炙人口的电影——《南征北战》，搬上了银幕。

捷报传来，全军振奋，欢声如雷。毛泽东也抑制不住内心的激动。平时极少沾酒的他竟然找炊事员要酒喝，炊事员大惑不解。毛泽东激动地说："知道74师吗？它被我们消灭啦！"

后来，毛泽东对粟裕说："你们那样果敢、迅猛地消灭了74师，在中国这块土地上，有两个人没想到，一个是蒋介石，另一个是——"

粟裕脱口而出："陈诚？"

毛泽东："不足挂齿。"

粟裕："何应钦？"

毛泽东："何足道哉。"

"那是谁呢？"

"第二个没想到的就是我毛泽东！"毛泽东的得意之情溢于言表。

整编第74师在孟良崮全军覆没的消息传到南京后，不啻晴天霹雳震动了整个国民党统治中心。蒋介石哀叹"以我绝对优势之革命武力，竟为劣势乌合之匪众所陷害"，是"剿匪以来最可痛心最可惋惜的一件大事"。

痛心疾首的蒋介石严厉追究责任。整编第83师师长李天霞因玩忽职守、救援不力而被撤职，送交军事法庭审判，从此在军界消失。整编第25师师长黄百韬差点被蒋介石枪毙，最后由陆军总司令顾祝同出面说情，才改为撤职留任的处分。负有直接责任的第1兵团司令汤恩伯也被撤职。

1948年底，中国人民解放战争进入了战略决战的最后阶段。

辽沈战役解放了东北全境；淮海战役解放了华东大部，胜利在即；华北地区除北平（今北京）、天津几座孤城外均已解放；西北一部和长江中下游以北广大地区也已解放，各解放区连成一片。人民解放军总兵力发展到400万人，士气高昂，装备得到进一步改善，大兵团作战的经验更加丰富。

国民党军精锐被消灭殆尽，只剩下71个军227个师的正规军番号约115万人，加上特种兵、机关、学校和地方部队，总兵力204万人，其中能用于作战的部队只有146万人。这些部队多是新建或被歼后重建的，且分布在从新疆到台湾的广大地区，在战略上已无法组织有效防御。国民党在中国的败亡命运已无可挽回。

1949年元旦，新华社发表新年献词，提出"打过长江去，解放全中国"的响亮口号。蒋介石也发表元旦《文告》，发出了"和平果能实现，则个人的进退，绝不萦怀"的哀鸣，并声称为"以冀弭战消兵解人民倒悬于万一"而甘愿"引退"。

1月5日，毛泽东为新华社起草评论《评战犯求和》，明确将蒋介石列为战犯，拒绝以蒋为谈判对手。而国民党内要蒋介石下台的呼声日益高涨。更为严重的是，美国人已然看出蒋介石对他们已无多大价值，开始在国民党内物色新的代理人。

但蒋介石是不会轻言认输，更不甘心退出历史舞台。因为，他一生最大的兴趣就是追逐权力，对他来说最为痛苦的事莫过于失去权力。纵观其一生，他的性格确像一根高强度弹簧，千拉万扯也难改其顽韧的特性。

21日，内外交困的蒋介石黯然神伤地离开总统府，回老家奉化溪口——这个他在政治上失意时总要回去的避风港，"归隐"去了。

蒋介石走了，表面上像闲云野鹤，游山赏水，但他并非真的退而为山野之人，只不过是由前台转到了幕后。这和当年袁世凯削职回安阳、段祺瑞下野回合肥一样，是职退权未退，退而不休。

在奉化溪口，当蒋介石逗留在雪窦寺中，或流连于四明山林木泉石之间时，仍操纵着一切。虽然名义上下野，但他仍以国民党中央总裁的身份在幕后实际掌控着党政军大权，甚至比在南京时公务更繁忙更紧张了。代总统李宗仁只不过是一具空壳，要不到钱，调不动兵，命令出不了南京城。

在溪口小镇，蒋介石架设了7部电台，昼夜不停地作情报联络，继续进行军政遥控指挥，而国民党党、政、军要员奔赴溪口请示总裁面谕的人也不绝于途。溪口小镇取代了六朝粉黛的古都南京而成为国民党新的政治中心，蒋介石也成为世界上最忙的"闲人"。

"下野"对蒋介石来说早已不是第一次，也无所谓了，因为每次"下野"都成为他积蓄力量、东山再起的契机。当年蒋介石曾两度"下野"，尔后卷土重来。有过这两次经验，蒋介石认为自己还会第三次"复出"。为此，在"下野"之前，他要抓紧时间进行部署，为和毛泽东争夺长江以南，为有朝一日东山再起做好准备。

按照蒋介石的设想，尽管东北、华北、华东已尽为共军所据，但他手中仍有最后一搏的本钱：70万美械装备的大军、占绝对优势的海空军力量和"固若金汤"的长江防线。这足够阻挡共军南下的步伐，维系半壁江山，重整军力，等待时机，卷土重来。

于是，蒋介石积极扩军备战，将京沪警备总司令部扩大为京沪杭警备总司令部，任命汤恩伯为总司令，会同华中"剿匪"总司令部总司令白崇禧指挥的部队组织长江防御。

别看汤恩伯指挥打仗确实不怎么样，可谓是志大才疏，却能在官场屡屡咸鱼翻身，起死回生。其中自然有很多诀窍，但有一点至为重要，这就是他对于蒋介石无二的忠诚。就在不久前，他将恩师陈仪准备投共一事密报蒋介石。蒋介石也正是看重此点，才将镇守长江的重任交与他。

陈仪（1883—1950），字公侠，号退素。浙江绍兴人。国民党陆军二级上将。

陈仪在国民党军政界资历甚深，是一位元老级的人物。早年东渡日本，先后在陆军测量学校、士官学校学习。其间加入光复会，结交了徐锡麟、秋瑾、蔡元培、蒋百里、蔡锷等革命党人，与鲁迅关系甚密。辛亥革命爆发后，任浙江都督府军政司长。1917年，再次东渡日本，入陆军大学深造，成为中国留日陆大第一期学生。

陈仪担任过浙江省主席、福建省主席兼第25集团军总司令、台湾行政长官兼警备总司令等要职，曾独揽福建军政大权八年之久，是国民党军政界的一位重量级人物。

1925年，穷困潦倒的汤恩伯经人介绍认识了时任浙军第1师师长的陈仪。因是浙江同乡，加之汤恩伯生得魁伟强壮，谈吐不凡，陈仪很是欣赏，便慨然应允每月资助50元，供汤赴日求学。汤恩伯感激涕零，立即跪拜于地说："生我者父母，知我者乃陈老也，学生愿拜您为恩师，生死与共。"

正是由于陈仪的鼎力相助，汤恩伯才得以东渡日本，入陆军士官学校深造，从此开始了他的军旅生涯。在日期间，汤恩伯与同在日本留学的陈仪外甥女黄竞白相识并热恋。两年后，汤恩伯携黄竞白回国完婚，与恩师陈仪又有了亲戚关系。

当时，陈仪已依附蒋介石。汤恩伯便通过陈仪的大力推荐，与蒋介石相识，并逐渐得到蒋的器重，成为蒋的心腹爱将。陈仪对汤恩伯有知遇之恩，汤恩伯也视陈仪为亲生父亲。因此当1949年1月，时任浙江省主席的陈仪准备反蒋时，曾派外甥带着他的亲笔信面见汤恩伯，要其起义。

谁知，汤恩伯出卖了陈仪，派人把信送到奉化交给蒋介石。不久，陈仪被解职扣押。1950年6月18日，被蒋介石以"勾结共党，阴谋叛乱"罪枪杀于台湾。

靠出卖恩师，汤恩伯再次获取了蒋介石的信任，被委以京沪杭警备总司令重任，统一指挥江苏、浙江、安徽三省和江西省东部的军事，据守长江防线。

到1949年4月，国民党军在湖北宜昌至上海间1800余公里的长江沿线上，共部署了115个师约70万人的兵力。其中，汤恩伯集团75个师约45万人，布防于江西湖口至上海间800余公里地段上；白崇禧集团40个师约25万人，布防于湖口至宜昌间近1000公里地段上。同时，以海军海防第2舰队和江防舰队一部计有军舰26艘、炮艇56艘分驻安庆、芜湖、镇江、上海等地的长江江面，江防舰队主力计舰艇40余艘分驻宜昌、汉口、九江等地江面，沿江巡弋；空军4个大队300余架飞机分置于武汉、南京、上海等地，支援陆军作战。此外，美、英等国也各有军舰停泊在上海吴淞口外海面，威胁或伺机阻挠人民解放军渡江。

长江是中国的第一大江，自西向东横贯大陆中部，历来被兵家视为天堑。下游江面宽达2至10余公里，水位在每年4月至5月间开始上涨，特别是5月汛期，不仅水位猛涨，而且风大浪高，影响航渡。沿江广阔地域为水网稻田地，河流湖泊较多，不利大兵团行动。

汤恩伯对守住长江天险信心十足，认为："共军一贯不打阵地战，他们长于奇袭，我们天上有飞机，江上有兵舰，岸上有要塞，炮火优于共军，对民船偷渡不足为虑。"他除以一部兵力控制若干江心洲及江北据点作为警戒阵地外，以主力18个军54个师沿南岸布防，重点置于南京以东地区，并在纵深控制一定的机动兵力，企图在人民解放军渡江时，凭借长江天险，依托既设工事，在海空军支援下，大量杀伤其于半渡之时或滩头阵地；如江防被突破，则分别撤往上海及浙赣铁路沿线，组织新的防御。

长江，在历史上多次大动乱的时期都成为民族分裂的界河。1949年仲春，蒋介石集团仍希望它能成为阻止人民解放军南进的天然屏障，但稳操胜券的中国共产党人却坚信：这一次，长江不会再成为民族分裂的界河了！

中央军委依据向长江以南进军的既定方针，命令人民解放军第二、第三野战军和中原、华东军区部队共约100万人，统归由第二野战军司令员刘伯承、政治委员邓小平和第三野战军司令员兼政治委员陈毅、副司令员粟裕、副政治委员谭震林组成的总前委指挥，准备在5月汛期到来之前，由安庆、芜湖、南京、江阴一线发起渡江作战，歼灭汤恩伯集团，夺取国民党政府的政治经济中心南京、上海以及江苏、安徽、浙江省广大地区，并随时准备对付帝国主义可能的武装干涉。同时决定，第四野战军以第12兵团部率第40、第43军约12万人组成先遣兵团，由平津地区南下，归第二野战军指挥，攻取信阳，威胁武汉，会同中原军区部队牵制白崇禧集团，策应第二、第三野战军渡江作战。

为实现党中央的战略决策，总前委依据国民党军的部署以及长江中下游地理特点，于3月31日制定了《京沪杭战役实施纲要》，决定组成东、中、西三个突击集团，采取宽正面、有重点的多路突击的战法，于4月15日在江苏靖江至安徽望江段实施渡江作战，首先歼灭沿江防御之敌，尔后向南发展，夺取南京、上海、杭州等城，占领江苏、安徽南部及浙江全省。

4月20日，国共和谈破裂后，毛泽东主席、朱德总司令立即发布《向全国进军》的命令，号召人民解放军将士"奋勇前进，坚决、彻底、干净地歼灭中国境内一切敢于抵抗的反动派，解放全国人民，保卫中国领土主权的独立与完整"。人民解放军百万雄师随即发起渡江作战。

午夜时分，中突击集团第一梯队第24、第25、第27、第21军，在裕溪口至极阳镇100多公里的江面上，分乘数千只木船，乘夜幕扬帆起航。

时逢西北风，船借风力，千帆竞发，万桨击水，劈波斩浪，飞向南岸。先头船距南岸约300米时，国民党军才发觉，匆忙打炮拦截。

毛泽东评汤恩伯

顿时，江面波汹浪叠，水柱冲天。早已严阵以待的人民解放军炮兵群立即以雷霆万钧之势齐轰对岸，敌军阵地随即陷入一片火海，火光映红了夜空。

第 27 军第一梯队在荻港至旧县之间登岸，一举突破国民党第 88 军防线。第 79 师第 235 团 1 营 3 连 5 班所乘木帆船，首先在夏家湖附近登上南岸，成为百万雄师中的"渡江第一船"。

按照过江信号规定，登岸部队立即点灯报信。这时，数十里长江南岸上，红灯闪烁，宛如璀璨群星。先遣渡江大队也按预定要求，在山头、高坡燃起一堆堆篝火，把捷报飞传大江南北。

登岸部队如猛虎下山，迅速突破鲁港（芜湖西南）至铜陵段国民党军江防阵地，连续打退守军的多次反击，巩固了滩头阵地，尔后向纵深发展攻势，至 21 日，占领铜陵、繁昌、顺安等地。

人民解放军以迅雷不及掩耳之势，一举突破国民党军的长江防线，汤恩伯如热锅上的蚂蚁，于 21 日慌忙赶到芜湖部署堵击，急令第 99 军前往增援。

但于事无补，第 99 军进抵宣城，第 20、第 88、第 55 军等部已放弃江防阵地，在一片混乱中仓皇撤逃。第 99 军旋即向南逃去。

为摆脱沿江一线部队被分割围歼的命运，以图在浙赣线和上海地区组织新的防御，汤恩伯秉承蒋介石旨意，于 22 日下午匆匆下令全线撤退：芜湖以西的部队向浙赣线退却，芜湖以东、常州以西的部队向杭州退却，常州以东的部队向上海退却。

23 日清晨，在人民解放军的隆隆炮声中，李宗仁仓皇逃离南京，乘专机飞往桂林。树倒猢狲散。国民党留在南京的政府官员纷纷逃向广州、桂林等地。

当晚，第 35 军在中共南京地下市委的接应下开始渡江，进入南京市区。24 日凌晨，第 35 军第 104 师第 312 团首先进占总统府，将红旗牢牢插在总统府的门楼上，标志着国民党蒋介石集团 22 年的反动统治被推翻。

至此，国民党苦心经营的长江防线，除上海附近地段外，已彻底崩溃。国民党反动派凭借长江天险负隅顽抗的企图彻底破灭。

总前委依据沿江国民党军全线南撤的情况，迅速调整进攻部署，令第三野战军除以第8兵团部率第34、第35军担任镇江、南京地区的警备任务，除第10兵团第29军东进占领苏州并向上海方向警戒外，主力在粟裕统一指挥下分别沿丹阳、金坛、溧阳及太湖西侧和南陵、宣城、广德之线向长兴、吴兴（今湖州）地区急进，完成战役合围，歼灭由南京、镇江、芜湖地区南逃的国民党军，第7兵团并准备夺取杭州。同时解除第二野战军第4兵团沿江东进的任务，改为与第3、第5兵团并肩向浙赣铁路沿线挺进，追歼逃敌，控制浙赣铁路，切断汤恩伯集团与白崇禧集团的联系，保障第三野战军作战的翼侧安全，另以第10军担任安庆、芜湖地区的警备任务。

各部队接到命令后，发扬连续作战的优良作风，不顾疲劳，顶风冒雨，日夜兼程，猛打猛追。

26日，第9兵团主力通过广德；第10兵团进抵天王寺、宜兴一线，并在溧阳以西、以南地区歼国民党军第4、第28、第51军各一部。

国民党军在人民解放军的多路追击下，早已成惊弓之鸟，不敢再沿宁杭公路南逃，改由宜兴以西山区直下郎溪、广德，企图由此突出重围，直趋杭州。

27日，第10兵团第29军进占苏州。第三野战军主力会师吴兴，将国民党军第4、第28、第45、第51、第66军等5个军包围于郎溪、广德之间地区，经两天激战，将其8万余人全部歼灭。

5月3日，第7兵团第21、第23军解放杭州，随后向浙赣线奋勇前进，相继占领浙赣铁路沿线的贵溪、上饶、衢县（今衢州）、金华等地，并在追击作战中歼国民党军第68、第88、第106、第73军各一部。

7日，第3兵团一部与第7兵团一部在诸暨会师，控制了浙赣线东乡以东地段，完全割断了汤恩伯集团与白崇禧集团之间的联系。

至此，渡江战役第二阶段任务胜利完成，歼灭了国民党军大批有生力量，使蒋介石、汤恩伯在浙赣线山区组织纵深防御的图谋彻底破灭。

中央军委和总前委依据战局的发展，决定攻取上海。

位于东海之滨的上海，濒临长江出海处，人口600万，是中国的最大城市和经济中心，号称"十里洋场"。它既是中国共产党的诞生地，也是蒋介石赖以起家、各种反动势力麇集的地方，还是帝国主义侵华的主要基地，战略地位极为重要。

人民解放军突破长江天险后，汤恩伯集团除一部逃往福建外，余部退据上海，连同原淞沪警备司令部所辖部队，共8个军25个师20余万人，另有海军各种舰艇30余艘、空军4个大队飞机130多架，企图依靠上海的丰富物资和长期筑成的永备工事继续顽抗，同时继续把储存在上海的黄金、白银和其他重要物资抢运到台湾。

30日，蒋介石气势汹汹地赶到上海，任命汤恩伯为京沪杭警备总司令，具体策划和部署淞沪决战。他之所以要亲自指挥淞沪战役，"保卫"大上海，是有他的打算的。蒋介石年轻时就是在上海发迹的，得到了爱情、名气和权力。在如今灾难临头之际，他想到了一个更为疯狂的计划。淞沪战役一打响，美英等国便不再袖手旁观，坐视国民政府败北，所以他发誓要打好"第三次世界大战导火线"——淞沪决战。

根据蒋介石要死守上海的意图，汤恩伯确定的守备方针是：以海、陆、空军协同作战，实行固守防御；利用碉堡群工事，坚守市郊，屏障市区；巩固吴淞，确保海上退路；机动使用江湾、龙华机场，维护空中通道。具体部署为：以第21、第51、第52、第54、第75、第123军等6个军共20个师，配属坦克、装甲车，守备黄浦江以西市区及外围太仓、昆山、嘉兴、金山等地；以第12、第37军共5个师，守备黄浦江以东地区。另以海军第1军区和驻上海空军协同防守。其防御重点置于浦西市郊吴淞、月浦、杨行、刘行、大场和浦东高行、高桥等地区，借以屏障吴淞和市区，保障其出海通路。

然而此时上海已成一座孤城，国民党军心动摇，官僚恐慌，就连蒋经国也哀叹道："如大海中孤舟，四顾茫然"。

为给部下鼓气，蒋介石连续接见团以上军官，忙得"几无一刻休息"，并在汤恩伯的陪同下，亲自巡视上海街头，宣称："共产党问题是国际问题，不是我们一国所能解决的，要解决必须依靠整个国际力量。但目前盟国美国要求我们给他一个准备时间，这个时间也不会太长，只希望我们在远东战场打一年。因此，我要求你们在上海打六个月，就算你们完成了任务，那时我们二线兵团建成了，就可以把你们换下去休息。"

蒋总裁亲自坐镇指挥，汤恩伯更是豪情万丈，牛皮吹得震天响，扬言一定要把上海变成"第二个斯大林格勒"。他召集部属训话，称："总裁指示我们要决心坚守上海六个月，上海是个国际都市，非常重要，只要我们能把上海保住半年，美国就会直接来援助我们，那时如果第三次世界大战打起来，就可整个解决国际共产党的问题，中国的问题也就可以一起解决了。"

为死守上海，汤恩伯不惜血本地在市区与郊县构成外围、主体、核心三道阵地。其中，钢筋水泥筑成的主碉堡阵地3800个，碉堡间战壕相连，壕沟内还可行驶吉普车，半永久性的掩体碉堡1万多座。中央社誉为"固若金汤"。阎锡山视察阵地后，颇有信心地认为至少可以守上一年。蒋经国则称之为"东方的斯大林格勒"，可与"马其诺防线"媲美。

4月底5月初，中央军委向总前委、华东局、第三野战军发出一系列指示，要求抓紧完成占领上海的准备工作，既要歼灭守军，又要完整地接管上海，以利尔后建设，并保护外国侨民。在军事部署上，要先占领吴淞、嘉兴，封锁吴淞口和乍浦海口，断敌海上退路，防止大批物资从海上运走。

据此，总前委决心以第三野战军所属第9、第10兵团8个军及特种兵纵队近30万人的兵力攻取上海；以第二野战军主力集结于浙赣铁路金华至东乡段休整，策应第三野战军夺取上海，准备对付美、英等国可能的武装干涉。

上海郊区地势平坦，村庄稠密，河流沟渠纵横。国民党守军以水泥地堡为核心，构筑大量集团工事，不便于大兵团机动和近迫作业。市内高大建筑物多而坚固，主要市区傍黄浦江西岸，市北吴淞位于黄浦江与长江的交会点，是上海市区出海的交通咽喉。为求完整地接收中国最大城市上海，避免市区遭受战火破坏，陈毅、粟裕决定首先兵分两路，采取钳形攻势，从浦东、浦西两翼迂回吴淞口，断敌海上退路，尔后再围攻市区，分割歼灭守军。

5月12日，第三野战军各部队分别向上海外围守军发起攻击。

第9兵团第20、第27军先后攻占了平湖、金山卫、奉贤县南桥镇、松江、青浦等地，进逼川沙，对上海形成了包围之势。至14日，在特种兵纵队重炮兵部队的协助下，封锁了高桥以东的海面，部分达到了封锁黄浦江的目的。汤恩伯见侧背受威胁，被迫由市区抽调第51军至白龙港、林家码头地区加强防御。

第10兵团在攻占昆山、太仓、嘉定、浏河等地后，向月浦、杨行、刘行守军发动猛攻。国民党军依托钢筋水泥碉堡群，在舰炮和飞机的支援下，实施连续反击。15日，汤恩伯又将第21军及第99师自市区调至月浦、杨行、刘行加强防御。

战至19日，第10兵团相继攻克月浦、国际无线电台，肃清了刘行地区的守军。第9兵团攻占川沙、周浦，在白龙港地区全歼第51军，将第12军压缩于高桥地区，并割断了其与浦东市区第37军的联系，与第10兵团形成了夹击吴淞口之势。

汤恩伯为保持吴淞口出海通路，将第75军东调，增防高桥，依托该地区濒江依海、三面环水、地形狭窄的有利条件，在海空军配合下频繁反击。

第三野战军遂增调第7兵团第23军、第8兵团第25军及特种兵纵队的炮兵第1、第3团各两个营和第2团、战车团，分别配属第9、第10兵团作战，总兵力达10个军30个师及特种兵纵队，近40万人，对上海发起全面攻击。

23日夜，第20、第21、第23、第26军分别从东、南、西三面攻击市区，第25、第28、第29、第33军继续强攻杨行、月浦地区，第30、第31军继续攻歼高桥地区守敌。

24日，第20军攻占浦东市区，守敌西窜；第27军攻占虹桥镇、龙华镇和龙华机场，挺进至苏州河以南市区边缘；第23军亦进至龙华地区；第26军沿绿杨桥、塘桥攻击前进；第29军攻占屏障吴淞、宝山、江湾机场的月浦南郊制高点。

汤恩伯见大势已去，一面将第75军第6师从高桥调回月浦地区增强防御，以保障吴淞的安全；一面指挥苏州河以北主力向吴淞收缩，准备从海上撤逃。他本人于 24 日率京沪杭警备总部人员从吴淞登上兵舰，向福建狼狈逃窜。

第三野战军指挥部命令各部队立即发起追击，大胆楔入守军纵深，截歼溃逃之敌。至 27 日，上海市区已全部解放，汤恩伯的几十万精锐部队被消灭殆尽。

上海失守后，蒋介石愈发看重福建及东南沿海的防务，不止一次地强调："台湾是党国复兴基地，台湾是头颅，福建就是手足，无福建即无以确保台湾。"

为此，蒋介石调集国民党军第 6、第 22、第 8、第 12 兵团在福州、厦门、漳州和闽粤交界地区设防，企图阻止人民解放军向闽中、闽南推进，以屏障台湾。同时，他还任命从上海逃出来的汤恩伯为福建省主席，坐镇指挥。

有道是：不是冤家不聚头。毛泽东亲自点将，把进军福建的重任交给了刚刚攻下上海的第三野战军第 10 兵团司令员叶飞。

叶飞，福建南安人，生于菲律宾吕宋岛，是一员出名的虎将，素有"小叶挺"之称。此次解放军入闽作战，毛泽东知人善任，考虑到叶飞是福建人，又有长期在福建开展游击作战的经验，对福建情况比较熟悉，故选定了叶飞。

能够率大军亲自解放自己的家乡，叶飞格外兴奋。经过周密部署，7月 2 日，第 10 兵团冒着酷暑，大举南下入闽。

8 月 6 日，福州战役打响。激战至 23 日，第 10 兵团歼敌 4 万余人，解放了福州市和周围县城 9 座及军港马尾。

福州既失，汤恩伯重新调整部署，固守以漳州、厦门、金门岛为重点的闽南沿海地区。闽南地区不仅是福建工商农渔密集的富庶之地，而且厦门、金门正扼海上要冲，对于台湾安危关系重大，蒋介石也亲自到厦门主持防御部署。

叶飞决定首先攻歼漳州地区及金门、厦门岛外围守军，扫清南下的海陆通道，尔后同时攻取金、厦两岛。9 月 10 日，第 10 兵团主力由福州、福清南下泉州、安溪地区，发起漳厦金战役。至 28 日，形成了对厦门岛三面包围之势。

厦门岛是中国东南沿海的重要门户之一,面积128平方公里,东与金门岛隔海相望,西、南、北三面被大陆环绕,最近处与大陆仅相隔1海里,西南与小岛鼓浪屿邻近。该岛东南部多山,北半部为丘陵,地势开阔,战略地位非常重要。

厦门岛上的守军为国民党军第29、第74、第166、第181师和要塞守备总队。国民党军在岛上构筑了以钢筋混凝土永久工事为骨干,以野战工事和障碍相结合的多层次的坚固防御阵地。岛上有坦克、雷达、大口径火炮,并有海、空军火力支援,形成要塞式环形防御体系,企图以此守卫金门、台湾,并作为"反攻大陆"的跳板。

为了给退守厦门的国民党官兵打气,蒋介石率国民党军政要人多次抵厦门巡视。汤恩伯则吹嘘厦门岛的防御"固若金汤"。

10月15日,第10兵团第31军首先对鼓浪屿发起攻击。当晚,从北面攻打厦门的5个突击团,分乘数百只木船,在茫茫夜色中,顺风顺流,箭一般地驶向各自预定的登陆点,对北半部发起偷袭。激战至天亮,突击部队把五星红旗插上了厦门岛。

战至16日中午,第10兵团突击部队在10公里宽的正面上,全线突破厦门北半部国民党守军的一线防御,建立了稳固的登陆场。突击部队乘胜向纵深猛插,后续部队源源不断地从各突破口登陆。

逃到军舰上指挥的汤恩伯见势不妙,急忙收罗残部,并调集机动部队向北反扑。叶飞命令已上岛的部队,迅速抢占岛腰部的一线高地,抗击国民党军的反扑。经激烈较量,至16日黄昏,国民党军向北反扑的计划彻底失败,其反冲击部队纷纷南逃。

北半部失守,反扑又未奏效,国民党军动摇了固守厦门的决心,纷纷向岛南溃退,准备下海逃跑。叶飞立即命令登岛各部队大胆穿插分割,追歼逃敌。

17日11时,厦门全岛解放。此役历时两昼夜,共歼灭国民党军2.7万余人。福建大陆基本上已被全部解放,解放军的下一个攻击矛头自然就是毗邻大陆,正扼厦门出海口的金门岛了。

厦门丢失后，蒋介石大骂汤恩伯无能："娘希匹！厦门工事何等坚固，也只守了两天两夜。"随即命他退守金门。

与厦门岛相比，金门当时只是一个并不知名的小岛。主岛大金门面积为124平方公里，小金门为15平方公里。大金门位于厦门以东10公里处，北距大陆也是10公里，全岛形如哑铃，东西宽约16公里，最窄处为岛中部蜂腰地带，仅3公里，南北长约13公里，金门县城位于岛西部。岛东半部为山地，山高岸陡，又多礁石，不易登陆；西半部则是相对较为平坦的丘陵地带，尤其是西北部海岸是泥沙质海滩，是登陆的理想地区。这个荒僻的小岛在中华人民共和国成立以后，被蒋介石看重，主要在于它的地理位置。

当时国民党军并未在金门岛上设防，甚至没有部署一兵一卒。随着福建战事的发展，蒋介石下决心固守金门。因为他明白解放军如渡海攻台，厦门港将是重要的船只集结地，控制了金门，就可以封锁福建主要港口厦门的出海口。蒋介石很清楚，在陆地上已经无法抵挡解放军横扫千里的攻势。可中共没有空军，海军的力量也相当薄弱，他倚恃自己并没有受到损失的海空军优势，可以着意经营福建沿海的几个岛屿作为台湾海峡的第一道防线，也作为将来"反攻大陆"的第一道跳板。到叶飞发起漳厦金战役时，驻防金门的国民党军为李良荣的第22兵团，加上刚从台湾调来的青年军第201师，兵力总数不过2万余人。

金门对于蒋介石来说，实在是太重要了！他意识到金门地区部队数量和战斗力均不足以担负起防御重任，同时考虑到汤恩伯自从长江防线及京沪杭守备，直至厦门防卫，迭遭败绩，深恐金门岛也会为其断送，便将他手里的最后一个主力兵团——胡琏的第12兵团从汕头调往金门岛。

胡琏果然没有让蒋总裁失望，率部拼死守住了金门。反观汤恩伯在战斗开始后，急电老蒋：请求撤守，稳定台湾，并想辞职不干。

蒋介石气不打一处来，严词电示汤恩伯："金门不能有失，尔等必须就地督战，负责尽职，不能请辞易将，否则军法论处！"

金门虽然守住了，但蒋介石对汤恩伯彻底失去了信任，对陈诚说："汤恩伯于危难中主退殊失我望，他是嫡系，是我学生，辜负我多年对他的宠信。"

说完，蒋介石叹了口气，授意陈诚将汤恩伯带回台湾。

陈诚问："委他何职？"

蒋介石摇头不语。

陈诚明白了老头子的心思，便以东南行政长官身份飞抵金门，向汤恩伯传达了蒋介石的旨意。

汤恩伯回到台湾后不久即退出现役，只挂了一个战略顾问委员会战略顾问的虚职，自此淡出人们的视野，抑郁而终。

毛泽东评卫立煌

【卫立煌简历】

卫立煌（1897—1960），字俊如。安徽合肥人。国民党陆军二级上将。

1912年，卫立煌在安徽和县革命军当兵。1914年，入湖南都督汤芗铭部学兵营，毕业后在上海参加"肇和"舰起义反对袁世凯。1915年，到广州投粤军，先在孙中山先生身边的卫队当兵，后由排长递升至团长，参加了孙中山领导的北伐、镇压广州商团叛乱和东征陈炯明的作战。孙中山赞许他勇敢善战，还送他一张亲笔签名的照片。

1925年9月，卫立煌任国民革命军第1军第3师第9团团长，率部参加讨伐陈炯明的第二次东征。1926年7月，参加北伐，由广东入闽作战，升任第14师师长。1927年10月，任国民党军第9军副军长。翌年，任南京卫戍副司令，后入陆军大学校将官特别班进修。1930年，任第45师师长。次年7月，率部参加对中央革命根据地的第三次"围剿"。1932年6月，任第14军军长，率部"围剿"鄂豫皖革命根据地，攻占豫皖区军政中心安徽金家寨。事后蒋介石将安徽省的六安、霍山、霍邱和河南省的固始、商城5个县的部分地区划出，以金家寨为中心成立县制，称"立煌"县，并任命卫立煌为豫鄂皖边区"剿共"总指挥。1933年12月，任第5路军总指挥，率部参加镇压福建事变。1936年6月，任徐海"绥靖"分区司令官。

全面抗战爆发后，卫立煌任第14集团军总司令兼第二战区前敌总指挥，率3个兵团在山西忻口抗击日军第5师团等约5万人的进攻。在会战中，指挥所部奋勇作战，坚持近20日，毙伤敌2万余人，力挫日本侵略军的锐气。朱德称颂他为"在忻口战役中立下大功的民族英雄"。日军华北最高司令香月清司视他为"支那虎将"。1938年2月，卫立煌任第二战区副司令长官。4月，访问延安，受到毛泽东等中共领导人的亲切接见，更加增强了与八路军合作抗日的信念。1939年1月，任第一战区司令长官。5月，晋升陆军二级上将。9月，兼河南省政府主席。1940年，兼冀察战区总司令，与八路军友好相处，相互支援。1941年，调任军事委员会西安办公厅主任。1943年11月，任中国远征军代司令长官。次年，指挥所部击败滇西和中缅边境的日军，收复滇西。1945年1月，所部与中国驻印军在缅甸孟尤会师，打通中印公路。4月，任同盟国中国战区中国陆军副总司令。美国《时代周刊》曾在封面刊登卫立煌策马扬鞭的照片，赞誉他为"常胜将军"。

　　1948年1月，卫立煌任东北"剿总"总司令，所部在东北人民解放军发动的辽沈战役中惨败，逃亡南京，被软禁。1949年初，秘密去香港。中华人民共和国成立时，致电祝贺。1955年3月，回到北京，历任国防委员会副主席、中国人民政治协商会议全国委员会常务委员、中国国民党革命委员会中央常务委员等职。毛泽东赞誉他是"有爱国心的国民党军政人员"。1960年1月17日，在北京病逝。

【毛泽东评点】

　　"目前抗日局面必须维持，国共合作必须巩固，此为国人所期望，亦先生与弟之素志，延安面叙之意，固始终如一也。惟地方摩擦事件日益加多，如不加以调整，实于抗战不利，除电八路军诸同志注意外，请先生亦作合理之处置，俾一切争论问题得以和平解决"。

　　　　　　　　　　　　——摘自《毛泽东年谱》中卷第178页

　　卫立煌"是可与合作人物，对他的政策应十分谨慎，应向着争取他与我们长期合作的方向去做"。

　　　　　　　　　　　　——摘自《毛泽东年谱》中卷第270页

　　"卫立煌对我积极配合作战甚为兴奋，他提议约胡宗南在洛阳会见，并派车接南汉宸去，共商团结抗战大计，我们已复电同意。"

　　　　　　　　　　　　——摘自《毛泽东年谱》中卷第302页

"在我们国内，在抗日反蒋斗争中形成的以民族资产阶级及其知识分子为主的许多民主党派，现在还继续存在。在这一点上，我们和苏联不同。我们有意识地保留下民主党派，让他们有发表意见的机会，对他们采取又团结又斗争的方针。一切善意地向我们提意见的民主人士，我们都要团结。像卫立煌、翁文灏这样的有爱国心的国民党军政人员，我们应当继续调动他们的积极性。"

——摘自《建国以来毛泽东文稿》第六册第 94 页

【评析】

1938 年初，日军集结 4 个师团 10 余万大军，气势汹汹地由太原南下，妄图一举拿下山西全境，进而占领整个华北。

国民党第二战区副司令长官、前敌总指挥卫立煌为阻击日军南进，将主力部队摆在太岳山区的韩信岭一带，构筑工事，采取阵地战的战法，进行忻口战役之后的第二次阻击战。

经过 10 余天的浴血奋战，日军没能从正面突破，便采取迂回战术，从侧面进攻。日军在攻占东阳关后，重新集结兵力马不停蹄地向南疾驰，前锋直指山西最南端的风陵渡。守卫韩信岭的卫立煌部顿时陷入了腹背受敌的困境。

危急关头，朱德、彭德怀指挥八路军在正太路、娘子关地区积极出击，破坏日军的交通补给线，阻击日军的攻势，配合卫立煌部进行突围。

卫立煌采纳了八路军的运动战法，将主力 10 多个师化整为零，分成数路，巧妙地跳出了日军包围圈。由于战况紧急，卫立煌一直坐镇霍县指挥部队突围。等到主力安全撤退到晋南的中条山一带时，却发现自己已被阻隔在敌后，只得率指挥部及警卫团渡过汾河，进入西边的吕梁山脉。

日军在打通同蒲路后，就把汾河上的桥梁全部炸毁。卫立煌再想从吕梁地区向东南突围，已是万分困难。参谋处拟订了几种转移到晋南中条山的行军方案。其中，有一种方案是由晋西渡黄河，假道陕北，再经西安到河南渑池，渡过黄河到达晋南的中条山区。按照卫立煌的倔强性格，宁可冒着日军飞机跟踪轰炸的危险，也要强渡汾河，与主力会师。但参谋长兼第 9 军军长郭寄峤则倾向假道陕北的方案。

其实，卫立煌也明白假道陕北自然是一条最为安全稳当的路线，但那可是蒋委员长眼中的"匪窝"啊！他深怕引起蒋介石猜疑，一时顾虑重重，进退维谷。

卫立煌的顾虑并不是没有原因的。作为一员剽悍的勇将，他为蒋介石拼死拼活打了十年内战，屠杀过不少共产党人。

1932 年，时任国民党军第 14 军军长的卫立煌亲率 1 个师攻占了鄂豫皖苏区军政中心——金家寨。蒋介石喜出望外，亲自前去表彰，同时为鼓励其他"剿共"部队的士气，特地下令将金家寨改名为立煌县。

要知道在国民政府时期以人名作县名的，只有以孙中山命名的广东中山县。一时间，卫立煌名声大噪，成为国民党"五虎将"之一、蒋介石手里的一张"剿共"王牌。

全面抗战爆发后，蒋介石任命卫立煌为第二战区副司令长官兼第二战区前敌总指挥，率嫡系部队第 14 军开进山西。

蒋介石此举可谓用心良苦。其一，在全国抗日呼声日渐高涨的形势逼迫下，蒋介石不得不暂时放弃"攘外必先安内"的反动政策，摆出一副坚决抗日的样子，把卫立煌这样善打硬仗的猛将派到华北前线，以捞取"领导"全国抗战的名声和地位。其二，卫立煌一向以反共著称，自然不会同共产党合作，当然共产党也不会信任他，因而不会有被中共"赤化"之虑。这样卫立煌坐镇山西，既可以起到监视、钳制，甚至消灭山西境内八路军的作用，还可与西北胡宗南部遥相呼应，包围封锁以至进攻陕甘宁边区。其三，"表里山河"的三晋一直是兵家必争的战略要地，多年来被"山西土皇帝"阎锡山盘踞着，蒋介石想借机将嫡系中央军派驻山西，与晋绥军抢占地盘。

但这一次，蒋介石的如意算盘落空了。

卫立煌来到山西后的半年多时间里，不止一次地听说八路军对日军作战勇敢顽强。先是八路军第 115 师取得平型关大捷，一举歼灭日军坂垣师团千余人，打破了自抗战爆发后日军不可战胜的神话。随后在太原保卫战中，八路军各师连续取得长生口、七亘村、黄崖底和广阳伏击战的胜利，以伤亡 300 多人的代价，歼敌 1800 余人。对此，卫立煌十分钦佩，盛赞"八路军是真诚抗日的，是复兴民族的最精锐的部队"，并电话通知在西安的办事处负责人吴海德，购置上万元的慰问品送给八路军。这次韩信岭突围战斗中，卫立煌的指挥部曾在石楼、白儿岭一带几遭日军围歼，幸亏八路军顽强顶住了日军的攻击，才使他化险为夷。

就在卫立煌拿不定主意之际，他的秘书、中共秘密党员赵荣声建议："还是走陕北这条路好，这正是一个参观延安的好机会。"

卫立煌随口敷衍说："我也想去看看，可是现在仗打得这么紧张，哪有时间去参观？"

见卫立煌有些动心，赵荣声乘机劝道："不需要很多时间，走马观花，在延安参观一两天就行了。和毛先生见见面，听听他的议论。如果不抓紧这个机会，下次再想到延安可就不容易了。"

卫立煌听后默默不语。

第二天，卫立煌叫赵荣声把最近几期延安出版的《解放》周刊和《群众》周刊找出来翻翻，并给他准备到延安去讲话的演说稿子。

赵荣声兴奋地问："总司令决定去延安了？"

"去不去延安现在还没有决定，你先这么准备吧。"卫立煌仍是举棋不定，没有最后明确表态。

就在这时，一个意外的机会不期而至。蒋介石致电卫立煌，通知他立即到洛阳开会。

既然有了委员长的手谕，为争取时间，取道陕北南行就成为合法的行动了。于是，卫立煌兴奋地告诉随从人员："我们可以取道延安了，我要会会毛润之先生，向他取取经，看看他用什么方法指挥八路军打得那样好。"

得知卫立煌将路经延安的消息，中共中央和毛泽东主席极为重视，特意指示组成专门的班子，认真接待卫立煌一行。毕竟卫立煌是第一个到延安的国民党战区长官一级的高级将领。

在延安的一些同志对此表示很不理解：想当年，卫立煌双手上沾满了鄂豫皖苏区军民的鲜血；现如今却又成了贵宾，还要好吃好喝地招待。

毛泽东解释说："不管怎么说，从抗战大局出发，争取卫将军这样的国民党重要将领，对整个国共合作的局面将有重要影响，所以要采取积极的态度，晓之以理，动之以情，尽量争取他。同时，卫立煌是第二战区副司令长官，为我第18集团军的上级。从上下级关系考虑，若能争取其支持我军，则对我军的处境，对华北、西北抗日根据地都会有很大好处。所以，欢迎一定要隆重、热情，招待的规格一定要高。同时此人官气很重，生活很考究，应注意礼节和照顾好他的生活，使他感到我党的诚意。"

根据中共中央和毛泽东的指示精神，军委参谋长滕代远召集陕甘宁边区留守兵团司令员萧劲光、边区政府秘书长曹力如、交际处处长金城及有关工作人员开会。会上，滕代远传达了中共中央对卫立煌的近况和来延安目的的分析，以及接待的方针。与会人员对如何接待卫立煌的问题，做了进一步的讨论和具体部署。

关于住的问题，当时来延安的客人一般都住在交际处招待所。此次迎接卫立煌非同一般，必须安排在延安城里最好的房子——天主教堂。这个教堂是由外国人建造的，位于延安城十字街口东北面，坐北朝南，砖瓦结构，内有地板，设备考究。关于吃的问题，相对住房来说比较好解决，将延安最好的饭馆——机关合作社搬到教堂对面路南的中央组织部招待所，以便将热菜热饭及时送进教堂里。同时，组织延安各大机关的干部、学校的学生，组成欢迎队伍，在延安城外列队迎接卫立煌一行。

4月17日，天刚蒙蒙亮，第二战区前敌总指挥部的车队浩浩荡荡由延水关出发，经延川县，直奔延安而来。

车队由十几辆大卡车组成，满载着总指挥部里的工作人员，以及1个特务营和1个新成立的战地工作团。走在车队最前面的是两辆黑色小汽车。第一辆小汽车中坐的是卫立煌、郭寄峤、副参谋长文朝籍和交际副官罗香山。第二辆小汽车中坐的是第9军参谋长杜凤翥、随从副官张学诚、秘书赵荣声和卫士排长。

大大出乎卫立煌及其随行人员意料的是，离延安城还有30里的地方就到处可见用花花绿绿的彩纸写的标语，上面写着"加强国共合作""团结抗日""欢迎卫副司令长官"等口号。车队刚到延安城外，远远就看到欢迎的队伍排列在大路两旁。车队一到即敲锣打鼓，呼喊口号。口号声此起彼伏，非常热烈。见到如此隆重的欢迎场面，卫立煌等人深受感动。

车队抵达城门不远处停下，卫立煌等人走下汽车。滕代远、萧劲光、金城等人迎上前去，陪伴卫立煌一行走过贴满标语的城门，穿越夹道欢迎的人群，来到城中早已收拾一新的大教堂门口。

此时，毛泽东迎出客厅房，和卫立煌等人亲切握手。

寒暄过后，卫立煌由衷地称赞八路军："贵军对日本作战打得非常好，立煌很是敬佩。今天来到延安，有机会聆教，非常荣幸。"

毛泽东面带笑容，称赞道："卫将军是第一位到延安的战区长官，抗日坚决，和八路军友好合作，我们要沿着这样一条路继续走下去。"

谈话在友好、和谐、欢快的气氛中进行。

毛泽东谈到国共合作的重要性，继而在谈到反对投降主义的问题时说："目前国际和国内均有投降主义在活动，这是一种很大的危险，我们对决心抗日的人决不能忽视，必须把片面抗战转变为全面抗战。为了抗战，在政治上有许多地方需要改造，也有改造的可能。"

说到这里，毛泽东话锋一转，对日军在山西的作战企图作了全面分析："目前在山西的抗战非常重要，如果不是我们大家都在山西拖住日军的尾巴，日军从风陵渡渡过黄河，夺取潼关，掐断陇海线，就能截断中国和苏联的国际路线，进一步压迫中国投降。根据我们判断，最近日军要进占徐州。"

毛泽东以军事家的高瞻远瞩，预测了日军下一步动向。以后的战争发展证明毛泽东的远见卓识。

卫立煌等人听后大有茅塞顿开之感，更增钦佩之意。

这时，毛泽东非常郑重地说："八路军深入敌后，英勇杀敌，但也存在很多困难。一是弹药消耗很大，没有子弹怎么打敌人？需要得到补充；二是医药卫生器材缺乏，还希望卫总司令帮助向主管部门催促一下。还有，现在已经要到 5 月，快夏天了，夏服还没有影子，不知道是什么缘故。"

卫立煌是第二战区副司令长官，八路军属第二战区序列，自然有义不容辞的责任。他当即表示一定要帮助解决这些问题。

中午，毛泽东设宴招待卫立煌一行。

这次为了接待好卫立煌一行，延安交际处可谓倾其所能，把所有能找到的好饭菜全部端上了宴席。

别看卫立煌官居国民党战区副司令、贵为陆军上将，山珍海味早已吃遍，但自从入晋以来，就一直同日寇苦战，好久没有吃过一顿好饭了。更何况这段时间被困于晋西，物资奇缺，已到有什么吃什么的地步。没想到在这里见到如此好的饭菜，卫立煌真是欣喜异常，向毛泽东连连表示谢意。

饭后，卫立煌参观了抗日军政大学，并向抗大师生作了即席讲话。为欢迎卫立煌的到来，当晚延安各界举行盛大欢迎晚会，到会的各界代表达数百人之多。当毛泽东陪同卫立煌入场时，到会人员起立鼓掌数分钟之久。欢迎晚会由李富春主持。

首先，毛泽东致欢迎词："热烈欢迎卫副司令长官光临指导。卫将军是坚持华北抗战的领导者，此次过延，希卫将军对边区工作多加指示。"

深受会场热烈气氛感染的卫立煌当即作了一番热情洋溢的讲话："此次奉命赴西安，系指挥黄河南北两岸部队，继续坚持抗战，直到最后胜利。这次抗战中已把我国的弱点缺点完全暴露出来了。第一是不团结现象，因而受到了局部失利，但由于抗战继续坚持，我们的弱点逐渐消灭了。第二没有组织，没有坚强的领导。今后要把全国人民组织起来，筑成一道万里长城，来打击日本强盗的进攻。"最后，卫立煌对陕甘宁边区极为赞扬，认为边区各地的人民组织实为全国的模范，应该把边区好的例子更加发扬起来。

延安鲁艺的师生表演了精彩的文艺节目。毛泽东和卫立煌并排而坐，谈笑风生，十分融洽。

次日天刚放亮，卫立煌一行离开延安，乘车向西安急驰而去。滕代远、萧劲光、金城等人受毛泽东的委托，亲自将卫立煌送到 30 里外，才依依不舍地告别。

一路上，卫立煌与郭寄峤等人在谈话中对此次延安之行表示非常满意。对于毛泽东所提八路军缺少弹药的问题，卫立煌认为自己既已答应帮助解决，就应该履行承诺。更何况他认为八路军抗战有功，本来就没多少弹药，还要打日本人，"巧妇难为无米之炊"，理应补给。

19日，也就是卫立煌到达西安的第二天，他亲自来到位于北大街的第14集团总司令部驻西安办事处，写了一个手谕："即发十八集团军步枪子弹一百万发，手榴弹二十五万枚。"

卫立煌把这个手谕交给自己的老部下、第14兵站分监杲海澜少将执行。杲海澜看到数量如此巨大，感到执行起来有困难，面露难色。

卫立煌严肃地说："我是前敌总司令，第二战区的军队都受我指挥，凡是打日本的我都一样看待。18集团军仗得很好，我们就要充分供给。"

接着又问："牛肉罐头还有多少？"

杲海澜据实以告，"还有几百箱吧！"

卫立煌当即下令："发给18集团军180箱。"

在当时，牛肉罐头可是稀有食品，部队一般吃不上，整个第二战区才有几百箱，而卫立煌一次就批给八路军如此之多，可见他对八路军的友好。

没过多久，这批数目巨大的军用物资就从西安新城附近的后勤部仓库装上卡车，火速运往八路军总部。

卫立煌给毛泽东的这份厚礼的确不轻：除100万发七九口径汉阳造步枪子弹、25万枚手榴弹、180箱红烧牛肉加黄豆罐头外，还有3个师的夏装、50部电话机、1部10门的电话总机和1部20门的电话总机，以及部分医药用品。这些物资对于缺衣少药的八路军可谓是雪中送炭。

对此，中国共产党没有忘记，毛泽东也没有忘记。1960年，卫立煌在北京逝世。悼词中这样写道："在抗日战争初期……亲眼看到共产党和毛主席团结抗日政策的英明伟大，亲眼看到八路军对敌英勇斗争，得到了许多启示和教育，同八路军建立了良好的合作关系，从而有利于八路军开展对日的斗争。卫立煌同志对于抗日是有功的，他当时的爱国行动是值得称道的。"

延安之行的确对卫立煌产生了巨大影响。他多次对赵荣声说："要想战胜日本救中国，恐怕只有学延安的办法。"同时，卫立煌开始对于延安出版的书籍杂志看得多了，不只是看看标题，而且翻阅重点文章。

7月，卫立煌认真细读了毛泽东的名著《论持久战》。在这篇光辉著作中，毛泽东高屋建瓴地指出：在这场战争中，中日双方存在着相互矛盾的四个基本点——敌强我弱，敌小我大，敌退步我进步，敌寡助我多助。而这些特点从根本上决定了中日战争必然是一场持久战，最后胜利属于中国。毛泽东更高明之处还在于他根据中日双方的基本特点、力量对比及发展趋势的深入分析，科学地预见到持久战将经历三个阶段，即战略防御阶段、战略相持阶段、战略反攻阶段。《论持久战》的分析和论断，几乎完全被后来的战争实践所证实。卫立煌读后深受启发，逐渐接受了中国共产党"团结合作、一致对外"的抗日主张，对毛泽东钦佩之至，同时和朱德密切交往。

10月，武汉沦陷，标志着抗日战争由战略防御进入战略相持阶段。

此时，日军一面加紧对国民党诱降，一面把进攻重点转向共产党领导的抗日根据地；而蒋介石虽说已放弃了"攘外必先安内"的反动政策，但溶共、灭共之心不死，因此在消极抗日的同时又企图妥协谋和，实行既联共又反共的两面政策。这样，日本侵略者与国民党当局在反共这个交叉点上便找到了共同语言。大批国民党军将领率部投敌，一时间，降将如毛，降官如潮，大搞"曲线救国"，其实质就是反共。

1939年1月，国民党五届五中全会公然制定了"溶共、限共、防共、反共"的反动方针。紧接着又秘密颁布了《共产党问题处置办法》等多项旨在限制和迫害共产党的政策措施，致使反共乌云四处翻滚，军事摩擦屡有发生。仅1939年，陕甘宁边区的反共摩擦就达150余起。这期间，国民党顽固派在山东博山太河镇、河北深县、河南确山竹沟镇、湖南平江和湖北新集等地，发动武装袭击，制造了一系列流血惨案。

"风起于青蘋之末"。国民党制造的一系列流血惨案和武装摩擦，预示着更大规模的反共逆流即将掀起。

11月，国民党五届六中全会进一步确定了将政治限共为主转为以军事限共为主的方针，抗战以来第一次反共高潮随之而起。

从12月起至1940年春，国民党顽固派在晋西、晋东南、冀南、冀鲁豫以及陕甘宁边区向八路军和由共产党领导的山西新军发起了猖狂进攻。

在忍无可忍的情况下,八路军本着"人不犯我,我不犯人;人若犯我,我必犯人"的原则,被迫进行了自卫斗争,狠狠地教训了国民党顽固派。

3月,国共双方军队在太行山区摩擦日渐紧张。朱怀冰指挥第79军进攻八路军,遭到坚决反击,眼见就要全军覆没,便给时任冀察战区总司令的卫立煌发了封十万火急的求救电。卫立煌不予理睬,没有派出一兵一卒增援,结果朱怀冰所部3个师1万多人被八路军歼灭。

15日,毛泽东致电卫立煌,指出:"目前抗日局面必须维持,国共合作必须巩固,此为国人所期望,亦先生与弟之素志,延安面叙之意,固始终如一也。惟地方摩擦事件日益加多,如不加以调整,实于抗战不利,除电八路军诸同志注意外,请先生亦作合理之处置,俾一切争论问题得以和平解决"。

卫立煌一直反对与八路军闹摩擦,立即同意,并电约朱德和胡宗南到洛阳进行和解商谈。谁知,会谈刚刚开始,卫立煌就接到蒋介石的电报,说"这件事你不要管"。卫立煌十分为难,感到对不起中共和八路军,就设宴盛情招待朱德。

席间,朱德告诉卫立煌,他和毛主席都知道卫的处境不好,要其在必要时骂骂八路军。卫当即回答:宁肯保持沉默,也决不骂八路军。

总的来说,在抗日战争期间,卫立煌与共产党、八路军的关系还是比较融洽的。正因如此,蒋介石对卫立煌放心不下,怕他被共党"赤化",便在发动全面内战不久,让卫立煌夫妇出国考察。卫立煌也不愿卷入内战的旋涡,就于1946年11月偕夫人由上海启程,出游欧美。

1947年10月,正在法国巴黎的卫立煌突然接到蒋介石从国内发来的电报,令其火速回国担任东北"剿总"总司令。

原来,内战全面爆发后,蒋介石根本就没把毛泽东和小米加步枪的"土八路"放在眼里,派其爱将参谋总长陈诚到东北,出任行营主任。陈诚志大才疏,自恃手中有数十万美式装备的大军,便可扫平东北,狂妄叫嚷:"三个月内消灭共产党!"

然而,事实是无情的。陈诚屡战屡败,被林彪率领的东北民主联军压缩在沈阳、长春、锦州及其附近的十几个城市里动弹不得。眼见东北战局江河日下，焦头烂额的陈诚无计可施，干脆来个装病辞职。

无奈之下，蒋介石只得环顾自己的嫡系将领，要找一位能拼会打的勇将接替陈诚，力挽东北之狂澜。这时，蒋介石想到了正在国外考察的卫立煌。

虽说卫立煌从内心里反对蒋介石搞独裁、打内战，而且对国民党军队能否取得内战的胜利深表怀疑。早在内战刚刚打响时，他就对部下说："国民党军队表面上好看，其实不经打。我在山西知道共产党的军队意志坚决，吃苦耐劳，上下一心。"

接到蒋介石的电报后，卫立煌不知该怎么办才好。出于对中共中央和毛泽东主席极大的信赖，他起草了一封代电，表示：为了尽快地结束内战，我决心站到人民一方，和有关方面进行军事的、政治的及其他的一切合作……顾及个人的环境，希望绝对保守秘密。

这封代电通过夫人韩权华的姨侄女婿、留法学生领袖、著名科学家汪德昭，几经辗转才转递给中共中央。

是年底，刚刚回国的卫立煌马不停蹄地飞抵沈阳，就任东北"剿总"司令。大大出乎卫立煌的意料，陈诚留给他的是一副烂摊子。国民党军在东北地区的总兵力虽有4个兵团14个军44个师（旅），加上地方保安团队共约55万人，但被分割、压缩在沈阳、长春、锦州三个互不相连的地区内。由于北宁铁路若干段及营口为人民解放军所控制，长春、沈阳通向山海关内的陆上交通已被切断，补给全靠空运，物资供应匮乏。

到1948年秋，在东北战场上，国共双方力量对比发生了根本性变化，人民解放军已由战略防御转入战略进攻，并取得战场主动权。

9月8日，中共中央政治局扩大会议在西柏坡正式召开。会议提出了建设500万人民解放军，在五年左右的时间内（从1946年7月算起）歼敌正规军共500个旅（师）左右，从根本上打倒国民党反动统治的战略目标，吹响了国共大决战的前进号角。

国共大决战是在东北战场率先打响的。9月12日夜，东北野战军第2兵团第11纵队和冀察热辽军区3个独立师，以迅雷不及掩耳之势奔袭兴城、山海关至昌黎一线，辽沈战役的第一仗——锦州外围战打响了。

11月12日，辽沈战役结束，东北野战军和东北军区部队经52天激战，在关内各战场人民解放军有力配合下，歼灭和争取起义、投诚国民党军东北"剿总"和所属4个兵团部、11个军部、36个师及地方保安团队共47.2万余人。

26日，气急败坏的蒋介石下令："东北'剿匪'总司令卫立煌迟疑不决，坐失战机，致失重镇，着即撤职查办。"

12月，从沈阳逃回南京的卫立煌被蒋介石软禁起来。但此时，战局的发展已是蒋介石所不能左右的了。辽沈战役解放了东北全境；淮海战役解放了华东大部，胜利在即；华北地区除北平（今北京）、天津几座孤城外均已解放。国民党桂系首领李宗仁、白崇禧等人乘机"逼宫"，以停战和谈为借口，逼蒋介石下台。

1949年1月21日，内外交困的蒋介石发布"引退"文告，回奉化溪口"归隐"去了。卫立煌得以逃出南京，隐居香港。

2月，卫立煌致信朱德："弟自沈阳南旋，行动不克自由，谅早洞悉。惟念老母现在八十有五，弱弟奄涛，率同子侄数十人，在肥侍养。兹值解放大军到达，望电知军政领袖，加意保护，免受惊恐。"

对于卫立煌这位在抗战期间与共产党合作较好的老朋友，毛泽东并未忘记，于4月5日致电邓小平等人，转去卫立煌致朱德的信，并指示道："望转合肥县政府对卫立煌家属予以保护为盼。"

10月1日，中华人民共和国中央人民政府在北京宣告成立。

在香港"隐居"的卫立煌非常兴奋，广播听了又听，报纸看了又看，彻夜难眠。他想起了11年前到延安与毛泽东主席的会面，想起了与朱德总司令的数次长谈，想起当年自己为民族大业与共产党携手合作共御外侮，到如今才有一个真正独立自主、不受外人凌辱、人民真正当家作主的新国家出现，怎能不欣喜若狂呢？

卫立煌不顾国民党特务的监视，冒着生命危险，从香港给毛泽东发出了一封热情洋溢的贺电。电文如下：

北京毛主席：

先生英明领导，人民革命卒获辉煌胜利；从此全中华人民得到伟大领袖，新中国富强有望，举世欢腾鼓舞，竭诚拥护。煌向往衷心尤为雀跃万丈。敬电驰贺。朱副主席、周总理请代申贺忱。

煌十月江电

电文措辞可谓情真意切，表现了卫立煌对新中国的向往，对毛泽东的钦佩。

收到卫立煌的电报后，毛泽东很快复电，表示感谢："酉江电诵悉，极为感谢。谨此奉复。"

在香港，卫立煌对新中国的建设非常关心。从军数十年来，从广东到东北，他都留下过足迹，对于许多地方的风土人情、地理环境十分熟悉。如今这些地方蓬勃建设起来，他常常拿着报纸或是开着收音机，神魂飞越，如同回到了这些地方。

为防止卫立煌投共，在台湾的蒋介石下了很大功夫，先是派卫立煌的同乡、以善论闻名的国民党大员吴忠信到香港力劝卫立煌去台湾，被严词拒绝。不久，卫立煌的旧部郭寄峤、赵家骧等奉蒋介石之命，劝说他到台湾或到任何外国均可，台湾当局均可协助成行。卫立煌环顾左右而言他，使郭寄峤等无可奈何，只好怏怏而回。到后来，蒋介石派吴忠信再来相劝时，卫立煌干脆来个闭门不见。

1954 年 12 月，台湾地区国民党政府"外交部长"叶公超和美国国务卿杜勒斯，分别代表台美双方在华盛顿签署了《台美共同防御条约》。

这个条约是一个彻头彻尾的侵略中国领土、破坏中国主权、干涉中国内政的强盗条约，是一个违背联合国宗旨、违反联合国宪章、破坏亚洲与世界和平的战争条约。条约的签订，使台湾当局完全处于美国的保护，实际上是控制之下，使美国对台湾的军援和经援"合法化"。

卫立煌在报上看到后，非常气愤，认为台湾政权竟公然借重外力维持小朝廷，已堕落到不知民族羞耻的地步。

不久，香港各大报刊均刊载了《中华人民共和国各民主党派各人民团体为解放台湾联合宣言》。卫立煌细读全文，极为赞赏，连连称赞道："这个宣言显示出民族气节，具有炎黄子孙之风。"还向朋友表示也要发表讲话，并说："我的话完全是出自一个中国人的内心话，爱国的中国人就应当这么说，解放台湾，完成统一大业有什么不好！"

很快，此事传到了北京。毛泽东、周恩来非常赞同卫立煌发表文章的义举，并认为"卫立煌的爱国心思很好，现在是回来的时候了"。周恩来亲自指示中共设在香港的地下组织去做卫立煌夫妇的工作。

早在抗战时期，卫立煌就与周恩来相识。周恩来的音容笑貌、坦诚热情都给他留下了深刻的印象，多年来仍是历历在目。此刻见周恩来派人请他回祖国大陆，激昂地说："我愿意用我的余年报效国家，我要革命，别的什么也不想。"

1955 年 3 月 15 日，卫立煌夫妇回归祖国大陆。在广州，他们受到了中共华南局书记陶铸和华南局统战部部长林李明的热烈欢迎。

16 日，卫立煌怀着无比喜悦兴奋的心情，致电毛泽东主席、周恩来总理和朱德副主席，报告他已经回来，同时将预先准备好的《告台湾袍泽朋友书》交给新华社发表。这是卫立煌一生中最重要的一个文件。全文如下：

台湾袍泽们、朋友们：

祖国近五年来，在共产党和毛主席领导下，凡百设施，突飞猛进，为有史以来所未有。对外在国际上国家声望日高，对内使各民族融洽共处，形成空前未有之大团结，以西藏数十年之离异，现又重回祖国。祖国经济建设一日千里，达到由无而有，自少而多，如钢、铁、煤、油等重工业之大量开发与建设，治淮、荆江分洪以及各地水利之兴修，康藏、青藏两公路及成渝铁路之筑成，宝成、陇海铁路之增筑，包兰、成昆铁路之测建，中蒙国境铁道之完成，以及自造飞机、火车头、轮船，等等。尤其在人事方面，不论过去如何，凡对国家有所贡献者，均能奖励扶植，一视同仁（如程颂云、翁文灏、张治中、傅作义、陈明仁、郑洞国等等）。以视蒋介石时期，在外交上俯仰随人，厚颜谄媚；在政治上视国为家，排除异己；经济方面则将国家经济命脉置于四大家族之手；人事上嫉贤忌能，非亲莫用。真乃泾渭分明，善恶立判。凡此铁的事实，无论为爱为憎，都是不能加以否认的。

现在蒋介石不惜出卖国家及民族，勾引美国力量，妄想反攻大陆。各位均在军政方面曾身当其冲的，所知当然深切。试想以他当年具有海、陆、空军四百万之声势与美国数十亿之军经援助，尚且逃不了溃败垮台，目前以他几十万老弱残兵，而图反攻，岂不是痴人说梦，白昼见鬼吗？

台湾是中国领土，乃是历史上和外交上文献所具载，任何人不能歪曲事实，加以否认。美国欲以武力强据台湾，乃其别具帝国主义者侵略野心，无论他如何颠倒是非，混淆视听，也不能掩盖天下人的耳目。台湾之于中国，正如夏威夷之于美国，如有其他国家舰队霸占夏威夷领海，他们美国人民又将作何感想？何况解放台湾，是讨伐中国的罪人蒋介石，纯是内政问题，是世界上主持正义者所同情的。今蒋介石乃与美国订立美蒋防御公约，图借外力负隅拒抗，真是出卖主权，引狼入室，这种行为不但为六亿同胞唾弃，更为具有天良，心存爱国者所切齿！各位已看到了韩战时祖国坚强军力迫使美国停战之事实，台湾最后必定解放，无论按哪一方面说，都是必然之理，既成之势。

各位朋友、各位袍泽：我现举两项个人亲身经历之事，使各位更知蒋介石如何卑劣。抗战时期，我负第一战区责任，在黄河北岸，背水奋战，拒敌五年。因为我主张国共共同抗战，故凡八路军（解放军前身）担任之任务和补给，都主张公平办理。乃竟召蒋疑忌，认为我偏袒八路军，破坏他攘外必先安内之阴谋，将我调离第一战区，并暗行监视。东北之战，完全由蒋三到沈阳亲自主持策定，虽经各将领一致陈述意见，认为不可，但蒋一意孤行，终至全军覆没。事后因受立法院及国人指责，乃竟向部下施卸责任，谤为系我失职，派宪兵特务将我监视于南京私邸，并由宪兵司令张镇告我：未见蒋以前，最好不要接见其他客人。后经吴礼卿先生问张镇何以总统并不知道卫长官家中会派有宪兵，不许见客。张镇闻言，惶恐不知所答。以上二事，不过就我亲自经历中较大者而言。我同蒋介石共事30余年，他都肯做出这种丧心病狂，倒行逆施，背信弃义，陷害部属的事来，诸位还不及早警惕吗！

　　我自辛亥年投笔从戎以来，即决心献身革命，希望有所助益于改革腐旧社会，建设现代国家。只因蒋介石窃据领导地位，利欲迷人，背叛革命，只图千方百计巩固私人权势，置国计民生于不顾。以致数十年光阴虚耗，未能如愿以偿，既恨且愧。自从我在香港住了五年以来，闭门阅读各种书报杂志，站在客观的立场观察实际，寻求革命真理。回想过去蒋介石几十年来的所作所为，比起共产党毛主席领导下五年来的建树，使我更为明白是非功罪，何去何从。所以我觉得这几十年误随了祸国殃民的蒋介石，实在愧对国家愧对国人。现在祖国正在进行解放台湾，予我们大家一个效忠革命，为人民尽力的机会，以赎前愆。遥念在台数十年共患难的袍泽们、朋友们还在蒋介石的魔掌之下，不忍坐视诸位随蒋沉沦毁灭。故特掬诚相告，深望诸位及早醒悟，对于有功于解放台湾者，在有形无形中，各自乘机量力而为，则台湾解放之日，祖国及国人必不有负于诸位。肺腑之言，敬希谅察！责任艰巨，诸维珍重！

卫立煌

一九五五年三月十五日

毛泽东接到电报后不胜喜悦，立即回电：

卫俊如先生：

　　三月十六日电报收到。先生返国，甚表欢迎，盼早日来京，藉图良晤。如有兴趣，可于沿途看看情况，于本月底或下月初到京，也是好的。

毛泽东

三月十七日

同时，毛泽东指示中央办公厅主任杨尚昆："由华南分局派适当干部好好护送来京。如他愿意在广州、长沙、武汉、郑州等处（或走上海天津）看看建设情况，应先电告各处好好引导招待，并表示热情欢迎态度。"

4月5日，卫立煌回到了北京。

25日午后，正值北京春光明媚、百花盛开之际，卫立煌接到一个巨大的喜讯：毛主席要接见他。

下午5时，卫立煌在中南海见到了17年未见面的毛泽东，两双手紧紧地握在了一起。

毛泽东详细询问了卫立煌的近况和在海外的生活情况，并向他介绍了解放以来国家的变化和远景。当晚，毛泽东宴请卫立煌，并在一起观看了电影。

党和政府给了卫立煌很高的荣誉：担任政协全国委员会常务委员、国防委员会副主席、中国国民党革命委员会中央常委等职。

卫立煌投身祖国建设的热情更加高涨了。他在给海外朋友的信中写道："弟目睹新中国朝气蓬勃，秩序井然，在工业、农业各方面的建设无不突飞猛进。短短五年期间，将破烂不堪、陈腐垂亡之中国，一变而为富强兴盛之国家，成就之惊人，若非目睹，实难想象……首都建设宏伟，发展迅速，尤令人激动兴奋。市郊工厂林立，学府毗连，景象之新，已非旧游者所能相识……"

1956年3月25日，卫立煌夫妇应邀到怀仁堂观看话剧《在康布尔草原上》。休息时，卫立煌同中央统战部副部长徐冰一起到休息室喝茶。没想到，毛泽东正坐在休息室里。见卫立煌进来，毛泽东从沙发上站起来，热情地打招呼，并从茶几上拿起烟，递给卫立煌。刘少奇也走过来同卫立煌亲切握手交谈。

一个月后，毛泽东在中共中央政治局扩大会议上发表题为《论十大关系》的重要讲话。在这篇讲话中，毛泽东以苏联的经验为鉴戒，总结了我国的经验，论述了社会主义革命和社会主义建设中的十大关系，提出了适合我国情况的多快好省地建设社会主义总路线的基本思想。

《论十大关系》的第七个问题，讲的是党和非党的关系。在这一节中，毛泽东阐述了共产党和各民主党派长期共存、互相监督的理论，指出：在我们国内，在抗日反蒋斗争中形成的以民族资产阶级及其知识分子为主的许多民主党派，现在还继续存在。在这一点上，我们和苏联不同。我们有意识地保留下民主党派，让他们有发表意见的机会，对他们采取又团结又斗争的方针。一切善意地向我们提意见的民主人士，我们都要团结。像卫立煌、翁文灏这样的有爱国心的国民党军政人员，我们应当继续调动他们的积极性。

毛泽东在讲到社会上有热爱共产党和谩骂共产党两类不同的人时，把卫立煌作为一个正面例子提出来，这是对卫立煌追求真理，由一名"剿共"将领逐步改变其原来的立场，投入人民怀抱表示的热情欢迎。

9月，《人民画报》刊登了毛泽东同卫立煌在宴会上的大幅照片，同时还刊登了卫立煌写的《回到祖国大陆之后》的文章。

1957年4月16日，周恩来在北京为来访的苏联最高苏维埃主席团主席伏罗希洛夫举行盛大酒会，卫立煌应邀出席酒会。席间，周恩来向伏罗希洛夫介绍了卫立煌。

当年，卫立煌统率中国远征军在打通滇缅公路的战役中痛击日军，扬名中外。伏罗希洛夫对这段历史也有所了解，便热情地握住卫立煌的手说："只要我们团结一致，我们就是无敌的。"周恩来笑着说："国共两党过去已经合作了两次。"毛泽东紧接着说："我们还准备进行第三次合作！"第二天，《人民日报》刊出这条消息，标题为"毛主席说，我们还准备第三次国共合作"。

1960年1月17日，卫立煌因心肌梗塞在北京逝世。20日，周恩来在中山公园中山堂主持追悼大会，毛泽东、刘少奇、朱德等党和国家领导人送了花圈。卫立煌的骨灰盒安放在八宝山烈士公墓。

毛泽东评吴化文

【吴化文简历】

吴化文（1904—1962），字绍周。原籍山东掖县（今莱州市）。国民党陆军中将。

1920年，吴化文入冯玉祥的西北军当兵。因早年念过私塾，又曾上几天新式学堂，很受冯玉祥的赏识，被选去当勤务兵，后提升为司务长、排长、连长。1923年，经冯玉祥保举入北京陆军大学学习，毕业后回冯部任参谋、洛阳初级军校教育长、西北军第25师参谋长兼特务团团长。中原大战结束后，随第6军军长韩复榘投靠了蒋介石。1932年起，任国民党军第3路军手枪旅旅长兼济南警备司令、新编第4师师长兼暂编第1师师长。

全面抗战爆发后，率部在山东进行抗击日军作战。1939年，曾在定陶、郓城、平阳、禹城、惠民、滨县（今属滨州）一带，与八路军部队配合，开展反"扫荡"斗争。后在国民党山东省政府主席沈鸿烈的指使下，与八路军屡屡发生摩擦，多次指挥所部向抗日根据地进攻。1943年，投靠日本侵略军后，任伪和平救国军山东方面军总司令。日本投降后，任国民党军济南保安纵队司令，国民党军第86师师长、第96军军长等职。1948年9月，在济南战役中，率3个旅2万余人举行战场起义。后任中国人民解放军第35军军长，率部参加淮海、渡江战役。

中华人民共和国成立后，任浙江省政府人民委员会委员兼交通厅厅长、浙江省政协副主席。1955年，被授予一级解放勋章。1962年4月，在青岛病逝。

【毛泽东评点】

"贵军长等率部起义，发表通电，决心参加人民解放事业，极为欣慰。中国共产党站在人民立场上，对于任何国民党军队的官兵们，不问其过去行为如何，只要他们能够在人民解放战争的紧要关头幡然觉悟，脱离国民党政府的反动领导，加入人民解放军阵营，坚决反对美国帝国主义及其走狗国民党反动派，即表示热烈欢迎。"

——摘自《毛泽东年谱》下卷第 368 页

【评析】

1948 年是中国的战争年，是中国两种命运的决战之年。对蒋介石来说，却是他那峰崖起伏的一生中最"触霉头"的一年。

俗话说：搬起石头砸自己的脚。用这句话来形容发动内战的蒋介石，是最恰当不过了。想当初，蒋介石丝毫没把毛泽东领导的依靠小米加步枪作战的"土八路"放在眼里，这怎能与美国盟友"无私"援助的飞机大炮相提并论，更何况他手里还拥有占绝对优势的、用美械武装到牙齿的 430 多万钢铁大军。就在年初，蒋介石踌躇满志，信誓旦旦地宣称："我可以很负责地告诉大家，在最近六个月以内，国军有绝对把握消灭黄河以南'匪军'所有的兵力，决不让他们有整师或整旅的存在。"

半年过后，情况又是怎样呢？

在东北，林彪、罗荣桓率东北野战军在冬季攻势后，直取四平城，迫使国民党军东北"剿总"司令卫立煌部 55 万人龟缩在长春、沈阳、锦州地区，陷入孤立无援的困境。在西北，彭德怀率西北野战军取得宜川大捷，瓦子街一役全歼刘戡部 4 个旅，并乘胜收复了延安。志大才疏的胡宗南 30 多万军队陷于西北，动弹不得。在华北，人民解放军相继发动察南绥东、晋中、冀热察等战役，一时杀得阎锡山、傅作义集团 60 余万大军人仰马翻。在华东，粟裕的胃口更是大得出奇。豫东一战，竟吃掉了国民党军 1 个兵团 9 万余人，生俘兵团司令官区寿年。要不是黄百韬拼死突围、邱清泉及时相援的话，恐怕这两个兵团也早已成为粟裕的盘中餐了，直吓得刘峙集团 60 万大军收缩在徐（州）蚌（埠）一线，不敢轻举妄动。在中原，就连一向声称"不怕共产党凶，只怕共产党生根"的"小诸葛"白崇禧也无法阻挡住刘邓大军在大别山站稳脚跟……

毛泽东评吴化文

国民党军处处被动挨打，每每损兵折将，从"全面进攻""重点进攻"转入"全面防御""分区防御"，士气大为低落，战斗力直线下降，优势早已荡然无存。上至高级指挥官下到普遍士兵，都看出蒋介石发动的这场战争败局已定。厌战、反战情绪日益高涨，蒋介石就像一具僵尸，没有灵魂了。国民党的军政要员们，包括蒋介石所谓的"学生"们，也不再信任他了。"大太子"蒋经国哀叹道："高级将领弃职潜逃、临危变节，而投匪者，比比皆是，真正忠贞为国而殉职的将领，寥若晨星。"

"'匪'越剿越多，兵越打越少，仗越打越背"，蒋介石无计可施，不得不承认："过去两年来的剿匪军事，我们全体官兵牺牲奋斗，固然有若干成就，但就整个局势而言，则我们无可讳言的是处处受制、招招失败！……无论军事、政治、经济各方面情形的表现，的确是严重而危险的……到了危急存亡的关头。"

与此形成鲜明对比的是，中国人民解放事业正以不可阻挡之势迎来了收获季节。

1948年8月，毛泽东在西柏坡会见华东野战军特种兵纵队司令员陈锐霆、晋察冀军区炮兵旅长高存信时，用他那战略家兼诗人的特有气质，打了一个生动的比喻："解放战争好像爬山，现在我们已经过了山的坳子，最吃力的爬坡阶段已经过去了。"

毛泽东边说边用左手握拳，手背向上，右手食指沿着弧形手背越过拳头顶端比划过去，形象地把解放战争比作爬山，现在已经越过山的顶端了。

事实确实如此。

自1947年下半年中国人民解放军转入战略进攻后，经过一年的内线和外线作战，到1948年7月，国民党军被歼260多万，虽经补充但总兵力已由战争开始时的430万下降到365万，能用于一线作战的正规军只剩下249个旅（师）170余万人，且被分割在以沈阳、北平（今北京）、西安、武汉、徐州为中心的五个战场上，大部分只能担任战略要点和交通线的守备，能够进行战略机动的兵力屈指可数。其中新组建的和被歼后重建后的师、旅又占绝大多数，士气涣散，军无斗志。

人民解放军掌握了战争主动权，总兵力则由 120 余万人猛增到 280 万人，其中正规军由 61 万上升至 149 万。武器装备大为改观，用从"运输大队长"那里"接收"的美式军械武装了自己，组建了特种兵纵队，不仅有炮兵，而且还拥有了坦克部队。在血与火的洗礼下，人民解放军斗志昂扬，作战经验更加丰富，已具备进行大规模运动战、阵地战，特别是城市攻坚战的能力。各解放区也已连成一片，在战略上可以直接互相支援。

同时，中国共产党的各项政治主张、政策深入人心，解放区得到了空前的扩大和巩固。解放区面积已扩展到 235 万平方公里，占全国总面积的 24.5%；人口达 1.68 亿，占全国总人口的 35.3%；拥有县以上大中城市 586 座，占全国城市的 29.5%。约 1 亿人口的老解放区已经完成土地改革，广大翻身农民的革命和生产积极性高涨，支援战争的力量得到大大增强。

得道多助，失道寡助。种种迹象表明，国民党的反动统治已是风中残烛，摇摇欲坠。在神州大地，两种道路、两种命运的决战时刻即将到来。

1948 年 7 月 13 日，华东野战军攻克鲁西南重镇兖州。至此，山东全境除济南、青岛、烟台、菏泽、临沂等为敌占据外，基本解放。国民党重兵据守的济南城，周围 300 公里的广大地区被华东野战军控制，更像是华东与华北解放区之间的一个小岛，孤立无援。这样，济南就成为华东野战军下一个打击的目标。

济南，又称泉城，山东省省会，位于津浦、胶济铁路交会处，北依黄河，南靠泰山，地势险要，易守难攻，历来为兵家必争之地。

当时济南有人口 70 余万，是国民党借以支撑其华北残局的战略要地，也是残存在山东腹地的唯一坚固设防的大城市。蒋介石派他的心腹爱将——国民党第二"绥靖"区中将司令官、山东省政府主席王耀武，率重兵 10 万人镇守。

为固守济南，王耀武命令守军各部到处征工征料，大量砍伐树木，加强工事，构筑了三道防御阵地：以内城为核心阵地，以外城和商埠为基本阵地，以周围城镇及制高点为外围阵地。各阵地以钢筋混凝土地堡为主，形成能独立作战的支撑点，内外城均构筑有巷战工事，挖有外壕、陷阱，架有铁丝网、鹿砦。并制订了"缩小防御圈，加强要点，特别是机场和城区的守备，控制强大预备队，准备适时进行反击，支援外围据点防守，消耗解放军力量于外围，达到固守待援之目的"的作战计划。具体部署是：以黄河北岸泺口镇至城南马鞍山之线为分界线，分为东、西两个守备区，东守备区由曹振铎的整编第 73 师及保安第 6 旅等 3 个旅防守，曹振铎任东线指挥官；西守备区由吴化文的整编第 96 军及"绥靖"区特务旅、保安第 8 旅、青年教导总队等 8 个旅防守，吴化文任西线指挥官；另以保安第 4 旅等部守备长清、齐河等外围据点，以第 19、第 57 旅为预备队。总兵力为 9 个正规旅、5 个保安旅及特种兵部队等约 11 万人。

8 月中旬，华东野战军各个兵团开始从苏北、皖北、豫东各地向山东集结，参战兵力达到 15 个纵队 32 万人，超过了国民党济南守军和可能增援之军总数 28 万人，第一次实现了华东战场上解放军兵力超过国民党军的优势，从而在战役和战略上都掌握了主动权。

根据中央军委指示，整个攻济打援作战由粟裕指挥，攻城部队由山东兵团司令员许世友、华东野战军副政治委员兼山东兵团政治委员谭震林指挥，以 6 个半纵队和特种兵纵队大部以及地方部队共 14 万人组成，分为东、西两个集团，以西线为主攻方向，从东西两线向济南城实施钳形突击。其中，东集团由第 9 纵队、渤海纵队及渤海军区一部兵力组成，由第 9 纵队司令员聂凤智、政治委员刘浩天指挥。西集团由第 3、第 10 纵队和两广纵队、鲁中南纵队一部组成，由第 10 纵队司令员宋时轮、政治委员刘培善指挥。并以特种兵纵队炮兵第 1、第 3 团及各纵队炮兵团组成东、西两个炮兵群，分别配属东、西集团，支援攻城作战。另以第 13 纵队为攻城总预备队。

战役发起前，华野前委发布了《攻济打援政治动员令》，提出了"打进济南府，活捉王耀武"的战斗号召。

从 9 月 9 日起，攻城部队分别隐蔽地向济南开进，于 15 日晚逼近城郊。东集团一部于行进间攻占了龙山镇、三官庙；西集团的两广纵队于 16 日拂晓包围长清城，主力进至长清东南地区。

16 日夜，正是中秋节前一天，秋高气爽，月明如昼。王耀武和他手下将领忙于准备过节月饼。华东野战军 6 个半纵队 14 万大军分为东、西两个兵团，按照预定计划，乘着夜幕以突然勇猛之动作向国民党重兵固守的津浦路战略要地——济南，发动了全面进攻。

在强大炮火的支援下，攻城兵团连续爆破，连续突击，连续得手。经过一夜激战，西集团占领长清、齐河、匡李庄、双山头，并乘胜进逼西郊飞机场、腊山、党家庄；东集团攻占王舍人庄、辛店和茂岭山、砚池山、回龙岭等地后，直扑外城。

攻城部队的迅猛攻势，特别是东集团以出人意料的速度，迅速攻占王耀武视为济南屏障的茂岭山、砚池山，令国民党守军大为震惊。王耀武据此又判断华东野战军的主攻方向在东面，随即一面将预备队第19、第57旅东调，一面以第73师第15旅及空运刚到的第74师一部自七里河向东实施反击。

17日，攻城东集团击退守军连续猛烈的反击，巩固了茂岭山、砚池山等阵地。

18日，西集团乘机向前推进，攻占古城、党家庄等地。为扩大战果，攻城兵团指挥部调预备队第13纵队加入西集团作战。西集团以排山倒海之势迅速扫清敌人外围据点，并用炮火控制了西郊机场，切断了敌人的空中通道。

19日夜，面临覆灭的国民党守军西线指挥官、整编第96军军长兼第84师师长吴化文在解放军强大的军事压力和政治攻势下，率所部2万余人举行起义，将飞机场及其周围防区移交解放军。

吴化文出身贫苦农民家庭。1920年，投奔西北军冯玉祥部当兵，后经冯玉祥保举入北京陆军大学深造。1930年，冯玉祥在中原大战中失败，吴化文投靠了蒋介石，任高级教导团团长、手枪旅旅长兼济南警备司令等职。

抗日战争初期，吴化文任独立第28旅旅长，驻守临沂一带，曾率部抵抗日军，与八路军的关系也比较融洽。1939年底，日军对鲁南地区实施"扫荡"。吴化文指挥所部拦截由临沂来犯的日军一个联队，有力地配合了八路军的反"扫荡"作战。八路军东进抗日挺进纵队政治委员萧华还曾亲自到吴化文的司令部进行慰问。1940年春以后，在国民党山东省政府主席沈鸿烈的驱使下，吴化文开始与八路军发生摩擦。

　　1943 年，抗日战争进入最为困难和艰苦的时期。这年春，日军在山东进行疯狂"扫荡"。吴化文经不起多方的诱降，屈服于日军的军事压力，投靠汪精卫，被委任为伪第三方面军上将总司令，当上了可耻的汉奸。

　　当时吴化文拥兵万余人，武器装备也较精良，是山东伪军的主力，活动于鲁山南麓鲁村、南麻、悦庄一带，多次协同日寇进攻解放区。为打掉吴化文的反动气焰，1943 年夏至 1945 年春，八路军鲁中军区先后发动了三次讨伐吴化文的战役，给其以沉重打击。延安《解放日报》曾为此发表《鲁中讨吴战役的胜利》的社论。

　　抗日战争胜利后，吴化文部又被蒋介石收编，摇身变为国民党第 5 路军，吴化文任总司令，奉命开赴邹县、兖州一带，掩护国民党嫡系李延年部北进，抢占胜利果实。10 月，他兵分两路，沿临城（今枣庄市薛城区）、滕县（今滕州市）北上。当进至界河地域时，遭陈毅指挥的新四军部队伏击，第 6 军被全歼，军长于怀安做了俘虏，第 46 军军长许树声则被击毙，在邹县的 1 个团也被全歼。这使吴化文又一次吞下了国民党嫡系部队受降摘果，杂牌部队效力挨打的苦果。

　　内战全面爆发后，蒋介石把吴化文部推上了反共第一线。吴化文部被改编为山东保安第 2 纵队，驻防兖州，处于人民解放军的包围之中，部队装备低劣，供应不足，处境十分困难。这时，吴化文清醒地认识到：10 多年来，他的这支杂牌部队在蒋介石的拉拢和利用下，一直在屈辱和危险的夹缝中求生存，简直是度日如年。投靠蒋介石屡遭排挤；自己想单干，又没有力量；而继续反共反人民，屡遭重创，没有出路；同时又担心会追究他在抗战期间的汉奸罪行，深感前途渺茫。于是，他想方设法，寻求出路。

　　当吴化文通过民主人士向我党表明愿意建立联系时，华东野战军和鲁南军区就多方开展了对吴化文部的争取工作。济南战役前夕，吴化文委托李昌言（胶东区党组织派往吴部的地下工作关系）与人民解放军取得联系。在华东局的直接领导下，中共济南市委成立了由副书记蒋方宇为组长的对吴工作领导小组，并增派敌军工作部干部到吴部，协助李昌言开展工作。

济南战役打响后，在人民解放军强大的军事压力和政治攻势面前，在地下党积极策动和密切配合下，吴化文终于下定决心，举行战场起义。

吴化文率部起义使王耀武苦心经营的防线在西面出现了一个大缺口，为解放军顺利攻占济南城立下了大功。攻城西集团乘势疾进，于20日拂晓占领商埠以西、以南守军阵地。与此同时，东集团也抢占了黄河铁桥，攻占了燕翅山、马家庄、泺口、新城、黄台山等要点，主力直逼城垣。至此，攻城兵团仅用4天时间即扫清了守军的外围据点，从四面包围了济南市区。

22日黄昏，东、西两个集团开始合击外城。各部队在猛烈火力的掩护下，实施连续爆破，勇猛突击。仅用一个小时，即攻入外城，与守军展开激烈巷战。至23日中午，攻占外城，逼近内城。紧接着向内城发起总攻。

24日子夜2时许，第9纵队第25师和第13纵队第37师各一部，运用炮火、爆破、突击紧密结合的战术，先后在城东南角和西南角突破成功。其余各纵队也于拂晓突入城内，与守军展开激烈巷战。随后，突入部队东西对进，直插纵深，守军节节败退。

王耀武看到大势已去，丢下他的残兵败将，化装潜逃。可是他终究没能逃出人民战争的天罗地网，刚刚逃到寿光县，就被当地民兵活捉了。

此战，华东野战军共歼灭国民党军10.4万余人，俘少将以上高级将领23名，缴获各种火炮800余门、坦克和装甲车20余辆、汽车238辆，击毁击伤飞机3架。同时，解放长清、齐河、历城3座县城，战果辉煌。

济南战役胜利结束后，吴化文率部渡过黄河，在齐河、济阳地区开始整训。25日，吴化文偕同杨友柏、赵广兴、何志斌，3位旅长向全国发表起义通电，表示"今后誓当站在人民立场，坚决拥护中国共产党主张，服从中共中央毛主席、朱总司令与华东诸军政首长领导，在人民解放军的统一号令下，为坚决驱逐美国帝国主义的侵略势力，为彻底打倒国民党反动统治，完全解放中国人民而忠诚奋斗"，并敬告"国民党官兵兄弟，应知我辈参加蒋贼内战，已属不义，若再作无益之抵抗与无谓之牺牲，更为不智"，号召他们"起义加入人民解放军，痛改前非，以求将功赎罪"。

吴化文率部2万余人起义，从规模和数量上讲，在当时是最大的，给予蒋介石反动派以沉重打击。"走吴化文的道路",反戈一击,立功赎罪,成为处于"山重水复疑无路"的国民党官兵的一条光明大道。同时也教育了一大批国民党军高级将领,加速了统治集团内部的分崩离析。王耀武被俘后,在写给吴化文的信中说:"君为座上客,弟为阶下囚。你起义向我说一下,我也起义不好吗?"

为尽快将这支起义部队改造成人民军队,毛泽东于28日为中央军委起草了致饶漱石、粟裕、谭震林并告刘伯承、陈毅,华东局电,指出:对吴化文起义部队采取对待老解放军一样的态度,政治待遇及物质待遇亦和老解放军一样,不高也不低。该部休整一时期后,和解放军一道参加作战,不会故意要他去打硬仗,也不能完全不打仗。总之,要劝吴化文及其将领们采取虚心态度,逐渐去掉旧军队骄傲自大习气。

毛泽东、朱德对吴化文率部起义曾给予高度评价。10月22日,毛泽东致电吴化文,嘉勉该军起义。电文说:"贵军长等率部起义,发表通电,决心参加人民解放事业,极为欣慰。中国共产党站在人民立场上,对于任何国民党军队的官兵们,不问其过去行为如何,只要他们能够在人民解放战争的紧要关头幡然觉悟,脱离国民党政府的反动领导,加入人民解放军阵营,坚决反对美国帝国主义及其走狗国民党反动派,即表示热烈欢迎。"

朱德在给吴化文的复电中,指出:"你们决心站在人民立场上,为驱逐美国帝国主义的侵略势力,为打倒国民党反动统治而奋斗,这个决心,值得全国人民的热烈欢迎。希望你们本此方针,力求进步,奋斗到底,你们的前途,必然是光明的。"

接到毛泽东、朱德的电报后,吴化文心情无比激动,表示坚决跟共产党走,听毛主席、朱总司令的话,在解放全中国的战斗中为人民再立新功,以洗刷自己过去对人民所犯下的罪行。

吴化文没有食言。起义部队整训结束后,即开赴徐州以西地区,参加了淮海战役第三阶段的战斗。

1949年2月,根据中央军委关于统一全军编制及部队番号的命令,经过改造整训后的吴化文部——国民党军整编第96军与华东野战军鲁中南纵队合编为中国人民解放军第35军,吴化文任军长,何克希任政治委员,下辖第 103、第 104、第 105 师，共 2.2 万余人。

4 月，第 35 军调归第 8 兵团指挥，参加渡江战役。23 日晚，在吴化文的指挥下，第 35 军开始渡江，直插南京市区。24 日凌晨，第 104 师第312 团首先攻占总统府，把红旗牢牢地插在了总统府的门楼上。由原国民党将领率部终结国民党 22 年的反动统治，这是蒋介石做梦都想不到的。

喜讯传来，在北平（今北京）香山双清别墅的毛泽东兴奋不已，笔走龙蛇，写下了那首脍炙人口的——《七律·中国人民解放军占领南京》。虽然这首诗并非专为吴化文率部夺占总统府而作，但诗中无疑也饱含着对吴化文及在济南起义部队的褒扬。

毛泽东评阎锡山

【阎锡山简历】

阎锡山（1883—1960），字百（伯）川，号龙池。山西五台河边村（今属定襄）人。国民党陆军一级上将。

阎锡山在9岁时入私塾读书，16岁到县城吉庆昌钱铺学商。在一年多的学徒生活里，他把投机商人那套精打细算、唯利是图、投机钻营的手段统统学到了手。1900年，因生意蚀本，逃到太原避债。1902年，考入山西武备学堂，从此走上了职业军人的道路。1904年，去日本，先入东京振武学校，学习日语和近代科学知识，后入陆军士官学校，为第六期生，对日本教官鼓吹的实行军国主义、征兵练武、称雄世界的思想极为赞同。其间结识了孙中山先生，并加入中国同盟会。1909年，毕业回国，担任山西陆军小学教官，旋任监督。同年，在清政府陆军举行的留日归国学生会试中，以上等成绩被授为陆军步兵科举人。次年，任山西暂编陆军第43混成协第86标标统。

1911年，辛亥革命爆发，阎锡山率部参加太原起义，被推为山西都督。1912年，投靠袁世凯，秉承袁的指令，解散山西全省国民党，捕杀革命党人。1914年，任同武将军，督理山西军务。1915年，拥袁称帝，被封为一等侯。1916年，袁死后，阎不择手段，铲除异己，从此独揽山西军政大权。同年，依附北洋军阀核心人物、时任国务院总理的段祺瑞，改称山西督军，招兵买马，将晋军扩建为4个混成旅，下辖12个步兵团、4个炮兵营、1个机枪营。1917年秋，派兵入湘与护法军作战。9月，暂行兼署山西省省长。北洋军阀混战时期，阎锡山为了个人封建割据的利益，两面三刀，见风使舵，先是联冯（玉祥）拥段倒直（吴佩孚），后又联直、奉（张作霖）攻冯，倚强凌弱，借以扩充实力，将势力范围由山西扩大到绥远（今并入内蒙古），并把部队扩编至 17 个师又 8 个炮兵团，改名为晋绥军。

1927 年，"四一二"反革命政变后，阎锡山在山西"清党"反共，大肆捕杀共产党员和革命群众。6 月，将所部改编为国民革命军北方军，任总司令，悬挂青天白日旗。与此同时，又进行了第三次扩军，以北方军总司令名义收编了冀南的陈光斗、刘桂堂，山东的范澄秋，冀东的张膺芳等部，将其部统编为 7 个军。在遭到张作霖奉军的大举进攻后，与冯玉祥联名请求下野留居日本的蒋介石回国，主持北伐战事。1928 年 2 月，蒋将北伐军改编为 4 个集团军，阎锡山任国民革命军第 3 集团军总司令，率部进攻奉军，相继攻占石家庄、保定等地。他暗中与日本驻屯军司令新井勾结，在其帮助下占领北京、天津，被蒋介石任命为平京卫戍总司令，从而将势力由晋、绥扩展到冀、察（察哈尔，今分属内蒙古、河北）和平津地区。1929 年 1 月，蒋介石在南京召开"编遣会议"，以中央政府的名义要求各集团军"奉还大政""归命中央"，企图削弱蒋军以外的地方军阀实力派。阎锡山虚与委蛇，暗地里在山西进行第四次扩军备战，将部队扩编为10 个军，辖 30 个师，4 个保安纵队，辖 12 个步兵旅、4 个骑兵师、7 个炮兵旅。1930 元旦，就任中华民国陆海空军副司令，是年春联合冯玉祥、李宗仁等起兵讨蒋。5 月，蒋冯阎中原大战爆发，9 月失败后逃往大连。1932 年，与蒋介石"捐弃前嫌"，出任太原"绥靖"公署主任，不久当选为国民党中央执行委员，再度统治晋绥两省。1935 年 4 月，被授为陆军一级上将。10 月，中央红军长征到达陕北，阎锡山积极执行蒋介石的反共政策，一面派兵西渡黄河协助陕西国民党军"进剿"红军，一面在山西境内筹备防共事项。12 月，任军事委员会副委员长。1936 年春，派兵阻击北上抗日的红军，遭遇惨败后，在中国共产党抗日民族统一战线政策推动下，采取联共抗日政策。9 月，支持进步人士组织山西统一战线性质的抗日救亡群众组织——牺牲救国同盟会，自兼会长。11 月，命令傅作义指挥晋军收复被日军占领的绥北要地百灵庙。

全面抗战爆发后，阎锡山接受薄一波等共产党人建议，组建山西青年抗敌决死队，称为新军。1937 年 8 月，任第二战区司令长官，指挥由晋军改编的第6、第7集团军和由共产党领导的八路军改编的第18集团军等部抗击日军，先后组织了太原会战、忻口保卫战、太原保卫战等。1938年，临汾失陷后，阎锡山开始对抗日丧失信心，准备妥协投降日本。在日本诱降策略的引诱下，限制进步活动，制造摩擦。1939年，公然制造"十二月事变"，令旧军进攻新军，屠杀共产党员和进步分子，摧残抗日民主政权，致使山西抗日力量遭受重大损失。1941年3月，阎锡山与日军达成互不侵犯的初步协议，决定"双方首先消除敌对行为，互相提携，共同防共"，并商定"防御进剿"任务。8月，正式签订了《汾阳协定》，10月进一步达成履行该协定的细则。12月，太平洋战争爆发，阎锡山的降日行动被迫暂缓。1942年5月，阎锡山亲自在吉县安平村与日军代表举行会谈，商讨降日问题。会议未获结果，日方便将《汾阳协定》及安平会议的照片印刷，用飞机投撒西安，公布于世。后因共产党领导的抗日根据地日益扩展，日军于1943年秋提出与阎锡山开展所谓"政治、经济的试办合作"。阎表示同意，于次年派一批人到太原，由日伪政权委任为局长、县长、县保安团长，配合日伪军疯狂进攻抗日根据地，屠杀人民群众。1945年夏，阎锡山与日军华北方面军参谋长高桥密谈，向日方提出"寄存武力"，共同反共。他在获悉日本帝国主义将宣布无条件投降的消息后，立即部署抢夺抗战胜利果实，并与日本山西派遣司令官达成秘密协议，在日军保护下返回太原，强调要精诚合作，紧密团结，高举枪杆，共同对付共产党。他以留用技术人员为名，留用日军战俘和技术人员5000余人，其中有战斗力的3000多人，编为6个大队。

抗日战争胜利后，阎锡山积极参加蒋介石的反人民内战，9月命令第19军军长史泽波率13个师的重兵进犯上党解放区，结果被歼3万余人。在解放战争中，经过临汾、晋中、太原等战役，所部被歼。1949年3月，阎锡山逃到南京，其在山西长达38年之外的统治彻底覆灭。6月，在广州任行政院院长兼国防部部长。12月，逃往台湾。1950年，任"总统府"资政和国民党中央评议委员，闲居台北，著书进行反共宣传。1960年5月23日，去世。

【毛泽东评点】

"敝军迭次宣言，全国红军、白军亟应停止内战，一致抗日，乃阎锡山置若罔闻，不顾民族国家之存亡，甘心依附仇人，而与同胞为敌，诚不识是何居心？"

——摘自《毛泽东年谱》上卷第 523 页

"在华北正规战争业已结束，游击战争转入主要地位形势下，日军不久即将转移主力向着内地各县之要点进攻。在华北国民党军大溃，阎锡山亦无主。"

——摘自《毛泽东年谱》中卷第 36—37 页

"目前山西工作原则是'在统一战线中进一步执行独立自主'。因为国民党及阎、黄、卫在日寇打击之下，已基本上丧失在山西继续支持的精神与能力。我们须自己作主，减少对他们的希望与依靠，故'独立自主'之实行，须比较过去'进一步'，这是完全必要的。但仍然是在统一战线中的独立自主，不是绝对的独立自主。在大的方面仍应与国民党及阎、黄、卫商量"，"仅仅不要希望与依靠他们，因为他们答应的东西很多不能兑现。我们计划要放在他们不答应、不兑现、不可靠时我们还是能够干下去这样一个基点上。"

——摘自《毛泽东年谱》中卷第 38 页

"目前山西日军被击退，阎锡山的旧势力极力想恢复他们的统治，在晋西北、晋东南均极力向八路军及新军抗日势力进攻。为巩固统一战线，改善我们与阎的关系，并继续发展抗日力量起见，请朱德、彭德怀及贺龙、萧克、关向应在集合更多、更大、更忍无可忍的材料之后，用适当的措词公开致电有关方面抗议，将各种破坏八路军的谣言、电文印送各有关方面，并请阎对这类破坏行为加以制止。"

——摘自《毛泽东年谱》中卷第 70 页

晋西事件发生前，阎锡山在陕西宜川秋林镇召开晋绥军政民高级干部会议。这时，和平妥协的危险已成为严重的危险。阎锡山在会上公开叫嚷："天快下雨了，赶快准备雨伞。"山西党组织派人到延安向中共中央报告。毛泽东果断地指出："阎锡山准备'雨伞'，你们也赶快准备嘛。"

——摘自《毛泽东传（1893—1949）》第 546—547 页

"晋西斗争我们如失败，则影响整个华北"。毛泽东非常重视这个地区的反摩擦斗争。同其他地区不同的是，阎锡山还没有公开反共，晋西的摩擦斗争是以新旧军冲突的形式出现的。毛泽东紧紧抓住这个特点来制定斗争方针。他认为，晋西事件反映了山西旧派准备投降日寇的表面化，它的性质是对抗日的叛变，要"认清此种冲突可能扩大"，"对叛军进攻绝不让步，坚决有力地给予还击，并立即由新派提出反对叛军的口号，但不要反对阎。"他要求八路军必须支持和帮助新军，但暂时不要提反对叛军的口号。对还没有下最后决心投降日本的阎锡山，毛泽东主张仍要积极争取他继续抗日，"在拥阎之下反阎"。

——摘自《毛泽东传（1893—1949）》第 547 页

"阎锡山态度的变化，除整个摩擦趋势增大外，还有日本的挑拨离间，山西旧派的不满，国民党中央的压力等。我们对阎锡山仍应有条件地拥护，可以对他进行必要的批评。"

——摘自《毛泽东年谱》中卷第 123 页

阎锡山发动晋西事变，"其目的在向我们示威，取得我们让步，以便他能确实掌握晋西南、晋西北两区，压倒新派与我们力量，以准备实行投降时的比较有利阵地"。但目前阎本人"对实行投降与公开反共，似尚未下最后决心"。"坚决反击阎之进攻，力争抗战派的胜利。"应利用阎尚未至下最后投降决心时机，应利用旧派内部的矛盾。

——摘自《毛泽东年谱》中卷第 147 页

"在山西的反摩擦斗争中我们取得了胜利。现在阎锡山有三万余旧军在吕梁山脉，将来有两种可能，一种是旧军依靠中央军进攻我军，另一种就是和平解决，减少摩擦。我们现在正准备派人去谈判，争取和平解决，但我们也准备不惜与中央军打，只有反摩擦才能取得存在与发展。"

——摘自《毛泽东年谱》中卷第 160 页

"今后我们的基本政策是，继续团结阎锡山，巩固山西旧军力量在阎的指挥下，保存阎在吕梁山脉的地盘，恢复新军和阎的指挥隶属关系，以利华北和西北的抗战。"目前尊重阎锡山的一定地盘，保存这个国共之间的中间力量，对于抗战与国共合作是有大利益的。"我们及新军应乘此次同阎锡山谈判取得成功的机会，极力争取阎系一切人员，使他们团结成为一个中间单位，彻底打击蒋介石企图消灭阎系取而代之以便直接反共的恶毒政策。"

——摘自《毛泽东年谱》中卷第 174—175 页

　　"1945 年 8 月 25 日，刘伯承、邓小平乘美军观察组飞机回太行。他们离开时，毛泽东说：我们的口号是和平、民主、团结，首先立足于争取和平，避免内战。我们提出的条件中，承认解放区和军队为最中心的一条。中间可能经过打打谈谈的情况，逼他承认这些条件。今后我们要向日本占领地进军，扩大解放区，取得我们在谈判中的有利地位。你们回到前方去，放手打就是了，不要担心我在重庆的安全问题。你们打得越好，我越安全，谈得越好。别的法子是没有的。刘邓二人心领神会，上党一役痛歼入侵解放区的国民党军第二战区司令长官阎锡山部，歼敌三万五千余人，生俘军长史泽波。"

——摘自《毛泽东年谱》下卷第 13 页

　　"太行山、太岳山、中条山的中间，有一个脚盆，就是上党区。在那个脚盆里，有鱼有肉，阎锡山派了十三个师去抢。我们的方针也是早定了的，就是针锋相对，寸土必争。这一回，我们'对'了，'争'了，而且'对'得很好，'争'得很好。就是说，把他们十三个师全部消灭。他们进攻的部队共计三万八千人，我们出动三万一千人。他们的三万八千人被消灭了三万五千，逃掉两千，散掉一千。这样的仗，还要打下去。我们解放区的地方，他们要拼命来争。这个问题好像不可解释。他们为什么要这样地争呢？在我们手里，在人民手里，不是很好吗？这是我们的想法，人民的想法。要是他们也是这样想，那就统一了，都是'同志'了。可是，他们不会这样想，他们要坚决反对我们。不反对我们，他们想不开。他们

毛泽东评阎锡山

来进攻，是很自然的。我们解放区的地方让他们抢了去，我们也想不开。我们反击，也是很自然的。两个想不开，合在一块，就要打仗。……事情就是这样，他来进攻，我们把他消灭了，他就舒服了。消灭一点，舒服一点；消灭得多，舒服得多；彻底消灭，彻底舒服。中国的问题是复杂的，我们的脑子也要复杂一点。人家打来了，我们就打，打是为了争取和平。不给敢于进攻解放区的反动派很大的打击，和平是不会来的。"

——摘自《毛泽东选集》第 4 卷第 1055—1056 页

【评析】

1935 年 10 月 19 日，历尽千辛万苦的中国工农红军陕甘支队（由红一方面军第 1、第 3 军和军委纵队改编），到达陕甘革命根据地的保安（今志丹）县吴起镇，胜利结束长征。随后与红 15 军团在甘泉附近会师，恢复红一方面军番号，下辖第 1、第 15 军团，共 1 万余人。

11 月 21 日，红一方面军发起直罗镇战役，歼灭国民党军团 1 个师又 1 个团，击毙第 109 师师长牛元峰以下 1000 余人，俘虏 5300 余人，缴获各种枪支 3500 余支（挺），打破了国民党军对陕甘苏区的第三次"围剿"，为党中央把全国革命大本营放在西北举行了一个奠基礼。

随着陕北苏区的日渐扩大和红军势力的日益增强，盘踞山西多年的"土皇帝"阎锡山再也坐不住了。在民国时期的诸军阀中，阎锡山一向以狡诈奸猾、善于钻营、见风使舵著称，人称"九尾狐狸"。

1909 年 3 月，阎锡山从日本陆军士官学校毕业回国后，就已敏感地意识到推翻清政府的革命运动将迅猛兴起，便一面讨好清廷顽固派和立宪派，获取信任，攫取兵权；一面加强与同盟会的联系，并大力培植私人势力，以图在关键时刻掌握革命领导权。

辛亥革命爆发后，太原革命人士积极响应，举行武装起义。时任新军第 43 混成协 86 标标统（相当于团长）的阎锡山又玩弄起两面手法，一面调动部分兵力协助清军守卫抚署，一面密令余部击溃抗拒起义部队的清军巡防营马队，自己却躲到一边，暗中操纵，成则居功，败则透过。当起义胜局已定时，阎锡山才出面率部起义，被推选为山西都督。

袁世凯窃取革命果实，当上中华民国临时大总统后，阎锡山立即投靠。因与袁素无交往，他就想尽办法讨好，除重金贿赂袁的亲信、总统府秘书长梁士诒，任命袁的亲戚陈钰为山西民政长、袁的拜把兄弟董崇仁为晋南镇守使外，甚至不惜将自己的父亲阎书堂送到北京长住，作为人质，以博取袁的信任。当袁下令解散国民党时，他立即声明脱离国民党，并秉承袁的指令，在三个月内将山西国民党部一律解散。当袁想复辟称帝时，他就投其所好，密奏"国本大计"，倡议"废共和而行帝制"，并再三电请袁登基称帝。当蔡锷等在云南发起护国讨袁战争时，他又通电指责其为"破坏大局，不顾国家"。

功夫不负有心人。阎锡山的良苦用心，终于赢得了袁世凯的信任和赏识，被封为一等侯。

袁世凯死后，阎锡山看到国务院总理段祺瑞拥有实权，成为北洋军阀的中心人物，便又使出讨好袁世凯的手段，多方与之接近，甚至拜其为师。

时北京政府内部分裂，大总统黎元洪与段祺瑞矛盾很深，他第一个追随段反对国会，并在段被撤掉总理后，宣布脱离北京政府。随后他又和段一起声讨进京复辟的辫子军张勋。在段兴兵镇压孙中山发起的"护法运动"时，他立即致电表示听从段的命令，并派兵入湘与护法军作战。

就这样，阎锡山一步步取得了段祺瑞的信任，当上了山西省省长，自此独揽山西军政大权。

当时的中国，各路军阀之间矛盾加剧，混战成了家常便饭。为确保自己在山西的封建割据地位，阎锡山施展两面三刀的功夫，见风使舵，倚强凌弱，不断扩充势力。

1924 年 9 月，第二次直奉战争爆发，交战双方都派人与阎锡山联系，争取支援。老谋深算的阎锡山认为此战胜负难料，便借口力量薄弱，表面上保持中立态度，暗地里派人到北京、天津探听情况。当冯玉祥发动北京政变，曹锟、吴佩孚败局已定时，阎立即出兵联冯，拥护段祺瑞主持国事。

两年后，直奉联手发起反对冯玉祥的"讨赤"战争，阎锡山采取两面应对之策，一面拉拢冯玉祥，对其表示继续友好态度；一面又勾结吴佩孚，进攻驻守京汉铁路河南段的冯玉祥国民军郑思成部，并出兵隔断国民军河南与直隶的联系，使冯玉祥处于直、奉、晋军三面包围之中。经三个多月的激战，国民军被击败，冯玉祥退守西北地区，阎锡山趁机将势力扩大至绥远，并收编了冯军韩复榘、石友三、陈希圣等部，将晋绥军扩充到17个师又8个炮兵团，成为颇具实力的一方诸侯。

北伐战争开始后，阎锡山伺机观变，以便乘机扩充势力，巩固自己在晋绥的统治。北伐军攻占武汉后，他应广州革命政府之邀，派老同盟会员赵丕廉前去商讨战事。临行前，他再三叮嘱赵："秘密未揭开前，由你负责，揭开以后，是我的事。"

赵丕廉先到武汉，后至南昌面见蒋介石。蒋称阎是"老前辈"，希望他能早日举事，并以国民军委会名义授其为北方国民革命军总司令。老奸巨猾的阎锡山不愿立即表明态度，也不就任总司令一职。直到一年后，他才在"国民党山西省党部"提议的名义下就职，开始悬挂青天白日旗。

阎锡山比蒋介石大4岁，两人也曾有过很好的合作。

1927年7月，宁汉合流后，蒋介石被迫下野出游日本。不久，阎锡山与冯玉祥即联合电请蒋回国，主持北伐战事。他在电文中称："公留党在，公去国危，个人之去留事小，党国之存亡事大，爰用春秋责贤之义，再挽浪中已去之舟"，竭力表示拥蒋之至诚。

投之以桃，报之以李。蒋介石回国复职后，下令第二次"北伐"。1928年2月15日，他在徐州召开军事会议，决定改编军队，成立4个集团军。次日，与阎锡山相会于开封，当即任命阎为第3集团军总司令。在占领北京、天津后，阎又被蒋任命为平京卫戍总司令、国民党中央政治会议太原分会主席和北平（今北京）分会代理主席、内政部长、晋冀察绥赈灾委员会主席、蒙藏委员会委员等职。蒋阎二人的关系达到了顶峰。

然而，辉煌过后便是衰败。

蒋介石对非嫡系的地方军阀一向视为异己，欲剪除之而后快，阎锡山当然也不例外。更何况这位晋绥军的掌门人羽翼已丰，势力由晋、绥扩展到冀、察和平津地区，成为强大的地方实力派，一旦拥兵自重，蒋介石又如何放心得下？而阎锡山对蒋介石打压地方势力的那套伎俩也早有耳闻，处处小心提防。于是，蒋阎二人由互不信任日渐激化为矛盾，最终演变为战场上的殊死拼杀。

1929年1月，蒋介石在南京召开"编遣会议"，大幅裁减地方军队，并以中央政府的名义强调统一和集中，要求各集团军"奉还大政""归命中央"，企图收拾中央军以外的地方军阀实力派。

20世纪二三十年代的中国是个军阀多如牛毛的战乱时期。那时，有兵有枪就能割据一方，就意味着权势、金钱和美女。因此，这些大大小小的军阀们首要任务就是保住自己的部队，不被敌人吞掉。因此，编遣命令一出立即遭到各派军阀的强烈反对，继而大打出手。

先是蒋桂战争爆发，随后冯玉祥通电讨蒋，接下来张（发奎）桂联军、唐生智、石友三也相继加入反蒋行列，但均被蒋介石一一分化瓦解。

工于计谋的阎锡山深感威胁，认为早晚也要轮到自己头上，便决定先下手为强。他先是与唐生智约定，以阎为首共同倒蒋，并答应接济唐60万元军饷。谁知，唐生智背弃前约，提出拥汪（精卫）反蒋的主张。阎锡山极为不满，转而串通张学良等人通电拥蒋反唐，并率晋绥军出兵郑州。

蒋介石对阎锡山出尔反尔的把戏早已察知，讨唐作战行动结束后，即授意韩复榘在郑州摆下鸿门宴，准备捉阎。

能够在中国近现代政治舞台上叱咤风云，独霸山西多年，统率数十万晋绥大军的阎锡山绝非庸碌之辈，心知蒋介石对自己不会安什么好心，便仓促化装逃离郑州。

跑回太原的阎锡山越想越生气，干脆于1930年2月致电蒋介石，称："戡乱而不如止乱，不止乱而一味戡乱，国内纷乱，将无已时"，要求蒋下野。蒋介石也不甘示弱，当即回电笔伐。就这样，蒋阎二人之间爆发了一场所谓的"国是"之争。

不久，参加倒蒋的国民党各派系及大大小小军阀的代表云集太原，商议举事。

3月14日，鹿钟麟等57人发出倒蒋通电，拥护阎锡山为陆海空总司令，冯玉祥、李宗仁、张学良为副总司令。一周后，阎、冯公开发表倒蒋通电。

4月1日，阎锡山在太原就任总司令，并召开所有倒蒋军阀代表会议，决定组成8个方面军，沿平汉线、陇海线和津浦线三路分进。蒋介石则以"国民政府"名义，下令免除阎锡山本兼各职，通令缉拿，并组成讨阎军。中国近现代史上一场最大规模的军阀混战就此拉开了帷幕。双方共投入百万以上的兵力，在中原大地展开鏖战。

9月18日，张学良通电拥蒋，率东北军大举入关，直插倒蒋联军的后路。阎、冯军纷纷败逃。10月8日，阎锡山、冯玉祥宣布下野。阎本人则化装潜入大连，在日本人的庇护下过起了寓公生活。中原大战以蒋介石的大获全胜而告终。

1931年8月5日，阎锡山在日本飞机护送下潜回大同，隐居在老家五台县河边村。后经他多方托关系在蒋介石面前疏通，于1932年2月出任太原"绥靖"公署主任。不久又恢复了国民政府委员、军事委员会委员等职务，并当选为国民党中央执行委员，从此与蒋介石"重归于好"，再度统治晋绥两省。

在那个军阀连年混战、世事变幻无常的特殊时期，战场上同生共死的关系瞬间变成兵戎相见的关系，早已屡见不鲜。蒋介石与阎锡山、冯玉祥、白崇禧、李宗仁、李济深、陈济棠、唐生智等人打打和和，和和打打，关系就像一支万花筒，令人捉摸不透。

其实道理也很简单，说穿了，就是相互利用。不过，在反共方面，蒋、阎二人却是出奇的一致。

1927年7月，也就是阎锡山就任北方国民革命军总司令、开始悬挂青天白日旗一个月后，就在山西实行"清党"行动。他忠实执行蒋介石"宁可错杀三千，不可放走一人"的反共政策，提出"今日的清党，清其人，尤须清其法"，疯狂捕杀共产党员、工农革命群众和进步青年学生。他还亲任军法审判庭长，杀害了共产党员王瀛等人。

红军长征到达陕北后，阎锡山暗暗叫苦不迭，生怕共产党进到自己的地盘上来。冥思苦想后，决定大搞"军事防共""政治防共""经济防共"和"民众防共"，并以地主和富农为核心，成立所谓的"主张公道团"，实行"民众防共"。

虽然没有与红军交过手，但红军的英勇顽强，阎锡山早有耳闻，便召集黄河沿岸从河曲到永济共 21 个县的县长开会，进行训话："晋陕毗连，陕北红军之活跃，实威胁山西之安全""剿共必须七分政治，三分军事；而防共更应该是九分政治，一分军事。"会议还决定成立"防共委员会""防共保卫团"。

会后，阎锡山一面派兵西渡黄河协助陕西国民党军"进剿"红军，一面在山西境内积极防共备战。

1935 年冬，日本帝国主义在华北地区加紧扩大侵略，全国人民抗日救亡运动高涨，而国民党政府仍旧继续推行"攘外必先安内"的反动政策。为贯彻抗日民族统一战线政策和把国内革命战争同抗日民族战争相结合的战略方针，发展红军和苏区，中共中央发表停止内战、枪口对外的声明，要求阎锡山允许红军通过山西开赴抗日前线。

阎锡山公然拒绝，以所属晋绥军 4 个旅又 1 个团部署在黄河东岸黑峪口至禹门口 300 公里地段，构筑起连绵不断的堡垒线，企图利用黄河天险阻止红军东渡；以 5 个旅"进剿"陕北，驻防于吴堡、葭县（今佳县）、神木地区，以 1 个旅位于河东柳林镇机动；以 18 个旅又 1 个团及骑兵军主力分散驻守太原、汾阳、临汾、长治、应县、大同地区及绥远省境内。

1936 年 2 月，中共中央以中央工农民主政府和中国抗日红军军事委员会的名义，发表《东征宣言》，并决定红一方面军以"中国人民红军抗日先锋军"的名义从陕甘苏区东渡黄河，进入山西，发起东征战役。

18 日，红一方面军司令员彭德怀、政治委员毛泽东下达东征作战命令。20 日，东征红军 1.3 万余人迅速渡过黄河，突破了晋绥军防线。经石楼、隰县、关上村等战斗，共歼灭、击溃晋绥军 5 个团，俘 1200 余人。

3 月中旬，为扩大战果，以红 1 军团并指挥红 81 师主力为右路军，以红 15 军团主力为左路军，分别向南北两个方向发起进攻；以红 15 军团一部及红 30 军和山西游击队为中路军，在石楼、中阳、孝义、永和、隰县之间地区牵制晋绥军主力，支援左右两路军。

20 日，毛泽东在给东北军将领王以哲并转张学良的电文中指出："敝军迭次宣言，全国红军、白军亟应停止内战，一致抗日，乃阎锡山置若罔闻，不顾民族国家之存亡，甘心依附仇人，而与同胞为敌，诚不识是何居心？诸公深明大义，抗日救国早具同心，应请仗义执言，责阎锡山以叛国之罪，劝其即刻悔悟，撤其拦阻红军之兵，开赴张家口，与红军一同执行抗日任务。敝军本民族大义，决不追究其既往。"

红军自东征以来，势如破竹，很快就控制了石楼、中阳、孝义、隰县之间的吕梁山区，至 4 月 1 日，占领了霍县、赵城、洪洞、临汾、襄陵、曲沃等县的广大农村，并攻占襄陵县城，犹如一把把钢刀插在了"阎老西"的心头，令他坐立不安，深感红军势不可挡，唯恐老巢太原不保，便急电蒋介石派兵增援。

蒋介石接到电报后欣喜若狂，因为他信奉"攘外必先安内"的政策，而"安内"不光包括"围剿"红军，也包括收拾地方实力派。

自 1928 年 12 月 29 日，张学良宣布东北易帜以后，蒋介石在名义上统一了中国，但实际上一天也未统一。经过几年浴血奋战，他先后打垮了两湖的唐生智和中原的冯玉祥、阎锡山，损耗了两广的陈济棠、李宗仁、白崇禧，赶跑了贵州的王家烈，就连一向针插不进、水泼不进的云南和四川也已在自己的掌控之中。唯有阎锡山这只老狐狸，虽屡败于自己手下，但一直把持着山西军政大权，采取闭关自守之策，使中央军的势力无法进入山西，成为他的心头大患。

万幸的是，自红军长征以来，"追剿"红军便成为中央军进入地方势力派势力范围的最好的敲门砖。这次"阎老西"主动电请中央军入晋，真是天赐良机。于是，蒋介石当即派重兵分路入晋，以 3 个师又 3 个旅分别集结在同蒲路南段和晋东南地区，阻止红军向晋东南发展；以 5 个师编成 3 个纵队协同晋绥军 4 个纵队防范红军进攻。同时，他还强令驻陕西的东北军和西北军向延长、延川进攻，截断红军退路，企图围歼红军于晋西地区。

针对敌情，红一方面军决定左右两路军向中路军靠拢，集中兵力相机歼敌。4 月 4 日，右路军开始西移，于 15 日攻占吉县县城，全歼守城的保安团，接着夺占平渡关至清水关各渡口，主力进至大宁、蒲县、隰县之间地区；左路军则由康宁镇地区南下，在圪洞镇、金罗镇和师庄、三角庄地区三战三捷，共歼敌 1 个多团，于 14 日进至大麦郊休整。

这时，国民党军 7 个纵队从三交镇、中阳、孝义、灵石、临汾、新绛、河津一线，向红军逼进。为避免不利决战，红军于 5 月 2 日至 5 日从清水关、铁罗关西渡黄河，回师陕甘苏区，东征战役就此结束。

见红军并未在山西扎根便西渡黄河而返，阎锡山着实高兴了几天。不料，日本人又蠢蠢欲动，在这年 7 月侵占察北六县后，准备进犯绥远。阎锡山刚刚放下的心又悬了起来，他知道日本人窥视绥远已久，思前想后，决定采取"抱着弱国的态度，守土抗战，踢破经常范围，加紧自强"的方针，成立了山西统一战线性质的抗日救亡群众组织——"牺牲救国同盟会"（简称"牺盟会"）。并邀请他的山西老乡薄一波等共产党人来太原，担负领导"牺盟会"的责任。

1937 年 7 月 7 日，是每个炎黄子孙都不可忘却的日子。就在这一天深夜，北平西南距广安门只有 20 多里的卢沟桥，突然响起隆隆炮声，日本帝国主义发动了全面侵华战争。

"七七事变"震惊了世界，也惊醒了中国人民；日本法西斯的种种暴行，更激起了 4 万万同胞的民族义愤。全面抗战自此爆发。

在关系到中华民族生死存亡的历史关头，中国共产党迅速作出反应，事变的第二天即发表《通电》：全国同胞们！平津告急！华北告急！中华民族告急！只有全民族实行抗战，才是我们的出路……

毛泽东、朱德致电蒋介石，要求全国总动员，并代表红军将士请缨杀敌。7 月 15 日，周恩来将《中共中央为公布国共合作宣言》递交蒋介石，郑重声明：愿取消红军番号，改编为国民革命军，准备随时奔赴抗日前线。

8 月 22 日，国民党政府军事委员会发布命令，宣布红军主力改编为国民革命军第八路军（后改为第 18 集团军，仍习惯称为八路军）。朱德任总指挥，彭德怀任副总指挥。下辖第 115、第 120、第 129 师，共 4.6 万人。10 月 21 日，又宣布将南方 8 省 15 个地区坚持游击战争的红军和游击队，改编为国民革命军陆军新编第四军，简称新四军。北伐名将叶挺出任军长，项英任副军长。下辖第 1、第 2、第 3、第 4 支队，共 1 万余人。

在中国共产党的不懈努力和全国人民日益高涨的呼声中，以第二次国共合作为基础的抗日民族统一战线终于形成了。

为解救华北危局，八路军不待改编就绪，即在总指挥朱德、副总指挥彭德怀率领下誓师出征，由陕西三原、富平经韩城地区东渡黄河，日夜兼程，挺进山西抗日前线。

这时，阎锡山已被国民政府委任为第二战区司令长官，负责指挥由晋绥军改编的第6、第7集团军和八路军。为适应当时抗战形势需要，统一后方工作，加强军民抗战力量，在中国共产党、八路军的建议下，阎锡山组织成立了第二战区"民族革命战争战地动员委员会"，并组建了实际上由中国共产党领导的山西新军——山西青年抗敌决死队。

由于防守宣化、张家口等地的国民党军纷纷退却，秩序混乱，华北大片国土沦陷敌手，战况万分危急。在中国共产党和山西人民的大力支持下，阎锡山立即组织太原会战。

9月中旬，由平绥路东段向西南进犯的日军华北方面军坂垣第5师团在察哈尔派遣兵团的配合下，肆无忌惮地向内长城线逼近，先后侵占阳原、蔚县、广灵并向山西省的浑源、灵丘进攻，企图突破平型关、茹越口要隘，进而向阎锡山第二战区扼守的晋西北长城防线进攻。

为配合太原会战，八路军第115师于9月25日在平型关设伏，一举歼灭日军坂垣师团千余人，沉重打击了日军的嚣张气焰，粉碎了"日军不可战胜"的神话，增强了全国军民抗战必胜的信心。

10月，日军在侵占大同后继续向南进犯太原。阎锡山下令主力经五台退守第二道防线——忻口，由第二战区副司令长官卫立煌为前敌总司令，集中8万兵力，组织忻口防御战役。

为配合国民党友军在忻口的防御作战，八路军第120师在雁门关两次设伏，毙伤日军500余人，击毁汽车30余辆，切断了大同至宁武、忻口的交通线。八路军第129师夜袭代县阳明堡机场，炸毁飞机24架，大大削弱了日军进攻忻口的空中力量。

一直承受着日军空袭压力的卫立煌致电周恩来：代表忻口正面作战的将士对八路军表示感谢！

然而由于平汉线国民党军撤至石家庄以南地区，日军主力川岸师团直扑娘子关，威胁太原，阎锡山被迫放弃忻口，向太原撤退。日军尾随而至，攻陷太原。

11月8日，阎锡山率部撤至临汾，进行整军。面对日军的疯狂进攻，晋绥军在战场上接连受挫，内部的失败主义情绪和各种亡国论调随之高涨，阎锡山更是六神无主，不知所措。

太原失守后，国民党军纷纷南撤，华北的主要交通线和黄河以北大部分地区被日军占领，从而宣告在华北以国民党军为主体的正规战结束，取而代之的是以八路军为主体的游击战争。于是，华北战场就出现了一种奇特的景象：日军大举进攻，步步进逼；国民党军屡战屡败，节节后退；八路军则大踏步挺进敌后，开辟抗日战场。

到敌人后方去，开辟敌后战场，这就使中国抗日战争形成了两个相互配合的战场：一个是由国民党军队担负的正面战场，另一个则是由共产党军队开辟的敌后战场。所谓开辟敌后战场，就是挺进敌后，建立根据地，并以根据地为依托，开展抗日游击战争。

9日，毛泽东致电朱德、彭德怀、任弼时并告周恩来等，指出：在华北正规战争业已结束，游击战争转入主要地位形势下，日军不久即将转移主力向着内地各县之要点进攻。在华北国民党军大溃，阎锡山亦无主。八路军"应在统一战线基本原则下，放手发动人民，废除苛杂，减租减息，收编溃军，购买枪支，筹集军饷，实行自给，扩大部队，打击汉奸，谅纳左翼，进一步发挥独立自主精神，如此做去，期于一个月内收得显著成绩，以便准备充分力量对付敌向内地各县之进攻。"

11日，朱德、彭德怀在山西和顺县石拐镇召开军事会议，对八路军挺进敌后开辟抗日根据地作了具体部署。

15日，毛泽东关于目前山西工作原则，复电周恩来并告朱德、彭德怀、任弼时，指出："目前山西工作原则是'在统一战线中进一步执行独立自主'。因为国民党及阎、黄、卫在日寇打击之下，已基本上丧失在山西继续支持的精神与能力。我们须自己做主，减少对他们的希望与依靠，故'独立自主'之实行，须比较过去'进一步'，这是完全必要的。但仍然是在统一战线中的独立自主，不是绝对的独立自主。在大的方面仍应与国民党及阎、黄、卫商量，例如周电所述各条及朱、彭要求补充等是完全对的。仅仅不要希望与依靠他们，因为他们答应的东西很多不能兑现。我们计划要放在他们不答应、不兑现、不可靠时我们还是能够干下去这样一个基点上。"

八路军各路健儿遵照中共中央和毛泽东主席的指示，挥师挺进敌后，一方面开展创建山西抗日根据地的斗争，以建立华北游击战争的军事后方；一方面派出有力部队向日军占领区实施战略挺进。到 1938 年 7 月，八路军以山西为军事后方，先后创立了 10 个战略区，华北敌后战场基本形成。

这年 3 月，临汾失陷。失败主义情绪和各种亡国论调再次在阎锡山集团内部弥漫开来，包括晋绥军的一些高级将领也怂恿阎锡山放弃抗战，西渡黄河到陕西逃难。而共产党领导的"牺盟会"、山西新军等组织，纷纷转入敌后，积极发动群众，组织抗日武装，建立敌后政权，发展抗日游击根据地。阎锡山见此情形，深恐大权旁落，便采取"内部分化""制造摩擦""派兵监视"等手段，制造分裂，限制进步活动。

5 月 14 日，毛泽东同张闻天、刘少奇致电八路军第 120 师并总部、北方局等，指出：目前山西日军被击退，阎锡山的旧势力极力想恢复他们的统治，在晋西北、晋东南均极力向八路军及新军抗日势力进攻。为巩固统一战线，改善我们与阎的关系，并继续发展抗日力量起见，请朱德、彭德怀及贺龙、萧克、关向应在集合更多、更大、更忍无可忍的材料之后，用适当的措辞公开致电有关方面抗议，将各种破坏八路军的谣言、电文印送各有关方面，并请阎对这类破坏行为加以制止。

这年 10 月武汉沦陷，标志着抗日战争由战略防御进入战略相持阶段。

此时，日军一面加紧对国民党诱降，一面把重点转向敌后抗日根据地；而蒋介石虽说已放弃了"攘外必先安内"的反对政策，但溶共、灭共之心不死，因此，在消极抗日的同时又企图妥协谋和，实行既联共又反共的两面政策。这样，日本侵略者与国民党当局在反共这个交叉点上便找到了共同语言。国民党大批将领率部投敌，一时间，降将如毛，降官如潮，大搞"曲线救国"，其实质就是反共。在阎锡山的支持和授意下，晋绥军不断在晋西地区制造摩擦。

毛泽东非常重视这一地区的反摩擦斗争，指出："晋西斗争我们如失败，则影响整个华北。"

与其他地区不同的是，阎锡山还没有公开反共，晋西的摩擦斗争是以新军和旧军（指正规军）冲突的形式出现的。据此，毛泽东要求八路军必须支持和帮助新军，但暂时不要提反对叛军的口号。对还没有下最后决心投降日本的阎锡山，毛泽东主张仍要积极争取他继续抗日，"在拥阎之下反阎"。

12月23日，日军进攻山西吉县，阎锡山率部仓皇西渡黄河，向陕西宜川撤退。阎锡山对抗战已完全失去信心，发出了"不能抬上棺材抗战"的谬论。

这时，和平妥协的危险已成为严重的危险。几天后，阎锡山在宜川秋林镇召开晋绥军政民高级干部会议上公然叫嚷："天快下雨了，赶快准备雨伞。"

中共山西党组织派人到延安向党中央报告。毛泽东果断地指出："阎锡山准备'雨伞'，你们也赶快准备嘛。"

1939年1月，国民党五届五中全会公然制定了"溶共、限共、防共、反共"的反动方针。紧接着又秘密颁布了《共产党问题处置办法》等多项旨在限制和迫害共产党的政策措施。

3月，阎锡山在秋林镇召集晋绥军师长、独立旅旅长和所属各区专员、保安司令以上的军政官员会议，为他准备投降日寇大造舆论。

阎锡山公然表示："一切事情都不能做得太绝对了，抗日要准备联日，拥蒋要准备反蒋，联共要准备反共""抗战与和平是个政治问题，不能说主张抗战就对，主张和平就不对""存在就是真理""在三个鸡蛋上跳舞，踩破哪一个都不行"。他还得意扬扬地把这套理论命名为"二的哲学""唯中哲学"。

在这次会议上，新军和旧军之间发生了很大的争执与摩擦。新军负责人提出："不应以防左的口号排斥了成千成万热心参加抗战的青年。"

阎锡山极为不满地说："我们是讲对错，不分左右。十五的月亮是中，是对，过与不及是左是右。今日中国，应该在'抗战到复兴'上求十五的月亮，不要找上旬或下旬之右或左。抗战是手段，复兴是目的，求抗战的十五月亮，更进一步求复兴的十五月亮，才是今日对错的标准。"

由于山西新军已成为他降日道路上的最大障碍，阎锡山欲除之而后快，便在会上提出改编新军，沿用旧军番号，取消新军中的政治委员，解除共产党员军权，派亲信到新军中充任"联络员""观察员"，并秘密制订了"讨伐"新军的作战计划。

会后，阎锡山迫不及待地传见各区军政人员和"公道团"系统的人员，授意他们搞摩擦斗争。同时在"牺盟会"、新军和比较进步的专员、县长中间进行争取和分化，并组织"突击队""精建会"等反动团体大肆散布谣言，破坏新军，打击"牺盟会"。

对阎锡山这一系列"降日反共"的举动，中共中央进行了针锋相对的斗争。

5月11日，毛泽东出席中共中央书记处会议，听取时任八路军驻山西办事处处长王世英关于阎锡山部情况的报告。

王世英汇报说：阎锡山最近召开的晋绥军政民高级干部会议基本上是右倾的，阎在报告中批评军队的政治工作，撤换进步分子等。

毛泽东指出：阎锡山态度的变化，除整个摩擦趋势增大外，还有日本的挑拨离间、山西旧派的不满、国民党中央的压力等。我们对阎锡山仍应有条件地拥护，可以对他进行必要的批评。

会后，中共中央向华北各区党委和八路军总部发出指示，鉴于阎锡山转向反共，山西新旧派的斗争可能会加剧，要求准备应对可能受到的部分打击与限制，同时要维持山西各派力量的团结。

然而，阎锡山对中共的批评和警告置若罔闻，在降日反共的泥潭里越陷越深。10月，他召集手下的反共将领说：共产党、八路军势力日益壮大，再加上"牺盟会"、新军的合作，我晋军将无立足之地，只有消灭"牺盟会"和新军，接受日本所提出的中日提携办法，才能达到生存的目的。并授权第13集团军总司令王靖国、第6集团军总司令陈长捷等人准备进攻新军。

这时，反共乌云在华北上空四处翻滚，军事摩擦屡有发生。国民党顽固派先后在山东博山太河镇、河北深县、河南确山竹沟镇、湖南平江和湖北新集等地，发动武装袭击，制造了一系列流血惨案。

"风起于青蘋之末"。国民党制造的一系列流血惨案和武装"摩擦"，预示着更大规模的反共逆流即将掀起。11月，国民党五届六中全会进一步确定了将政治限共为主转为以军事限共为主的方针，抗战以来第一次反共高潮随之而起。

11月，阎锡山命令陈长捷指挥第61、第19军等部，分南北两路向驻晋西南的山西新军决死第2纵队和八路军第115师晋西独立支队发动进攻。

12月1日，阎锡山诡称晋绥军要对日军占领的同蒲铁路发动破击战，命令决死第2纵队向灵石、霍县进击。当这一企图被决死第2纵队识破后，阎锡山于3日通电全国，污蔑决死第2纵队为"叛军"，并令旧军袭击决死第2纵队第196旅旅部和隰县、蒲县、永和、石楼、洪洞等县抗日民主政权，残杀"牺盟会"干部和晋西独立支队隰县后方医院的伤病员，"十二月事变"就此爆发。

事变发生后，毛泽东认为这反映了山西旧派准备投降日寇的表面化，它的性质是对抗日的叛变，要"认清此种冲突可能扩大""对叛军进攻绝不让步，坚决有力地给予还击，并立即由新派提出反对叛军的口号，但不要反对阎。"

9日，他在给八路军总部、第120师、第129师、晋西独立支队的电报中，再次指出：阎锡山发动晋西事变，"其目的在向我们示威，取得我们让步，以便他能确实掌握晋西南、晋西北两区，压倒新派与我们力量，以准备实行投降时的比较有利阵地"。但目前阎本人"对实行投降与公开反共，似尚未下最后决心。""整个说来，现时局是布置投降的时期，未至实行投降的时期。""晋西南、晋西北两区为华北与西北间之枢纽，必须掌握在抗战派手里，决不能让投降派胜利，否则是很危险的。"

毛泽东在电报中提出了斗争方针："坚决反击阎之进攻，力争抗战派的胜利。"应利用阎尚未到下最后投降决心时机，应利用旧派内部的矛盾。

"估计到新军可能打些败仗，发生叛变，并要准备打些败仗与一部分叛变。"新军中、政权中、牺盟中的统一与决心第一要紧,一切真正不稳分子,必须开除出去。"

根据毛泽东的指示精神,为维护抗日民族统一战线,中共中央指示八路军对国民党顽固派军队的猖狂进攻,采取"人不犯我,我不犯人;人若犯我,我必犯人"的原则和"有理、有利、有节"的斗争策略,开展自卫斗争,粉碎了阎锡山企图消灭"牺盟会"和山西新军的阴谋,巩固了晋西北、晋东南、晋东北的抗日民主根据地。

1940年1月18日,毛泽东出席中共中央书记处会议,指出:在山西的反摩擦斗争中我们取得了胜利。现在阎锡山有3万余旧军在吕梁山脉,将来有两种可能,一种是旧军依靠中央军进攻我军,另一种就是和平解决,减少摩擦。我们现在正准备派人去谈判,争取和平解决,但我们也准备不惜与中央军打,只有反摩擦才能取得存在与发展。

中共中央从抗日大局出发,为继续争取晋绥军抗日,派萧劲光、王若飞到秋林镇同阎锡山进行谈判。

3月5日,毛泽东为中共中央和中央军委起草致朱德、彭德怀、杨尚昆等并告新军各领导人电,指出:萧劲光、王若飞在秋林镇住四天,受到极大欢迎,谈判是成功的。今后我们的基本政策是,继续团结阎锡山,巩固山西旧军力量在阎的指挥下,保存阎在吕梁山脉的地盘,恢复新军和阎的指挥隶属关系,以利华北和西北的抗战。

同日,关于对阎锡山发函电及宣传联络应采取的态度问题,毛泽东致电八路军、北方局、第120师的负责人等并告新军各领导人,指出:"目前尊重阎锡山的一定地盘,保存这个国共之间的中间力量,对于抗战与国共合作是有大利益的。"我们及新军应乘此次同阎锡山谈判取得成功的机会,极力争取阎系一切人员,使他们团结成为一个中间单位,彻底打击蒋介石企图消灭阎系取而代之以便直接反共的恶毒政策。

1945年8月15日,日本帝国主义宣布无条件投降。十四年抗战终于取得了胜利,但亿万中国人民的苦难日子是否将一去不复返?今后的中国又将走向何方?

卧榻之侧,岂容他人酣睡!在蒋介石看来,日益壮大的中国共产党和人民革命武装是他的眼中钉、肉中刺，必须不惜一切代价、不择一切手段加以消灭。然而摆在他面前的困难确实不少：

在国内，要求和平、重建家园的呼声日益高涨；国际上，美、英、苏等国各有各的如意算盘，不主张此时在中国发生大规模的内战；更为重要的一条是，国民党军精锐主力仍远在西南大后方，调往"剿共"前线再快也需要几个月的时间。

美国总统杜鲁门在回忆录中曾这样写道：当时"蒋介石的权力只及于西南一隅，华南和华东仍被日军占领着，长江以北则连任何一种中央政府的影子也没有……事实上，蒋介石甚至连任何在占领华南都有极大的困难。要拿到华北，他就必须同共产党人达成协议"。

老谋深算的蒋介石自然不愿现在就冒天下之大不韪发动内战，看来只有和谈方能赢得时间，掌握主动权。于是，便玩弄起反革命伎俩，表面上装出一副"和平建国"的模样，宣称要与共产党"和平谈判"；暗地里积极备战，以受降为名，调集大批军队向解放区发动进攻，企图消灭共产党领导的解放区和人民军队。

阎锡山秉承蒋委员长旨意，在日本宣布无条件投降的第二天，即8月16日，就命令第19军军长史泽波指挥4个步兵师、1个挺进纵队（相当于师）和部分伪军共1.7万人，大举入侵晋东南。

长治地区，古称上党郡，位于晋东南，辖以长治为中心的长子、屯留、襄垣、潞城、壶关等10多个县。这里山势高峻，峰峦耸立，东据太行，西临太岳，清漳、浊漳、沁水等河萦流其间，扼据雄关要塞，资源丰富，自古为兵家必争之地。1937年11月，太原失守，阎锡山部撤离晋东南，上党地区遂相继沦陷。后来，八路军第129师在此创建了抗日根据地，分属太行、太岳两个行政区管辖，统归晋冀鲁豫边区领导。

史泽波将进攻的矛头直指长治，至8月25日先后占领了八路军从日伪军手中解放的襄垣、潞城以及被人民武装包围的长治、长子等县城。他率第19军军部、3个师及炮兵一部驻守长治，其余部队和地方团队分别守备襄垣、长子、屯留、潞城和壶关等县，企图以此为依托，进一步打通白（圭）晋（城）铁路，最终占据整个晋东南。

为保卫抗战果实不被掠夺、准备应付国民党军的大举进攻，8月20日，中央军委决定成立晋冀鲁豫军区，刘伯承任司令员、邓小平任政治委员，统一领导冀鲁豫、冀南、太行、太岳军区。

23日，毛泽东坐在延安杨家岭的窑洞里，认真读着来自重庆的电报。这已是蒋介石在十天内发来的第三封邀请毛泽东赴重庆"共定大计"的电报了。

8月14日、20日，蒋介石连发两封电报邀请毛泽东，称："倭寇投降，世界永久和平局面，可期实现，举凡国际国内各种重要问题，亟待解决，特请先生克日惠临陪都，共同商讨，事关国家大计，幸勿吝驾。"

很显然，这是蒋介石的"一箭三雕"之计：其一，如果毛泽东拒绝到重庆，就给共产党安上拒绝谈判、蓄意内战的罪名，借机发动内战，把战争的责任推到共产党身上；其二，如果毛泽东到重庆来，就给共产党几个内阁职位，迫使共产党交出解放区、交出军队；其三，蒋介石可以用谈判来取得调兵遣将、准备全面内战的时间。

两封电报发出后，见毛泽东没有丝毫要到重庆来的迹象，蒋介石就更来劲了，一面发动所有的宣传工具大肆鼓吹要与中共和谈，进行"和平建国"；一面又发出了第三封邀请电，并把与周恩来等中共领导人交好的国民党军事委员会政治部部长张治中找来，准备派他去延安接毛泽东到重庆来谈判。

蒋介石未免高兴得太早了，中共中央早就识破了这一阴谋诡计。毛泽东一针见血地指出："这是蒋介石迫于国内国际形势，迫不得已做出的'假和平、真备战'的缓兵之计"，无非是企图用"和平谈判"麻痹共产党，欺骗人民群众，同时为他调兵遣将、部署内战争取时间。

绝不能让蒋介石的阴谋得逞。23日，也就是蒋介石发出第三封邀请电的当天，毛泽东在中共中央政治局扩大会议上明确指出："蒋介石想消灭共产党的方针没有改变也不会改变。"

为了尽一切可能争取和平，也为了在争取和平的过程中揭露蒋介石的反动真面目，团结和教育广大人民，面对蒋介石在重庆摆下的"鸿门宴"，毛泽东大手一挥，"可以去，必须去""这样可以取得全部主动权"。

25 日，刘伯承、邓小平乘美军观察组飞机回太行。他们离开时，毛泽东说：我们的口号是和平、民主、团结，首先立足于争取和平，避免内战。我们提出的条件中，承认解放区和军队为最中心的一条。中间可能经过打打谈谈的情况，逼他承认这些条件。今后我们要向日本占领地进军，扩大解放区，取得我们在谈判中的有利地位。你们回到前方去，放手打就是了，不要担心我在重庆的安全问题。你们打得越好，我越安全，谈得越好。别的法子是没有的。

26 日，中央军委电示晋冀鲁豫军区，要求太行军区应立即集结主力，进行自卫反击，"收复上党全区，采取一切有效手段彻底消灭伪顽，逼敌投降"。就这样，国共双方在晋东南剑拔弩张，大战一触即发。

28 日，毛泽东在国民党军事委员会政治部部长张治中和美国特使赫尔利的陪同下，乘坐专机飞赴重庆。

重庆谈判是一场复杂而艰苦的斗争，其经历时间之长，过程之曲折复杂，气氛之极度紧张都是国内外会谈中少有的。

由周恩来、王若飞等人组成的中共代表团与由张群、王世杰、邵力子和张治中组成的国民党代表团，围绕着和平建国方针、政治民主化、国民大会、人民自由、党派合法问题、特务机关、释放政治犯、地方自治、军队国家化、解放区地方政权、汉奸伪军问题、受降问题等 12 项问题进行了多次针锋相对的斗争。谈判的核心在双方军队整编、解放区政权和人大代表问题的处理。

谈判在艰苦曲折的道路上缓慢前进，斗争依旧十分激烈。最初由于双方距离很远，很多人认为是根本达不成什么协议的。谈判中多次出现剑拔弩张、唇枪舌剑的场面，几乎陷于破裂。为打破谈判僵局，促成和平协议的签订，中共代表团以民族大义为重，以国家和平安定为重，做出很大的让步。如在军队问题上，同意将共产党领导的军队缩编为 24 个师乃至 20 个师，并表示愿意接受中央政府的领导，实行三民主义等，以实际行动向全国人民表明了共产党在和平谈判上的诚意。

俗话说：文官把笔守天下，武将提刀定太平。国共两党代表团在重庆的谈判桌前进行唇枪舌剑的斗争时，国共两军则在晋东南战场上真刀真枪地大打出手了。

蒋介石想在战场上占得便宜，借此向中共大施淫威，增加谈判的砝码，迫使中共屈服。于是密令重新印发了他在十年内战时期手订的《剿匪手本》，要各部在"剿灭共匪"的作战中"切实遵行"。

面对蒋介石杀气腾腾的攻势，毛泽东胸有成竹。萧劲光曾回忆道：毛泽东在离开延安前，"对我们这些即将奔赴前线的同志说，同志们担心我去谈判的安全。蒋介石这个人我们是了解的。你们在前线打得好，我就安全一些，打得不好，我就危险一些。你们打了胜仗，我谈判就容易些，否则就困难一些。"

刘伯承、邓小平自然心领神会，针对史泽波部孤军深入、守备分散的特点，决心以太行、冀南、太岳军区各1个纵队及地方武装共3.1万余人，在5万民兵的配合下，由北向南逐个夺取长治外围各城，吸引史泽波第19军主力从长治出援，力求在运动中予以歼灭，尔后收复长治。

为打好上党战役，8月28日，晋冀鲁豫军区召开直属机关干部大会，刘伯承作上党战役动员报告，指出这是中华民族两条道路、两种命运的又一次生死搏斗的开始，号召大家为保卫抗战胜利果实而战，坚决打好这一战，以实际行动"支援重庆谈判"。

这天恰好是毛泽东飞赴重庆与蒋介石谈判的日子，大家心里都不免为毛主席的安全担心。

邓小平指出："上党战役打得越好，歼灭敌人越彻底，毛主席就越安全，在谈判桌上就越有力量。"

上党战役于9月10日打响，至10月12日结束，历时43天。此役是抗日战争胜利后解放区部队反击国民党军进攻所进行的第一个较大规模的歼灭战，共歼阎锡山部3.5万余人，其中俘虏3.1万，包括史泽波等将级军官27人，缴获山炮24门、迫击炮30多门、轻重机枪2000余挺、长短枪1.6万余支，不仅巩固了晋冀鲁豫解放区的后方，而且加强了中国共产党在重庆谈判中的地位。

果然不出毛泽东的所料，在战场上屡遭重击的蒋介石，不得不在谈判桌前收敛起嚣张的气焰，同意了中共的提议。

就在上党战役结束前两天，10月10日，经过43天的商谈，国共双方终于签署了《国民政府与中共代表会谈纪要》（即《双十协定》），宣布必须以和平、民主、团结为基础，坚决避免内战，建立独立、自由和富强的新中国。

17日，刚刚由重庆返回延安的毛泽东在干部大会上作《关于重庆谈判》的报告，对上党战役给予了高度评价，指出：

> 太行山、太岳山、中条山的中间，有一个脚盆，就是上党区。在那个脚盆里，有鱼有肉，阎锡山派了十三个师去抢。我们的方针也是早定了的，就是针锋相对，寸土必争。这一回，我们"对"了，"争"了，而且"对"得很好，"争"得很好。就是说，把他们十三个师全部消灭。他们进攻的部队共计三万八千人，我们出动三万一千人。他们的三万八千人被消灭了三万五千，逃掉两千，散掉一千。这样的仗，还要打下去。我们解放区的地方，他们要拼命来争。这个问题好像不可解释。他们为什么要这样地争呢？在我们手里，在人民手里，不是很好吗？这是我们的想法，人民的想法。要是他们也是这样想，那就统一了，都是"同志"了。可是，他们不会这样想，他们要坚决反对我们。不反对我们，他们想不开。他们来进攻，是很自然的。我们解放区的地方让他们抢了去，我们也想不开。我们反击，也是很自然的。两个想不开，合在一块，就要打仗。……事情就是这样，他来进攻，我们把他消灭了，他就舒服了。消灭一点，舒服一点；消灭得多，舒服得多；彻底消灭，彻底舒服。中国的问题是复杂的，我们的脑子也要复杂一点。人家打来了，我们就打，打是为了争取和平。不给敢于进攻解放区的反动派很大的打击，和平是不会来的。

毛泽东评张学良

【张学良简历】

张学良（1901—2001），字汉卿，号毅庵，乳名小六子。奉系军阀首领张作霖长子，奉天新民桑林子（今属辽宁台安）人。国民党陆军一级上将。

张学良少年时入私塾读书，系统地学习了经史典籍。青年时期，受到西方文化的熏陶。1918年，被张作霖任命为卫队旅的营长。1919年，入东北陆军讲武堂第一期炮兵科。翌年，毕业后任奉天督军署卫队营营长，旋升任卫队旅第2团团长、第3混成旅旅长。1922年，第一次直奉战争中，任东路军第2梯队司令，战败后协助张作霖整训部队。1924年，第二次直奉战争中，任第3军军长。1925年，任第3军团军团长，12月率部参加平定郭松龄倒戈。1926年，率部在南口参加了对冯玉祥国民军的进攻。1927年5月，进兵河南，企图阻止国民革命军唐生智部进攻，被击败。同年秋冬，冯玉祥、阎锡山联合讨奉。张学良任京汉线总指挥，由保定向石家庄进发，攻击阎军，从10月起与晋军傅作义部在涿州大战3个月。1928年初，蒋介石、冯玉祥、阎锡山、李宗仁、白崇禧等联合北伐，进攻奉军。张学良再次任京汉线总指挥，屯兵保定，力主退兵关外。6月4日，张作霖在乘坐火车撤回沈阳途中被日本关东军炸死。7月，张学良子承父业，就任东三省保安总司令，成为东北最高统治者。12月，他不顾日本政府的威胁恫吓和奉军内部亲日派的百般阻挠，毅然宣布东北易帜，遵守三民主义，服从南京政府，被任命为东北边防军司令长官，从此所部习称东北军。1929年1月，果断处决了亲日派代表人物杨宇霆和常荫槐，巩固了其在东北的统治地位。此后大胆推行新政，锐意革新，整军经武，重视教育，发展经济。

1930 年 5 月，蒋冯阎中原大战爆发后，张学良初持观望态度。待蒋军攻占济南后，张学良于 9 月挥师入关，助蒋参战。10 月，就任中华民国陆海空军副总司令职。1931 年，奉命在北平（今北京）设立陆海空军副司令行营，节制东北、华北军事。"九一八"事变时，执行蒋介石不抵抗命令，致使日军迅疾侵占东三省，受到全国人民谴责。12 月，被解除陆海空军副总司令职务，改任北平"绥靖"公署主任。1932 年，任军事委员会北平分会代理委员长。1933 年 1 月，任华北抗日集团总司令兼第一方面军总指挥，负责华北抗战。热河（今并入河北、辽宁、内蒙古）失守后，代蒋受过引咎辞职。4 月，出访欧洲。

1934 年 1 月，张学良回国。2 月，任豫鄂皖三省"剿总"副司令，代行总司令之职，率部参加"围剿"红军作战。1935 年 3 月，任军事委员会委员长武昌行营主任。4 月，被授为陆军一级上将。10 月，任西北"剿共"副司令，代理总司令，指挥 30 万国民党军"围剿"陕甘根据地的红军，屡遭失败，尤以东北军损失惨重。至此，遂对蒋介石"攘外必先安内"的政策有所醒悟，感到跟着蒋打内战，必将断送东北军，始信唯有联共抗日才是出路。1936 年 4 月，在延安与中革军委副主席周恩来会谈，双方达成联合抗日的协议。12 月 4 日，蒋介石率数十名国民党军政要员到西安督战"剿共"。张学良与西安"绥靖"公署主任、第 17 路军总指挥杨虎城多次向蒋苦谏：消弭内战、一致抗日。不但未被采纳，反被勒令率部进攻陕北红军。张、杨遂于 12 日毅然在西安举行兵谏，扣留蒋介石并通电全国，提出八项政治主张，逼蒋联共抗日，同时致电中共中央。17 日，中共中央派周恩来等到达西安，与张、杨协商，一致同意和平解决西安事变，随后与蒋达成停止"剿共"、改组国民政府等六项协议，从而为实现国共第二次合作走向全面抗战奠定了基础。25 日，张自行送蒋回南京，被扣留，并于 31 日被军事法庭判处 10 年徒刑。

1937 年 1 月 4 日，张学良被蒋介石"特赦"，交军事委员会"严加管束"。从此，先后被囚于浙、赣、湘、黔、台等地。1959 年，虽被台湾当局宣布解除"管束"，但仍受到监视。1991 年 3 月，获准赴美探亲。1995年 4 月，决定定居美国檀香山。2001 年 10 月 15 日，在美国夏威夷逝世。

【毛泽东评点】

"东北六十个团虽是'围剿'军的主力,他们在东北沦陷后背井离乡,流亡关内,不愿意再打内战,而是强烈地要求抗日收复故土;东北军领袖张学良,同日本侵略者有着家仇国恨,势不两立。"

——摘自《毛泽东传(1893—1949)》第 375 页

"敝军迭次宣言,全国红军、白军亟应停止内战,一致抗日,乃阎锡山置若罔闻,不顾民族国家之存亡,甘心依附仇人,而与同胞为敌,诚不识是何居心?诸公深明大义,抗日救国早具同心,应请仗义执言,责阎锡山以叛国之罪,劝其即刻悔悟,撤其拦阻红军之兵,开赴张家口,与红军一同执行抗日任务。敝军本民族大义,决不追究其既往。""至于陕甘苏区(包括陕甘边区及关中区)为抗日战争之后方,坚决巩固此后方,使我抗日将士安心杀敌,应不独红军与全苏区抗日人民之责,诸公近在接壤,自亦具有爱护维持之心。倘有捣乱此抗日后方者(例如毛炳文辈),愿诸公与敝军联合制止之。"

——摘自《毛泽东年谱》上卷第 523 页

蒋介石一解决西南问题,就有极大可能进攻西北。"无论如何兄不要再去南京了,并要十分防备蒋的暗害阴谋。"

——摘自《毛泽东传(1893—1949)》第 407 页

"为迅速达到停止内战一致抗日的目的,只要国民党军队不拦阻红军的抗日去路与侵犯红军的抗日后方,我们首先停止向国民党军队的攻击,以此作为我们停战抗日的坚决表示,静待国民党当局的觉悟。仅在国民党军队向我们攻击时,我们才在自卫的方式上与以必要的还击,这同样是为着促进国民党当局的觉悟。祈将敝方意见转达蒋介石先生,速即决策,互派正式代表,谈判停战抗日的具体条件。"

——摘自《毛泽东年谱》上卷第 592 页

【评析】

1935 年 10 月 19 日，中国工农红军陕甘支队（由红一方面军第 1、第 3 军和军委纵队改编），到达陕甘根据地的保安（今志丹）县吴起镇，胜利结束长征。随后与红 15 军团在甘泉附近会师，恢复红一方面军番号，下辖第 1、第 15 军团，共 1 万余人。彭德怀任方面军司令员，毛泽东任政治委员。

蒋介石极为震惊，立即调集重兵向陕甘苏区包围过来，既有张学良的东北军、杨虎城的西北军（第十七路军），还有中央军胡宗南、关麟征、毛炳文等部，总计 10 余万人。蒋介石亲自兼任西北"剿共"总司令，张学良任副司令，代理总司令职务。

时年 34 岁的张学良人称"少帅"，其父张作霖是旧中国军阀中一个传奇式的人物，从一个土匪头到最后一步步攫取了"东北王"的宝座。后率奉军 30 多万兵马，大举入关，"问鼎中原"，不仅抢占了热河、直隶、山东、安徽、江苏等省大部地区，其势力范围最大时深入到长江下游上海、浙江一带，得到了空前的发展。1927 年，他在北京成立安国军政府，自任"中华民国陆海军大元帅"，达到了权力的顶峰。

由于出身草莽，没有什么文化，张作霖就一心要把自己的子女培养成既能承袭中国封建王朝的正统思想，又能饱学西洋先进文化的栋梁之材。张学良是长子，也最受他的喜爱。在张学良很小的时候，张作霖就重金聘请鸿博名儒，教授四书五经；后来又聘请洋人教授外文与科技知识。青年时期的张学良便学会了开汽车、驾飞机，并能讲一口流利的英语。17 时，张学良被张作霖任命为卫队旅的营长，从此开始了戎马生涯。

在张作霖的悉心培养下，张学良参加了连年不断的军阀混战，屡立战功，在奉军中的地位也不断提高，19 岁时即任少将旅长。1920 年第一次直奉大战中，奉军溃不成军，唯有张学良的第 3 混成旅和郭松龄的第 8 混成旅不但未败，反而略有小胜，自此深得张作霖的器重。

在随后的整军经武中，张学良协助张作霖对奉军从上至下进行了一次彻底改革，裁劣伐汰，广纳贤良，并扩建东北陆军讲武堂，培养军事人才。整编后的奉军面貌一新，由绿林乌合之众变成一支有文化素养、懂得近代军事技术与作战战略战术的科学化程度较高的新式武装力量。至 1924 年春，奉军共编为 3 个陆军师、27 个混成旅、4 个骑兵旅、2 个炮兵独立旅和 1 个重炮兵团，总兵力接近 20 万人。而奉军的海军和空军在当时更是实力超群。在其全盛时期，拥有各型海军舰只 21 艘、32200 吨位，官兵 3300 人，而当时全中国的海军只有 5400 人、42000 吨。空军则有 5 个航空大队、300 多架飞机。此外，还从德国购进大批机器，扩建兵工厂，发展军事工业。其中，奉天兵工厂拥有工人 1.8 万余人，年产大炮 150 门、炮弹 20 余万发，步枪 6 万支，枪弹 18000 万发，轻重机枪 1000 挺以上，成为当时全国规模最大的兵工厂。

随着奉军实力的猛增，张作霖的野心也在不断膨胀。1924 年 9 月，他挥师入关，在第二次直奉大战中大获全胜，占据了华北，继而进兵苏皖，总兵力达到 37 万，成为当时全国最大的武力集团。

1926 年初，张作霖与吴佩孚以"反赤"为口号，联合进攻冯玉祥的国民军和南方的革命势力。同年 11 月，北方军阀组成了以张作霖为总司令的安国军，企图阻止国民革命军的北伐。

1927 年 5 月，张学良指挥奉军在河南与武汉政府的北伐军作战。但他并不仇恨国民党，因此在战败北退时，下令保存了郑州附近的军火仓库，并留下一封信，表明与北伐军并无敌意。

这年 10 月，傅作义率晋军第 4 师从五台山出兵，乘虚攻占涿州，并以小股部队出没于北京周围的密云、古北口、三河、门头沟、长辛店一带，成为奉军的附骨之疽。张学良火速赶到高碑店坐镇指挥，于 10 月 13 日向晋军发起总攻击。但由于涿州城池坚固，囤粮甚多，加上晋军众志成城，使得奉军久攻不下，大伤脑筋。奉军动用了重炮、飞机、坦克、毒瓦斯弹等多种武器，采取了炮轰、铺设铁路炸城墙、绑扎云梯登城、挖掘地道炸城等一切可以想到的攻城办法，仍无法攻下涿州。就这样，围绕着小小的涿州，奉、晋两军斗智斗勇，竟打了 3 个多月，傅作义也因此战成名。

1928 年 4 月 7 日，蒋介石联合冯玉祥、阎锡山、李宗仁，组成国民革命军 4 个集团军分别从津浦、正太和京汉路同时向奉军发起攻击，进行所谓的"第二次北伐"。

面对国民革命军急风暴雨般的攻势，奉军节节败退，至 5 月底，石家庄、张家口、保定相继失守，京津地区危在旦夕。在张学良等人的竭力劝说下，张作霖决定停战息争，退出关内。

一直扶植张作霖的日本帝国主义见奉军败走京津已成定局，便趁火打劫，乘张作霖还掌握北京大权之机，对其软磨硬泡、威逼利诱，提出了旨在将东北彻底变为日本殖民地的"满蒙觉书"。该文件共 10 条，主要包括允许日本驻兵"满蒙"、允诺日本臣民在"满蒙"有自由居住权和各种事业经营权、把"南满租借地"割让给日本、承认并实行"二十一条"之所有条款等内容。

张作霖虽出身草莽，靠借助日本人的力量才得以爬上权力的巅峰，但他不甘心做日本人的傀儡，更不愿把东三省出卖给日本人，于是死活不肯接受"满蒙觉书"。

一贯主张以武力解决东北问题的关东军下决心干掉张作霖。6 月 4 日晨 5 时 30 分，当张作霖乘坐回奉天的火车经过皇姑屯时，被日本关东军事先埋下的 250 多磅烈性炸药炸毁。张作霖被炸得血肉横飞、臂断肢残，三个小时后毙命。这就是震惊中外的"皇姑屯事件"。

临死前，张作霖断断续续地说："告诉小六子以国家利益为重，好好地干吧！我这臭皮囊不算什么，叫小六子快回沈阳。"

接到噩耗后，正在北京料理奉军撤退事宜的张学良立即秘密潜回沈阳，出任奉天军务督办，稳定了东北大局。7 月 2 日，27 岁的张学良子承父业，就任东三省保安总司令，执掌东北军政大权。

此时，东北形势岌岌可危，敌我矛盾错综复杂，斗争异常激烈。

多年的战乱使东三省财源枯竭，治安混乱，民不聊生；奉军在与北伐军作战中屡战屡败，元气大伤，军心涣散，内部的新旧两派矛盾日益尖锐化。面对危局，张学良励精图治，发展经济，改编军队，稳定军心，短短几个月便使东北局势趋于缓和。

然而，令张学良坐立不安的是，一直对东北虎视眈眈的日本人不断向其施压，企图实现"满蒙独立"，使东三省彻底沦为日本帝国主义的殖民地。与此同时，南京国民政府也加紧了与张学良的联系，争取东北易帜。

身怀国仇家恨的张学良从日本帝国主义制造的一系列事端中看穿了日本人侵华的狼子野心，更从"皇姑屯事件"中目睹了父亲充当日本人走卒的悲惨下场。他不愿投靠日本人，在东北父老面前背上"卖国贼"的千古骂名，但也深感仅凭东北一隅，是难以抵挡日本侵略的。经再三考虑，张学良认为"欲免东北的危险，必须国家统一"，毅然决心排除一切困难，与南京政府谋求和平统一，实现东北易帜。

经过半年多千辛万苦的努力，张学良冲破种种阻力，于 12 月 29 日通电宣布东三省归附南京国民政府，改悬青天白日旗。同日，南京国民政府发布命令，任命张学良为东北政务委员会主任委员、东北边防军司令长官。

东北易帜宣告长达 16 年之久的北洋军阀从历史舞台上消失了，中国南北终于实现了"形式"上的统一。张学良功不可没。

1930 年春，蒋介石与阎锡山、冯玉祥、李宗仁之间爆发了一场国民党内部规模最大的混战，史称中原大战。

双方各投入数十万人马，一时杀得难解难分。拥兵数十万、据守东三省、保持中立的张学良便成为各方势力争夺的"焦点"。蒋介石、阎锡山、冯玉祥不约而同地派代表前往沈阳，游说拉拢张学良。

起初，张学良举棋不定，加之东北军内部意见不统一，便坐以观变，望双方息争言和。后来，蒋介石逐渐掌握了战场主动权。8 月 15 日，蒋军攻下济南，阎锡山的晋军撤至黄河北岸，冯玉祥部也渐呈败势。

张学良决定出兵助蒋，于 9 月 17 日向东北军发布进军关内的动员令。21 日，东北军先头部队进驻天津。五天后开抵北平。久战疲弊的阎、冯所部见气势汹汹的东北军大举进犯，自知不敌，便纷纷后退至山西、河南境内。10 月 10 日，阎锡山、冯玉祥等联名致电张学良宣布停战。

由于东北军入关参战助蒋，从而加速了阎、冯所部的土崩瓦解。至此，历时 7 个月的中原大战以蒋介石的大获全胜而告终。战后，张学良接受蒋介石的任命，就任中华民国陆海空军副总司令。东北军的势力再次得到膨胀，一下子扩展到华北地区，成为全国最大的地方实力派。

张学良被"胜利"冲昏了头脑，更加听命于蒋介石，踌躇满志地表示"学良誓尽精诚，以拥护中央，完成和平统一，虽牺牲生命，亦必完成此志"。

1931年夏，石友三率部反叛。石原系西北军将领，善于投机钻营，见风使舵，反复无常，从1926年至1931年，短短5年间就倒戈6次，素有"倒戈将军"之称。中原大战期间，原属冯玉祥部的石友三见东北军入关参战，便通电表示拥护张学良，投靠了东北军。战后，石友三被张学良任命为第13路军总指挥。

当时，石友三拥兵6万余人，雄踞平汉路中段，横跨冀豫两省，是地方军阀中实力保存较为完整的一个。他自恃兵强马壮，表面上"拥护中央，服从东北"，暗地里一面与日本帝国主义相互勾结，一面又同汪精卫在广州另立的国民党政府加紧联络，以图共同反蒋。

在日本帝国主义的唆使下，7月18日，石友三宣誓就任广州国民党中央政府委任的第5集团军总司令，通电全国讨伐张学良。

23日，张学良发出《讨伐石友三通电》，令于学忠、王树常等部出击，并从东三省抽调大批东北军精锐部队入关，以平息石友三叛乱。讨石战争实际上是中原大战的延续，也是日本帝国主义支持亲日派进行军阀混战的结果。

8月初，东北军在蒋军刘峙、顾祝同部和晋军商震部的协助下，将石友三部彻底击溃。张学良虽在讨石战争中大获全胜，但顾此失彼，由于抽调了大批精兵入关致使东三省防务空虚，为日本帝国主义武装侵占东北提供了可乘之机。

进入20世纪30年代，日本国内的军国主义势力迅速抬头，将侵略的矛头直指垂涎已久的东三省。他们一面积极备战，一面大施淫威，逼迫张学良解决"满蒙悬案"，妄图使东北成为日本的殖民地。但张学良态度坚决，日本帝国主义决定"要用武力严惩张学良"，遂在东北地区频频挑起事端，先后制造了"万宝山事件"和"中村事件"，蓄意为发动侵略战争找借口。

张学良连连向蒋介石请示机宜。正忙于指挥对中央苏区第三次"围剿"的蒋介石于8月16日电令张学良："无论日本军队此后在东北如何挑衅，我方应不予抵抗，力避冲突，吾兄万勿逞一时之愤，置民族国家于不顾。"这就是著名的"铣电"。

张学良非常痛恨日本在东北的侵略行径，加上杀父之仇，与日本帝国主义是不共戴天的。但他一直认为日本军力强大，中日一旦开战，仅以东北一隅是绝难取胜的，要抗日必须尽全国之力；同时他又幻想事事忍耐、不挑衅可以使日本侵略者找不到借口，打不还手可以避免事态扩大，取得西方列强的同情和干预，并把平息中日战争的希望寄托在国际联盟身上。于是对蒋介石的不抵抗政策深信不疑，并忠实地执行了这一方针，要求东北各军政长官严格遵守。

8月下旬，日本驻朝鲜的两个师团移防到图们江沿岸举行大规模水陆演习；9月上旬，日军在沈阳城北举行军事演习，公然进行武力挑衅；关东军司令部也由大连迁至沈阳。

眼见东北战事一触即发，正在北平养病的张学良于9月初致电张作相、荣臻等东北军高级将领："奉密电令，我国遵守非战公约，不准衅自我开。特令遵照。"

9月18日晚10时许，日本关东军炸毁南满铁路沈阳柳条湖段，反诬称是中国军队所为，遂向北大营东北军驻地发起攻击。震惊世界的"九一八"事变就此爆发了。

正在北平的张学良接到报告后，感到事态严重，连夜召集在平的东北军高级将领开会。

会上，张学良首先向大家通报了日军进攻北大营和奉天（今沈阳）的情况，表示："日本人图谋东北由来已久，这次挑衅的举动，来势很大，可能要兴起大的战争。我们军人的天职，守土有责，本应和他们一拼，不过日军不仅是一个联队，它全国的兵力可源源而来，绝非我一人及我东北一隅之力所能应付，现在我们既已听命于中央，所有军事外交均系全国整个的问题，我们只应速报中央，听候指示。我们是主张抗战的，但须全国抗战；如能全国抗战，东北军在第一线作战，是义不容辞的……总期这次的事件，勿使事态扩大，以免兵连祸接，波及全国。"随即电告南京国民政府，并请示如何处置。

军事委员会办公厅主任熊斌转达蒋介石的指示：不能打，并告知张学良，外交部已电告国联，听候国联处理。

驻守北大营的东北军第 7 旅在突遭日本攻击后，部分官兵被迫自卫还击，奋起抵抗，但在蒋介石不准抵抗的命令下，没有进行有组织的抵抗，几近溃不成军，撤往抚顺、清原。

19 日晨 6 时，日军仅以 24 人的伤亡占领了北大营，只有警察和少量卫队守卫的沈阳也随即沦陷。

20 日上午，张学良召集在北平的学者、名流、政客和东北军高级将领等 27 人，商议应变大计。经反复研究，决定仍是听命于中央，依靠国联对付日本。

会后，张学良向全国及南京政府发表通电，大意是：据东北军参谋长荣臻将军报告，日本军队 9 月 18 日晚 10 时开始向我驻扎在北大营的东北军第 7 旅官兵开火。我军为了避免事态扩大，坚持不抵抗政策，没有进行还击。而日军不但缴了我方士兵的械，还纵火焚烧了北大营，这些情况我们已经向各有关当局做了报告……日军公然不顾事实真相，颠倒黑白，诬称中国人炸掉了南满铁路，并声称他们进攻中国兵营是出于自卫，事实并非如此，甚至在日军火烧北大营时，我军都没有进行抵抗。

不久，张学良接到蒋介石密电：日军行动，可作为地方事件，望力避冲突，以免事态扩大。一切对日交涉，听候中央处理。但日军并未停下侵略的步伐，反而变本加厉，相继占领了吉林、黑龙江。

就这样，张学良由于执行坚决蒋介石的不抵抗政策，命令东北军撤到关内，致使东三省在不到半年的时间便全部沦陷，3000 万同胞在日寇铁蹄下惨遭蹂躏。这激起了全国人民的强烈愤慨，张学良引咎辞职，代蒋介石受过，背上了"不抵抗将军"的骂名。

1932 年夏，日军又将侵略的矛头指向华北。这时，张学良被蒋介石任命为军事委员会北平军分会代委员长。他决心用赤血抵抗日寇的进攻，洗刷自己和东北军的耻辱。

1933 年元旦，日军向山海关发起猛攻。张学良命令东北军何柱国第 9 旅奋起反击，从而揭开了长城抗战的序幕。日军攻陷山海关后，即向热河进逼。张学良调集东北军主力开入热河布防。

2 月 21 日，日军分路向热河进攻。东北军汤玉麟部不战而溃，致使朝阳、开鲁、北票、赤峰、承德相继失陷。仅仅过了两周，热河便被日军侵占。

3 月 8 日，张学良致电南京引罪辞职："自东北沦陷，效命引间，原冀戴罪图功，勉求自赎，讵料热河之战，未逾旬日，失地千里……戾愆丛集，百喙莫辞……"三天后，张学良通电下野，随即出国考察。

1934 年 1 月，张学良被蒋介石从国外召回，担任鄂豫皖三省"剿总"副司令，代行总司令职务，指挥东北军"围剿"红军。

一些东北军高级将领表示反对，但张学良对部下说："日寇侵略野心很大，我们国家正处在危急存亡时刻。日寇为什么敢于大胆地侵略中国呢？就是因为中国不统一，要统一就必须大家都拥护国民政府，拥护蒋委员长。"他深信只要"围剿"红军取胜，必能博得蒋委员长的欢心和信任，进而扩充东北军的实力，以便有朝一日打回老家，从日寇手里收复东三省。

于是，张学良无条件地拥护蒋介石"攘外必先安内"的政策，从东北军中抽调了 16 个师又 4 个旅共 80 多个团的兵力，全力"围剿"鄂豫皖根据地。

起初，张学良对"围剿"红军还是相当卖力的。

这年 6 月，张学良将鄂豫皖边区划为 6 个"驻剿区"和 1 个"护路区"，以 60 多个团担任"驻剿"，以 11 个团组成 4 个追击队，企图在 3 个月内消灭徐海东、吴焕先领导的红 25 军。

7 月 17 日，红 25 军在河南省罗山县长岭岗地区一举打垮东北军第 115 师 2 个团，歼其 5 个营。

年底，红 25 军向陕北转移。蒋介石电令张学良继续"进剿"红军，否则以"纵匪抗令论罪"。张学良遵命执行，将东北军主力调往西北，进攻陕甘苏区。

1935 年 10 月，在陕甘苏区第三次反"围剿"作战中，红 15 军团在甘泉县劳山地区全歼东北军第 110 师师部和 2 个团，毙师长何立中以下 1000 余人，俘团长以下 3700 余人；随后又在甘泉以南榆林桥歼第 107 师 1 个团又 1 个营，毙伤敌 300 余人，俘团长高福源以下 1800 余人，狠狠地打击了东北军的反共气焰。

11 月，张学良遵照蒋介石的指示，以东北军 5 个师的兵力分为东西两路，首先构成沿葫芦河的东西封锁线，并打通洛川、鄜县（今富县）、甘泉、延安之间的联络，构成沿洛河的南北封锁线，限制红军向南发展，尔后采取南进北堵，逐步向北压缩的战法，企图消灭红军于洛河以西、葫芦河以北地区。

形势十分危急，中革军委召开会议，认真分析敌我双方的情况，认为敌军兵力多于红军一倍以上，如果让敌人构成东西、南北封锁线，就很难粉碎敌人对陕甘苏区的第三次"围剿"，中共中央将无法在陕甘地区立足。

会上，毛泽东提出：第十七路军 20 个团是杨虎城指挥的，他有抗日的要求和一定的进步思想，过去同共产党和一些党员有过友好关系。东北军 60 个团虽是"围剿"军的主力，他们在东北沦陷后背井离乡，流亡关内，不愿意再打内战，而是强烈地要求抗日收复故土；东北军领袖张学良，同日本侵略者有着家仇国恨，势不两立，因此是可以争取的。但前提是必须狠狠地教训他一下，使其认识到"剿共"只有死路一条，唯一的出路是联合抗日。

根据毛泽东的指示，会议决定集中兵力，向南作战，首先歼灭葫芦河东进之敌东北军第 57 军 1 至 2 个师，尔后视情况转移兵力，各个歼灭敌人以打破这次"围剿"。

11 月 21 日拂晓，红一方面军主力发起直罗镇战役。激战至 24 日上午，全歼东北军第 57 军第 109 师和第 106 师 1 个团，击毙师长牛元峰以下 1000 余人，俘虏 5300 余人，从而彻底打破了国民党军对陕甘苏区的第三次"围剿"，为中共中央把全国革命大本营放在西北举行了一个奠基礼。

自参加"剿共"以来，东北军屡遭红军重创，损兵折将。尤其是劳山、直罗镇两役，第 110 师和第 109 师全军覆没，两位师长何立中和牛元峰也都丢了性命，高福源等 7 名团长或阵亡或被俘。更令张学良和东北军将士心寒的是，蒋介石不仅没有表示出丝毫的安慰，反而授意军政部部长何应钦削减东北军的军费。

在残酷的现实面前，东北军广大官兵思乡心切、报国无门，对蒋介石竭力推行"攘外必先安内"的反动政策非常不满，纷纷要求停止内战，枪口对外。既挨了红军的打，又受了中央军的气，张学良愤懑异常，痛定思痛，更加认清了蒋介石"借刀杀人"的险恶用心。他知道再这样和红军打下去，东北军必将葬送在自己手里。同时，他对共产党"停止内战、共同抗日"的主张深表赞成，便开始谋求与红军秘密接触，希望建立抗日统一战线。

与张学良一同驻守西安的西北军将领杨虎城早就和共产党有联系，当张学良向他就停止内战、联合抗日的问题进行磋商时，两人不谋而合，决心团结一致，反对蒋介石的"攘外必先安内"的方针，联共抗日。

杨虎城，1893 年生于陕西蒲城。1908 年，在家乡组织以打富济贫为宗旨的中秋会。辛亥革命爆发后，率会众参加陕西民军与清军作战。1915 年，参加陕西护国军，次年所部被编为陕西陆军第 3 混成团第 1 营，任营长。1917 年，参加护法战争，先后任陕西靖国军左翼军支队司令和第 3 路司令。1924 年，北京政变后，先后任陕北国民军前敌总指挥、国民军第 3 军第 3 师师长，延聘共产党员在其举办的三民军官学校和所属部队任职。1926 年，与国民军第 2 军李虎臣等部联合坚守西安孤城达 8 个月之久，以不足 1 万兵力抗击 7 万镇嵩军，从战略上策应了北伐战争。1927 年初，就任国民军联军第 10 路军司令，旋改任国民革命军第，2 集团军第 10 军军长，率部东出潼关会攻河南。"四一二"反革命政变后，拒绝在所部"清党"。1928 年 11 月，就任第 2 集团军暂编第 21 师师长。1929 年，率部附蒋，任新编第 14 师师长，先后参加蒋冯战争和蒋唐（生智）之战。1930 年，蒋冯阎中原大战中，相继任蒋军第 7 军军长、第 17 路军总指挥，率部攻击冯军。同年 10 月，兼任陕西省政府主席。1931 年"九一八"事变后，积极主张抗日。次年 1 月，任西安"绥靖"公署主任。1933 年 6 月，所部与川北的中国工农红军第四方面军达成互不侵犯默契。1935 年初，奉令调兵在陕南阻截红 25 军，遭到痛击。在中国共产党抗日民族统一战线政策影响下，逐渐倾向联共抗日。

12 月 5 日，毛泽东同彭德怀致信杨虎城。信中说："盖日本帝国主义实我民族国家之世仇，而蒋介石则通国人民之公敌。""是以抗日反蒋，势无偏废。建义旗于国中，申天讨于禹域，驱除强寇，四万万具有同心，诛戮神奸，千百年同兹快举。鄙人等卫国有心，剑履俱奋，行程二万，所为何来，既达三秦，愿求同志。倘得阅下一军，联镳并进，则河山有幸，气势更雄，减少后顾之忧，增加前军之力。""凡愿加入抗日讨蒋之联合战线者，鄙人等无不乐与提携，共组抗日联军，并设国防政府，主持抗日讨蒋大计。"并以"重关二百，谁云秦塞无人；故国三千，惨矣燕云在望。亡国奴之境遇，人所不甘；阶下囚之前途，避之为上"的语句，激发杨虎城的爱国热情。

1936 年 3 月，张学良同红军代表李克农在洛川秘密会谈。

20 日，毛泽东同彭德怀致电王以哲转张学良及抗日东北军全体官兵，指出："敝军迭次宣言，全国红军、白军亟应停止内战，一致抗日，乃阎锡山置若罔闻，不顾民族国家之存亡，甘心依附仇人，而与同胞为敌，诚不识是何居心？诸公深明大义，抗日救国早具同心，应请仗义执言，责阎锡山以叛国之罪，劝其即刻悔悟，撤其拦阻红军之兵，开赴张家口，与红军一同执行抗日任务。敝军本民族大义，决不追究其既往。""至于陕甘苏区（包括陕甘边区及关中区）为抗日战争之后方，坚决巩固此后方，使我抗日将士安心杀敌，应不独红军与全苏区抗日人民之责，诸公近在接壤，自亦具有爱护维持之心。倘有捣乱此抗日后方者（例如毛炳文辈），愿诸公与敝军联合制止之。"

这次会议十分成功，双方就联合抗日问题进行了初步协商，并达成了局部停战协定。

4 月 9 日，张学良同周恩来在延安进行了历史性的会议，共商抗日救国大计。两人在诚恳愉快的气氛中作了彻夜长谈，决定今后不分党派一致抗日，采取内外结合，红军在外、东北军在内，共同逼蒋抗日。

延安归来后，张学良以联共逼蒋抗日为己任，立即停止对红军和苏区的军事进攻，同时在杨虎城的支持下积极培养抗日力量。

东北军、十七路军和红军"三位一体"抗日民族统一战线的初步建立，加剧了张学良、杨虎城与蒋介石之间的矛盾。蒋介石在察觉张、杨二人与共产党有秘密接触后，便派侍从室主任晏道刚担任西北"剿总"参谋长、特务头子曾扩情担任西北"剿总"政训处长、闵湘帆担任西北"剿总"经理处长，企图从军事、政治、经济三方面监视张、杨，并在西安广设特务机构，搜集情报，破坏联合抗日战线。

6月1日，李宗仁联合粤系军阀陈济棠发动"两广事变"，要求国民党北上抗日，将桂军改称"抗日救国军"，通电表示要誓率所部"为国家雪频年屈辱之耻，为民族争一线生存之机"。蒋介石自然不会答应，调集大军，围困广西，准备以武力逼迫李宗仁就范。蒋桂大战一触即发。

"两广事变"爆发后，中共中央认为这是国民党内部分裂的表现，派人到广西与李宗仁、白崇禧接触，对桂军开展抗日民族统一战线工作。

8月9日，毛泽东同张闻天、周恩来、博古联名致信张学良。在信中提醒张学良：蒋介石一解决西南问题，就有极大可能进攻西北。"无论如何兄不要再去南京了，并要十分防备蒋的暗害阴谋。"

13日，毛泽东致电彭德怀，提出：红一方面军8月至9月中旬仍以训练生息为宜，同时求部分扩红，巩固现有根据地，形成强有力的中心力量。准备9月中旬以后向西出动一步，仍以休养、训练、扩红、扩地为目的，对东北军何柱国、董英斌二部放弃打的企图，全力进行统一战线工作。

同日，毛泽东致信杨虎城："先生同意联合战线，盛情可感。""良以先生在理在势在历史均有参加抗日战线之可能。故敝方坚持联合政策，不以先生之迟疑态度而稍变自己的方针。然为友为敌，在先生不可无明确之无表示。"

张学良、杨虎城收到信后十分感动，表示诚恳地接受中国共产党联合抗日救国的主张。

9月初，在中国共产党和全国人民"反对内战，一致抗日"呼声中，"两广事变"和平解决了。鉴于蒋介石对日态度的转变和中日民族矛盾的上升，中共中央向全党发出《关于逼蒋抗日问题的指示》，指出："目前中国人民的主要敌人，是日本帝国主义，所以把蒋介石与日本帝国主义同等看待是错误的""抗日反蒋"的口号，也是不适当的，新的方针应当是"逼蒋抗日"。

10 月 20 日，蒋介石飞到西安，催逼张学良、杨虎城督兵"剿共"。张、杨向蒋介石面陈"剿共"是最不得人心的，应该停止内战，释放爱国人士，与共产党妥协，一道抗日。

蒋介石表示：不论共产党"标榜如何""政府决贯彻戡乱方针"，并训斥张学良："军事家只有三个处置——即胜、败、降是也。在西北全权负责剿匪的人，能从嘴里吐出一个'降'字吗？"随后他奔走于洛阳、太原等地部署"剿共"事宜。

这月 29 日是蒋介石的五十大寿。张学良赶到洛阳为蒋祝寿，并再次劝谏蒋介石停止内战、联共抗日，结果又遭到蒋的当面训斥。

张学良愤愤地说："蒋委员长这样专制，这样摧残爱国人士，和袁世凯、张宗昌有什么区别？"

第二天，蒋介石在洛阳军官学校纪念周上讲话，声称："勾结日本是汉奸，勾结共产党也是汉奸。"

散会后，一些人劝少帅不要在委员长面前再提停止内战的事，张学良坚定地说："我还是要谈，不过以后我要做什么，连我老婆也不会知道。"

12 月 4 日，蒋介石带着陈诚、卫立煌、蒋鼎文等嫡系将领再次飞到西安，蛮横地要张学良、杨虎城把东北军和十七路军全部开往陕北"剿共"前线，"进剿"红军；否则就把东北军和十七路军分别调往福建、安徽地区，改派中央军进驻西北，由他亲自督战进行"剿共"。并将心腹爱将、时任驻闽"绥靖"公署主任蒋鼎文召至西安，出任为西北"剿匪"军前敌总指挥，准备进攻陕北红军。

张、杨紧急磋商，认为如果服从蒋的命令，必然会破坏和红军已达成的统一抗战协定，同时东北军和十七路军也会被蒋分化瓦解。于是，二人决定第一步进行"苦谏"——尽量说服蒋介石停止内战，一致抗日；若"苦谏"不成，就进行第二步"兵谏"——设法捉蒋，逼其抗日。

7 日，张学良跑到蒋介石在临潼华清池的临时"行辕"，痛哭陈词，想说服蒋放弃"攘外必先安内"的方针，联共抗日。

两人你一言我一句，激烈争辩了三个小时，最后蒋介石把桌子一拍，气冲冲地说："现在你就是拿枪打死我，我的剿共计划也不会改变。"

两天后，西安学生举行纪念"一二·九"运动周年大会，并组织了声势浩大的游行，准备到华清池向蒋介石当面请愿，要求政府停止内战，不分党派，一致抗日。

蒋介石竟然丧心病狂地命令动用军警驱散游行队伍，并对张学良说："对于那些青年，除了用枪打，是没有办法的。"

张学良十分理解青年学生的爱国举动，认为他们的动机是绝对纯洁的，因此不能用武力，要和平劝导。他激动地说："我们的枪，不是打中国人的，任何中国人的。我们的枪，所有中国人的枪，都是打日本帝国主义的。"

下午，学生游行队伍开始向临潼进发。蒋介石下令："如果游行队伍到临潼就开枪，格杀勿论。"

为了保证游行学生的人身安全，张学良立即乘车在十里铺迎住游行队伍，苦口婆心地劝说大家："你们请愿要求停止内战，一致抗日，很好。但你们不要去临潼，你们去了，一则不能解决问题，二则有危险。"

但学生们就是不肯离去。他们高呼抗日口号，群情激愤，表示誓死不当亡国奴。张学良被学生们的抗日热情深深感染，当即拍着胸口表示："我和大家的心是一致的，几天以后，我张学良一定用事实答复你们。我说的话一定算数，我可以拿我的头作保证，请你们相信我的话，还是回去。"

在张学良的苦苦劝说下，游行队伍终于掉头返回西安。为履行自己的誓言，张学良又两次向蒋介石"哭谏"，但仍无法改变蒋的"剿共"决心。于是，他找到了杨虎城，说："群众的要求我已作了保证，蒋很顽固，善言好语是没有用了，你看怎么办好呢？"

杨虎城紧紧握住张学良的手说："副司令，你要怎么办就怎么办，我一定跟你来。现在是下决心的时候了，请不要迟疑。"

11日，张、杨商定次日凌晨行动，东北军负责到临潼抓蒋介石，由第105师师长刘多荃、团长白凤翔和张学良卫队营长孙铭九率部执行；第十七路军负责西安城内的军事行动，包括拘禁随同蒋介石来西安的军政大员，解除蒋介石的宪兵团、保安司令部、警察大队等部武装，占领并封锁机场、扣留飞机等。

12 日凌晨 5 时许，震惊中外的"西安事变"爆发了。

东北军在晨雾中冲进华清池。经两小时激战，击溃了蒋介石的卫队。孙铭九带人冲进了蒋介石的卧室，却没有了蒋的人影。

细心的孙营长发现被窝尚温，假牙放在床边的桌上，专车停在院子里，便断定蒋并未跑远。张学良命令迅速分兵搜索骊山。

果然，没过多久，卫队营就在半山腰的一块巨石旁边捉住了蒋介石。由于从睡梦中被枪声惊醒，蒋介石逃跑匆忙，身上只披了一件绛紫色夹袍，下身穿着一条白色单裤，赤着双脚。在隆冬时节的西北刺骨寒风里，又惊又怕的蒋委员长早无往日威风，瑟瑟发抖，缩成一团。

事变发生后，张学良、杨虎城立即宣布撤销西北"剿总"，成立抗日联军西北临时军事委员会，组建抗日援绥军第 1 军团和东北抗日先锋队，同时通电全国，说明事变动机完全出于抗日救国，对蒋介石"保其安全、促其反省"，并提出改组南京政府，容纳各党各派，共同负责救国；停止一切内战；立即释放上海被捕之爱国领袖；释放全国一切政治犯；开放民众爱国运动；保障人民集会结社一切之政治自由；确实遵守孙总理遗嘱；立即召开救国会议等八项主张。他们还致电中共中央，邀请速派代表来西安共商救国大计，处理善后事宜。

随后，张学良去面见蒋介石，想就发动"兵谏"一事作解释。但蒋说：你如果还承认是我的部下，就应立即把我送到洛阳，否则就把我枪毙吧。说完，就和衣仰面躺在床上，不再理会张学良了。

此时国内外舆论一片哗然。事变第二天，苏联《消息报》就发表社论，认为这可能会引发中国的内战，无异为侵略者开路，希望以和平方式解决。英美等国也主张中国保持和平局面。日本则乘机挑拨南京与西安的关系，企图趁火打劫。

南京国民党内部则出现了严重分歧。以何应钦为首的主战派，力主以武力解决，出兵讨伐张、杨，炸平西安，企图借机搞死蒋介石，取而代之。以蒋夫人宋美龄为首的主和派，主张先不讨伐，派人到西安了解具体情况，再设法营救蒋介石。何应钦不顾宋美龄的极力反对，颁布讨伐令，并派飞机到西安上空示威。宋美龄就召集黄埔军官和空军有关人员开会，声泪俱下地请他们不要听从何应钦的命令。结果，宋、何二人当场争吵起来。何骂道："你妇人家懂得什么国家的事！不许你管！"宋大哭道："你这样做，太辜负蒋先生了。"

南京城里宋、何两派闹得不可开交，西安市里同样不太平。围绕如何处置蒋介石，张学良和杨虎城的看法出现了不一致。

17日，以周恩来、秦邦宪、叶剑英为代表，罗瑞卿、李克农、童小鹏为随员的中共代表团，乘坐张学良派的专机飞抵西安。周恩来等人立即会见了张学良、杨虎城，提出了中共中央关于联蒋抗日、和平解决西安事变的主张。

张学良表示完全赞同，但杨虎城不同意释放蒋介石，说："你们过去都是讲反蒋抗日，为什么现在又讲联蒋？""蒋介石气量小，又极阴险，放了他，将来他一定会大肆报复。"

周恩来反复向杨虎城阐述了逼蒋抗日的可能性，终于打消了他的顾虑，同意和平解决西安事变的方针。

杨虎城感慨地说："共产党置党派历史深仇于不顾，以民族利益为重，对蒋介石以德报怨，令人钦佩。我是追随张副司令的，现在更愿倾听和尊重中共方面的意见。既然张副司令同中共意见一致，我无不乐从。"

22日，南京政府派宋子文、宋美龄、戴笠等人为和谈代表抵达西安。23日，三方开会商谈。24日，达成了以中共代表团的主张为基础的六项协议：改组国民党与国民政府，驱逐亲日派，容纳抗日分子；释放上海爱国领袖，释放一切政治犯，保证人民自由权利；停止"剿共"政策，联合红军抗日；召集各党各派各界各军的救国会议，决定抗日救亡方针；与同情中国抗日的国家建立合作关系及其他具体救国办法。至此，"西安事变"得以和平解决。

25日，张学良决定释放蒋介石，并要亲自送蒋回南京。杨虎城等人都再三劝他不要送蒋，以免上当。

可张学良坚信蒋介石的人格，说："这次我们放他回去，以后还是要争取、团结他共同抗日的，所以我必须亲自送他，使他能保持威信，好见人，好办事，也使他不敢对我们再存戒心和怨恨，这有利于共同抗日。我们发动'西安事变'的目的，只是为了要求结束对内压迫对外屈膝的国策。等到蒋介石如果把已经答应了的条件又推翻了，那还有什么信用、人格可言呢？"

在西安机场，蒋介石假惺惺地对张学良说："我们兄弟二人，大仁大义，绝不抱怨，将来历史上记一笔，流芳百世。"

接着又装出一番好意地说："南京形势与西安不同，你不必去了，此间还有许多善后的问题要处理。我们兄弟二人谅解，你到南京就不好办，他们打你的主意，我就遗臭万年了。"

张学良备受感动，蒋介石越这样说，他就越发坚持要亲自送。他认为，蒋介石毕竟是一党领袖，"西安事变"让他吃了不少苦头，现在既然已经同意抗日救国，就应该帮他恢复威望，重塑领袖形象。而且自己这样忠心为国，仁至义尽，也可以取得蒋的谅解。

当周恩来闻讯赶到机场劝阻张学良不要去南京时，蒋介石他们乘坐的飞机已经起飞了。周恩来望着远去的飞机，连声叹息道："张汉卿是看《连环套》那些旧戏中毒了。他不但摆起队列送天霸，还差一点要负荆请罪呢！"

果然，蒋介石一到南京，立马翻脸不认人，将张学良扣押起来。

张学良迫不得已，给蒋介石写了《请罪书》："学良生性鲁莽粗野，而造成此次违反纪律大罪。……是以至诚愿领钧座之责罚，处以应得之罪，振经纲，警将来，凡有利于吾国者，学良万死不辞。乞钧座不必念及私情，有所顾虑也。"

31 日，高等军事法庭审判长李烈钧以"首谋伙同，对于上官暴行胁迫"之罪名，判处张学良有期徒刑 10 年，褫夺公民权 5 年。直到这时，张学良才意识到自己以前的想法是多么幼稚。

随后，蒋介石又假做人情，请求国民政府特赦张学良，但要对其"严加管束"。从此，张学良遭受了长达半个多世纪的囚禁。

而"西安事变"的另一位发起者杨虎城则被蒋介石撤职，1937 年 6 月 29 日被逼出国"考察军事"。八天后就发生了"卢沟桥事变"，杨虎城于 11 日从美国致电宋子文："日寇进迫，国将不国，噩耗传来，五中痛愤。

弟以革命军人，何忍此时逍遥国外，拟由旧金山返国抗敌，祈转陈委座。"并发表书面谈话："我是一个革命军人，一个孙中山先生三民主义强烈的信徒。参加革命已逾二十五年。我完全看透日本帝国主义一贯侵华的来历和动向。保卫国土是军人的职责，我一直是坚决抵抗日本侵略者。这次卢沟桥事变，是危及中华民族生死存亡的大问题，我怎能置身事外、流连忘返？即拟兼程回国，请求任务，执行战斗，为国效死！"

三天后，宋子文回电说："以目前情况观之，请稍缓返国。"杨虎城前后三次致电蒋介石，请求让他共赴国难，但蒋介石一直没有复电。

杨虎城迫不得已，再电宋子文。宋回电说："兹值全国抗战，各方同志均纷纷集合，共赴国难，兄虽未奉电召，弟意宜自动回国。"

于是，杨虎城就从欧洲转到香港。谁知11月26日，杨虎城的船刚刚靠到码头，特务头子戴笠就派蒋国光、谢瀛洲、杨彬、戴德等特务前来"欢迎"。

30日，杨虎城离港飞汉口拜访老上司于右任，正要准备吃饭，特务过来说：蒋介石要在南昌见他，请他立刻前往。结果杨虎城饭也没吃，就赶到了南昌，自此被非法关押起来，一关就是十二年。这位国民党中首先倡导抗日的名将，一天抗日也不让他参与，而是像张学良一样"坐穿牢底"了！1949年9月17日，杨虎城被国民党特务杀害于重庆。

中国共产党和中国人民是不会忘记张学良和杨虎城的。1946年，周恩来在延安各界举行的"双十二"10周年纪念大会上指出："双十二事变本身的意义，是在它成为当时停止内战发动抗战的一个历史上的转变关键"，张、杨两将军"是有大功于抗战事业的"。

毛泽东评张治中

【 张治中简历 】

张治中（1890—1969），原名本尧，字文白。安徽巢县（今巢湖市）人。国民党陆军二级上将。

1911 年，武昌起义爆发后，张治中到上海参加学生军。1912 年入武昌陆军第二预备学校。1914 年，入保定陆军军官学校。1916 年 12 月，毕业后分配到安徽北洋军阀倪嗣冲的安武军见习。翌年，南下广州，参加护法军，先后在滇、川、桂军中任职。1924 年，到黄埔军校，历任入伍生团团长兼国民党党军第 2 师参谋长、军官团团长等职。其间，与周恩来等共产党人过从甚密，被视为"红色教官""红色团长"。北伐战争开始后，任国民革命军总司令部副官处处长。1927 年，任中央军事政治学校武汉分校教育长兼学兵团团长。1928 年 9 月，任军事委员会军政厅厅长。11 月，任中央陆军军官学校训练部主任。从 1929 年 5 月起，任该校教育长近 10 年。其间曾五次带兵打仗：1929 年，任武汉行营主任，参加对冯（玉祥）军作战；1930 年，任教导第 2 师师长，参加蒋冯阎中原大战；1932 年，请缨参加"一·二八"抗战，任第 5 军军长，在上海江湾、庙行重创日军；1933 年，任第 4 路军总指挥，参与镇压福建事变；1937 年，任京沪警备司令、第 9 集团军总司令，指挥前期淞沪会战，给侵华日军以沉重打击。11 月，调任湖南省政府主席。1939 年，张治中任军事委员会委员长侍从室第一处主任。翌年，任军事委员会政治部部长。从 1942 年开始参与国共两党历次和谈，不顾国民党内部责难，始终不渝地坚持孙中山先生"联俄、联共、扶助农工"三大政策。1945 年，晋陆军二级上将。同年，参加重庆谈判，亲赴延安接送中国共产党中央委员会主席毛泽东。

1946 年 3 月，张治中任西北行营主任兼新疆省政府主席。1948 年，任西北军政长官。1949年4月，任国民党政府代表团首席代表到北平（今北京）与共产党代表团谈判，当《国内和平协定》（最后修正案）被国民党政府拒绝后，发表《对时局的声明》，同国民党决裂，留在北平，随即应邀出席新政治协商会议。9月，受毛泽东委托，致电新疆军政首脑促成新疆和平解放。

中华人民共和国成立后，曾任中央人民政府委员会委员、国防委员会副主席、全国人民代表大会常务委员会副委员长、国民党革命委员会中央副主席等职。1955年，获一级解放勋章。1969年4月6日，在北京病逝。

【毛泽东评点】

为了推动谈判顺利进行，毛泽东和周恩来在香山双清别墅接见张治中。他看了李宗仁的信后对张治中说：德邻先生虽同意按八项条件作为基础进行谈判，看来对战犯的问题还是不放心，你也感到有困难吧？好，为了减少你们代表团的困难，可以不在和平条款中提出战犯的名字。又说，和谈方案先由中共方面草拟，拿出方案后再正式谈判就容易了。将来签字，如果李宗仁、何应钦、于右任、居正、童冠贤等都来参加就更好。对于今后的建设问题，毛泽东说："今后，我们大家来做的，大家合作做的，当然最重要的是共同一致来结束战争，恢复和平，以利在全国范围开展伟大的生产建设，使国家人民稳定地进入富强康乐之境。"毛泽东同张治中长谈了四个小时，还邀请他一起吃午饭。

——摘自《毛泽东传（1893—1949）》第919页

"另向张治中表示，四月十七日必须决定问题。十八日以后，不论谈判成败，人民解放军必须渡江。""应争取南京代表团六人都同意签字。如果李、何、白不愿签字，只要他们自己愿签，亦可签字。签字后他们不能回去，叫他们全体留平。如他们因南京不同意签字而不敢签，并有些人要回去，则必须争取张、邵、章三代表及四个顾问（指国民党政府谈判代表团的顾问屈武、刘仲华、李俊龙、金山）留在北平。"

——摘自《毛泽东年谱》下卷第479页

"陶峙岳现在动摇，有和平解决新疆的意向，我们认为应利用张治中组织新疆军政委员会，以张治中为主席""整个西北亦可考虑在将来组织军政委员会，以彭为正，以张治中为副。"

——摘自《毛泽东年谱》下卷第 544 页

"兰州解放的十三天后，也就是九月八日，毛泽东在中南海约见张治中，对他说：西北野战军已经由兰州及青海分两路进军新疆。希望张治中去电新疆军政当局，敦促他们起义。张治中表示：我早有此意，只是自五月以后，我同陶峙岳、包尔汉没有联系了。毛泽东说，我们已经在伊宁建立了电台，你如有电报，可发至伊宁再转迪化。"

——摘自《毛泽东传（1893—1949）》第 928—929 页

"五月三日的信早已收到。原封不动，直至今天，打开一看，一口气读完了《六十岁总结》，感到高兴。我的高兴，不是在你的世界观方面。在这方面，我们是有距离的。高兴的是在作品的气氛方面，是在使人看到作者的心的若干点方面，是在你还有向前进取的意愿方面。我猜想，这一年多的时间内，害苦了你，一个老人遇到这样的大风浪。这种心情，我是理解的。觅暇当约大驾一谈。这几天尚不可能。"

——摘自《建国以来毛泽东文稿》第七册第 243 页

【评析】

在国民党高级将领中，张治中有着"和平将军"的美誉。他官居国民党上将，是蒋介石的心腹重臣，常被委以重任，但在数十年的戎马生涯里却恪守不对共产党放一枪一炮的承诺，没有与共产党作过战；他是主和派的代表，曾被蒋介石气急败坏地骂作"共产党的代表"；他还是毛泽东的朋友，被称为"真正希望和平的人"，"三到延安"更是传为国共合作史上的佳话。

1945 年 8 月 15 日，日本帝国主义宣布无条件投降。消息传来，举国欢腾，陪都重庆此时早已成为欢乐的海洋。但有一人却待在家中，闷闷不乐。他就是时任国民政府军事委员会政治部部长的张治中。"不错，抗战算是胜利了，但是国内问题仍然是危机四伏，一触即发，不能不使人有忧虑之感。"

张治中的担心并不是杞人忧天。在艰苦卓绝的抗日战争中，饱受苦难的中国人民付出了巨大的牺牲，终于赢得了胜利，无不渴望和平与安定，迫切需要实现民族独立和民主，建立一个独立、自由、富强的新中国。但蒋介石是绝不会答应的。

卧榻之侧，岂容他人酣睡！在蒋介石看来，日益壮大的中国共产党和人民革命武装是他的眼中钉、肉中刺，必须不惜一切代价、不择一切手段加以消灭。但当时国内外和平的呼声此起彼伏，蒋介石不敢冒天下之大不韪挑起内战；而更为关键的是国民党的精锐部队此刻大都部署在西南，一时难以调往反共前线。于是，蒋介石便玩弄起反革命的伎俩，宣称要与共产党"和平谈判"，表面上装出一副"和平建国"的模样，暗地里积极备战。

8月14日、20日，蒋介石连发两封电报邀请中共中央主席毛泽东，称："倭寇投降，世界永久和平局面，可期实现，举凡国际国内各种重要问题，亟待解决，特请先生克日惠临陪都，共同商讨，事关国家大计，幸勿吝驾。"

蒋介石的如意算盘是：毛泽东一定没有胆量到重庆来谈判。这样一来，破坏和平的罪名就自然落到了共产党头上，那么他也就有冠冕堂皇的理由发动内战了。

中共中央识破了这一阴谋诡计。毛泽东一针见血地指出："这是蒋介石迫于国内国际形势，迫不得已做出的'假和平、真备战'的缓兵之计"，无非是企图用"和平谈判"麻痹共产党，欺骗人民群众，同时为他调兵遣将，部署内战争取时间。

见毛泽东没有丝毫要到重庆来的迹象，蒋介石就更来劲了，一面发动所有的宣传工具大肆鼓吹要与中共和谈，进行"和平建国"，一面又于23日发出了第三封邀请电，并把与周恩来等中共领导人交好的张治中找来，准备派他去延安接毛泽东到重庆来谈判。"文白，此去延安就全拜托你了。"

见委员长终于答应与共产党和谈，张治中的忧戚心绪为之一扫，深以为"这是中国历史上的一件大事""是象征着中国内部的团结，是意味着国共两党新关系的开始"。令他又深感不安的是，委员长派他赴延安请毛泽东，可他从未见过毛泽东，只是在阅读《论持久战》时才领略到毛泽东的雄才伟略，并从内心里暗自佩服毛泽东战略家的远见卓识，但不知这位毛先生脾气秉性，是否好打交道。但令他宽心的是，自己从未向共产党放过一枪一弹，而且与周恩来等许多共产党要人交往甚密。

为粉碎蒋介石的阴谋，23日，也就是蒋介石发出第三封邀请电的当天，毛泽东在中共中央政治局扩大会议上明确指出："蒋介石想消灭共产党的方针没有改变也不会改变。"面对蒋委员长在重庆摆下的"鸿门宴"，毛泽东大手一挥，"可以去，必须去""这样可以取得全部主动权"。

27日，张治中和美国特使赫尔利登上了前去延安迎接毛泽东的专机。这是张治中初到延安，也是他初次与毛泽东见面。

延安机场。张治中没有想到毛泽东竟亲自前来迎接。只见毛泽东身穿蓝灰色的中山装，头戴盔式太阳帽，脚上穿着黑色布鞋，端庄凝重，神采奕奕。难道这就是那位让委员长整天睡不着觉的毛润之先生吗？张治中暗自称奇。

"欢迎你呀，文白先生，我可是早就听说过你的大名的。"毛泽东紧紧握住了张治中的手。

第一次见面，毛泽东平易近人的领袖风范就给张治中留下了极为深刻的印象。许多年后，张治中在回忆录中还专门描述了这次会见的情景。

28日上午，毛泽东登机飞赴重庆。这是毛泽东第一次坐飞机，也是大革命失败以来毛泽东第一次以公开身份到城市去。

整个延安城万人空巷，机场上人山人海，党政军民学各界人士都纷纷拥向机场为他们敬爱的领袖送行。送行的人们眼中充满了担心忧虑，也充满了希望……有的高级将领在与毛泽东握别时甚至洒下了热泪。

面对如此激动人心的场景，张治中的心灵受到了极大的震撼，这是他在国统区从未见到过的领袖和人民群众的关系。从大家的表情上，他看到了从高级领导人到普通老百姓对毛泽东的真诚拥护和爱戴，隐隐感到，这样的领袖和人民是不可战胜的。

张治中对前来送行的人拍着胸脯说："是我把毛主席接去的，我就要安全地把他送回来，我张治中对主席的安全负有不可推卸的责任，请各位放心！"

下午3时37分，专机在重庆九龙坡机场安全降落。到机场迎接毛泽东的除蒋介石的代表国民党空军司令周至柔外，还有邵力子、张澜、沈钧儒、谭平山、黄炎培、郭沫若、陈铭枢、左舜生、章伯钧、李德全等国民党军政人员、民主党派人士、社会贤达，以及文化界、新闻界、各国通讯社记者、八路军驻渝办事处及新华日报社的工作人员等数百人。

在机场，毛泽东发表了简短的书面谈话："本人此次来渝，系应国民政府主席蒋介石先生之邀请，商讨团结建国大计。现在抗日战争已经胜利结束，中国即将进入和平建设时期，当前时机极为重要。目前最迫切者，为保证国内和平，实施民主政治，巩固国内团结。国内政治上军事上所存在的各项迫切问题，应在和平、民主、团结的基础上加以合理解决，以期实现全国之统一，建立独立、自由与富强的新中国。希望中国一切抗日政党及爱国志士团结起来，为完成上述任务而共同奋斗。"

毛泽东到重庆谈判，如同身入虎穴，令中共和解放区人士忧虑不安，陪同他前来的周恩来更是为安全问题大伤脑筋。果然，刚下飞机就遇到了一个棘手的问题。

在九龙坡机场，周至柔对毛泽东说："已为您准备了接待美国客人的招待所作住处，那里环境好，设备好。"

在蒋介石的眼里，最尊贵的客人莫过于美国友人了，不但"请上座，奉好茶"，而且选择最好的环境，最好的设施，为之修建住所。现在把招待美国友人的贵宾馆腾出来接待毛泽东，应该说是对中共方面表示尊敬的最高礼遇。

毛泽东可不吃蒋介石拍洋人马屁的那一套，微笑着说："我是中国人，不是美国人，不想住美国人的招待所。"

周至柔碰了一鼻子灰，表情十分尴尬。一旁的张治中当即打圆场，说："黄山别墅和山洞林园两处比较合适，请您考虑选择。"

毛泽东未置可否，乘车来到了红岩村。

在重庆，中共有两处宅院，一是红岩村——八路军驻渝办事处，一是曾家岩五十号——中共代表团机关所在地，也就是人们熟知的周公馆。但这两处作为毛泽东的临时住所都不是很理想。曾家岩受到国民党特务的严密监视，红岩村地处郊区，上下山石阶较多，行动不方便，且地方狭小，在办公与会客方面，不免有相当不便。周恩来左思右想，最后选中了张治中的官邸——上清寺桂园。

桂园是一个由竹篱围成的不大的院子，一幢两层小楼，10多间房子，楼上是卧室，楼下是会客厅、餐厅、副官室、秘书室等。院子的北面和西面各有一排平房，作为警卫员和工作人员的住房。整个园子房舍不算大，设备也一般，但在毛泽东看来这要比延安的窑洞好上多少倍。最为重要的是桂园紧邻马路，进出方便，距曾家岩、红岩均不算远，而且马路对面就是蒋介石的侍从室，周围戒备森严，特务流氓一般是不敢在此放肆的。

周恩来向张治中婉转提出此意，张治中爽快地说："那就请毛先生住到我的公馆去吧。"随即把它腾出来让给毛泽东，他一家则全搬到复兴关中央训练团的一所狭小破旧的平房里暂住。

为了给毛泽东创造一个工作和休息的最佳环境，张治中真可谓煞费苦心。他对自己的家人反复交代：不要去桂园打扰。对在郊外南开中学上学的女儿素我、素央、素初，干脆叫她们这期间就住在学校里，不要进城了。此外，张治中安排自己家的服务人员照料毛泽东的生活，不让外人有任何插手机会，并专门抽调了政治部特务营手枪排担任警卫，再三叮嘱"保卫毛泽东主席，要胜过我十倍"。

就这样，毛泽东在重庆谈判的43天，除刚到和临行时有3天住在林园外，其他时间白天就在桂园办公、会客和休息，晚上则回红岩村过夜。

尽管有这些安排，周恩来仍放心不下。当时重庆情况十分复杂，社会秩序混乱，散兵游勇多，前线下来的伤兵多，袍哥帮会也多，流氓地痞更是四处滋事。而毛泽东身边仅有颜太龙、龙飞虎和陈龙三个警卫员，在桂园办公或外出都不安全。

张治中同样也意识到了这一点，向周恩来建议："政治部有警卫营，大多是我家乡的子弟兵，我准备用他们来担任警卫工作。"

周恩来考虑再三，认为政治部的警卫营对这些信奉"老子拳头大"的散兵游勇难以管治，还是由宪兵担负警卫更为稳妥。张治中立即照办，找到宪兵司令张镇，很快就解决了这个问题。

至此，毛泽东在重庆办公、会客、休息及安全等几大难题，在张治中的精心安排下，一一化解了。

毛泽东到重庆的消息，如同强劲的东风迅速吹遍山城。各阶层人士、中外友好都以争先一睹为快，纷纷来到桂园。

国民党的达官显贵，上自蒋介石，下至五院院长以及各部委会的负责人、进步人士、文化名人、学界名流、实业界巨子、社会贤达等，如宋庆龄、冯玉祥、郭沫若、柳亚子、陶行知、谭平山、周谷城、张澜、沈钧儒、黄炎培、章伯钧、冷遹、傅斯年、王云五、吴蕴初、章乃器等，纷纷来见，宛如众星拱辰。一时间，桂园成为中国政治漩涡的中心。

毛泽东把重庆谈判作为展现充分共产党人风采的政治舞台，同各界朋友进行了广泛接触。他和蔼、亲切、谦逊、诚恳的态度，给人留下了深刻的印象。对国民党内的各派人物，毛泽东也广泛接触，"国民党是一个政治联合体，要作具体分析，也有左中右之分，不能看作铁板一块。"就连一向反共的陈立夫、戴季陶等人，毛泽东也前去看望。为此，戴季陶还专门托张治中代表邀请毛泽东和中共代表团人员到他家中做客。

重庆谈判是一场复杂而艰苦的斗争，其经历时间之长，过程之曲折复杂，气氛之极度紧张都是少有的。

由周恩来、王若飞等人组成的中共代表团与由张群、王世杰、邵力子和张治中组成的国民党代表团，围绕着和平建国方针、政治民主化、国民大会、人民自由、党派合法问题、特务机关、释放政治犯、地方自治、军队国家化、解放区地方政权、汉奸伪军问题、受降问题等12项问题，进行了多次针锋相对的斗争。谈判的核心在双方军队整编、解放区政权和人大代表问题的处理。

谈判在艰苦曲折的道路上缓慢前进，斗争依旧十分激烈。最初由于双方距离很远，很多人认为是根本达不成什么协议的。谈判中多次出现剑拔弩张、唇枪舌剑的场面，几乎陷于破裂。为打破谈判僵局，促成和平协议的签订，中共代表团以民族大义为重，以国家和平安定为重，做出很大的让步。如在军队问题上，同意将共产党领导的军队缩编为 24 个师乃至 20 个师，并表示愿意接受中央政府的领导，实行三民主义等，以实际行动向全国人民表明了共产党在和平谈判上的诚意。

作为国民党的代表，张治中虽然力主国共团结合作，但不可能脱离国民党的立场。为了维护国民党的利益可以说是不遗余力，在谈判桌上与中共代表时常发生争执。好在毛泽东等人对其致力于和平的真诚愿望十分了解，反而对其正直的政治品德更加欣赏。

中共代表团在谈判桌上的诚意使国民党内部大多数人感到满意，张治中就是其中的一个。一天，他在向蒋介石汇报谈判情况时，直言不讳地说："中共本来就有 100 多万正规军，200 万以上民兵，现在愿意裁减为 20 至 24 个师，凭良心讲，这是很大的让步，我们应该考虑早日接受。"

蒋介石不以为意，反而对张治中如此为中共说话十分不满，训斥道："你是代表哪方说话？"

张治中据理力争，指出国民党军队整编后不仅在兵力上占压倒的绝对优势，而且军兵种齐全，仅陆军就有 50 个师，此外还有海军、空军，陆军中还有宪兵、工兵、炮兵、辎重兵等其他兵种，都是中共所没有的。因此是可以接受这个协议的。

两人你一言我一语，争得面红耳赤。恰好有人来，见此情景大为不解。蒋介石愤然道："我正在同共产党的代表谈判！"

俗话说：文官把笔守天下，武将提刀定太平。正当国共双方代表团在谈判桌前进行唇枪舌剑的斗争时，国共两军则在华北战场上真刀真枪地大打出手了。

原来，蒋介石见在谈判桌上没有让中共屈服，便想在战场上占得便宜，并以此向中共大施淫威。

9 月 17 日，蒋介石密令重新印发了他在十年内战时期手订的《剿匪手本》，同时密令各部要在"剿灭共匪"的作战中"切实遵行"。国民党第二战区司令长官阎锡山部集中了 13 个师的兵力，大举进犯晋东南的上党地区。

面对蒋介石杀气腾腾的攻势，毛泽东胸有成竹，对蒋介石的这招棋早有准备。萧劲光同志曾回忆道：毛泽东在离开延安前，"对我们这些即将奔赴前线的同志说，同志们担心我去谈判的安全。蒋介石这个人我们是了解的。你们在前线打得好，我就安全一些，打得不好，我就危险一些。你们打了胜仗，我谈判就容易些，否则就困难一些。"

晋冀鲁豫军区司令员刘伯承、政治委员邓小平自然心领神会，率部发起上党战役，一举歼灭入侵解放区的国民党军 3.5 万余人，击毙第 7 集团军副总司令彭毓斌，俘虏第 19 军军长史泽波。

果然不出毛泽东的所料，在战场上遭到重击的蒋介石，不得不在谈判桌前收敛起嚣张的气焰，同意了中共的提议。

经过 43 天的商谈，10 月 10 日下午 6 时许，国共双方终于达成了协议——《国民政府与中共代表会谈纪要》，也就是通常所说的《双十协定》。邵力子深为感慨地说："此次商谈得以初步成功，达成协议，多有赖于毛先生的不辞劳苦。"

张治中更是兴奋不已："凡是具有定见远见的人，对于这个协议应该感到满足；特别是亲身参加商谈的我们，真是几经折中，舌敝唇焦，好容易才得到这样的结果，自然更感到愉快！"

的确，在此次重庆谈判中最活跃、最积极、最辛苦的就是张治中了。他不但亲赴延安邀请毛泽东到重庆谈判，而且为保证毛泽东的安全，主动腾让住宅。在谈判中，他奔走斡旋于毛泽东、周恩来与蒋介石之间，或参与谈判，或沟通信息，表现出了对和平的最大诚意。

张治中的机要秘书余湛邦曾深情地回忆道：每遇谈判陷入僵局、遇到障碍或濒于破裂时，张治中在斗室之中，时而冥思苦想，时而绕室彷徨，时而喃喃自语，时而摇头叹息，以至形容消瘦，饮食无心，坐立不安。

张治中这种真诚谋国、公而忘私的精神，给毛泽东留下了深刻的印象。从此开始了两位政治家漫长而诚挚的交往。

重庆谈判期间，毛泽东的安全问题一直让周恩来和中共其他领导人放心不下。9 月底，忽然谣言纷传。有人说"军统"特务将有不利于毛泽东的行动；有人说蒋介石在演鸿门宴，当心上当，还是"三十六计走为上"；

对中共和毛泽东极为钦佩的民主人士也以"重庆气候欠佳，容易感冒，不如早返延安"等相劝，希望毛泽东平安返回延安。

素知蒋介石为人的周恩来更是心急如焚，找张治中商量，"毛主席来此已时间不短，中共的事情也需他回延安主持，需要早点回去，我们早点签订协定好不好？"

"预定哪一天回去？"张治中问。

周恩来如实相告，"预定10月1日。"略略停顿了一下，又说："但让毛主席一个人回去我不放心呀！"

张治中马上听出了周恩来的话外之音，当即重提他在延安机场的保证："我既然接毛先生来，当然要负责送回去。"

但接着又说："不过10月1日不行，我的活动很紧，日程都安排好了，要在10月10日后才行。"

有了张治中这番明确的表态，周恩来对毛泽东安全的担心大减，同时对张治中的负责态度深为感动，一直铭记在心。解放后，周恩来回忆起重庆谈判的事，仍感动不已地对张治中说："你那次答应护送毛主席回延安，我才放下心来。不然，真吃不下，睡不着！"

10月8日，张治中经蒋介石应允，为了缓和连日来两党谈判的紧张空气，在国民党军事委员会礼堂，为毛泽东举行了盛大的欢宴晚会。参加宴会的有国民党党政要员、新闻界、文化界、各党各派人士500余人，可谓盛况空前。

晚6时40分，毛泽东、周恩来、王若飞在张治中的热情引导下，走进布置一新、华灯齐放的宴会大厅。人们纷纷起立，大厅里顿时响起热烈的掌声。毛泽东、周恩来等不住地向人群寒暄致意，整个会场的气氛显得十分欢愉。

会上，张治中作了热情洋溢的致辞：

> 今天承参政员、文化界、新闻界暨党、政、军各方各位先生、各位女士光临，极感荣幸。这次举行聚餐晚会，请柬上并没有声明原因，大家也许心里正在猜想，当此嘉宾毕集、盛会开始之际，本人宣

布今晚之会，主要是为了欢迎和欢送毛泽东先生。

毛先生以中国共产党中央委员会主席的地位，应国民政府蒋主席的邀请，到重庆来商讨和平建国的大计。此事，不但为重庆人士所关怀，也为全国人士所关怀，也可以说为全世界人士所关怀，因此，大家对于毛先生的惠然莅临，一定感到莫大的欣慰。

毛先生到重庆已经40天了。他和蒋主席谈了好几次。政府代表邵力子先生、张岳军（张群字岳军）先生、王雪艇（王世杰字雪艇）先生与本人也和周恩来、王若飞两先生，有时与毛泽东先生谈，一共谈了好多次，谈的结果怎样，这是大家所最关心的。外间有种种传说，今天想趁这个机会向大家很忠实地报告一个概要。我的报告虽然没有事先征得双方的同意，但是我想也许能够代表双方的意见。

……

毛先生到重庆已经有40天了，延安方面有很多事情亟待料理，所以他准备日内回延安去，所以我刚才说，今天的集会也是为了欢送他。毛先生来重庆，是本人奉蒋主席之命，偕同赫尔利大使迎接来的，现在毛先生回延安去仍将由本人伴送去延安。我今天请大家到这里来，一方面是为了对毛先生这次惠然莅临重庆表示最崇高的敬意，同时也为了毛先生这40天的辛苦现在回去了表示欢送之意。最后大家举杯恭祝毛先生健康！

兴致颇高的毛泽东也即席发表了一篇简短的讲话：

这次来渝，首先感谢蒋先生的邀请与40多天的很好的招待。感谢今晚的主人张文白先生设了这样盛大的宴会，也感谢所有今天到会的各界人士。

这次商谈，全国的人民、全世界的友人与各同盟国的政府都很关心，因为商谈不是仅仅关于两党，而且是与全国人民的利害有关的问题，商谈的情况如张先生所说，是可以乐观的。在东西法西斯打倒以后，世界是光明的世界，中国是光明的中国。近30年间，世界经历了两次大战，第二次世界大战的性质与第一次不同，在这次战争中，世界与中国都有了迅速的进步。现在商谈的目的，是要实现和平建国。中国今天只有一条路，就是和，和为贵，其他的一切打算都是错的。商谈是在友好空气中进行，没有得到协议的问题，相约继续由商谈来解决，而不用其他的方法解决。和平民主团结，在和平民主团结的基础上实现统一，这个方针，符合于全国人民的要求，也符合于各界人士与同盟国政府的要求。和平与合作应该是长期的。大家一条心，不做别的打算，做长期合作的计划！全国人民各党各派一致努力几十年，在蒋主席的领导下，彻底实现三民主义，建设独立自由富强的新中国！

不能否认，困难是有的，不指出这一点是不好的。中国人民的面前现在有困难，将来还会有很多困难，但是中国人民不怕困难；国共两党与各党各派团结一致不怕困难，不管困难看多大，在和平民主统一的方针下，在蒋主席领导下，在彻底实现三民主义的方针下，一切困难都是可以克服的。新中国万岁！

毛泽东与张治中热情友好的讲话，感染了出席晚宴的各界代表及新闻舆论。《大公报》是这样报道的：张、毛二人的"动人演说"引来全场阵阵掌声，场内气氛融洽热烈，"大家在极度欢乐中畅饮、进餐、互相祝贺之声不绝。正所谓'度尽劫波兄弟在，相逢一笑泯恩仇'！"

张治中没有食言。11日上午，他亲护送毛泽东乘蒋介石的专机"美龄号"飞返延安。

下午1点半，"美龄号"专机在延安安全降落。这次是张治中第二次到延安。从机上走下时，张治中又一次被眼前的情景惊呆了：飞机场上黑压压地站满了人。

他在日记里写道："干部、群众、学生、男的、女的、老的、少的，在他们的表情里，充分流露出对党的领袖最大的欢悦和关切。那种情形，真叫人看了感动！"

当晚，中共中央在杨家岭举行盛大宴会欢迎张治中，宾主尽欢。宴会上，毛泽东爽朗地说："重庆谈判，承你热情接待，感激得很。在你们重庆，你用上好酒席款待我。可是你来延安，我只能以小米招待你，实在抱歉得很呀！"

宴会后在中央大礼堂举行了欢迎张治中的晚会，朱德总司令致欢迎词。

张治中感慨万千，"此次欢迎毛先生去重庆，又恭送毛先生回延安，这是我最引以为荣幸的事。毛先生此次去重庆，造成了普遍的最良好的印象，同时，也获得了很大的成就。此次谈判是我中国人民和全世界人士所期望的，没有毛先生去重庆，便不会有今天的结果，不但解决了两党间的一些问题，并初步奠定了中国国内和平、建国的基础。"最后强调，国共两党当前存在着一个共同的希望，这就是：希望中国一定要和平、一定要团结、一定要统一，在这个基础上彻底建立一个独立、自由、幸福的三民主义的新中国。

毛泽东是一个重感情的人，对中华民族礼尚往来的传统美德十分推崇，对党外人士更是礼节周全。次日清晨，毛泽东在与张治中共进早餐后，亲自送他去飞机场。

在车上，毛泽东笑着说："我在重庆调查过，大家都说你在政治部和青年团能做到民主领导，也不要钱，干部都愿意接受你的领导。我还知道你为和平奔走是有诚意的。"

张治中笑问："何以见得？"

"你把《扫荡报》改名《和平日报》就是一个例子。《扫荡报》是在江西围攻我们时办的，你要改名字，一定有些人很不赞成的。还有，你处理了綦江特务迫害学生案，这是做了一件好事。"毛泽东如数家珍，"难怪人家叫你'和平将军'。"

张治中没想到毛泽东对他做的这些有利于和平的事知道得如此详细，心中更增加了对毛泽东的崇敬。

后来，他在回忆录中写道："从1945年8月我第一次到延安与毛会面之后，他给了我深刻的印象，以后多接触一次，印象就更加深一层。""这些地方，都充分说明了他的细心和诚挚，给我以不可磨灭的印象。"

全国人民对和平建国抱着很大的希望。但是，蒋介石只是把和谈看作争取时间以调集兵力的手段。

10月13日，也就是《双十协定》签订后的第三天和公布后的第一天，蒋介石向国民党各战区司令长官发出了一份杀气腾腾的密令："此次剿共为人民幸福之所系，务本以往抗战之精神，遵照中正所订《剿匪手本》，督励所属，努力进剿，迅速完成任务。其功于国家者必得膺赐，其迟滞贻误者当必执法以罪。希转饬所属剿匪部队官兵一体悉遵为要！"所以，停战协定签订以后，内战的烽火不但没有停息，反而越燃越大。

为贯彻国共双方停止冲突、恢复交通和整军方案，美国总统杜鲁门专门派出特使马歇尔将军前来中国，与中共代表周恩来、国民党代表张治中组成最高军事三人小组，多次协商签订整军基本方案，还特意乘"空中霸王"号专机到全国各地作了一次视察。

这次视察于1946年2月28日由重庆出发，主要任务是检查各地停战情况，对有冲突的就地调处，特别着重恢复交通。三人军事小组先后到了北平、张家口、归绥（今呼和浩特）、济南、徐州、新乡、集宁、太原、武汉等地，每到一地，都适当地解决了一些问题。看到国共双方将领在一起开会聚餐，张治中感到非常欣慰。

在武汉期间，周恩来向张治中谈起中原军区李先念部处境比较困难，物资缺乏，粮食更缺，希望能酌予协助。张治中考虑一下就同意了，还亲自写条子，命令国民党后勤单位照发。

国民党后勤人员议论纷纷，"真是奇闻，我们正和共产党打仗，还要我们来接济他们！"

张治中正言回答："这有什么奇怪？政协决议通过了，整军方案签订了，今后国共还要进一步合作，组织联合政府，统一编组军队，共同建设国家，有什么不可以的？中共部队的薪水即将由政府发给，先预先借一点没有关系。如你们怕负责任，作为我借得好了。"

这就是张治中，他热忱帮助中国共产党解决实际困难，并非单纯出于同情，更主要的是为了实现"国共合作"的崇高理想。

3月4日，三人军事小组代表飞抵延安。延安并没有国共两党部队问题，但马歇尔想亲自到延安看看实际情况，并与毛泽东会晤。这是张治中第三次到延安。

当晚，中共中央在杨家岭中央大礼堂举行了盛大的欢迎晚会。

3月上旬的延安，依旧天寒地冻。大家都穿上了大衣棉衣，马歇尔还在腿上盖了一条毯子。但严寒挡不住张治中高涨的情绪。节目演出前，朱德、张治中、马歇尔都有简短致辞。

张治中在讲话中强调了此次军队整编方案的重要性，表示希望能百分之百做到，团结合作，共同为建设和平、民主、统一、团结的中国努力奋斗。联想到为百年纷乱的中国缔造一个永久和平的局面，他三到延安，心中感慨不已。第一次他和赫尔利一起来迎接毛泽东到重庆去谈判，第二次签订了《双十协定》后护送毛泽东回延安，这次为了军队整编方案的落实又到延安来了。最后，张治中满怀激情地预祝：黑暗已过，光明在望。"让我们为和平、民主、团结、统一的新中国高呼万岁！将来你们写历史的时候，请不要忘记写'张治中三到延安'这一笔啊！"

这番热情洋溢又不失风趣的致辞当即博得全场热烈鼓掌和欢笑。

毛泽东热情鼓掌，笑着说："将来你也许还要四到延安，怎么只说三到呢？"

"和平实现了，政府改组了，中共中央就会搬到南京去了，你也要住到南京去，延安这地方，不会再有第四次来的机会了。"

毛泽东微微一笑，打趣道："是的，我们将来当然要到南京去。不过听说南京很热，我怕热。希望常住在淮安，那里离南京不远，开会就到南京。"

毛泽东提到张治中还可能四到延安，后来的确也出现过这种可能，可事实上却没有实现。由于以蒋介石为首的国民党顽固派一心与人民为敌，搞内战妄图消灭共产党，建立法西斯独裁统治，中共中央和毛泽东始终未能搬到南京。

但这段风趣而幽默的对话却传为佳话。后来，林伯渠对张治中说："你的话说得很好，我们可以写历史了，就是说我们是成功的，不是失败的。"

张治中意味深长地回答："我从来就没有意识到共产党会失败！"

"三到延安"是张治中生命之歌主旋律的高潮。在他看来，宝塔山是革命的摇篮，延河水是哺育千军万马的乳汁。

共产党自然不会慢待了这位"真正希望和平的人"。毛泽东不仅亲到机场迎送张治中，召开盛情的宴会和晚会，而且还经常到张治中的住处询问起居生活情况。

当时，延安长期处在国民党的军事包围和经济封锁中，物质生活很艰苦，但在接待张治中时，却是尽了最大努力。

张治中住的是一进三间的宽敞窑洞，朝南有弧形的大窗户，光线充足。靠椅、木床上虽然都是沙沙作响的草垫，但却细致地包着淡蓝色的粗布，外观上看几乎同沙发、软床差不多。餐具都是延安自产的粗瓷碗盆，盛汤、盛饭是用小脸盆，但每餐都有肉、蛋，还有特别的小蛋糕。当张治中知道中共领导人的餐桌上难得见到荤菜时，非常感动。当他进一步了解到，中共领导人都亲自参加生产劳动，开荒种地，手工纺线，周恩来还被评为中央直属机关的纺线能手时，对比国民党官场上的豪华奢侈，感慨良久。

许多年后，张治中在回忆录中写道："三到延安"曾传为佳话，我也引为快事和光荣。这"三到延安"的故事，就我自己的感受说，仿佛是一个在长夜漫漫中渴望黎明终于渴望到了的故事，是一个人在茫茫大沙漠中寻找绿洲而终于寻找到了的故事，内心的欢悦和兴奋实在难以形容。为了一个伟大的目的，我竭心尽力负折冲之责，供奔走之劳，本是应尽的责任，但其中有我的真感情，这就是对伟大人民领袖尊崇的热爱，对国内实现和平团结的欢欣鼓舞，也就是对共同努力建国发愤图强乐观的展望。

可见当时的张治中对国共合作充满信心，对国内和平抱有乐观态度。但他哪里会想到和平的呼声犹在耳边，协议的墨迹尚未干透，国共之间竟已风云突起，兵戎相见了。

这年6月，蒋介石公开撕毁《停战协仪》，悍然发动了全面内战。没过多久，蒋介石眼见在战场上节节失利，又想到了玩弄"和谈"的伎俩，便想叫张治中再去延安，却遭到了中共中央的严词拒绝。两年后，当蒋介石再度提出和谈的时候，国内形势发生了翻天覆地的变化，张治中率领国民党代表团去了北平。

20世纪40年代是张治中一生政治生涯中的黄金时代，也是他在中国政治舞台上最活跃的阶段。贯穿着这一阶段的活动就是国共和谈。"重庆谈判"把张治中推向历史舞台的前沿，并由此造就"三到延安"——这一国共关系史上的佳话，也为他博得了"和平将军"的美誉。

命运总是爱捉弄人。张治中毕生信奉孙中山先生的三大政策，一心追求国共合作。然而，他爱戴的领袖蒋介石却无时无刻不在梦想消灭共产党，打败毛泽东。

随着内战的全面爆发，共产党与国民党，毛泽东与蒋介石，革命与反革命，光明与黑暗，在神州大地展开了生死较量。但蒋介石的将领们很不争气，纵有 400 多万美式装备的大军，却在小米加步枪的"土八路"面前屡战屡败。到 1948 年底，国民党统治区的政治、军事、经济、社会生活面临全面崩溃，蒋介石的统治已是风中残烛，摇摇欲坠。与此形成鲜明对比的是，中国人民解放事业正以不可阻挡之势迎来了收获季节。人民解放军愈战愈强，辽沈战役解放了东北全境，淮海战役解放了华东大部，胜利在即，华北地区除北平、天津几座孤城外均已解放。在神州大地，两种道路、两种命运的决战时刻已然来临。

在此形势下，国民党反动派看到用单纯的军事斗争的方法，已不能阻止人民解放军胜利的步伐，为赢得喘息的时间，以便有朝一日卷土重来，就玩弄起反革命的另一手——和谈。

1949 年元旦，蒋介石发表文告，表示愿与中共进行和谈，并称"和平果能实现，则个人的进退出处，绝不萦怀"。

1 月 14 日，毛泽东发表了《关于时局的声明》，提出进行和谈的八项主张，即惩办战犯、废除伪宪法、废除伪法统、依据民主原则改编一切反动军队、没收官僚资本、改革土地制度、废除卖国条约和召开没有反动分子参加的政治协商会议，成立民主联合政府，接收南京国民党反动政府及其所属各级政府的一切权力。

21 日，蒋介石发布"引退"文告，宣布由李宗仁代行总统职权。第二天，李宗仁发布文告，称："自今以后，政府工作目标集中于争取和平之实现"，并表示"中共方面所提八项条件，政府愿即开始商谈"。

3 月 12 日，国民党南京政府正式公布何应钦为行政院院长。两天后，以"停战谋和"为号召的何应钦内阁宣告成立。

在第一次政务会议上，首先议决组织"南京政府和平商谈代表团"，内定邵力子、张治中、章士钊、黄绍竑、李蒸为和谈代表。21日，又增加刘斐为代表。

为防止国共在和谈代表人员上发生分歧，李宗仁派黄启汉将名单抄送齐燕铭转报中共中央，未有异议后才在行政院政务会议上通过并宣布：首席代表张治中，代表邵力子、黄绍竑、章士钊、刘斐、李蒸，秘书长卢郁文，顾问屈武、李俊龙、金山、刘仲华。

26日，中中共中央宣布成立和谈代表团，周恩来为首席代表，成员有林祖涵（林伯渠）、林彪、叶剑英和李维汉（后加派聂荣臻）。

4月1日，南京政府代表团乘"空中行宫"号飞机，从南京明故宫机场起飞，开始了北平和平谈判之旅。

张治中在机场发表了简短的讲话，表示："谨慎地秉承政府的旨意，以最大的诚意，和中共方面进行商谈，希望能够获得协议，使真正永久的和平，得以早日实现。"

是的，饱尝战乱之苦的中国人民多么渴望和平。但对和平前景，"和平将军"却是一个悲观主义者。他深知南京政府妄图通过和谈实现"划江而治"只是一个不切实际的幻想。因为任何政治谈判，都只是军事战线的延伸，从谈判桌上所能得到的东西，不会超过战场上所能得到的。国民党从战场上都得不到"划江而至"，难道从谈判桌上就能得到？李宗仁忘记了一个浅显的道理——"失败者是没有资格谈和的"。

"形势太险恶了，我们很少有回旋的余地。我们只能知其不可而为之了！"这就是张治中此时的真实心境。

当晚6时，中共代表团周恩来、林伯渠、林彪、叶剑英、李维汉、聂荣臻等在国民党和谈代表团下榻的六国饭店宴请张治中等人。

此后几天里，双方代表开始接触，进行个别交换意见，为正式会议做准备。

4月8日，北平西郊香山双清别墅，毛泽东住处。

"文白先生，别来无恙啊！"毛泽东满面笑容，与张治中亲切握手。

张治中不无感触地说："还好！还好！毛先生是愈见精神焕发呀！"

"我就是这样的穷命。在延安时生活稳定，在重庆时生活优裕，但我从重庆回到延安就病了一场。后来被蒋先生几十万大军追着赶着在陕北的山沟里来回转了一年，倒转得百病皆无，身康体健起来。"毛泽东一边幽默地说着，一边请张治中一起走进会客室。

老朋友相聚，自然格外地亲切。毛泽东关切地问："在北平住得还习惯吗？三年前我到重庆，文白先生拿上等的好酒招待我，在延安我却只能请你喝小米酿的酒，过意不去啊，现在一定要补上。"毛泽东的热情令张治中感动不已。

"毛先生，等谈判结束了，达成了令双方都非常满意的协议，我一定陪您喝个一醉方休。"

"好，一言为定！"毛泽东很爽快地答应了。

二人言归正传。张治中根据南京政府提出的和谈腹案，向毛泽东提议："关于战犯问题，蒋介石已下野，一切交李宗仁主持，蒋愿意终老还乡，终身不担任国家职务。为便利和谈，希望战犯问题不要列入条文。"

此前，毛泽东已看过由张治中转交的李宗仁的信，这时听张治中又提出此问题，十分大度地说："德邻（李宗仁字德邻）先生虽同意按八项条件为基础进行和谈，看来对战犯的问题还是不放心，你也感到有困难吧，为了减少你们代表团的困难，可以不在和平条款中提出战犯的名字。"

张治中一颗不安的心顿时平静下来，连连说："这就好了，这就好了。没想到毛先生如此之大度，和平有望了。"

毛泽东吸了一口烟，微笑着说："关于和谈方案，可先由中共方面草拟。拿出方案后，再正式谈判就容易了。将来签字，如果李宗仁、何应钦、于右任、居正、童冠贤等各位先生来参加就更好。"

关于联合政府问题，张治中提出可按重庆政协的政治民主化和达成的协议办理，国民政府当将权力交给新政府。

对此，毛泽东考虑得很周到："联合政府还不知何时成立，或许两三个月或四五个月都不定。在这段时间南京政府当照常行使职权，不要散掉了，大家都跑了。"

张治中十分诚恳地讲："国民党执政30多年，没能遵守孙中山先生的遗教进行建设，愧对国家和人民，今后是你们执政了，你们怎么做，责任是重大的。"

毛泽东弹了一下烟灰，说："今后，我们大家来做的，是大家合作做的。当前最重要的是共同一致来结束战争，恢复和平，以利在全国范围内开始伟大的生产建设，使国家和人民进入富强康乐之境。"

接着又问："文白先生对今后建国有何见教？"

张治中看毛泽东如此谦虚，如此礼贤下士，就详尽地阐述了自己在外交政策上的主张，希望中国和平统一后不要一边倒向苏联，还得同时利用英、美、法等国。

随后，毛泽东又和张治中谈到另外一些谈判问题。毛泽东的话，亲切自然，诚恳真心，充分表达了对和平的最大诚意。这使不安的张治中有如释重负之感，期盼着和谈会有好结果。

12日，国共双方代表个别商谈结束，各方面问题基本谈清。次日晨，周恩来将中国共产党所拟的《国内和平协定草案》(简称《草案》)送到张治中手上，并通知当晚9时开始第一次正式会议。

这份《草案》是周恩来亲自起草的，是在毛泽东提出的八项原则基础上，分别列出具体条款。张治中回忆道：当时我一口气把它看完之后，我的第一个感觉是全篇充满了降书和罪状的语气；第二个感觉是"完了！和是不可能的！"……我事前也明知这次和谈成功的可能性太小，但是由于自己主观上对和平的痴心妄想所驱使，仍然期望"奇迹"一旦会出现。现在是完了，在我当时尚且认为"苛刻"些的条款，在国民党反动派又岂有接受的可能？

果然，当张治中召集各代表、顾问和秘书长研究这份《草案》时，大家面面相觑。在他们看来，这哪里是什么和平协定，分明是"招降书"和"判决状"。与南京政府要求的"划江而治""平等的和平"条件，相距十万八千里。但事已至此，代表团并无别途可求，只有硬着头皮谈下去。

当晚，在中南海勤政殿，国共双方代表团展开了激烈的争论，没有什么结果，最后双方同意再作会外协商，然后举行第二次会议。

14日晚，张治中将南京政府代表团修改的《草案》交给周恩来。15日晚7时，周恩来交给张治中《国内和平协定》（最后修正案），并通知当晚9点仍在勤政殿举行第二次会议。

会上，周恩来首先发言："我们对南京政府代表团提出的许多修正意见，凡是与推进和平事业有利，与中国人民解放的利的，都尽量采纳。在一些重大问题上，凡是我们觉得应该妥协的，已尽量妥协。在这样原则下，拟定了这个定稿。"并再三说明这是不可变动的定稿，在本月20日以前，如果南京政府同意就签字，否则大军就马上过江。

面对"最后通牒"，张治中无可奈何地表示接受："这样也好，干脆！"随后自嘲地讲："国共两党的斗争，到今天可以说是告一个结束了。谁胜谁败，谁得谁失，谁是谁非，当然有事实作证明，将来也自有历史作评判……国共两党等于兄弟一样，大哥管家管不好，让给弟弟没有关系，'便宜不外出'嘛！"

周恩来当即严肃地对张治中的"兄弟"比喻予以驳正："文白先生说双方的关系等于兄弟一样，是指两个代表团的立场，那么我们都是为和平而努力的，我们很愿意接受。过去20多年的国共两党之争，不是兄弟之争，而是革命与反革命之争！"

一个多小时后，会谈结束了。南京政府代表团回到住处，又连夜开会研究，决定接受这个《国内和平协定》，但签字权还是在南京政府，于是又决定派黄绍竑和屈武二人于16日带文件飞回南京复命，劝告李宗仁、何应钦接受这个得之不易的和平协定。

这么大的事情，李宗仁哪里做得了主，立刻又派人将文件送到溪口。蒋介石看后，拍案大骂道："文白无能，丧权辱国！"当即指示李、何二人不能接受。

20日深夜，李宗仁、何应钦复电张治中，拒绝接受《国内和平协定》。

毛泽东、朱德随即发布《向全国进军》的命令，人民解放军百万雄师于21日凌晨强渡长江，一举摧毁了国民党苦心经营的长江防线，直取国民党反动政权所在地南京。"划江而治"的迷梦随着"百万雄师过大江"而成为泡影。

南京政府代表团的和谈使命已经结束，何去何从成为摆在张治中面前的一个难题。照理说，谈判结束，南京政府代表团就应"打道回府"，但"府"又在哪里？

在回南京还是留北平的问题上，代表团成员争论不休。邵力子、章士钊等多数人明确表示和谈失败回去，绝不会有好结果，徒作无谓牺牲，毫无意义，还是认清形势，辨明是非，留在北平；少部分人则颇有顾虑，在去与留问题上摇摆不定；而张治中坚持认为代表团是为和谈来的，和谈既已破裂，则无继续停留在北平的必要。

从 21 日到 22 日，代表团就去留问题整整讨论了两天，代表间意见纷呈，莫衷一是。张治中见始终无法说服其他代表，无奈地说："我身为首席代表，别人可以不回去，但我必须回南京'复命'"。于是，张治中便与南京方面联系，准备 24 日返回南京。

得此消息，周恩来立即赶到六国饭店，恳切挽留张治中："这次商谈，活动紧张，大家都辛苦了，应该好好休息。目前形势发展迅速，国民党内部四分五裂，已全部崩溃。我们估计，随着形势的转移，仍有恢复和谈的可能；即使退一步说，全面的和平办不到，亦可能出现一些局部地区的和平。这个协定还是用得着的。"

最后，周恩来恳切地对张治中说："代表团不管回到上海或者广州，国民党特务分子都是不利于你们的。'西安事变'时我们已经对不起一个姓张的朋友了，今天不能再对不起你了！"

周恩来话语真挚，温和而又坚决，更是语重心长的关怀。张治中深受感动，自然明白周恩来话中之意。"是啊，回去之后，谁又能保证自己不会成为张学良第二呢？"

毛泽东也托人捎口信给张治中："代表团不必回去，请你们还是留在北平。现在南京政府虽然没有接受和平协定，不过随着形势的发展，等到解放军渡过长江以后，只要他们愿意签订协定的话，我们还是随时可以签订。"

然而，张治中的心情仍陷于极度的苦恼与矛盾中：不回去吧，自己是南京政府代表团的首席代表，和谈破裂，理应回去复命；回去吧，中共的挽留是诚恳的和善意的，而且脑子里也确实幻想着一旦解放大军渡过长江，和平协定还是有签订的可能。就这样，张治中怀着极度矛盾而又无可奈何的心情留在了北平。

为了让张治中安心留在北平，在周恩来亲自安排下，4月25日，由上海来北平接南京政府代表团的飞机上走下来张治中的夫人洪希厚和5个子女。张治中又感激又佩服地对周恩来说："你太会留客了！"

张治中虽留在北平，但内心思想斗争仍十分激烈。从4月下旬到6月下旬的两个月里，这是张治中一生中最为闲适自在的一个时期，也是张治中一生中最为苦闷的一个时期。

"客人"既然留下来了，就要照顾好"客人"一家的生活。毛泽东亲自指示有关部门要妥善解决张治中的寓所问题。这成为张治中与毛泽东交往中的又一段佳话。想当年在重庆，张治中让出自家的院子给毛泽东住；四年后在北平，毛泽东又亲自过问张治中的住处。

在秘书余湛邦的陪同下，张治中夫妇一起去挑房子。一连看了好几处，都不太满意：方巾巷的那栋小洋楼房间太少，上下也不方便；东总布胡同的那座三个大院很有气派，可是门槛太多，迈步出入又很困难……最后终于选中北总布胡同十四号。这宅子原是国民党河北省主席孙连仲的官邸，宫殿式的房舍显得高大宽敞、富丽堂皇，房间也很多，餐厅能摆40多张桌子，舞厅也能容下百八十人。

这一时期，张治中"无官一身轻"，平日里与家人四处游览，听听京戏。表面看来，张治中过得很悠闲，而实际上他的内心里非常苦闷和彷徨。因为他与蒋介石的关系非同一般，20多年来一直得到蒋介石的重用，那种感恩知遇的中国传统伦理道德观念像一条无形的绳索紧紧缠绕着张治中。同时，他又向往光明，渴望新生，从内心里钦佩毛泽东、周恩来等中共领袖。

他在回忆录中写道："我自信是一个革命党员，但是我又是读了10年线装书，具有中国伦理观念的一个人，遇到这个问题就觉得非常苦恼！"

为帮助张治中解开思想上的疙瘩，周恩来、林伯渠等人经常去看他，跟他谈话，希望他能够参加政协和中央人民政府的工作。周恩来一针见血地指出张治中感恩图报、从一而终的想法是封建道德，"你为什么只对某些人存有幻想，而不为全国人民着想？你为什么不为革命事业着想？"这些话尖锐而中肯，张治中深受启发。

毛泽东对张治中更是关怀备至，常邀请他座谈、聚会，并把他介绍给身边的朋友："张治中将军是三到延安的好朋友！"这令张治中内心感到暖烘烘的。

此时，新政协正酝酿筹备，中央人民政府即将成立。毛泽东曾多次提出请张治中参加政协和在政府担任职务，但都被他婉言谢绝。

一天，张治中回访毛泽东。周恩来、朱德等人也在座。

毛泽东又谈起此事，"文白先生，大家都想请你出来工作，你看怎么样啊？"

"惭愧得很，毛先生。"张治中还是婉言拒绝，"在过去的阶段，我是负责人之一，这一阶段已经过去了。当然我这个人也就成为过去了。过去的责任是我们负的，我们失败了，今后的责任便由你们来负了。我衷心希望毛先生成功，拥护贵党的领导，但是要再出来做事，我已经没有这个志趣了。"

毛泽东听后哈哈大笑，恳切地说："过去的阶段，从你发表了声明，就等于过了年三十，今后还应从年初一做起！"

毛泽东话语是那样的幽默，态度又是那样的真诚，令张治中非常感动。在座的其他领导人也纷纷相劝。

有道是："良禽择木而栖，良臣择主而事。"张治中再也没有话说，最后答应下来。不久，张治中便被选举为中央人民政府委员会委员、中国人民政治协商会议全国委员会委员、中国人民革命军事委员会委员。

张治中留在北平，成为国内外关注的重大新闻。国民党中央社对此大做文章，先是于6月15日发出电讯：标题为《张治中在北平被共产党扣留之详情》。此后又连续发出两个电讯，说张治中在北平策动和平，受了中共的"唆使"，离开北平，行踪不明，对张治中开始大加攻击。

张治中终于不再保持沉默了，6月26日在《人民日报》发表了《对时局的声明》，批驳中央社的几篇电讯是"一派胡言乱语"，并表明了他的态度和严正立场：

> 这几篇电讯，一派胡言诳语，没有驳斥的必要。不过我来平以后，颇承各地同志和友好关怀，我倒想就这个机会说几句话。
>
> ……我居留北平已80多天了，以我所见所闻，觉得处处显露出新的转变、新的趋向，象征着我们国家民族的前途已显露出新的希望。……我多年来内心所累积的苦闷，为之一扫而空，真是精神上获得了解放，怎能不令人欣慰不已呢！
>
> ……我们如果把眼光放远些，心胸放大些，一切为国家民族利益着想，一切为子孙万代幸福着想，我们不但没有悲观的必要，而且还有乐观的理由。国家要求新生，也正在新生；人民要求新生，也正在新生，为什么我们国民党和个人独甘落后，不能新生呢！

这个声明是张治中在苦闷多日决心与国民党反动派彻底决裂的一个公开表态。一经发表，便在海内外产生了深刻的反响，许多国民党将领更是纷纷效仿，举行起义。据说，蒋介石看到后，恨恨地骂道："别人背叛了我犹可说，文白竟然如此！"

同一天，《人民日报》发表新华社评论——《评张治中声明》："这个声明是值得欢迎的，其中对于国民党内爱国分子的劝告，是向他们指出唯一的光明出路！"

在历史的重要转折关头，张治中在中国共产党和毛泽东的热心关怀和开导下，毅然脱离国民党反动营垒，投向了人民的怀抱。

这一年正是张治中六十大寿。他缅怀过去，展望未来，写下了《六十岁总结》，文中写道："我很惭愧，六十年来的奔波劳碌，只有过错，毫无贡献。今以忧患余生，荣幸地看到中国人民从此脱离黑暗，趋向光明，奠定了子孙万代得享和平、自由、幸福生活的基础，这真是我最大的安慰和愉快了。……从此，我又开始了新的历程。"

1949年夏，国民党政府在西北的反动统治已是风中残烛，摇摇欲坠。时任国民党政府西北军政长官公署副长官兼新疆警备总司令的陶峙岳和新疆省政府主席包尔汉均倾向和平。中共中央审时度势，决定促成新疆和平解放。

早在当年5月，原国民党和谈代表团顾问、迪化（今乌鲁木齐）市市长屈武，受周恩来委托赶回迪化，暗中策动和平起义。

8月6日，毛泽东在给第一野战军司令员彭德怀的电报中指出："西北地区甚广，民族甚复杂，我党有威信的回族干部又甚少，欲求彻底而又健全又迅速地解决，必须采取政治方式，以为战斗方式的辅助。现在我军占优势，兼用政治方式利多害少。……陶峙岳现在动摇，有和平方式解决新疆的意向。"

9月初，随着西安、兰州、西宁等西北重镇的相继解放，促成新疆和平解放成为摆在毛泽东面前的一项亟待解决的问题。

此间，中共中央得到有关方面的报告，称新疆方面赞成和平的力量，现已处在优势地位，但由于受资历、声望、立场、观点等各方面因素的限制，均难以被其他各派政治势力共同拥戴。因此，那种登高一呼、山鸣谷应的核心人物，就成了和平解决新疆问题的关键所在。谁来担当这一核心人物呢？毛泽东把目光锁定在张治中身上。

1946年4月至1949年5月，张治中担任国民党西北行营主任兼新疆省政府主席。在新疆期间，张治中推行亲苏和共、民主选举、民族平等、民族自治、释放政治犯等一系列政策和措施，缓和了民族矛盾，安定了全省局面，威信甚高。此外，掌握新疆军政大权的陶峙岳是起义的关键人物，他与张治中私人交往甚密，既是保定军官学校的同期同学，又曾和包尔汉一同在张治中手下担任过副职。

9月8日，毛泽东在中南海接见了张治中。

"西北野战军已由兰州及青海分两路进军新疆，希望你去电新疆军政当局，敦促他们起义。根据情报，只要你去电，他们一定会照办的。"毛泽东开门见山。

张治中异常兴奋地说："我早有此意，不过新疆和我通讯早已中断，怎能联系？"

毛泽东听了十分高兴："不要紧，我们派了邓力群同志已到了伊宁建立电台，你的去电可由邓转到迪化。"

10日，张治中致电陶峙岳、包尔汉："今全局演进至此，大势已定；且兰州解放，新省孤悬，兄等为革命大义，亦即为全省人民及全体官兵利害计，亟应及时表明态度，正式宣布与广州政府断绝关系，归向人民民主阵营……甚望兄等当机立断，排除一切困难与顾虑，采取严密部署、果敢行动，则所保全者多，所贡献者亦大。"同时告诉陶、包二人他已做好不日返疆的准备。

电报发出后，张治中又考虑到新疆情况特殊，论位置则孤悬塞外，四面皆山，交通梗阻；论处境则北界苏联，南邻外蒙，西连中亚细亚，西南为印度次大陆；论人文则有13个民族，历史上曾互相砍杀，积恨极深。而马步芳一旦弃青海率马家军入疆则局势更为复杂，稍有不慎则后果不堪设想。同时驻疆部队中还有一部为胡宗南的嫡系，坚持反共不愿起义，必须利用矛盾，分化争取。第二天，张治中单独致电陶峙岳，指示起义的有关注意事项，特别是要密切注意马家军的动向。

与此同时，毛泽东致电彭德怀，命令第一野战军尽快向新疆进军：第1兵团由青海取捷径进入河西，直取张掖；第2兵团沿兰新公路进逼西北。待两兵团会师后向酒泉挺进，务必切断青海通往新疆的道路，阻止马家军退守新疆。

张治中关于和平解决新疆问题的主张，迅速得到新疆各主要政治力量的响应。17日，陶峙岳、包尔汉联名电复张治中，表示已对和平转变审慎筹议，最近即将与广州反动政府断绝关系，接受人民革命军事委员会的领导。至此，新疆和平解放已是水到渠成。

天山积雪冻初融，哈密双城夕照红。9月25日、26日，西北边陲连传佳音：陶峙岳、包尔汉在毛泽东的亲自谋划和张治中的影响下，经过新疆进步力量的积极推动，利用解放军大军压境的有利形势，战胜各种反动势力的重重阻挠，经过惊心动魄的一次次斗争，率领全疆8万国民党军官兵和新疆省国民党政府毅然起义，全疆160万平方公里的土地从此获得解放。

陶峙岳和包尔汉在起义的电文中称："自张将军离开西北，关内局势改观。而张将军复备致关垂，责以革命大义，嘱全军将士迅速转向人民民主阵营，俾对国家有所贡献。"

闻此喜讯，张治中兴奋地说："我一贯保全新疆、保障和平的目的直到今天总算是如愿以偿了。今后的新疆将永远是中国的新疆，新疆人民亦将永远享受祖国在家庭的和平、自由、幸福了。回顾从 1945 年到 1949 年间，特别是 1946 年到 1948 年这三年，新疆局面是如此紧张，人民心理是如此动荡，多少次数濒于决裂，濒于战争，真使人惊心动魄，寝食不安。好了，现在一切问题都迎刃而解，一切问题都成为过去了！"

促成新疆和平起义，是张治中以新的身份与中国共产党进行合作的开始。共产党自然不会忘记张治中在新疆和平解放中所做的贡献，1955 年，毛泽东亲自授予张治中一级解放勋章。

新疆和平起义宣布西北四省全部解放。毛泽东开始考虑西北地区军政领导的人选问题。其间，毛泽东、周恩来和张治中就新疆的民族自治、改组省政府、军队改编、财政、经济建设以及对苏条约等一系列重大问题进行讨论。事后，张治中还写了一篇书面报告《新疆概要的问题》，就《新疆地理、历史与政治改革》《伊宁事变与和平协定》《几个问题和意见》等几个题目加以叙述，呈送毛泽东，作为最高决策的参考材料。于是，毛泽东再次点将，让张治中去西北工作，任西北军政委员会副主席。

命令宣布后，毛泽东亲自接见张治中，客气而幽默地说："文白先生，我们再来一次国共合作吧！"

张治中谦逊地说："今天您是领导，谈不上什么国共合作。不过西北人民和部队袍泽常常怀念我，我也常常怀念他们，您如认为我有去西北一趟的必要，我愿意做彭老总的顾问。"

"你去当彭德怀的副手，委屈了吧？你过去是西北四省的军政长官，现在是副手，委屈了吧？"原来毛泽东怕张治中有些想法，才故意这样问。

听毛泽东这么一说，张治中有些窘迫，连忙说："哪里哪里，我诚意接受，听命令，听吩咐。"

毛泽东高兴地说："那就好，那就好！今后你可以来往于西安、北京之间。"

张治中欣然应命，表示一定能同彭德怀及西北其他领导人团结合作，共同建设新西北。

11月22日，张治中以西北军政委员会副主席的身份，飞往兰州。几天后，张治中偕同彭德怀飞赴迪化市视察工作。在新疆期间，张治中协助彭德怀，为成立新疆军区、改组新疆省政府和稳定起义部队做了大量有益的工作。张治中还亲自对起义部队的各级将领和机关干部以《怎样改造》和《再谈怎样改造》为题目，作了两次重要讲话，进行思想教育，对新疆起义部队以至对全国的起义部队都起到了很好的作用。

12月28日，张治中随彭德怀飞回兰州，随即去西安，成立西北军政委员会，协助彭德怀开始陕、甘、宁、青、新五省的领导工作。这一时期，张治中与彭德怀团结合作，为西北地区的稳定作出了重要贡献。

毛泽东对张治中西北之行所作的工作表示满意，当面称赞道："国共合作得很好嘛！"

张治中对中国共产党始终怀着诚挚的拥护，对中共领导人推心置腹，肝胆相照。中共领导人对他也十分推重，视为可敬可信的诤友。双方互相信赖，真诚相处。

中华人民共和国成立初期，毛泽东尽管工作繁忙，仍多次到张治中家里探望，有时一谈就是两三个小时。

一次，毛泽东收到山东胶县（今胶州市）农民送来的3棵大白菜，立即选了一棵最大个的送给张治中。这棵大白菜重二十七八斤，张治中夫妇舍不得吃，把它用沙土栽一个特大的瓷缸里，陈列在客厅里。后来，菜心长出两三尺高的苗，开了花，看见的人无不啧啧称奇。

毛泽东不仅在生活上关心张治中，在政治上同样爱护张治中。

1958年5月，整风反右运动接近尾声时，张治中写了一份《自我检查书》，连同旧作《六十岁总结》，一并送请毛泽东审阅。

不久，毛泽东复信："五月三日的信早已收到。原封不动，直至今天，打开一看，一口气读完了《六十岁总结》，感到高兴。我的高兴，不是在你的世界观方面。在这方面，我们是有距离的。高兴的是在作品的气氛方面，是在使人看到作者的心的若干点方面，是在你还有向前进取的意愿方面。我猜想，这一年多的时间内，害苦了你，一个老人遇到这样的大风浪。这种心情，我是理解的。觅暇当约大驾一谈。这几天尚不可能。"

当年9月，张治中陪毛泽东视察湖北、安徽等地时，旧话重提。

张治中问："你说在世界观方面我们有距离，指的是哪些地方？"

毛泽东答："你在《六十岁总结》中说，对阶级斗争的观念是模糊的，而在今年写的《自我检查书》上怎么没有提到？你对阶级斗争没搞清楚吧？"

"《六十岁总结》上所说的是1924年至1948年时期，我当时虽主张联俄、联共、扶助农工，但对阶级斗争的观念是模糊的。不过从1949年我在北京住了9个月，报上看到，报告会上听到的，又读了《干部必读》一些书和您的好些著述，我已初步地认识到阶级斗争的必要性。所以才能把过去的错误、缺点检查出来。如果我对阶级斗争的必要性毫无认识，我就检查不出来了。"张治中解释着。

毛泽东脸上露出了微笑，"你在《六十岁总结》上说你从1949年起就已经感到高兴了，我不相信。"

张治中说："可能是彼此处境不同，感觉上就会有差别吧？"

毛泽东摆了摆手，说："我就没有感到高兴过，舒服过。我1955年走了几个省份，看到农业合作化已经超过半数户口了，我才有点高兴。可是1956年刮起一阵歪风，说是冒进了，赶快后退，我又不高兴了。到今年看到工农业发展的情况，我才真正感到高兴。"

"我不能完全同意您的意见，这是您我所处地位不同之故，您说在1955年之前并不感到高兴和舒服，这是因为共产党建立了政权，您就要考虑怎样把国家搞好，怎样建设社会主义，这千斤重担落在您的肩上，您自然不容易感到高兴而舒服了。而我，是从旧社会来的，眼看国家这样败坏下去怎么得了！所以一直在苦闷中生活，感到无能为力。但是到了1949年，眼看在共产党和您的英明领导下，一切都有了办法，我就如同黑暗中看到光明，在精神上得到了解放，心情自然高兴而舒服了。"张治中作了详细解释。

谈话中，二人各抒己见，各谈感受，体现出他们关系上的坦率、真诚和亲切。

张治中本为败军之将，毛泽东乃是胜利之帅，但在建设红色中国这一伟大事业中，他们却合作得非常愉快。这既要得益于毛泽东的虚怀若谷、从善如流，同时也与张治中的心无杂念、直言敢谏分不开的。

中华人民共和国成立后，张治中先后在中央人民政府、全国政协、全国人大都担任了重要职务。他对国家的大政方针、重要方略都深思熟虑、苦心孤诣地提出自己的意见和建议，供中央领导决策参考。他胸怀坦荡，敢陈直言，对国家大事，做到知无不言、言无不尽。

1954年9月，全国人民代表大会第一届第一次会议开幕前，张治中得知毛泽东不准备在会上讲话，认为这样不合适，就通过周恩来、彭真建议毛泽东讲话。

几天后，周恩来告诉张治中毛主席还是不准备讲话，于是张治中就直接写信给毛泽东，信中说："这次人大会又是中国历史上第一次真正的人民大会，您是国家主席，开幕时是主持人，怎么能不讲话？"

两天后，毛泽东见到张治中时说："就只你一个人希望我讲话。"

张治中回答："不，不是我一个人，全体代表、全国人民都希望听到您的讲话。"

但毛泽东还是坚持不在会上讲话。

到了9月15日大会开幕时，毛泽东讲话了，这令包括张治中在内的许多人感到奇怪和惊喜：主席不是不打算讲话吗，怎么突然又讲了。

毛泽东的讲话虽然很简短，但非常全面、扼要、有力量。他在讲话中对"领导我们事业的核心力量是中国共产党，指导我们思想的理论基础是马克思列宁主义"的概括，精辟有力，成为国家政治生活的基本指导思想。代表们听了都很兴奋，受到很大的鼓舞。

会议休息时，毛泽东笑着对张治中说："你胜利了！本来不准备说话，只因开幕式我是主持人，不能不说几句话，谁知一拿起笔来越写越多，就成了一篇讲话了。"

张治中在回忆这段往事时说："主席说我胜利了，多么爽快！其实主席的这篇讲话在国内国际上都产生了良好而深远的影响，正是主席的胜利。"

全国人大第一次全体会议召开后，常务委员会会议紧接着召开。张治中提出了一个具体的书面建议：每个常务委员应该每年都要出去视察，了解地方情况，听取群众意见。建议是给彭真转刘少奇委员长的。毛泽东得知此事后，不仅表示赞同，并且建议扩大到全国人民代表，后来又加上政协全国委员会委员。几十年来，这已成为一项传统的制度。

张治中曾经多次到全国各地参观、视察，看到伟大祖国在各方面发生的翻天覆地的变化，更加激发了热爱社会主义祖国的深厚感情。他在回忆录中写道："十年来我走过的地方不少，看到的东西也很多，祖国的伟大建设是那样日新月异，真是奇迹般地发展和进步，使我不禁引起衷心的喜悦和兴奋。……在解放前，我也曾走过许多地方，但是看到的是一幅满目凄凉的民生凋敝的景象，触目惊心，忧虑无已，和今天相比，简直有天壤之别了。"

一天，在会议休息室里，大家谈起视察的事来。毛泽东指着张治中说："他这个人专做好事，做了许多好事！"

在参加讨论《宪法》草案时，张治中认为草案总纲第四条中有"台湾地区除外"的字样，应予删除。因为台湾问题是暂时的，台湾总要解放，而宪法是永久的，大可不必在宪法上面这样写出。毛泽东十分赞成，大家一致同意删去。

对于张治中的意见和建议，毛泽东并不是都接纳。

同样是在讨论宪法草案时，张治中对第二章第二节《中华人民共和国主席》第三十九条有不同意见，他认为在"中华人民共和国主席"句后应标明"为国家之首"或"为国家领导人"字样，理由是宪法第二十一条对全国人民代表大会的地位和第四十七条对国务院的地位，都有了明确的规定，那么国家主席的地位也应明确规定。当他向毛泽东陈述理由时，毛泽东表示不同意，说："这是不科学的。"

张治中与毛泽东是挚友，也是诤友。他对毛泽东可谓是"知无不言，言无不尽"。

1957年6月，整风反右运动在中国大地轰轰烈烈地开始了。张治中对这一运动有不同看法，曾当众坦然地说："现在共产党在人民群众中威信这样高，祖国的社会主义改造和建设的成就又是这样巨大，谁还敢反对党，反对社会主义呢？"整风反右是毛泽东发起和领导的，张治中的话当然具有针对性，包含了批评和不同意见。

中华人民共和国成立后，毛泽东到过许多省份，但未曾到过安徽。安徽是张治中的家乡，张治中想要毛泽东去看看，便多次为其介绍。见张治中经常安徽长安徽短地说个不停，毛泽东委婉地批评道："看来，你这人乡土观念相当重！"

毛泽东这里所指的"乡土观念"，是指封建的地域观念，而不是热爱故乡。张治中在其所写回忆录《解放十年来的点滴活动》一书中，也不得不承认，毛主席"此语不为无因"。

张治中与毛泽东的交往日渐密切，1958年达到了顶峰。这年，毛泽东邀请张治中随行视察大江南北，给张治中极高的礼遇。在原国民党政府的军政要员之中，受到毛泽东如此器重，恐怕只有张治中一人了。

8月下旬，中共中央在北戴河召开会议。其间，毛泽东请张治中全家到住处吃饭、谈话、看电影。

告辞时，张治中问毛泽东："过两天我要回北京去了，主席有什么吩咐？"

"不忙，我还有话和你说，请稍等一等。"毛泽东说。

一天、两天、三天……十多天过去了，却毫无消息。张治中感到纳闷，有点着急，但又不好去追问。直到9月上旬，毛泽东才请张治中去，见面即说："我想到外地视察去，你可愿意同行？"

张治中喜出望外，马上回答："那太好了，能够有这个难得的机会。"

"你可以把重庆那位秘书同志带上一起走。"毛泽东又补充道。

回到住处，张治中立即把这一喜讯告诉了机要秘书余湛邦，并嘱咐："这次我们来个分工。我一路紧跟着毛主席走，每天力求和他多接触；你用速记把他讲的每句话都记下，还留意采访群众和环境，到晚上，两个把材料合在一起，就能写下精彩的日记。"

9月10日上午8时，毛泽东在张治中的陪同下乘坐专机由北京飞往武汉。

一下飞机，毛泽东就提出要畅游长江。张治中关心地问："您昨晚恐怕又没睡觉吧？"

毛泽东回答："昨晚接连开了5个会，今天清晨又接见新疆参观团，没有睡。"

"那您先好好地睡一觉吧。"张治中劝道。其他人也纷纷劝毛泽东先到宾馆休息一下，再游长江。

毛泽东执意不肯，"我游了泳就算是休息过了。"

午饭时间到了。余湛邦注意到毛泽东吃得非常简单，仍保持着过去生活上的朴素作风。他回忆道："在长江轮船上吃中饭，连客共5人，吃的也不过一碟青菜、一碟黄瓜、一碟炒小鸡、一碗冬瓜汤。这还是有客加了菜的。"

对此，张治中深有感触。有一次，他对毛泽东说："主席吃这么简单？"

毛泽东笑着说："吃得很够了嘛，很舒服嘛！"

吃过饭，毛泽东对张治中说："我要下江了，你们呢？"

看着那江风卷起的千堆雪浪，张治中坦率而又抱歉说："我不会游，只能套个汽圈在边上泡一泡，还得有人照顾，恕不奉陪了。"

"那好吧，你就当个观潮派吧。"

毛泽东一生酷爱游泳，也擅长游泳。只见他轻松自然地游向江中，时而侧泳，载沉载浮，从容不迫；时而仰泳，在水中仰面放目，悠然欣赏着广阔的天空。正是：万里长江横渡，极目楚天舒。不管风吹浪打，胜似闲庭信步。

9月12日，武汉军区召开党代会。毛泽东决定去接见党代表并与代表在广场上合影留念。张治中认为这是党代表大会，自己不是党员，就没有必要参加了。于是就与安徽省委第一书记曾希圣坐在车上，在广场外等候。

这时，武汉军区司令员陈再道跑过来，说："主席等你们一起照相呢。"

二人赶快走到毛泽东面前，张治中说："不要照了吧？"

"为什么不能参加？八大开会时，你不是参加了，照相了吗？"

陈司令员补上一句："你是国防委员会的副主席嘛！应可参加。"

张治中一想也有道理，就恭敬不如从命，愉快地同毛泽东一起与500

多位代表拍了照。

13日，毛泽东一行来到武汉钢铁厂视察。兴奋万分的工人们围了上来。厂领导在前面开路，好不容易才进了厂房。返回的时候更加拥挤，终于挤到汽车边。张治中总算是松了一口气，对陪同的湖北省委第一书记王任重笑道："我们算是突出重围了。"

在参观武汉重型机床厂时，工人们的热情更为高涨，震耳欲聋的欢呼声，感染着在场的每一个人。张治中听见一个工人问旁边的另一个工人："你看见毛主席没有？"

"看见了，我还要看！"

在安徽视察时，张治中找到曾希圣商量：能不能把群众组织起来，站在街道两旁欢迎毛主席。这既满足了更多群众渴望见毛主席的愿望，又不至于造成混乱。

曾希圣连忙说："那当然好，只怕主席不答应。"

"我去请求毛主席！"张治中自告奋勇。

张治中果真说到做到。他对毛泽东说："主席第一次到安徽，人民非常渴望见到您。到合肥时让群众站在两旁，您不反对吧？"

毛泽东一听就笑了："这肯定又是你的主意。你已多次批评我不到安徽来。好吧，这次你们怎么办我都不管了。"

毛泽东外出向来都是轻车简行，从来不让迎送的。但安徽是张治中的家乡，又再三希望毛泽东能去视察。这一次，毛泽东满足了张治中的愿望。

19日，毛泽东离开合肥时，当地群众近30万人（超过当时合肥总人口的一半）前来送行，排满了从下榻宾馆到火车站的11里长街。

毛泽东由曾希圣陪同站在第一辆敞篷吉普车上，张治中、罗瑞卿等人站在第二辆敞篷吉普车上。车辆缓缓前进，所过之处立刻掀起了雷鸣般的掌声、欢呼声。人们激动地蹦着跳着，挥舞着手臂，向自己的领袖致意。

当火车开出站台后，罗瑞卿对张治中说："今天这种'夹道欢送'的做法，是主席多次出来视察的第一次破例。这应该是你的功劳，合肥的群众应该好好谢谢你！"

看到群众那发自内心对领袖的拥戴，张治中也深为感动，比较蒋介石每次出行，只有地主老财、资本家、地痞流氓欢迎的情景，深有感触地对毛泽东说："今天的群众简直发狂了，他们对您的热烈爱戴，实在使人万分感动。"言辞之间充满着对毛泽东的钦佩和爱戴之情。

毛泽东摆摆手，说："这是他们感到自己已经当家作主了，是国家主人了。"

张治中感到毛泽东的心与人民群众是相通的，说："如果没有共产党和您的英明领导，国家就不能这样快地强大起来，人民生活就不能这么快改善。解放前人们大都愁眉苦脸，而今天人人笑逐颜开，这就是最大的转变。"

"是的，他们都已经看到社会主义的光明前途，看到自己美好的前景了。但主要还是靠人民群众的力量，加上党的领导。我们只有两条：相信群众，相信党。"

把一切归功于人民，归功于党，而不是个人，这是多么谦虚的风度、伟大的胸怀。张治中又一次折服了。

毛泽东的幽默风趣和平易近人，令张治中无比钦佩，然而更令张治中折服的是毛泽东渊博的知识和工作的辛劳。

在武钢视察期间，毛泽东边听汇报，边向张治中等人作解释，有时他还打断汇报，提出一些非常专业的问题，好像是早有研究。

事后，张治中想起来，在参观前他发现毛泽东正在看关于冶金工业方面的书，诧异地问，"主席还看这类书？"

毛泽东回答："这是炼钢炼铁的知识，你是人民代表，也应该看的。"

视察期间，毛泽东除了到处参观，接见当地领导，处理大量文件外，看书是必不可缺的一项工作。

9月10日，从北京上飞机时，张治中就留心看到毛泽东的两箱子书被搬上了飞机。一路上，毛泽东一有空就看书，白天看，深夜看，住下来看，在火车上也看。

在合肥，毛泽东向省里借来《安徽省志》和朱熹注的《楚辞》。他指着《楚辞》向张治中介绍说："这是好书！我建议你有空看看。"

张治中如实回答："《楚辞》还没有读过。"

二人的话题就由《楚辞》谈到《论语》，谈到《论语》的朱注，谈到朱熹。

毛泽东对张治中说："朱夫子可是你们安徽人。"

"朱夫子被江西抢去了，婺源县现在划归江西了。"张治中颇为惋惜地说。

"婺源虽然划归江西，但不能因此改变朱夫子的籍贯，七八百年来他一向都被认为是安徽人嘛。"毛泽东说。

二人又由朱熹谈到程颐、程灏，谈到宋明理学的陕、洛、闽、皖四大学派，谈到客观唯心主义，谈到中国古代具有朴素、原始的唯物主义思想人物。

毛泽东对中国学术思想史，对中国历史上许多文学家、哲学思想家，娓娓道来，如数家珍，令张治中再一次叹服。

离开安徽，毛泽东下一个视察的地点是南京。

在去南京的火车上，毛泽东突然笑着问前来迎接的江苏省委书记江渭清："你欠张文白的钱，还了没有？"

众人一听都愣住了。

那是1937年底，张治中任国民政府湖南省主席，江渭清当时是一支抗日游击部队的负责人，在湖南坚持抗战。一天晚上，江渭清找到张治中，要求接济经费。张治中十分佩服江渭清的胆识，当即密令拨付3000元现洋。这段往事是毛泽东在与张治中的谈话中得知的，于是旧事重提。

众人弄清事情的来龙去脉后，都笑着说："该还钱！"

张治中连忙摆手，"那是我应该做的。"内心一阵感激，没想到毛泽东对他为共产党做的这一点小事都记得如此清楚。

毛泽东习惯在夜里工作，张治中早就听说过，这次和毛泽东一起出来视察，愈加证实这种情况——毛泽东白天活动频繁，到深夜12时开始审阅文件、开会、研究问题，快到天亮才上床睡觉。

9月21日，由南京坐火车经上海去杭州。经过一整天的紧张活动，张治中很早就睡了。睡梦正酣，叶子龙来说，"主席有请。"

张治中赶忙披衣来到毛泽东的车厢。

毛泽东张口就问："你大概是夜梦初醒吧？"

张治中如实回答："刚睡不久。"

此时已快凌晨1点了。原来，毛泽东准备利用途经上海之便，视察一下上钢一厂，特意请张治中来商量日程安排。

第二天到杭州前，张治中对毛泽东说："您长年累月没有休息，这回到杭州休息两三个星期吧。"

"看情形吧。我只要睡三天就可以恢复过来的，最多五天。"

接着，毛泽东又笑着说："这几天怎样活动，你自己安排，我们暂时'分道扬镳'吧。"

毛泽东和张治中挚诚相交、无话不谈，但也不是没有争论的时候。

视察途中，张治中把每天所见所闻，特别是毛泽东的言论、行动都写成日记。到杭州后，他和余湛邦整理成文，四万余字，并加上"真挚、亲切、爽快、率直、英明、伟大的人民领袖"的标题，送给毛泽东审阅并要求发表。

出乎张治中意料的是，毛泽东只看了一下题目，就说："你的日记我是不看的。"

"为什么？还是请您看看，我想发表。"张治中大惑不解。

"我不同意！"毛泽东严肃地说，随后又补充道："凡是写我的，我都不看，也不让发表。"

"我有言论自由权。"张治中搬出《宪法》中赋予的权利，振振有词地反驳。

"你写的是我的事情，我不答应，当然不能发表。"毛泽东稍停又说："萧三也曾写过我，我也不让他发表。"

"我写的都是亲身的见闻。您可以看一看内容，再做决定嘛，我是实事求是的。"张治中力图说服毛泽东。

"好，我再考虑考虑。"毛泽东最后说。

后来，毛泽东还是不同意发表。张治中只好将日记改写成一篇文章《人民热爱毛主席——随主席视察散记》，在《人民日报》上发表。

9月29日凌晨3时3分，毛泽东在张治中的陪同下乘专列回到了北京。

一下火车，毛泽东对张治中说："我们结束这一段旅行了。"这时，他看见前来迎接的张治中夫人洪希厚和女儿，便笑着说："你们来接他的？"

"来接主席的！"洪希厚也笑着说。

在回家的路上，余湛邦问张治中对此次旅行"总的印象怎样"。

"一句话，二十天来如处春风化雨之中！"

1966年夏，由毛泽东亲自发起和领导的"无产阶级文化大革命"以北京为中心，迅速遍及全国。中国进入了一个特殊的时期。这是一场由毛泽东错误发动，被反革命集团利用，给党和国家及人民带来严重灾难的内乱。它的危害之大、破坏之深是毛泽东始料不及的。步入晚年的张治中同样也没有足够的心理准备。

8月18日，毛泽东在天安门第一次接见红卫兵。第二天，北京的红卫兵就头戴绿军帽，身穿绿军装，腰扎武装带，响应"破四旧"的号召，纷纷走出校园，到处进行打砸抢。

红卫兵在北京大搞打砸抢的消息不胫而走，传到了正在北戴河疗养的张治中耳中。此时，张治中的身体已经明显地不像前几年那样健康了。他步履蹒跚地走在海边，心中多少有些惊疑不定。

就在几天前，北京的朋友打来电话，好言相劝他最近不要急着回北京，等过几天再说。张治中心情沉重地望着眼前浩渺无边的大海，思绪万千：毛主席这是怎么了？中央这是怎么了？

几天后，中共中央统战部派人到北戴河来了，将在北戴河的民主人士请到一起，传达了中共中央的重要文件，宣布"无产阶级文化大革命"是伟大领袖毛泽东主席亲自发起和领导的，红卫兵是毛主席派来的，希望大家都放心，要正确对待。

张治中是非常信任和尊敬毛泽东的，认为毛泽东决定的事情是不会错的。听说毛主席完全知道这些事，自然就放心多了。

28日，张治中和家人回到了正处于"暴风骤雨"中的北京。

谁知刚到家才两个小时，十几个红卫兵就气势汹汹地闯了进来，说是要破"四旧"，然后不管三七二十一，楼上楼下，翻箱倒柜，四处乱找古玩和古籍。

张治中忍无可忍，质问领头的红卫兵："还有无王法，凭什么来抄家？"

见有人敢如此质问，红卫兵大为恼怒，咄咄逼人地反问："你是什么人？敢来阻拦？"

张治中气恼不过，只好也没好气地回答："我是什么人，你们去问毛主席好了！"

听到此言，红卫兵小将们不敢过于放肆，带着收缴到的"四旧"战利品，怏怏而去。

"今后若干年，这将是一个大笑话！"张治中非常气愤地对余湛邦和家人说。

事后，周恩来立即采取了保护措施，阻拦红卫兵惹事。他在一次红卫兵集会上说："张治中在重庆谈判时亲自接送毛主席，以保证毛主席的安全，是我们党的好朋友。"

毛泽东得知此事后，说："张治中是我们的朋友，是民主党派人士。要和红卫兵讲，在共产党以前就有孙中山领导的革命。"周恩来起草了一份应予保护的爱国人士和高级知识分子的名单，张治中的名字赫然在上。

1966年国庆节，张治中在天安门城楼上看到毛泽东，两人已经相当长时间没有见面了。

毛泽东笑着问张治中："红卫兵到你家没有？"

"去了。"张治中如实回答。

毛泽东惊讶道："啊！你既不是当权派，更不是党内的当权派，他们到你家去干吗？"

听了毛泽东这番话，张治中心里很是高兴。回到家里，他把这次谈话津津乐道地讲给家人们听。

但事与愿违，"文化大革命"如一场疾风暴雨，一夜之间，百花凋残。群芳谢世，无数张治中熟悉和敬重的中共元老、元帅、将军，都相继被打倒或逼死，更有无数与他共事多年的知名民主人士被批斗、下放。张治中愈发困惑不解了。

张治中是个胸怀坦荡、光明磊落的人，目睹一些人的倒行逆施，再也坐不住了。他要向毛泽东进献忠言。

1967年国庆，天安门广场照例举行群众集会，中央领导人都要参加。作为全国人大常委会副委员长的张治中自然也在被邀请之列。

可当时张治中已经病得十分厉害，连走路都不方便，打算不去了。毛泽东听说后让秘书打电话给张治中，希望他能够参加。张治中表示同意，他已经好久没有见到毛泽东了。

那天，天安门广场上人山人海，城楼上也站满了党和国家领导人以及许多外国友人。久病在身、体力不支的张治中由警卫人员用手推车推上了观礼台。大家纷纷上前和他打招呼，询问他的病情，并祝他早日康复。

毛泽东自然也没有忘记这位老朋友，主动走过来问候张治中。

张治中直言不讳地说："你的步子走得太快，我们跟不上了！"

接着，他又说："现在被打倒的干部不止百分之五了吧，不是说干部绝大多数是好的吗？"

毛泽东沉默了。

这是张治中对毛泽东的委婉批评。在那种时候，那样的场合，敢于提出这样的批评，是需要多大的勇气啊！张治中说了，因为他认为有必要，更因为他热爱毛泽东，相信毛泽东。

1968年10月17日，病入膏肓的张治中自知不起，便叫余湛邦来，在床前口授了一份遗嘱："……我的病体是不行了。人生七十古来稀，我已年近八十，自无遗憾。……我们应以乐观精神对待病，以达观态度对待死，就自然'思想开阔，心情舒畅'，'理明牵挂少，心闲岁月宽'了。……我已不久于人世，我别无他念，我祝：伟大的中国共产党万岁！伟大领袖毛主席万岁！"

在遗嘱中，张治中念念不忘的是早日结束台湾地区与祖国大陆的分裂局面，完成祖国统一大业，他说：解放后十七八年来，我所日夕念念不忘的是台湾这一片祖国的神圣领土。在这段漫长的时间里，我曾在毛主席、周恩来的直接领导下做了好些工作，付出了许多心血，事终未成，问心无愧。当然，台湾是迟早一定要回归祖国的，是任何反动力量所不能阻拦的；但是，我是看不见了。

1969 年 4 月 6 日，张治中在北京逝世，终年 79 岁。9 日，张治中追悼大会在八宝山革命公墓隆重举行。周恩来亲自主持告别仪式，对张治中的一生进行了高度的评价："这个人很复杂，又很简单。但有一点可以肯定，他是一个爱国主义者。"

青山可以作证：一生奔走为和平是张治中生命之歌的主旋律。从大革命起，在孙中山先生三大政策的照耀下，他极力维护、促进国共两党的合作。在十年内战中，他心有余而力不足，极力避免参与"剿共"战争。抗日战争时期，他响应民族民主抗日联合作战的号召，为国共合作而奔走呼号。皖南事变中，他力排众议，大义凛然。重庆谈判期间，他诚意和谈，促成《双十协定》的签订。北平和谈中，他正视现实，以诚意承认错误，以勇气面对失败，坚持天下为公、成功不必在我的伟大胸怀，毅然投向人民。

历史不会忘记毛泽东对张治中的评价：

"他是三到延安的好朋友。"

"您是真正希望和平的人。"

"他这人专做好事，一生做了许多好事。"